제6판

디지털 금융의 이해와 활용

저자 김수진

한국금융연수원
KOREA BANKING INSTITUTE

발간사

인공지능(AI), 빅데이터, 블록체인, 클라우드 컴퓨팅 등 디지털기술 혁신으로 4차 산업혁명이 시작되면서 금융산업 또한 디지털기술과 결합하여 시스템과 서비스 전반에 걸쳐 새로운 패러다임의 전환, 즉 디지털 트랜스포메이션(Digital Transformation, DT)이 활발하게 이뤄지고 있습니다.

이에 따라 금융과 테크놀로지의 경계가 모호해지면서, 금융서비스의 기능별 분화, 탈집중화, 탈중개화가 가속화되고 있습니다. 금융회사들도 자체 핀테크 랩을 만들어 핀테크 기업을 발굴·지원하고 긴밀한 협업을 통해 새로운 금융서비스를 선보이는 등 디지털 기술의 접목을 통한 금융서비스의 고도화를 지속적으로 추진하고 있습니다.

이제 금융인도 업무수행에 필요한 금융 지식뿐만 아니라 금융산업의 디지털 트랜스포메이션에 대한 관심과 이해를 높이는 등 디지털 환경변화에 걸맞은 새로운 지식과 역량을 기본소양으로 겸비해야 합니다. 이에 한국금융연수원은 금융인 및 예비 금융인을 대상으로 디지털금융 전반에 대한 기본지식과 업무 활용능력 등 기본 역량을 평가하고 이를 견인하기 위해 「디지털 금융의 이해와 활용」 도서를 발간하게 되었습니다.

본 서의 주요내용은 디시털 선환의 이해, 디시털 금융트렌드, 디시털 금융기술, 디지털 마케팅 등으로 구성하고 금융산업의 디지털 트랜스포메이션 전반에 대한 이해를 돕기 위해 이론적 배경에 대한 자세한 설명과 함께 다양한 사례를 수록하였습니다. 아울러 각 분야에 정통한 디지털 전문가들로 구성된 우리 원 금융 DT Academy 자문단으로부터 감수를 받아 책의 완성도를 높였습니다. 이에 금융인 및 예비 금융인은 물론 금융산업의 디지털 트랜스포메이션에 대해 관심이 높은 일반 독자에게도 큰 도움이 되리라 생각합니다.

본 도서가 출간되기까지 많은 노력을 기울여온 집필자와 감수자들 그리고 우리 원 관련 직원 여러분께 깊이 감사드리며, 앞으로 본 도서가 금융산업의 디지털 혁신을 견인할 수 있는 최고의 디지털 관련 참고도서가 되기를 기대합니다.

한국금융연수원 원장 문재우

머리말

개정판을 발간하면서

디지털금융과 생성형 AI 시대의 금융산업 변화

'핀테크'라는 용어는 2013년경부터 본격적으로 사용되기 시작했다. 핀테크의 발전은 다음과 같이 네 단계로 구분할 수 있다.

1단계(2013~2016): 핀테크의 여명기
2단계(2016~2019): 핀테크의 침투기
3단계(2020~2023): 핀테크의 성장과 재검토기
4단계(2024~현재): 생성형 AI의 금융산업 통합기

현재 우리는 생성형 AI가 금융산업의 프로세스에 본격적으로 통합되면서 네 번째 단계에 진입했다. 금융과 핀테크가 융합하는 이 시대에는 인구 감소와 고령화, 지역 간 격차, 지구 온난화, 노동 방식의 변화, 불평등 해소 등 다양한 사회 문제를 해결하기 위해 생성형 AI와 같은 첨단 기술을 금융에 접목해야 한다. 이는 인적자원

산업, 네트워크산업이라고 할 수 있는 금융산업 자체를 재편하는 흐름으로 이어지고 있다.

'디지털금융'이나 '디지털 트랜스포메이션'이라는 개념이 일상 속에서 자연스럽게 받아들여진 지도 벌써 7~8년이 지났다. 이제 생성형 AI는 단순한 기술을 넘어 하나의 서비스로 자리 잡았으며, 사회 전반에 큰 영향을 미치고 있다. 인공지능이 인간의 지식을 능가하는 것은 분명하지만, 최초의 지시를 내리는 존재도, 수많은 시뮬레이션 결과를 바탕으로 최종 결정을 내리는 존재도 결국 인간이다. 인간의 역할은 과거에도 중요했으며, 앞으로는 더욱 중요해질 것이다.

인공지능은 인간만이 할 수 있는 독창적인 사고, 선택, 윤리적 판단에 집중할 수 있도록 도와줄 때 진정한 가치를 발휘한다. 인공지능에 대한 문화적 매력과 공포는 오랜 시간 동안 사람들의 의식에 영향을 미쳐, 이를 '경이로움'과 '위협'이라는 두 가지 시각으로 바라보는 영화나 이야기를 탄생시켰다. 하지만 그 '위협'이 영화 「터미네이터」처럼 사이보그가 인간에게 가하는 물리적 폭력이 아니라, 기술 격차로 인해 고령자가 느끼는 정서적 고립감이라면 그 의미는 전혀 달라진다.

기술은 우리의 삶을 풍요롭게 만드는 방향으로 진화해 왔다. 그러나 그 혜택을 누리지 못하는 이들이 존재하는 한, 기술 진화의 진정한 가치에 대한 의문은 계속될 것이다. 개인, 사회, 기술이 조화롭게 공존하는 것을 목표로, 모든 세대가 기술의 혜택을 동등하게 누릴 수 있는 사회를 실현하는 데서 디지털금융의 이상적인 모습이 시작된다.

2025년 8월

김수진

CONTENT

PART 1 디지털금융의 이해

1장 _ 디지털 전환의 이해

2장 _ 디지털금융 정책 트렌드

PART 2 디지털금융의 활용

3장 _ 디지털금융 기술

4장 _ 디지털 마케팅

PART 1

디지털금융의 이해

☑ 1장 _ 디지털 전환의 이해

☐ 2장 _ 디지털금융 정책 트렌드

1장

디지털 전환의 이해

1절 그래서 그들은 디지털뱅킹으로 갔다

1. 역사를 거슬러 올라가 봅시다

전 세계적으로 은행은 기업과 부유층의 재정적 니즈를 충족하는 데 주력해 왔다. 금융시장이 고도로 발달하고 금융기관 간에 치열한 경쟁이 벌어지고 있는 선진국에서조차 영세기업이나 자영업자 대상의 대출은 상당히 제한적으로 이뤄졌으며 저소득·저신용 계층은 계좌나 카드 발급 등의 금융서비스에서 배제되는 경향이 짙었다. 고객들의 충족되지 않는 이러한 니즈는 금융선진국에서도 20세기까지 비금융 사업자들이 충족해주고 있었다.

그러나 20세기 말부터 시작된 PC의 대중화와 인터넷 사용의 확대, 그리고 21세기 초반에 일어난 휴대전화의 보급과 핀테크 기업이 제공하기 시작한 새로운 유형의 서비스는 전 세계의 금융서비스 환경을 크게 바꿔 놓았다.

금융서비스의 사각지대이던 아프리카 대륙에서는 케냐의 통신회사인 사파리컴(Safaricom)과 남아프리카 공화국의 보다컴(Vodacom)이 모바일을 이용한 엠페사(M-Pesa, 'M'은 모바일, 'Pesa'는 스와힐리어로 돈을 의미) 서비스를 2007년부터 제공하기 시작해 탄자니아·모잠비크·가나·이집트·에티오피아 등의 국민은 은행에 접속하지 않아도 송금과 마이크로파이낸스(소액 금융)의 혜택을 누릴 수 있게 됐다. 또한 남아프리카공화국에 본사를 둔 다국적 통신사 MTN도 2009년부터 가나·우간다·르완다·코트디부아르·예멘 등 지역에 모바일 머니(Mobile Money) 서비스를 확산해 계좌가 없는 이들이 휴대폰으로 송금과 에어타임(휴대폰 선불 요금) 서비스를 사용할 수 있게 됐다. 유럽과 미국에서도 P2P대출과 크라우드 펀딩 등을 이용한 융자 등 금융기관을 통하지 않는 자금 조달 서비스를 시작했다.

[그림 1-1] 아프리카 대륙에 금융의 꽃을 피운 엠페사와 모바일머니

한편 은행 라이선스는 없지만 송금·대출·선불카드 발행 등과 같은 유사 은행 업무를 취급하는 네오뱅크(neo bank), 정식으로 은행 라이선스를 취득하고 특화된 서비스를 제공하는 챌린저뱅크(challenger bank)도 출현해 전통적인 은행의 거래 점유율을 점령하기 시작했다. 이러한 신생 기업들은 이전 은행과는 차별화된 고객 경험을 무기로 내세우면서 무료 혹은 저렴한 수수료로 서비스 영역을 계속 확장해 나가고 있다.

2. 디지털뱅크란 무엇인가?

세상에는 종종 트렌디한 단어가 등장한다. 그중에서도 금융업계에서 자주 거론되는 단어가 '디지털뱅크'다. 필자가 국내에는 '디지털뱅크가 없다'라고 말하면 '카카오뱅크나 케이뱅크가 디지털뱅크 아냐?' '인터넷 은행과 디지털뱅크는 다른 거야?'라고 묻는 이들도 많을 것이다. 그 얘기는 나중에 하기로 하고 우선 디지털금융을 둘러싼 용어를 정리해 보기로 하자.

디지털금융이라는 분야를 둘러싸고 각 나라에서 챌린저뱅크, 네오뱅크, 버츄얼뱅크(가상은행), 인터넷 전업은행(인터넷 은행), 디지털뱅크 등 여러 용어가 출몰하고 있다. 금융업의 속성상 해당 국가에서 정해놓은 법령테두리 내에서 영업행위를 하지만 용어만 들어서는 도대체 어디서부터 어디까지 서비스를 제공한다는 것인지 의미가 갸우뚱할 때가 많다. 이 단어들은 사실상 '신조어'라서 나라마다 다른 의미로 쓰는 경우가 많지만, 그 단어가 생겨난 배경을 이해하면 설령 언론에 나온 용어가 틀렸더라도 여러분의 견고한 지식이 흔들리지 않을 것이다.

디지털뱅크가 나타난 배경을 이해하려면 2007년 서브프라임 모기지 사태, 2008년 리먼 브러더스 파산(리먼 쇼크)으로 거슬러 올라가야 한다. 서브프라임 모기지란 주택담보 대출에서 심사에 통과하지 못했거나 신용등급이 낮은 사람들을 위한 대출로 저신용, 고금리를 특징으로 한다. 2004년 미국이 저금리 정책을 종료하자 미국 부동산 버블이 꺼지기 시작해 모기지론 금리가 상승하고 저소득층 대출자들은 원금을 상환할 수 없게 됐다. 금융기관들은 대출금 회수 불능 사태에 빠졌고 사태가 악화되면서 미국의 대형 금융사, 증권회사가 줄줄이 파산했는데 대표적인 기업이 미국의 4대 투자은행인 리먼 브러더스였다. 그리고 2008년 이후 금융위기가 미국을 넘어 전 세계적으로 확산되면서 주가 폭락과 부동산 가격 급락을 초래하였다. 이러한 글로벌 위기는 대중에게 금융산업에 대한 깊은 불신을 남기게 됐다.

3. 1세대 디지털뱅크: 영국과 챌린저뱅크

국가 정책적으로 금융업을 추진하는 영국에서는 리먼 쇼크 이전부터 금융산업의 구조적 개혁을 추진해 왔다. 그 과정에서 제임스 고든 브라운(James Gordon Brown) 영국 재무장관은 1998년 도널드 크뤽섕크(Donald Cruickshank)를 좌장으로 하는 조사위원회에 영국 금융업계의 산업구조를 분석하는 컨설팅을 의뢰했다. 2000년 3월에 발간한 보고서에 따르면 당시 주요 대형은행의 독과점으로 은행 간 경쟁이 부족해 '개인을 위한 금융서비스가 열악한 수준'에 있다는 것이 골자였다. 그리고 이후에 영국 정부의 경쟁을 촉진하기 위한 다양한 시책이 각 나라 금융혁신의 기폭제가 된 오픈뱅킹, 금융규제샌드박스, 핀테크 지원정책 등에 대한 교두보가 되었다. 이러한 영국의 상황을 배경으로 기존 대형은행의 독과점에 '도전(챌린지)'하는 은행업으로 출현한 것이 챌린저뱅크였다. 즉, 챌린저뱅크는 영국에 뿌리를 둔다.

4. 2세대 디지털뱅크: 미국과 네오뱅크

그렇다면 같은 언어영역권(영어권)인 미국에서는 어떠했을까? 미국에서는 혜성과 같이 등장해 새로운 형태의 은행업을 구축한 기업을 챌린저뱅크가 아니라 '네오뱅크'라는 명칭으로 부른다. 영국과 달리 미국에서는 기존의 대형은행에 '도전'한다기보다는 오히려 안티테제(antithesis ; 긍정적 입장에 대응하는 부정적 입장)로서 한 성격이 강했기 때문이다. 가령 외국인 노동자들은 다른 나라에서 은행 계좌개설이 어렵다고 하면 '은행 계좌개설의 어려움'은 금융 접근성의 보장에 안티테제로 작용하는 것이다.

인구가 많고 국적이 다양한 미국에서는 전체 가구 중 25%가 은행거래 및 계좌가 없는 언뱅크드(unbanked)[1]이거나 금융소외계층인 언더뱅크드(underbanked)[2]에 속한다. 특히 언더뱅크드 가구의 절반은 의무예금 최소기준(minimum balance requirements)에 충족하기 어렵고 은행 수수료가 너무 비싸서 은행 서비스를 이용하기 어렵다고 생각한다. 따라서 이 언더뱅크드 계층이 비교적 규모가 되는 타깃으로 여전히 존재한다. 이것이 실리콘밸리를 비롯해 다른 나라

1) 은행 및 타 금융기관, 혹은 모바일 머니 계좌를 보유하고 있지 않아 금융서비스를 받지 못하는 계층
2) 금융계좌는 보유하고 있으나 금융기관으로부터 충분한 금융서비스를 받지 못하는 계층

에서 금융서비스 혁신 분야에 여지가 많은 이유이기도 하다. 이러한 사정을 배경으로 지금까지 은행을 이용할 수 없었던 사람들에게 서비스를 제공하는 새로운 형태를 갖춘 은행의 출현을 네오뱅크로 부르기 시작했다.

2007년에는 실로 또 하나의 큰 변화가 있었다. 지금은 생활에서 뗄래야 뗄 수 없는 삶의 일부가 된 스마트폰. 그 스마트폰 역사에 획을 그은 아이폰을 스티브 잡스(Steve Jobs)가 2007년 1월 9일 샌프란시스코에서 열린 〈맥월드 2007(Macworld 2007)〉에서 처음으로 발표한다. 스마트폰은 PC보다도 훨씬 빠른 속도로 전 세계에 보급, 확산되어 사람들의 생활 곳곳에 스며들었고 금융산업도 예외가 아니었다.

챌린저뱅크, 네오뱅크는 모바일 기술을 바탕으로 금융서비스를 제공한다는 데는 공통적이지만 은행업을 영위할 수 있는 라이선스와 금융 인프라의 보유 여부에 차이가 있다. 금융산업은 어느 나라에서나 자본 요구 사항과 같은 엄격한 기준을 충족해야 하지만 라이선스나 인프라가 없더라도 얼마든지 빌려서 서비스를 전개할 수 있는 환경이기 때문에 서비스의 편의성만 놓고 볼 때는 은행과 차이가 없다.

〈표 1-1〉 챌린저뱅크와 네오뱅크의 차이

구분	챌린저뱅크	네오뱅크
서비스	자사	자사
은행인프라	자체 구축	임대
라이선스(사업권)	자체 보유	임대

〈표 1-2〉 챌린저뱅크와 네오뱅크의 사례

구분	챌린저뱅크	네오뱅크(1)	네오뱅크(2)
서비스	monzo	STASH	QAPITAL
은행인프라	monzo	green dot	cambr
라이선스(사업권)	monzo	green dot	Lincoln SAVINGS BANK

5. 주거래 은행으로 성장한 디지털뱅크

2008년 리먼 브러더스 파산 이후 강화된 규제와 통제, 지속되는 초저금리, 글로벌 금융 위기를 촉발한 금융 시스템에 대한 불신 등으로 견고와 신뢰를 상징하던 기존 금융산업의 명성이 추락하는 한편 소비자의 '입맛'이 진화하게 되었다.

챌린저뱅크나 네오뱅크(이하 디지털뱅크)에 계좌를 개설했지만 이를 주거래 은행으로 사용하지 않는 이들이 대다수였다. 그러나 핀테크 기업의 진입과 플랫폼 기반의 경쟁이 시작되면서 디지털 파괴(digital disruption)가 일어났으며 코로나19 또한 촉매제로 작용해 놀라울 만큼 빠른 속도로 디지털뱅크를 주거래 은행으로 삼는 고객이 늘어나고 있다. 포브스에 따르면 MZ세대 중에서 디지털뱅크가 제공하는 자유입출금 통장을 주거래 계좌로 생각하는 비율이 2020년 1월에는 4%였으나 2020년 12월에는 15%로 증가했다. 이는 디지털뱅크가 수년 동안 보조 또는 추가 계정으로만 여겨져 왔기 때문에 주목할 만한 변화다.

모든 미국 소비자 중에서 11%(2020년 12월 기준)만이 디지털뱅크를 주거래 은행으로 여긴다. 하지만 그렇다고 해도 기존 은행이 과거의 영광스러웠던 추억에 사로잡혀 현실을 직시하지 못하면 안 된다. 디지털뱅크는 보조계좌의 자리에 머무는 것이 아니라 주거래 은행을 따라 잡으려 한다. 2020년 1월부터 12월까지 미국 3대 은행인 뱅크오브아메리카, JP모건체이스, 웰스파고가 거의 7%에 이르는 고객 점유율을 잃었다. 이는 소비자가 일상생활에서 저렴하고 사용자 친화적인 새로운 앱에 점점 익숙해져 가고 있음을 시사한다.

〈표 1-3〉 차임과 뱅크오브아메리카의 수수료 비교

수수료	차임	뱅크오브 아메리카
월 계좌유지 수수료	무료	12달러
계좌개설	무료	25달러
초과 인출	무료	35달러
카드 재발급	무료	5달러
외환 거래	무료	3달러
타사 ATM인출	2.5달러	2.5달러

출처: 차임 홈페이지

디지털뱅크의 장점

- **신속성:** 계좌이체, 송금 등이 즉시 처리되고 내역을 바로 확인 가능
- **간결성:** 몇 번만 클릭하면 완결
- **접근성:** 계좌개설이 몇 분 만에 가능, 24시간 온라인 지원
- **기능성:** 타사 상품과의 결합 유연성(상품 라인업이 무한함)
- **비 용:** 계좌 이용료 무료, 외환송금이나 마이너스통장 수수료 저렴

차임(Chime)의 총 1,200백만 명 고객 중에서 약 67%에 해당하는 8백만 명은 차임을 주거래 은행으로 여겨 자산, 예금액, 매출이 아니라 주거래 고객 수만 놓고 보면 미국에서 5위를 차지한다(2021년 2월 기준).

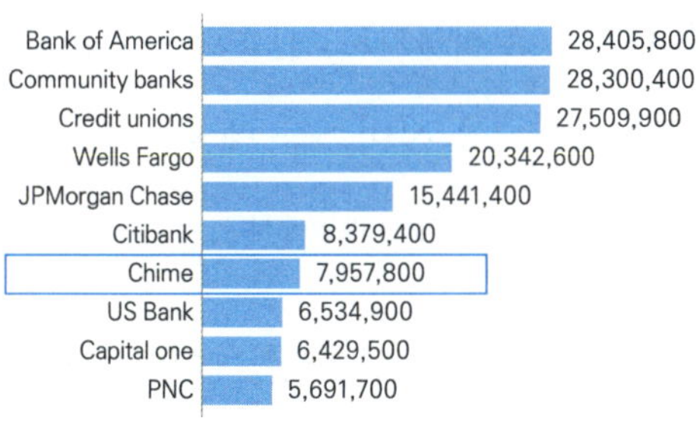

출처: CORNERSTONE ADVISORS, STRATEGYCORPS

[그림 1-2] 주거래 은행 고객 수

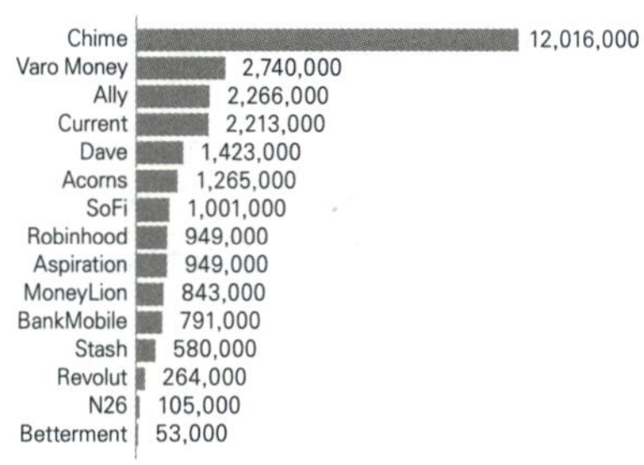

[그림 1-3] 미국 내 첼린저뱅크 계좌 보유 고객 수

6. 아시아에 '디지털뱅크의 꽃이 피었습니다'

아시아에서 성공적인 디지털뱅크는 유럽 및 미국에서 흔히 찾아볼 수 있는, 신생 핀테크 기업이 주도하는 챌린저뱅크나 네오뱅크가 아니라 컨소시엄 비즈니스 모델에서 나온다. 덩치가 크다 보면 거버넌스 체계 등에 구조적인 문제가 생길 수 있지만, 컨소시엄 형태는 규모의 경제를 달성하는 데 상당한 이점이 있다. 대표적인 것이 중국의 위뱅크(WeBank)와 마이뱅크(MYBank)다.

2015년 1월 영업을 시작한 위뱅크는 텐센트가 지분 30%를 보유한 최대주주로, 리예그룹(Liye Group), 바이에위엔(Baiyeyuan) 등 중국 유명 투자사가 지원하고 있으며 출시 5년 만에 약 2억 명의 사용자를 모았다. 2015년 6월부터 시작한 마이뱅크는 알리바바(Alibaba)의 자회사인 앤트 파이낸셜(Ant Financial), 중국 최대 민영그룹인 상하이 포선(Fosun) 그룹, 자동차 부품업체 완샹(Wanxiang)그룹이 지분을 투자했으며 2천만 명 이상의 중소기업 고객을 보유하고 있다.

홍콩에서는 2019년까지 면허를 취득한 가상은행(virtual bank)으로 불리는 디지털뱅크 8개가 2020년 개업해 계좌개설이나 예금/이체 등과 같은 기본 금융서비스를 제공하기 시작했다. 주요 고객은 디지털 네이티브인 밀레니얼 세대와 스마트폰 사용자, 중소기업이며 개인 고객 대상으로 직불카드, 신용카드, QR코드 결제, 보험서비스, 투자신탁, 개인대출 등의 소매금융 서비스를 제공한다. 중소기업에 대해서는 신청절차를 간소화한 대출 서비스를 제공한다.

한편 싱가포르에서는 2020년 12월 디지털뱅크 라이선스를 취득한 기업들을 발표했다. 총 21개 컨소시엄이 지원했으며 14개로 줄었다가 최종으로 4개 컨소시엄이 선정됐다. 싱가포르 당국이 발행하는 자격은 디지털뱅킹 라이선스(Digital Full Bank, 이하 DFB)와 디지털뱅킹 도매 라이선스(Digital Wholesale Bank, 이하 DWB) 2가지다. DFB의 경우 일반 소비자부터 기업에 이르기까지 다양한 금융서비스와 소매 상품이 취급 가능한 종합 디지털뱅킹 자격이며, DWB는 기업에 한해 금융서비스를 제공하는 디지털뱅킹 도매 자격이다.

〈표 1-4〉 싱가포르의 디지털뱅크 라이선스 확보 기업

컨소시움	디지털뱅크 유형
Singtel and Grab	DFB
Sea Limited	DFB
Ant Financial	DWB
Greenland Financial Holdings, Linklogis Hong Kong, and Beijing Co-operative Equity Investment Fund Management	DWB

아시아 주요 은행의 디지털화 진척 정도를 비교해 보면 DBS은행처럼 서비스의 근간이 되는 시스템의 클라우드화나 기업 문화 혁신 등을 통해 고도화된 디지털화를 구현하는 사례는 거의 없고 대부분은 전통적인 은행서비스의 디지털화에 머물러 있다.

한편, 은행 계좌발급이 어려운 나라일수록 기존 규제의 틀 안에서 디지털뱅크나 핀테크를 활용해 금융포섭을 단숨에 실현하는 소위 립프로그(leapfrog, 개구리 점프) 움직임이 활발하다. 인도네시아 BTPN의 지니어스(Jenius) 및 고젝의 고페이(GoPay), 베트남 VP뱅크의 케이크 디지털뱅크(Cake Digital Bank)와 엠서비스(M_Service)의 모모(MoMo) 등이 있다. BTPN은 연금 수급자를 대상으로 한 작은 은행으로 출발했지만 2008년 사모펀드 사가 인수한 후 혁신의 길을 걷게 된다. 처음에는 소액대출로 성공을 거둔 후 2015년 '지니어스'라는 사내 스타트업을 조직해 인도네시아에서 디지털뱅킹 개척의 선봉에 나서게 되었다.

1만 개의 파트너사를 통해 앱 하나로 모든 생활서비스에 접속하는 베트남의 슈퍼앱 '모모'

출처: doanhnghiephoinhap.vn

인도네시아 디지털뱅킹 개척의 선봉에 나선 BTPN의 디지털뱅킹 '지니어스'

출처: jenius.com

[그림 1-4] 베트남의 '모모'와 인도네시아의 '지니어스'

〈표 1-5〉 각 국가별 디지털뱅크 추진 형태

국가	전통적 은행 서비스의 디지털화	고도로 디지털화된 은행서비스	디지털은행 (기존 규제 틀 내에서)	디지털은행 면허 (신규 취득)
싱가포르	- UOB - OCBC	DBS Bank	- Digibank(인도/인도네시아 등) - TMRW(태국/인도네시아 등)	(싱가포르계) - Grab/Singtel - Sea(중국계) - Greenland - Ant Group
말레이시아	- Maybank - CIMB - Public Bank - RHB Bank - Hong Leong - AMMB			(2022년 초에 새롭게 면허 교부 예정
태국	- SCB - Kasikornbank - Bangkok Bank - KTB - Krungsri		- TMRW(싱가포르) - LINE BK(Kasikorn bank와 공동)	
인도네시아	- BRI - Bank Mandiri - BCA - BNI - BTPN - Bank Danamon		- Jenius - Bank Digital BCA - Digibank(싱가포르) - TMRW(싱가포르) - LINE BK(국내 하나뱅크 공동)	

국가	전통적 은행 서비스의 디지털화	고도로 디지털화된 은행서비스	디지털은행 (기존 규제 틀 내에서)	디지털은행 면허 (신규 취득)
필리핀	- BDO Unibank - MBT - BPI - PNB - RCBC - Security Bank - Union Bank		EON (Union Bank)	- OF Bank (필리핀 Landbank) - Tonik Digital Bank (싱가포르) - UNO bank (싱가포르) - UNION Digital (Union Bank) - GOtyme (싱가포르)
베트남	- BIDV - Vietinbank - Vietcombank - Sacombank - VPBank		- VPBank NEO, Cake Digital Bank(VPBank) - Timo - TNEX	

7. 전통은행의 디지털뱅크화 추진

전통은행은 싱가포르의 DBS은행처럼 스스로 디지털뱅크로 변신하기 위해 기존의 모든 것을 근본부터 뜯어고치고(완전 혁신하여) 자기 완결적이었던 업무를 제3자에게 개방하는 등 보다 편의성을 높여 은행 이용을 촉진하는 방법을 구사하며, 나아가서는 비효율적인 지점업무를 중심으로 디지털화를 추진해 모바일뱅킹으로 수익확대를 도모하고 있다. 마찬가지로 스페인의 BBVA, 미국의 뱅크오브아메리카나 씨티은행 등도 디지털화를 추진한다.

한편, 프랑스 BNP파리바의 헬로뱅크(Hello Bank!), 영국HSBC의 퍼스트다이렉트(First Direct)처럼 혁신과 애자일(민첩)의 기운을 조직 내에 불어넣기 위해 완전히 독립된 디지털뱅크를 설립하여 새로운 고객을 성공적으로 확보한 사례도 있다. 조직을 별도로 분리하는 이유는 기존의 경직된 구조와는 달리 조직의 각 기능 부분을 독립된 단위로 분리하는 모듈형 조직구조(Modular structure)

로 운용하고 고객의 니즈에 맞는 서비스를 보다 간소하게 설계해서 고객 경험을 최적화할 수 있기 때문이다.

전통금융기관이 주도하는 디지털뱅크는 처음에는 미국, 캐나다 등 서쪽 지역에서 주도했지만, 최근에는 아시아, 중동, 아프리카 등 동쪽 지역에 급속한 속도로 확산되고 있다.

디지털뱅크로 성공을 거둔 사례로는 골드만삭스(Goldman Sachs)의 마커스(Marcus), BNP파리바(BNP Paribas)의 헬로뱅크(Hello Bank), DBS의 디지뱅크(Digibank), SBI의 요노(YONO) 등이 있다. 이 기업들의 공통점은 개인 대출에 수수료를 없애고 대단히 경쟁력 있는 금리를 제공하며 카드 없이 현금 인출이 가능하고 소비자 신용카드 발급을 달콤한 무기로 내세운다.

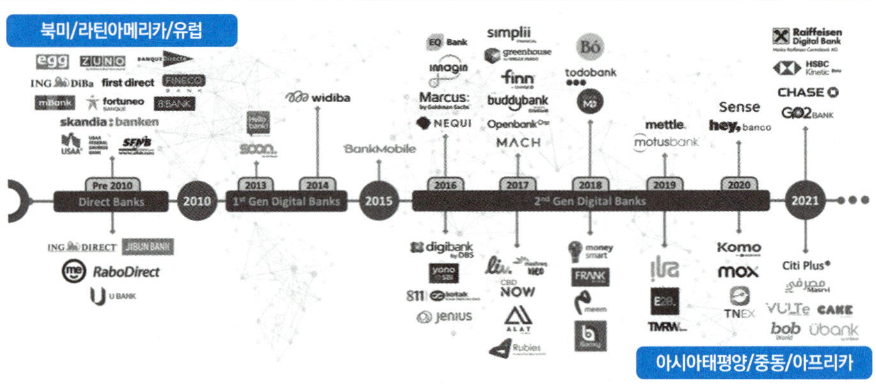

출처: WhiteSight(2021년 9월 기준)

[그림 1-5] 전통은행의 디지털뱅킹 접근 연대기(다이렉트에서 디지털로)

그중에서도 골드만삭스의 마커스는 트랜잭션 뱅킹(Transaction Banking)[3], 대출, 신용카드 등 다양한 분야에서 성공을 거둬 영국과 미국에서 600억 달러

3) 은행이 기업 고객들에 자금관리 서비스, 지급결제, 무역금융 등을 제공하는 것으로 결제 중심의 자금관리 서비스 및 무역금융 등 자금이동 관련 업무를 넘어 외환(FX), 리스크 관리, 자금시장 거래에 대한 자문 등으로까지 영역이 확대되고 있다(서울경제).

규모, 400만 명이 넘는 고객이라는 엄청난 소매금융시장을 잡으며 도약할 수 있었다. 골드만삭스는 비즈니스 다각화를 위해 끊임없이 변신한다. 2021년 7월에는 일본에서 은행 라이선스를 취득했다. 1974년 도쿄에 대표 사무소를 개설한 이래 투자 및 자산관리 비즈니스에 종사했지만 향후 기업 간 국제 정산 및 송금 서비스를 제공할 계획이다.

그러나 조금의 빗방울이라도 없으면 무지개는 빛이 나지 않듯이 전통은행의 디지털화도 실패에 대한 씁쓸한 전례를 누군가에게 남겼기에 성공사례가 빛나는 것 아니겠는가! 가령 JP모건체이스(JPMorgan Chase)의 경우 기존의 모바일 뱅킹 앱(애플리케이션, 이하 앱이라 한다)이 구축된 동일한 백엔드 프레임워크 위에 디지털뱅크를 구축한 잘못된 의사결정으로 결국 디지털뱅크 핀(Finn)을 종료할 수밖에 없었다. 또한, 로열뱅크오브스코틀랜드의 디지털뱅크 보(Bó)는 시장의 성숙과 경쟁의 심화가 뒤섞인 영국 특유의 디지털뱅킹 시장에서 살아나지 못했다.

8. 디지털뱅킹의 4가지 논점

국내 은행권에서도 금융지주사가 인터넷 전문은행 라이선스를 취득할 수 있도록 금융당국이 허가해줘야 빅테크와 형평성이 맞다는 논의가 나오고 있다.

전통은행이 디지털뱅킹 도입을 검토할 때 고민하게 되는 포인트는 다음 4가지다.

논점1. 고객 및 채널 UI

- 모은행과의 시장잠식(cannibalization)을 허용할 것인가, 통제하면서 분리할 것인가
- 채널 및 UI를 분리할 것인가, 통합할 것인가

논점2. 상품

- 상품설계를 모회사와 공동으로 할 것인가, 상품군을 자체적으로 구성할 것인가
- 타사 상품과 제휴할 것인가, 자사 상품만 판매할 것인가

논점3. 운용 시스템

- 기존 시스템을 사용할 것인가, 새로이 구축할 것인가
- 코어 뱅킹시스템을 공동으로 쓸 것인가, 독자적으로 구축할 것인가

논점4. 거버넌스

- 위의 모든 사항을 새로 설립하는 회사에서 검토할 것인가, 자사에서 의사결정할 것인가

해외사례를 통해서 보면 은행 자회사로 설립할 경우 은행의 안정적인 경험과 시스템을 이식할 수 있다는 장점이 있으나 차별화된 상품 구성이 어려워 기존 서비스의 시장잠식이 일어날 우려가 있고, 완전히 새로운 회사로 설립할 경우 신속한 의사결정 체계와 상품 구성의 차별성 등이 보장되지만, 인적·물적 자원을 공유하기 어려워 독자적인 생존역량이 필요하며 특히 고객 정보 공유 금지 문제가 선결되어야 한다.

2절 디지털뱅크의 본질

1. 뱅킹서비스의 디지털화≠디지털은행

은행서비스에서 '디지털'이란 무엇을 말하는가? 전통적으로 은행 업무는 오프라인 점포를 열고 은행원을 통해 서비스를 제공해왔다. 고객은 창구에서 계좌를 개설해 입금, 대출, 기한 상환과 같은 서비스를 이용하는 과정에서 반드시 지점을 방문하여 은행원의 손을 거쳐 업무를 처리해왔다. 즉, 모든 서비스는 지점에서 은행원을 통해 처리한다고 상정하는 것이 전통은행이다.

반면 디지털뱅크는 위의 모든 서비스를 사람을 거치지 않고 앱을 통해 처리한다. 유럽의 디지털뱅크가 앱의 사용자 인터페이스(UI)의 편의성에 역점을 두는 것은 앱의 UI야말로 디지털뱅크의 차별화를 의미하기 때문이다. 단적으로 말하자면 '디지털뱅크' 의 디지털은 '사람(은행원)을 매개로 삼지 않는다'는 것을 의미한다.

일본 최초의 디지털뱅크인 민나노깅코(みんなの銀行 ; '모두를 위한 은행'이라는 뜻)[4]'가 2021년 5월 28일부터 서비스를 시작했다. 일본에는 인터넷 은행[5]이 이미 총 10개 사가 존재한다. 점포망 없이 인터넷을 통해 서비스를 제공한다는 점에서는 인터넷 은행이나 디지털은행이나 똑같은 거 아닌가? 라는 질문이 나올 것이다.

이와 관련해서는 전문가 사이에서도 의견이 분분하지만, 일본에서는 기존의 인터넷 은행은 디지털뱅크가 아니라고 단언한다. 그 이유는 해외의 디지털뱅크

---

4) 후쿠오카 파이낸셜그룹의 100% 자회사로 설립

5) 일본에는 재팬넷은행(현재 '페이페이' 은행)이 최초의 인터넷 은행으로 2000년 출현한 이래 현재 소니은행·이온은행·라쿠텐은행 등이 있다. 공식적으로는 '인터넷 전업은행'이라는 명칭을 쓰며, 통상 인터넷 은행 또는 넷은행이라고 부른다.

와 일본의 인터넷 은행은 백엔드 시스템이 본질적으로 다르기 때문이다. 일본 인터넷 은행은 지점을 두지 않고 온라인상에서 가상 지점을 설립하여 서비스를 제공하지만 그 서비스를 보완하기 위한 콜센터 기능을 반드시 갖추고 있다. SBI은행처럼 일부 인터넷 은행도 최근에는 모바일 앱을 제공하지만 앱으로 모든 서비스를 처리하는 게 아니라, 잔액 조회나 체크카드 이용내역 조회 등 일부 서비스만 앱으로 제공하고 송금이나 정기예금 입금 등 서비스 대부분은 웹 사이트에서 은행 계좌에 접속해 처리해야 한다. 그렇다면 이것은 서비스가 디지털화 되었다고 말할 수는 있어도 디지털뱅크로 칭할 수는 없다고 이해하는 편이 적절하다.

케이뱅크, 카카오뱅크는 '인터넷 은행'이라고 부른다. 그렇다면 이 두 은행은 '디지털뱅크'인가? 일본 최초의 디지털뱅크인 민나노깅코 사례를 살펴본 후에 알아보기로 하자.

2. 모든 이를 가치 있게 연결하는 민나노깅코

민나노깅코는 세계 3대 디자인상 중 하나인 레드닷 디자인 어워드 2021(Red Dot Design Award 2021)의 '브랜드 & 커뮤니케이션'에서 3개 부문에 동시에 수상하는 영예를 누렸다. 특히 브랜드 부문에서는 '최우수 브랜드상(Brand of the Year)'을 수상했는데 일본기업 최초이자 금융서비스로 수상하게 된 것은 '세계 최초'이어서 민나노깅코에 관심이 쏠렸다.

지금까지 일러스트레이션을 브랜드 도구로 사용한 기업은(은행은 말할 것도 없고) 민나노깅코가 유일하며 간결한 디자인 요소를 최대로 살렸다. 서비스가 디지털 네이티브 세대에 초점을 맞추고 있어 깔끔하고 군더더기 없는 인터페이스 구성, 젊은이들의 라이프스타일을 통합한 패션과 다양성을 표현함으로써 은행의 전형성을 탈피한 브랜드 이미지를 선보였다.

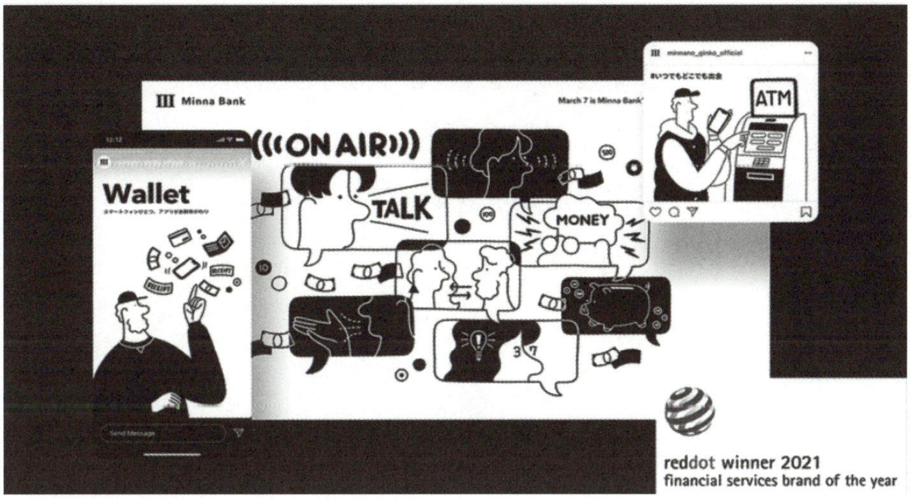

출처: 민나노깅코

[그림 1-6] 레드닷 디자인 어워드 2021에서 3개 부문을 수상한 '민나노깅코'

1) 서비스 개요

민나노깅코는 후쿠오카 파이낸셜그룹(이하 FFG)이 밀레니얼 세대(24-38세)와 Z세대(23세 미만)를 타깃으로 완전히 새롭게 구축한 디지털은행으로 스마트폰으로 모든 거래를 처리한다. FFG에서는 디지털 플랫폼을 통해 은행상품을 중개판매하는 아이뱅크(iBank)를 운영해왔다. 아이뱅크는 은행의 프론트엔드를 변경한 것에 불과하지만 민나노깅코는 백엔드까지 새롭게 개편한 챌린저뱅크이며 나아가 데이터를 활용해 은행을 완전히 새롭게 정의하는 디지털뱅크를 지향한다.

민나노깅코는 단순하고 직관적인 UI가 특색으로 기존 은행이나 인터넷 은행의 금융서비스와는 달리 은행의 사업 영역을 넘는 금융서비스를 구현하고, 외부 생태계와의 연계, 디지털 기반의 개인 맞춤화 기능, 클라우드의 전면 도입을 통한 원가 경쟁력 등을 특징으로 삼는다. 현재는 액센츄어와 협력해 시스템을 구축하지만 앞으로는 내재화를 통해 비용 경쟁력을 강화해 나갈 예정이다.

앱으로 계좌를 개설하며 필요한 서류(운전면허증·여권·주민등록증 또는 개인번호나 사진이 부착된 주민카드·정부기관이 발행한 서류)를 준비하고 필요한 정보를 입력한다. 앱의 화상 통화로 본인확인(eKYC)를 거친 후 비밀번호를 설정하면 계좌개설이 끝난다. 신청자는 일본국적자에 한하고 일본에 거주하는 15세 이상이 대상이다.

2) 서비스 영역

민나노깅코의 사업영역은 크게 B2C(소비자 금융서비스), B2B2X(이종업종을 포함한 법인 생태계), 뱅킹 시스템(Banking-as-a-Service) 제공으로 구분된다.

그중에서 B2C는 모바일 앱을 통해 계좌개설·입출금·이체·목적별 예금 지원·소득 및 지출 관리·직불카드 발급·창업자금 융자 등에 관련된 기능을 제공한다. 주요 고객층은 약 4,280만 명으로 액센츄어 조사에서는 그중 83%가 온라인뱅킹이나 온라인 결제에 익숙해 민나노깅코의 잠재고객은 약 3,500만 명으로 추산한다. 전 생애 연령인구에서 차지하는 비율은 현재 33% 수준이지만 2030년에는 60%가 되는데 그때 선택받는 서비스가 되기 위해 지금부터 고객의 포섭에 나서는 것이다.

월 600엔(1년 무료 체험 기간 포함)의 '프리미엄 서비스'도 있다. 직불카드 캐시백 비율을 1%로 높여주고(일반회원은 0.2%) ATM 인출 수수료가 월 최대 15회까지 무료이며, 타행 송금 수수료는 월 최대 10회까지 무료다. 또한 잔고가 부족할 경우 최대 50,000엔까지 자동으로 적자를 충당해주는 '커버' 기능도 사용할 수 있다.

언제나 어디서나 손끝 하나로

경쾌한 인터랙션

캐쥬얼한 일러스트

단순하고 직관적인 디자인

출처: 민나노깅코

[그림 1-7] 365일 24시간 스마트폰으로 계좌개설이 완결되는 '민나노깅코'

3) 시스템 영역

민나노깅코의 시스템은 FFG 산하의 시스템개발 자회사인 제로뱅크 디자인 팩토리가 구축한 차세대 뱅킹시스템 '제로뱅크 코어 솔루션(Zerobank Core Solution)'을 활용한다. 이 시스템은 액센추어를 개발 파트너로 삼으며 일본 금융기관으로는 최초로 계정계 시스템을 구글 클라우드 플랫폼(Google Cloud Platform)으로 구축했다. 일본 최초로 전국은행데이터통신시스템과도 연결했다. 마이크로서비스와 API를 기반으로 한 아키텍처를 도입했으며 비즈니스 로직과 업무 프로세스도 자동화를 전제로 설계되었다. 민나노깅코은행(B2C) 이외의 외부 파트너에게 뱅킹서비스를 제공하는 BaaS 비즈니스를 개발해 서비스하고 있다.

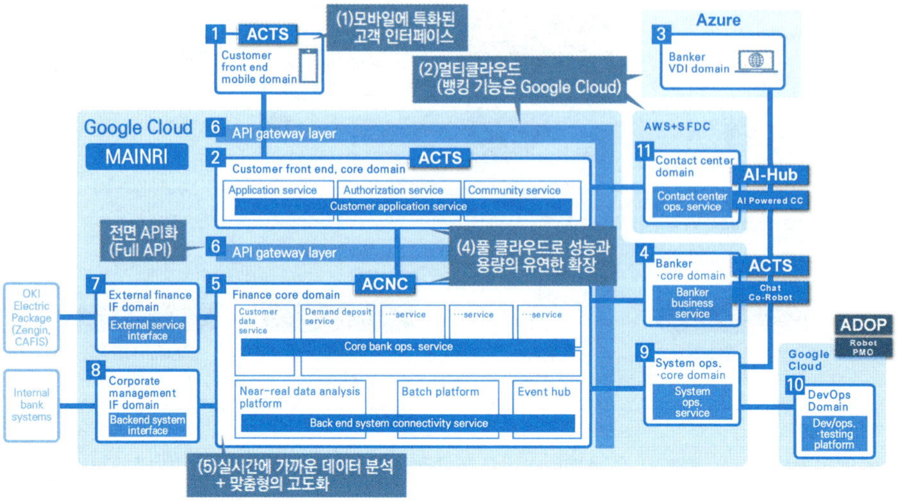

출처: 액센츄어

[그림 1-8] 기술로 디지털뱅킹 비즈니스를 지원하는 민나노깅코의 시스템 구조

4) 향후

FFG는 규슈(九州)[6]에 기반을 두고 있지만 민나노깅코는 디지털 네이티브를 대상으로 온라인으로 완결하는 서비스이므로 전국적인 확장을 전제로 한다. 웹을 통한 마케팅 활동에 중점을 두며 디지털 네이티브 세대의 40%는 수도권에 거주하기 때문에 수도권을 중심으로 고객 기반을 확대해 나간다. 또한 BaaS를 이용한 솔루션 상품을 빨리 시장에 출시하겠다는 포부가 있다.

또한 '모든 이에게 가치 있는 연결을 제공하겠다'는 기업철학을 바탕으로 고객마다 개인화된 서비스를 제공하면서 디지털 마케팅을 활용해 고객 니즈에 맞는 서비스 개발을 적극 추진해 간다. 현재 약 100명이 은행원 출신이지만, 60%는 비금융 출신이며, 그중 60%는 IT 엔지니어·데이터 사이언티스트·마케팅 출신이다.

6) 일본열도를 구성하는 4대 섬 중 가장 남쪽에 있는 섬

고객 데이터를 활용하여 B2B2X 사업을 통해 다양한 가치를 창출하고 제공해 나갈 계획이며, 은행 시스템(BaaS) 제공 사업에서는 디지털 비즈니스를 추진하는 다른 금융기관 대상으로 계정계 시스템 등의 기능을 판매할 예정이다.

3. 민나노깅코를 통해본 디지털뱅크의 본질

코로나19 이전에도 국내 모든 은행이 모바일뱅킹서비스를 제공해왔지만 대부분 영업점에서 이용 가능한 서비스를 온라인으로 일부 옮겨놓는 접근법을 취했다. 그렇다면 국내 최초의 인터넷 은행인 케이뱅크나 카카오뱅크는 '디지털뱅크'인가? 해외사례나 민나노킹코 기준에 비춰보면 디지털뱅크가 아니다.

첫째 채널만 온라인/모바일로 옮겨갔을 뿐 예대마진에 의존하는 수익구조는 기존 은행과 같다. 둘째 특정한 타깃군을 대상으로 뭘 어떻게 하겠다는 자체 서비스 철학은 없고 비대면 주택담보대출이나 가상화폐거래소 계좌개설 시 은행 계좌 실명인증처럼 기존의 대면 서비스를 비대면으로 옮겨가는 영역을 탈피하지 못한다. 셋째 비금융서비스 진출이나 BaaS 등 생태계를 키워 외연을 확대하거나 B2C를 벗어나 B2B 시장을 개척하겠다는 장기 전략은 보이지 않는다.

디지털뱅크의 존재 가치는 영업점과는 별개의 금융서비스를 저렴한 수수료로 제공할 뿐 아니라 비금융분야를 포함한 다양한 서비스를 생태계 기반에서 개인화해서 제공하는 데 있다. 즉 기존 영업점의 틀을 벗어나 디지털이기 때문에 구현할 수 있는 새로운 가치를 찾아야 한다.

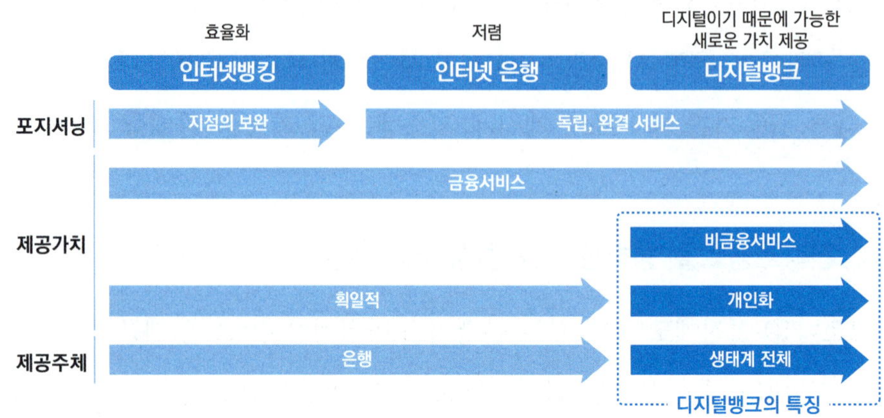

[그림 1-9] 디지털뱅크가 제공하는 가치

예를 들면 주택담보대출은 이러한 접근방식이 유효한 영역 중 하나다. 주택구매에 필요한 융자상품을 제공할 뿐 아니라 부동산 회사 및 보험, 자동차 등 주택을 중심으로 생활을 둘러싼 모든 측면에 대한 조언을 고객 한 사람 한 사람의 니즈에 맞춰 개인화해주거나 구독형 기반의 서비스로 패키지화하는 등 생태계를 통해 디지털만의 가치를 창출할 수 있게 된다.

법인용 디지털뱅크도 잠재력이 큰 영역이다. 최근 이 분야에서 다양한 서비스를 제공하는 플레이어가 등장하기 시작했지만 다양한 고민거리를 안고 있는 기업(가령, 중소기업)의 요구에 포괄적으로 대응하는 플랫폼은 거의 없다. 은행의 높은 신용도를 바탕으로 이종업종과의 제휴를 통한 디지털 서비스로 고객 요구에 대한 이해도를 높여가면서 금융서비스가 가진 부가가치를 곁들여 간다. 소위 이종업종 대상 디지털 서비스와 금융기능을 결합한 원스톱 플랫폼을 구현하면 상대적으로 빅테크와의 경쟁 구도를 형성하지 않는 영역에 자리매김할 수 있을 것이다.

3절 디지털 경제권의 대두

1. 플랫폼 사업자의 습성을 생각한다

금융은 경제에서 지금까지 디지털화가 가장 앞선 분야였다. 특히 은행이나 신용금고 등은 약 반세기 전부터 디지털화를 추진해 왔다. 현재도 대다수 은행이 컴퓨터 센터를 갖추고 다수의 ATM기기를 배치하고 있는 것도 그 예의 하나다. 그러나 지금 진행되고 있는 디지털화의 양상 속에서는 더 큰 변화가 요구된다.

전 세계적으로 디지털 화폐에 대한 검토와 실험이 가속화하는 주요 요인 중 하나는 중국의 앤트그룹이나 미국의 메타('페이스북'에서 사명 변경)와 같은 빅테크 기업이 디지털 화폐 분야로 진입하는 것을 들 수 있다. 실제로 지금 전 세계에서 주목을 끌고 있는 디지털 결제를 떠올리면 대부분은 알리페이, 위챗페이, 애플페이, 아마존페이, 구글페이, 메타가 주도하는 디엠(Diem), 국내에는 네이버페이, 카카오페이가 거의 독점하는 형국이다.

이러한 현상을 자세히 살펴보면 자사의 채무를 결제 수단의 형태로 제공하거나, 사업자마다 차이는 있을지언정 신용카드·선불충전계좌·직불카드 등 다른 결제 수단을 쓸 수 있게 플랫폼을 제공하는 형태로 이미 디지털 결제시장에서 엄청난 진입 장벽을 쌓아놓았다. '내 손안의 금융'을 쥐다 보니 금융이나 경제에 막대한 영향력을 미치고 있다.

[그림 1-10] 미국 vs. 중국 vs. 한국의 빅테크

플랫폼 사업자가 금융분야에 본격적으로 진입한 사례는 이미 미국·중국·일본·한국 등에서 찾아볼 수 있다. 플랫폼 사업자가 금융분야에 진출하는 과정에서 생기는 여러 문제는 흔히 플랫폼 사업자가 기존에 누려온 막대한 시장 지배력과 관련이 있다. 비금융기업인 핀테크 기업이 금융업에 진출한 사례는 이미 세계 도처에서 찾아볼 수 있지만, 시장 패러다임을 주도하는 메타나 알리페이, 위챗페이와 같은 거대 플랫폼 사업자는 그러한 높은 시장 지배력을 배경으로 금융분야에서 단숨에 독점·과점 상태를 만들어낼 가능성이 상당히 농후하다.

플랫폼 사업자의 플랫폼 위에서 여러 기업이 상품 개발 및 사업 등의 활동으로 협력 관계를 맺고 산업의 경계와 국경을 넘어 공생해 가는 폭넓은 구도가 일단 형성되고 나면 제아무리 막강한 경쟁상대라고 해도 그에 대항할 만한 생태계를 만들기란 거의 불가능에 가깝다. 또한 시장 지배력을 높인 플랫폼 사업자는 네트워크 효과를 배경으로 시장 점유율을 더욱 확대해 또 다른 진입 장벽을 단숨에 쌓을 수 있게 된다.

〈표 1-6〉 각 국가 빅테크의 금융사업 진출 현황

빅테크	핵심사업	은행	소비자금융	결제	자산운용	보험
구글(미국)	온라인 검색	✔		✔		
애플(미국)	스마트폰			✔		
메타(미국)	SNS			✔		
아마존(미국)	전자상거래		✔	✔		✔
알리바바(중국)	전자상거래	✔	✔	✔	✔	✔
바이두(중국)	온라인 검색	✔	✔	✔	✔	✔
텐센트(중국)	SNS	✔	✔	✔	✔	✔
NTT도코모(일본)	통신	✔	✔	✔		
라쿠텐(일본)	전자상거래	✔	✔	✔	✔	✔
네이버(한국)	검색		✔	✔	✔	✔
카카오(한국)	SNS	✔	✔	✔	✔	✔

중국 당국은 온라인플랫폼 업체를 상대로 반독점 조사, 과징금, 상장 폐지 압력 등 상당히 고강도의 제재를 적용해왔다. 2020년에는 알리바바의 금융 자회사인 앤트그룹의 기업공개(IPO)를 무산시켰으며 뉴욕 증시에 상장된 중국 차량 공유 업체 디디추싱은 데이터 유출을 우려한 중국 정부의 압박에 2021년 상장 폐지를 결정했다.

중국 당국이 알리페이에 대한 규제를 단번에 강화한 배경에는 비금융 사업자인 플랫폼기업이 그간 축적해온 빅데이터를 무기로 금융사업에서 독점적 시장 지위를 차지해 전통적인 금융산업에 심각한 영향을 미칠 수 있으며 금융 시스템의 안정성을 크게 저해할 위험이 있기 때문이다.

또한, 플랫폼 사업자는 금융서비스를 제공하는 기존의 금융기관과 경쟁함과 동시에 금융 인프라를, 즉 플랫폼을 제공하는 역할을 맡게 된다. 다른 금융기관이 그 플랫폼을 사용할 때 높은 수수료를 얻게 되는 것이다. 알리페이의 신용평가 시스템인 즈마신용(芝麻信用)이 전형적인 그 예에 해당한다.

2. '라쿠텐은 은행이 될 수 있지만 은행은 라쿠텐이 될 수 없다'

전 세계적으로 핀테크 기업들이 은행업으로 진출하고 있다. 유럽에서는 은행 라이선스를 취득하는 것이 수월해서 스타트업을 중심으로 한 디지털뱅크의 출현이 가속화되고 있으며, 이에 맞서 기존 은행들도 디지털에 특화된 사업부문을 별도로 설립해 주도권을 놓치지 않으려고 한다. 미국에서는 연방예금보험공사(FDIC)가 핀테크 기업에 은행 라이선스를 부여한다.

일본에서는 2000년대부터 일반 회사가 은행 업계에 활발히 진출해 왔지만 은행은 금융시스템의 안정성 확보라는 측면에서 이종업종으로 진출이 제한된다. 본업과 다른 성격의 위험(리스크)에 노출되면 건전성에 침해가 가기 때문이다. 현재 일본에서 일반 회사가 보유한 은행은 소매유통 계열인 이온은행·세븐은행·로손은행, 통신회사 계열인 au지분은행, IT계열인 라쿠텐은행·페이페이은행, 제조사 계열인 소니은행이 있다. 이 중에서 예금 잔액이 많은 은행은 이온은행과 라쿠텐은행으로 둘 다 3.9조 엔(약 40조 9천억 원) 수준이다. 참고로 국내 5대 시중은행(KB국민·신한·하나·우리·NH농협)의 정기예금 잔액(2021년 12월 3일 기준)은 약 658조 원이다.

한편 일본에서는 핀테크 기업에 대한 규제 완화도 계속 이루어져 은행 계좌정보를 가계부 앱과 연결하는 '오픈 API'를 추진하고 스마트폰으로 여러 금융상품을 판매하는 '금융서비스 중개업'도 도입했다. 또한 비은행 사업자도 일정한 규정을 준수하면 100만 엔 이상의 고액 송금 서비스도 가능하다.

일본 은행업계에서는 이렇게 일반 회사나 핀테크 기업은 은행업에 자유롭게 진출하도록 물꼬를 터주면서 은행에만 오만가지 이유를 들어 규제를 부과하는 현실을 '라쿠텐은 은행이 될 수 있지만, 은행은 라쿠텐이 될 수 없다'로 빗대어 표현한다. 결국 송금·예금·대출 등 똑같은 기능을 제공하면 똑같은 규제를 부과하는 '동일기능·동일규제' 원칙을 적용해야 마땅한데 현실은 그렇지 않으니 '도대체 왜 나한테만 이렇게 심하게 하는 거야?'하는 불만의 목소리가 은행업계에서 터져 나올 수밖에 없다.

우리나라도 네이버파이낸셜과 카카오 등의 빅테크가 금융업을 수행하기 때문에 은행과 동일한 규제를 적용하는 것이 형평성에 맞지만 본업이 다르므로 지금으로서는 동일기능·동일규제를 적용할 수 없어 논의가 계속되고 있다. 또한 금융지주 계열사 간 영업 목적의 정보 공유가 제한되어 시너지를 창출하는 데 어려움이 따르며, 신규 부수업무를 사전 신고할 때 고유업무와의 관련성을 지나치게 고려해 심사하기 때문에 새로운 것을 시도하려면 넘어야 할 산이 많은 것이 현실이다.

〈표 1-7〉 은행의 업무 구분

구분	내용	예시
고유업무	전업주의하에서 타 업권은 영위할 수 없는 업무	예적금 수입, 유가증권 또는 채무증서 발행, 자금 대출, 어음할인 및 내·외국환
부수업무	고유업무에 부수하는 업무(통상 본업과의 관련성이 높음)	채무보증, 어음인수, 상호부금, 보호예수 등
겸영업무	다른 업종의 업무 중 은행이 영위할 수 있는 업무(통상 본업과의 관련성이 낮음)	신용카드업, 퇴직연금사업, 펀드·보험 판매업 등

3. 금융업이 본업이 아니라는 강점

본업이 아닌 금융업으로 돈을 직접 벌 수는 없더라도 본업인 온라인 서비스 등으로 수익을 낼 수 있으면 된다는 플랫폼 사업자의 사고는 상당히 큰 강점으로 작용한다. 그렇기 때문에 금융서비스는 매우 낮은 가격으로 제공할 수 있으며 이것이 기존의 은행에 비해 높은 경쟁력을 갖출 수 있는 비결이다.

예를 들어 알리바바 그룹 산하의 앤트그룹이 제공하는 알리페이 앱은 고객의 구매 이력으로 얻은 데이터를 본업인 온라인 쇼핑에 이용해 알리바바 그룹은 엄청난 이익을 거둬 왔다. 가령 특정한 제품을 자주 구매하는 고객에 대해서는 해당 상품으로 타깃을 좁힌 광고를 노출해 효율성을 높여 매출 증가를 기대할 수 있다. 알리페이가 개인 사용자에게는 수수료를 부과하지 않는 데도 비즈니스가 성립하는 이유에는 이러한 배경이 있다. 또한 서비스를 무료 제공해 사용자 수를 늘릴 수 있다면 수집할 수 있는 데이터의 양도 증가하고, 이를 분석해 사용자에게 보다 품질 높은 서비스를 제공하면서도 스스로 수익을 창출할 수 있다. 한편 사용자에게는 '같은 앱을 계속 사용하는 장점이 늘어나' 네트워크 효과가 생긴다.

그러나 은행의 입장에서는 금융서비스는 본업 중의 본업이다. 그리고 지금까지 수수료를 거둬 사업을 끌고 왔다. 은행이 스마트폰 결제 서비스에 본격적으로 올라타면 플랫폼 사업자와 마찬가지로 고객의 거래 이력을 수집할 수 있지만 플랫폼 사업자처럼 이를 본업에 활용하는 것은 어렵다. 따라서 은행이 수수료 수입을 고수하게 되면 디지털 결제 서비스 분야에서 플랫폼 사업자와 경쟁하기란 불가능하다. 또한 은행은 지불 인프라에 이미 막대한 금액을 쏟아 붓고 있다. 안정적인 은행 간 결제 시스템, 언제든지 인출 가능한 ATM 등 결산 업무와 관련된 레거시 인프라에 막대한 금액을 투자해 왔다. 레거시 비용이 없는 플랫폼 사업자와 디지털 결제 분야에서 경쟁하더라도 은행이 뒤처지기 쉽다.

약 3억 5천만 명의 일반 사용자와 2,900만 가맹점을 거느린 페이팔(Paypal)은 PNC파이낸셜서비스그룹·시티그룹·트루이스트파이낸셜그룹 등과 같은 은행보다도 시장 가치가 높다. 2020년 조사에 따르면 소비자들은 여전히 자신의 재정적인 니즈를 해결하는 데 있어 은행을 가장 신뢰하지만 페이팔의 신뢰도가 2019년 5%에서 2020년 19%로 상승했다. 페이팔은 막강한 생태계 장악력을 바탕으로 결제, 쇼핑, 금융서비스, SNS 등을 아우르는 슈퍼앱(Super-app) 암호화폐 지갑 서비스 론칭을 계획한다.

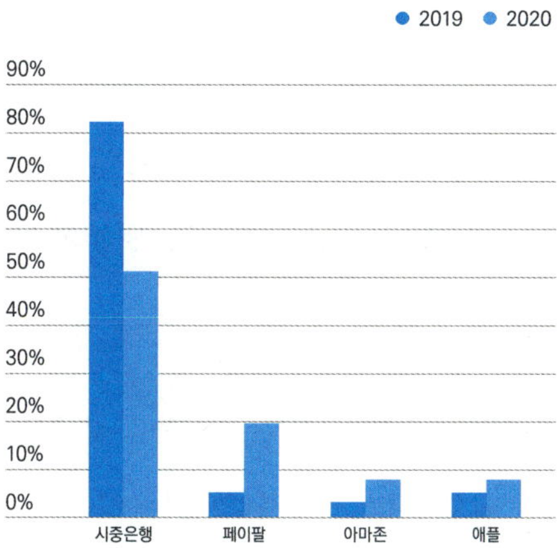

출처: BAI

[그림 1-11] 재정적 니즈 해결에 선호하는 기관

출처: onepercentamonth.com

[그림 1-12] 페이팔의 슈퍼앱 청사진

전 세계 기관 투자자들은 예금 물량에만 의존하는 은행들이 미래에 크게 성장할 가능성은 작아서 투자를 자제하자고 말한다. 결국 예금 금액에만 의존하는 은행은 투자자가 포기한다는 것을 시사한다.

4. 빅테크의 디지털 화폐시장으로의 진입

디지털 화폐 디엠(DM)은 달러 등의 안전자산과 연동(Pegging)되어 가치가 고정되는 스테이블 코인(Stablecoin)이라는 점이 특징이다. 그러나 실제로는 디엠의 구상안이 공표된 시점(2019년 6월) 이전에도 USD 코인(USDC), 팍소스(PAX), 트루USD(TUSD) 등의 스테이블 코인이 이미 시장에 존재했다. 그렇다면 디엠은 어째서 순식간에 큰 주목을 받게 된 걸까? 결국 이것 역시 주도세력이 미국 GAMA[(Google·Amazon·Meta; 페이스북에서 사명변경·Apple, 이하 GAMA)], 중 하나로 전 세계 20억 명 이상의 사용자를 보유한 메타였기 때문이라 할 수 있다.

중국 디지털 위안화도 그 목표 중 하나는 중국의 BAT(Baidu·Alibaba·Tencent)에 속하는 알리바바 그룹과 텐센트 그룹이 운영하는 알리페이와 위챗페이의 세력을 제압하려는 것이다.

중국에서 '없으면 생활이 도저히 불가능하다'는 평을 얻을 정도로 중국인의 일상에 깊이 침투해 있는 간편결제 서비스 알리페이는 중국 알리바바 그룹의 금융 자회사인 앤트파이낸셜서비스그룹(이하 앤트그룹)이 운영한다. 앤트그룹이 2020년 8월 25일, 중국판 나스닥 커촹반(科创板)과 홍콩연합증권교역소에 기업공개(IPO) 신청서를 제출하자 11월 5일로 예정되어 있던 역대급 최대 규모(약 37조 5,153억 원의 자금확보 전망) IPO에 전 세계에서 초미의 관심이 쏠렸다. 그러나 11월 3일 상하이 증권거래소는 앤트그룹의 상장 유예를 공표했다. 이유는 전 알리바바 그룹 회장인 마윈(马云)이 중국 금융기관에 대한 강도 높은 비판[7]을 한 것이 불씨가 되었다.

---

7) 중국 금융기관은 저당을 기반으로 하는 '전당포 사상'으로 운영한다며 비판

금융업에 진입하는 빅테크에 GAMA나 BAT만 있는 게 아니다. 최근 몇 년 동안 다른 나라의 빅테크 기업도 잇따라 디지털 결제 분야에 진입해 가고 있다. 대표적인 예로는 싱가포르 그랩(Grab)의 그랩페이(Grab Pay), 인도네시아 고젝(GoJek)의 고페이(GoPay), 중남미의 아마존이라고 불리는 메르카도 리브라(Mercado Libra)의 메르카도 파고(Mercado Pago) 등이 있다.

출처: harapanrakyat.com

[그림 1-13] 고젝의 전자결제 시스템 '고페이'

출처: woosync.com.ar

[그림 1-14] '메르카도 파고'는 암호화폐 결제도 받는다

5. 카카오페이나 네이버페이로 월급 쏴주세요~

예전에는 월급날이나 각종 공과금 납부 마감일이면 은행 지점이 발 디딜 틈 없이 문전성시를 이루던 때도 있었다. 그러나 이제 급여나 공과금이 모두 모바일로 이체, 납부를 실시간으로 할 수 있으니 은행에 찾아갈 명분 자체가 줄어들고 있다. 즉 은행에는 더는 예전에 처리하던 업무가 존재하지 않는다고 해도 과언이 아니다.

일본에서는 2023년 4월부터 기업이 급여를 은행 계좌를 거치지 않고 스마트폰 결제 앱이나 전자화폐를 사용하여 송금하는 '급여의 디지털 지급 정책'을 도입한다. 페이페이(PayPay)·라인페이(Line Pay)·메루페이(Merpay) 등 자금결제법에 따라 자금이동업자로 등록[8]한 사업자의 계좌로 급여가 바로 입금되는 것이다. 단, 입금 계좌 잔고가 100만 엔(약 960만 원)을 넘는 경우 자금이동업자는 은행 계좌 등으로 당일 자동 송금해야 한다. 일본에서는 출산율 감소와 고령화에 따른 근로자 인구 감소로 외국인 근로자의 수가 늘어나고 있으나 대부분 일본에서 은행 계좌를 개설하기 어려워서 급여의 디지털화가 필요하다는 분위기가 2015년부터 조성되었으며 최근 들어서는 무인매장의 증가, 코로나바이러스 감염증 예방 등 차원에서 급여의 디지털화에 속도가 붙기 시작했다. 더구나 일본은행도 2021년 4월부터 중앙은행 디지털 화폐(Central Bank Digital Currency, 이하 CBDC)에 대한 데모 테스트를 시작해 조만간 엔화 자체가 디지털화가 될 날이 머지않았기 때문에 이는 거스를 수 없는 대세가 되었다. 소프트뱅크와 라인은 이미 자사의 디지털 결제 서비스인 페이페이와 라인페이로 직원들에게 인센티브를 지급한다. 물론 아직은 인프라가 완전히 갖추어지지 않았고, 안전성이 담보되어 있지 않다는 이유로 반대하는 사용자도 약 40%가량 된다(일본 트렌드 리서치 조사 결과 2021년 4월 9일, 1,000명 대상).

회사에 입사하면 가장 먼저 하는 일이 급여이체 계좌 지정과 통장 사본제출이었는데 조만간 국내에서도 급여를 카카오페이나 네이버페이로 송금할 날이 머지않았을지도 모른다. 그렇게 되면 통장에 또박또박 입금되던 근로자들의 월급을 쥐락펴락하던 은행의 입지와 역할은 당연히 약화, 축소될 수밖에 없다.

---

8) 2021년 5월 31일 기준으로 일본에서 80개 업자가 등록

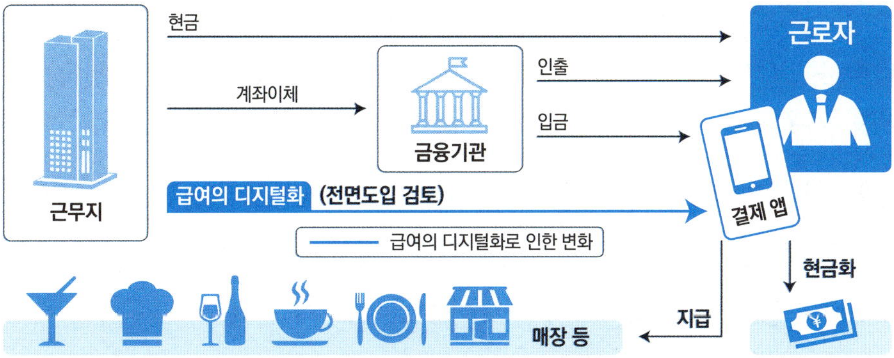

[그림 1-15] 금융기관을 경유하는 현재의 이체 방식과 디지털화 방식(일본 예시)

6. 중앙은행이 디지털 화폐를 검토하는 배경

각 나라 중앙은행이 디지털 화폐(CBDC; Central Bank Digital Currency)[9]를 심각하게 검토하게 된 배경에는 디지털 기술의 발전이나 비트코인, 이더리움과 같은 가상화폐의 부상 등을 꼽을 수 있다. 이제 각 나라에서 디지털 화폐라는 것이 전혀 생소한 개념이 아니다.

독자 여러분 중에 국내 최초의 전자화폐로 한때 떠들썩한 주목을 받았던 케이캐시(K-CASH)를 아는 사람이 몇 명이나 되는지 모르겠다. 케이캐시는 1999년 국민의 소액결제 이용 편의를 높이려고 한국은행이 금융결제원, 은행권과 함께 추진한 국내 최초 법정 전자화폐로 실명계좌를 기반으로 충전해 사용하는 IC칩 형태의 플라스틱 카드였다. 즉 우리나라에는 CBDC가 출현하기 훨씬 이전부터 국내 「전자금융거래법」상 유일한 법정통화 전자화폐의 지위를 20여 년간 유지해 온 전자화폐가 존재해왔던 것이다. 그러나 케이캐시는 2020년 12월 15일 자로 서비스가 종료되면서 역사의 뒤안길로 사라지게 됐다. 한국은행에 따르면

9) 디지털 화폐는 중앙은행이 전자적 형태로 발행하는 화폐로, 중앙은행이 발행하기 때문에 블록체인의 탈중앙화 이념에는 반하지만 디지털 화폐라는 점에서는 암호화폐와 맥락이 같다.

케이캐시의 이용건수는 2004년 이후 줄곧 감소해 월 사용액은 연간 1,000만 원 이하, 월 사용액은 80만 원에도 미치지 못한다. 케이캐시는 충전(월 충전 한도 50만 원)이 번거롭고 사용 용도가 제한적이라는 태생적 약점을 가지고 있었으며 당시 티머니, 캐시비 등 선불 교통카드사업자의 점유율이 높아지고 이후 스마트폰 보급과 더불어 간편결제나 모바일 금융서비스들이 대거 나타나면서 시대의 흐름을 따라가지 못한 탓이 크다. 그래서 소위 '이 바닥'에서 케이캐시의 흥망성쇠를 지켜본 이들에게는 '중앙은행이 발행하는 디지털 화폐 CBDC'라고 호들갑스러워하는 이들의 지나친 관심을 '금융산업에 대해 무지한 까닭'으로 돌리곤 한다. 어쨌든 한국은행은 케이캐시가 종료되고 나서 2021년부터 블록체인 기반 법정화폐인 CBDC 모의실험에 돌입했으니 CBDC가 케이캐시의 바통을 이어받은 셈이다.

출처: 아시아경제(2009.10.25.)

[그림 1-16] 국내에서 유일했던 법적 전자화폐 '케이캐시'

한편 현금대국 일본의 사정을 보자. 일본이 디지털금융에 뒤처지게 된 이유 중의 하나는 일찍이 선불형 충전식 플라스틱 카드가 대대적으로 보급된 데 기인하며 그중에서도 일본 최대 철도회사인 동일본여객철도(JR東日本)가 발행하는 교통카드 수이카(Suica)는 2001년에 탄생했다. 일본 중앙은행이 수이카와 같은 기술을 자체적으로 사용하면 CBDC의 발행도 기술적으로는 가능할 것이다. 따라서 CBDC를 가능케 하는 기술이 최근에서야 비소로 출현한 것은 아니다.

또한 비트코인이나 블록체인, 분산원장이 등장한 시기도 지금부터 10년도 더 된 2009년의 일이다. 그러나 당시에는 CBDC에 대한 논의는 수면 위로 부상하지 않았다. 2020년 하반기부터 CBDC에 대한 검토가 전 세계적으로 가속화된 직접적인 원인은 메타가 주도하는 디엠, 중국의 디지털 위안화의 노력에 힘입은 바가 크다고 할 수 있다. 그리고 이 두 사례에도 빅테크 기업이 깊이 관련되어 있다.

블록체인이나 인공지능 등의 새로운 기술, 금융업에 진출하는 플레이어의 다양화, 고객층의 세대교체로 금융산업은 변혁을 맞이하고 있으니 금융기관 입장에서는 도전적인 과제일 뿐 아니라 새로운 비즈니스 기회가 되기도 한다. 단 금융업계라는 정해진 틀 안에서 차별화를 시도해 온 지금까지와는 경쟁의 논리 자체가 바뀌었기 때문에 종전에 시도하지 않았던 방식으로 비즈니스 모델을 바꿔야 한다.

4절 글로벌 디지털뱅킹 최전선

디지털뱅크는 디지털 플랫폼을 통해 전통적인 금융기관이 제공하는 서비스를 제공하는 새로운 형태의 은행이다. 세계 각 디지털뱅크의 특징과 강점 및 서비스 사례를 세 가지 범주로 분류하여 소개한다.

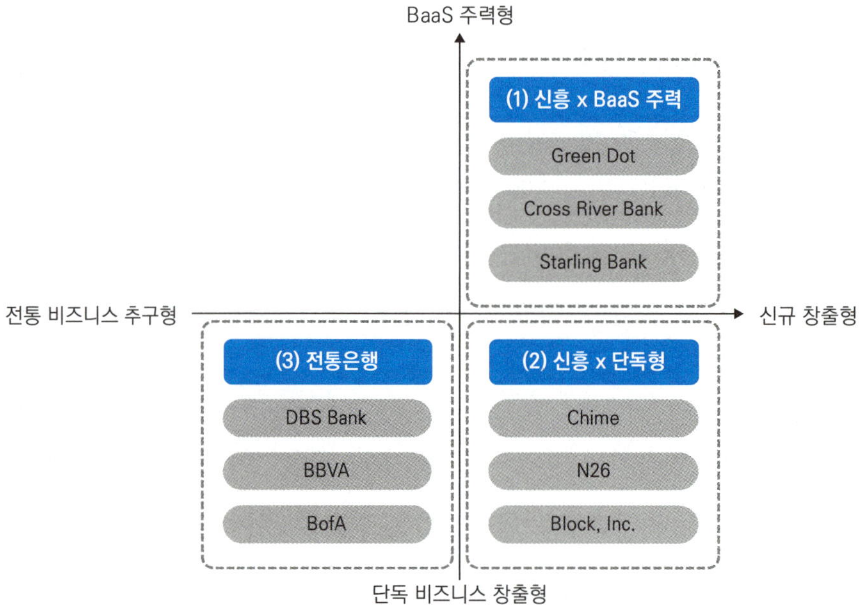

* 본 분류 축은 본문에서 소개하는 사례에만 해당

[그림 1-17] 글로벌 디지털뱅크의 분류

1) 신흥 × BaaS 주력

'신흥 X BaaS 주력' 은행은 비교적 신생 회사로, 다른 금융기관 및 기업에 금융서비스의 기반과 기술을 제공하는 은행을 의미한다. BaaS(Banking as a Service)는 은행이 제공하는 서비스와 기능을, API를 통해 클라우드 서비스로 제공하는 것을 의미한다. 이 범주에 속하는 은행은 금융서비스의 디지털 전환에 필수적인 은행이다. 자사의 기술과 플랫폼을 근간으로 더 많은 기업이 디지털 금융 서비스 생태계에 진입할 수 있도록 '촉진자'의 역할을 하며, 그 역할과 영향력은 다른 금융 기관과 확연히 다르다.

디지털 뱅킹 서비스를 타사에 서비스로 제공하는 '신흥 X BaaS 주력' 은행에는 그린닷(Green Dot), 크로스리버 뱅크(Cross River Bank), 스탈링 뱅크(Starling Bank)가 있다.

그린닷은 미국에 본사를 둔 금융기관으로 선불 직불카드 서비스와 BaaS를 제공한다. 다른 회사와 제휴하여 디지털 뱅킹 플랫폼을 제공한다는 점에서 독특하다. 특징적인 서비스로서는 90,000개 이상의 제휴 소매점의 금전 등록기에서 현금을 자신의 계좌로 입출금할 수 있다. 소매점의 금전 등록기를 통해 직접 청구서를 지급할 수 있다. 또한 GO2bank 앱은 계좌 관리, 송금, 수표 입금 등 다양한 기능을 제공한다.

크로스 리버 뱅크는 미국 핀테크를 지원하는 플랫포머로 알려져 있다. 수많은 핀테크 기업과 제휴하여 주목받고 있으며, BaaS를 선도하는 기업이다.

주로 핀테크 기업과 벤처캐피털에 금융 서비스를 제공하고 있으며, 대출 신청 및 실행부터 증권화, 판매까지 처리하는 은행 시스템의 구축(디지털 렌딩), BaaS를 통해 API로 제공되는 금융 기능을 선택하고 구축할 수 있는 서비스를 제공한다. 운영사는 비즈니스 요구에 따라 은행이 제공하는 금융 기능을 자유롭게 사용할 수 있다.

스탈링 뱅크는 영국에 본사를 둔 디지털뱅크로 다양한 디지털 서비스와 고객 중심 접근 방식이 특징이다. 특히 기업 서비스에 강점이 있다. 오프라인 지점이 없으며 우체국 네트워크와 제휴하여 고객에게 현금을 입출금할 수 있는 장소를 제공한다.

2017년부터 BaaS를 활용한 임베디드 금융 서비스를 시작했으며, 자사 BaaS 플랫폼을 통해 다른 회사에 금융 기능을 제공한다. 스탈링 뱅크가 규제, 컴플라이언스, 자금세탁방지(AML), 고객확인제도(KYC) 등을 담당하며, 플랫폼 사용자는 UI, 고객 경험, PR 및 마케팅에 집중할 수 있도록 한다.

이 3개사는 BaaS 제공 및 핀테크 기업과의 파트너십에 있어 입증된 실적을 보유하고 있으며, 영향력과 혁신성이 선도적인 기업으로 인정받고 있다.

2) 신흥 × 단독형

'신흥 × 단독형' 은행은 비교적 신생 회사로 디지털 뱅킹을 자체 서비스로 제공하는 은행이다. 이 범주에 속하는 은행은 주로 디지털 기술을 사용하여 금융 서비스를 빠르고 효율적으로 제공하며, 특히 젊은 디지털 네이티브 고객을 타깃으로 삼는다. 사용자 수가 급격히 증가하고 시장에서 존재감을 각인시키고 있다. 전통 은행에 비해 유연하고 신속하게 서비스를 제공하는데 특히 디지털 금융 영역에서 중요한 역할을 담당한다.

디지털 뱅킹 서비스를 자체 서비스로 제공하는 '신흥 × 단독형' 대표 사례로 차임(Chime), N26, 블록(Block) 사례를 소개한다.

미국에서 최대 가입자 규모를 자랑하는 차임은 젊은이들 사이에서 사용자 기반이 빠르게 성장하고 있다. 차임은 자체 은행 계좌가 없고 다른 은행과 제휴하여 저렴하고 편리한 은행 서비스를 제공하는 것이 특징이다.

차임은 철저하게 사용자를 위한 디지털 전용 금융 서비스로 3가지 무료 서비스를 제공한다. 첫째 직불카드 사용에 따른 수수료가 없다. 계좌 이체나 최저한도 잔고 유지를 위한 수수료가 없다. 둘째, 차임과 연계된 전국에 6만여 개 ATM에서 현금을 인출할 때 수수료가 없다. 셋째 200달러까지는 수수료 없는 대출이 가능하고 차임 계좌를 회사 측이 급여 자동이체 계좌로 등록하면, 차임이 이틀 앞당겨 급여를 지급하는 서비스도 제공한다.

주로 연 소득 $35,000에서 $65,000 사이의 젊은 미국인을 대상으로 삼았으며, $200 싱딩의 초과 인출 수수료 무료화, 개인대출, 젊고 자산이 넉넉지 않은 소비자가 신용 점수를 쌓는 데 도움이 되는 담보 신용카드 제공 등을 이용하려면 direct deposit(한 계좌에서 다른 계좌로 자금 이체하는 전자결제 방식)을 설정하도록 요구함으로써 밀착되는 관계를 구축했다.

N26은 독일에 본사를 둔 디지털뱅크로 모바일 앱으로 모든 은행 업무를 제공한다. 유럽을 중심으로 글로벌 시장 확장에 적극적으로 임하고 있다.

N26은 완전한 디지털뱅크로 서비스를 전개하고 있으며 2025년 말까지 약 870만 명의 고객에게 도달할 것으로 예상한다. 최근에는 최소 1유로로 가입할 수 있고 위험 수준에 따라 선택할 수 있는 투자상품인 '레디메이드 펀드(Ready-Made Funds)'를 출시하고 개인 투자자를 위한 서비스를 확대하고 있다.

블록(Block)은 2021년 스퀘어(Square)에서 사명을 변경했다. 디지털 결제 플랫폼의 선구자이며 금융서비스 부문으로 스퀘어 파이낸셜 서비스(Square Financial Services)도 운영하고 있다. 미국에 본사를 두고 디지털 금융 서비스의 혁신성이 특징이다.

블록은 비즈니스용 통합형 생태계를 제공하고, 캐시앱(Cash App)을 통해 자금 이체, 결제, 주식 및 비트코인 투자를 지원한다. 북미 최대 식품 B2B 유통업체인 시스코(Sysco)와 제휴하여 레스토랑 산업에 새로운 현금 흐름 관리 기능을 제공한다.

이 3개 은행은 각각 고유한 타깃 고객과 서비스 제공으로 빠르게 확장되고 있다. 다른 신흥 디지털뱅크에 비해 사용자 수와 서비스 특성 면에서 특히 우수하며, 각 시장에서의 존재감이 두드러진다.

3) 전통은행

전통은행은 장기간에 걸쳐 대규모 은행 업무를 처리해 왔기 때문에 높은 수준의 신뢰성과 신용을 갖지만, 개중에는 디지털 뱅킹 서비스를 고객에게 적극적으로 제공하는 곳도 있다. 이 분류에 속하는 은행은 국가와 지역을 대표하는 은행으로, 많은 자산을 관리하고 종업원 수도 막대하며 무수히 많은 고객 상대로 서비스를 제공한다.

또한 규모와 영향력으로 인해 금융시장 전체를 통틀어 중요한 역할을 담당한다. 지역 혹은 국제적으로 막강한 영향력을 가진 전통 은행이 디지털 뱅킹 서비스를 제공하는 것은 금융 디지털화의 선구자로서 주목받으며, 규모와 기술혁신의 영향력이 다른 디지털 뱅킹과 차별화된다고 할 수 있다.

전통은행에 속하는 DBS, BBVA, 뱅크오브아메리카(Bank of America)의 사례를 소개하기로 한다.

DBS는 싱가포르에 본사를 둔 아시아 최대 은행 중 하나이며 디지털 뱅킹의 선구자로 알려져 있다. 온라인 뱅킹 및 모바일 뱅킹 서비스를 제공하는 데 있어 폭넓은 고객 기반을 보유하며 기술 혁신에도 적극적으로 참여하고 있다.

2023년 시점에서 총자산은 7,990억 달러에 달하며, 디지털 자산 거래 플랫폼 'DBS Digital Exchange'를 통해 암호화폐 자산 및 증권 토큰 거래 서비스를 제공하고 있다. 또한 API 플랫폼도 공개하고 핀테크 기업과 협력하고 있다. 2020년에는 싱가포르 핀테크 회사인 독사(Doxa)가 개발한, 싱가포르 최초의 건설사 대상 자동화 솔루션을 출시했다. 이 솔루션을 통해 DBS은행은 원도급자에서부터 공급업체에 이르는 실시간 결제 처리를 디지털화하고 자금 흐름을 최적화하는 등 자금 이동의 효율성과 투명성을 제공했다. 그 결과 사업자 간의 건설 거래 지연이 줄어들고 공급망 전체의 신뢰성을 향상하는 데 기여했다.

사례

DBS 은행과 Doxa 파트너십 사례

싱가포르 국내총생산 4% 이상을 차지하는 건설 산업은 최근 몇 년 동안 건설업계의 가치사슬에 기술을 수용하는 단계를 밟기 시작했다. 그러나 최근 연구에 따르면 건설회사 중 2%만이 수동적인 프로세스를 자동화했으며, 대부분은 여전히 수동적인 절차와 종이 수표로 지급결제가 이뤄지는 방식에 의존하고 있었다.

Doxa Connex는 생산성을 개선하고 해당 부문의 조달 및 지급 프로세스의 비효율성을 없애기 위해 개발되었다. 프로세스 자체가 서류상으로는 간단해 보일 수 있지만 실제로는 종이 기반의 송장 및 배송 주문이 도중에 여러 번 바뀌어야 하므로 번거로우며 문서 누락과 수기로 변경하는 '누더기 식' 관리가 빈번하게 일어났다.

Doxa Connex는 대부분의 수동 조달 및 지급 프로세스와 문서를 디지털화하고 자동화하여 관리 수수료와 처리 비용을 최소 50% 절감할 수 있었다. 간소화된 P2P(조달-지급) 프로세스 혁신을 통해 시간을 절약하고 관리 업무에 필요한 근무시간을 크게 줄였으며, 직원을 재배치하여 더 높은 가치의 업무에 집중할 수 있도록 했다.

BBVA(Banco Bilbao Vizcaya Argentaria)는 스페인에 본사를 둔 다국적 은행으로 디지털 트랜스포메이션에 주력하는 사례로 유명하다. 여러 글로벌 시장에 진출해 다양한 디지털 서비스를 제공한다. BBVA는 스페인뿐만 아니라 유럽, 미주, 아시아 등지로 사업을 확장하고 있다. 혁신적인 이니셔티브에는 아르헨티나의 자동차 금융 사업 진출이 포함된다.

다국적 자동차 제조업체인 스텔란티스(Stellantis)와 협력하여 아르헨티나에서의 자동차 금융 사업에 진출하여 아르헨티나에 대한 장기적인 관계를 강화하고 있다. BBVA와 스텔란티스의 협력은 자동차 구매를 시작으로 자동차 대출, 보험 등 자동차 금융 사업에 금융기관이 적극적으로 참여하는 사례가 될 전망이다.

뱅크오브아메리카는 미국을 대표하는 대형 은행으로 특히 디지털 서비스 제공에 강점이 있다. 사용자에게 다양한 온라인 툴과 모바일 앱을 제공하는 것으로 유명하다.

미국 전역에 약 3,800개의 소매 금융 센터와 15,000개의 ATM을 보유하고 있으며 AI 금융 비서 '에리카(Erica)'를 도입했다. 또한 새롭게 캐나다에서 'Global Digital Disbursements' 서비스를 시작해 B2B 및 C2C 결제를 간소화하고 있다. Global Digital Disbursements 서비스는 휴대전화나 이메일로 개인에게 송금할 수 있는 서비스로, 수표 등보다 빠르고 쉽게 전달된다. 보험, 고등교육기관, 의료업계 등 다양한 지급 및 송금에도 이용할 수 있어 이용자 만족도를 향상하고 있다.

이 3개 은행은 각 국가에서 최대 규모를 보유하며 디지털 뱅킹 서비스 전개에 있어 눈에 띄는 성과를 올렸다. 다른 전통 은행에 비해 특히 디지털 혁신에 힘쓰고 있으며, 대형 은행만의 압도적인 강점을 기반으로 디지털화를 통해 사용자 수와 자산규모를 더 강화하고 있다.

디지털뱅크는 기존의 은행 서비스를 디지털화하는 것을 기점으로 삼아 한층 더 높은 편의성을 추구하기 위해 서비스가 고도화되고 있다. 현재는 개인과 기업의 현금 흐름에 초점을 맞추고, 현금흐름 관리, 팩토링 등 일상생활이나 사업에 맞춘 자금 해결에 대한 솔루션을 제공하는 경향이 강하다.

앞으로 디지털뱅크는 더 다양화되고 새로운 플레이어가 진입하면서 기술 혁신이 계속될 것으로 예상한다. 또한 환경보호와 사회적 책임을 고려한 '그린 뱅킹'도 중요한 테마가 될 것이며, 지속 가능한 사회를 실현하기 위한 노력이 기대된다.

디지털뱅크 외에도 전통적인 금융기관과 핀테크 기업이 협력하여 고객 만족도를 높이고 새로운 비즈니스 모델을 구축해 나갈 것이다. 금융업계에 종사하는 사람들이 디지털뱅크의 최신 기술과 서비스를 이해하고, 이를 자체 운영에 어떻게 활용할 수 있는지, 고객에게 어떤 가치를 제공할 수 있는지 생각할 기회를 얻기를 바란다.

5절 디지털금융 시장의 재편과 전략

1. 캐피털 원의 디스커버 인수: 미국 신용카드 업계의 재편

2025년 4월, 미국 사법부는 캐피털 원의 디스커버 파이낸셜 서비스(Discover Financial Services, 이하 디스커버) 인수를 승인했다. 인수액은 약 350억 달러(약 48조 3천억 원)로 합병을 통해 캐피털 원은 신용카드 발행 규모 면에서 미국 최대의 카드 발행회사가 되었다. 본 합병은 단순한 기업 통합이 아니라 미국 신용카드 업계의 세력 구도를 크게 바꿀 수 있는 움직임이었다.

캐피털 원은 미국 상위 5개 은행 중에 포함되지는 않지만 브랜드 인지도 면에서는 뒤떨어지지 않는다. 캐피털 원은 1994년 버지니아주 리치먼드에서 시그넷 파이낸셜(Signet Financial)의 분사로 설립되었다. '지금 당장은 돈이 없더라도 니즈를 충족하고 싶다'라는 미국인의 성향이 본격화되던 시기였다.

1995년 캐피털 원은 독립 회사가 되어 뉴욕 증권 거래소에서 거래를 시작했다. 캐피털 원은 1990년대 후반과 2000년대에 걸쳐 2005년 히베르니아(Hibernia) 은행, 2006년 노스포크(North Fork) 은행, 2012년 ING 다이렉트 USA 등의 인수를 통해 자동차 대출, 소비자 금융 및 기업 대출 등으로 금융 서비스를 확장했다.

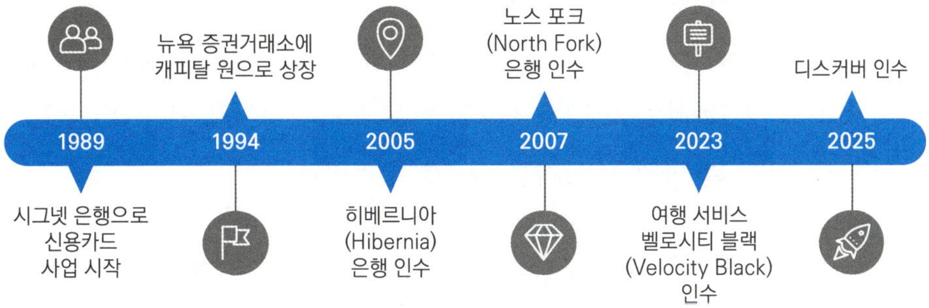

[그림 1-18] 캐피털 원의 역사

- 신용카드: 캐나다, 영국, 미국에서 카드를 발급하는 신용카드 회사 중 하나이다. 고객은 비자, 마스터카드 선택권이 있으며 대다수는 포인트, 마일리지, 캐시백 등을 제공하는 리워드 카드다.
- 소비자 금융: 개인 및 중소기업 고객에게 입출금 계좌, 대출, 담보대출, 머니 마켓 계좌와 같은 일상적인 은행 서비스를 제공합니다. 이 단위에는 머니마켓 계좌를 제공한다.
- 상업 은행: 기업 고객에게 은행, 대출, 부동산, 투자 서비스를 제공한다.

1) 합병으로 인한 대역전극: 카드 잔액에서 1위로 약진

캐피털 원은 디스커버를 인수한 목적으로 다음 4가지를 들고 있다.

① **국제적으로 경쟁력 있는 결제 네트워크 구축:** 캐피털 원의 고객 기반, 기술, 데이터 생태계를 활용하여 비자, 마스터카드, 아멕스라는 국제 결제 브랜드와의 경쟁력을 높인다. 동시에 미국 시장에서 대형 은행과의 카드 비즈니스 경쟁을 극복하는 결제 네트워크를 구축한다.

② **카드사업의 상호보완적 통합:** 캐피털 원과 디스커버는 고객을 중시하는 자세를 공유하고 상호보완적인 전략하에 카드 사업을 확대한다. 통합된 카드 사업에서는 소비자, 소규모 비즈니스, 가맹점에 편리성이 높은 상품 개발 및 마케팅으로 톱클래스를 구축한다.

③ **'디지털 퍼스트' 뱅크 확대:** 미국에서 캐피털 원은 계좌 유지 수수료, 최저 한도액, 초과 인출 수수료가 무료인 유일한 대형 은행이다. 디지털뱅킹과 전미 55곳의 캐피털 원 카페, 259개 지점 등의 채널 믹스를 디스커버 뱅크 고객에게도 제공해 금융 사업을 가속한다.

④ **TX(기술·트랜스포메이션)의 활용:** 캐피털 원이 11년간 실시해 온 기술 주도의 혁신을 디스커버에 적용해 상품 개발, 마케팅, 리스크 관리 및 컴플라이언스 개선을 추진한다.

2) 비자, 마스터카드의 지배구조에 일어나는 세력 변화

캐피털 원은 지금까지 비자(Visa)와 마스터카드(Mastercard) 네트워크를 기반으로 신용 카드를 발급해 왔다. 그러나 디스커버 인수를 통해 자사 네트워크를 가진 카드 발급 회사로 변모한다. 자사 네트워크를 보유하면 거래 수수료를 자체적으로 조절하는 이점이 생겨 보다 유연한 고객 혜택의 설계가 가능하다. 이는 아메리칸 익스프레스(AMEX, 이하 아멕스)와 동일한 비즈니스 모델로의 변신을 의미한다.

비자와 마스터카드는 전 세계 카드 결제에서 압도적인 점유율을 자랑하지만, 이번 합병에 따라 디스커버를 기반으로 삼는 '제3의 네트워크'가 본격적으로 부상하게 된다. 가맹점 수와 결제 대응의 측면에서 아직 격차는 있지만, 경쟁 원리가 작용함으로써 수수료 인하 및 가맹점 측에 생기는 장점이 확대될 가능성이 있다.

특히 이번 재편으로 주목받는 것이 아멕스에 미치는 영향이다. 아멕스는 지금까지 자사의 네트워크 기반으로 카드를 직접 발행해 부유층 시장을 독점해 왔다. 한편 캐피털 원과 디스커버의 결합은 자체적인 네트워크 운용의 강점을 살리면서 아멕스와는 차별화된 중산층 ~ 서민층 공략 전술을 펼치게 됨을 의미한다.

아멕스가 이러한 시장 경쟁 변화에 대응하려면 다음과 같은 시책이 필요할 것이다.

- 저렴한 연회비의 상품 포트폴리오 확충
- 캐시백과 생활 밀착형 우대 혜택 강화
- 결제 네트워크의 외부 판매 및 파트너 전략 재구축

다음 표에서 알 수 있듯이 디스커버와 마스터카드는 무료 연회비에 높은 환급률을 제공하므로 저렴한 연회비를 원하는 사용자에게 매력적인 옵션이다. 한편 캐피털 원과 아멕스는 연회비가 높은 대가로 프리미엄 여행 우대 혜택과 보험을 제공하는 구조이다.

〈표 1-8〉 주요 신용카드의 연회비, 환급률 비교(2025년)

브랜드	카드명	연회비	기본 환급률	특징
캐피털 원	Venture X	$395	2마일(달러당)	공항 라운지, 여행 보험, 호텔 우대 특전 등
디스커버	it Cash Back	$0	최대 5%	연회비 무료, 초년도 2배 환급
아멕스	Blue Cash Preferred	$95	6% (슈퍼마켓)	가정 소비에 강함
체이스(비자)	Sapphire Preferred	$95	2포인트/여행 등	포인트 부여, 여행 보험에 강함
시티(마스터카드)	Custom Cash	$0	5% (카테고리 자동 적용)	매월 소비가 많은 카테고리에 자동 적용

신용카드를 고를 때는 단순히 환원율을 따져보는 데 그치는 게 아니라 자신의 라이프스타일에 맞는지 여부도 중요하다. 예를 들어, 여행을 좋아한다면 캐피털 원과 체이스의 프리미엄 카드가 유력한 후보이고, 생활비 절감에 중점을 둔다면 아멕스와 디스커버의 캐시백 카드가 유력한 후보가 된다.

캐피털 원과 디스커버의 결합은 대형 M&A에 그치는 이벤트가 아니라, 신용카드 산업에 새로운 경쟁 축을 가져오는 역사적인 움직임이다. 비자, 마스터카드에 이어 '제3의 네트워크'가 성장한다면 업계 전반에 걸쳐 가격 및 서비스 경쟁이 가속화되고 소비자에게 가성비 있는 옵션이 생기는 미래로 이어진다.

2. 금융의 제조와 판매의 분리에 따른 BaaS기반의 서비스 출시

일본에서는 2002년 4월부터 은행이 점포망을 확대하고 금융이용자에 대한 금융서비스를 확대할 수 있도록 은행대리업 제도를 도입했다. 2018년 6월에는 개정은행법이 시행되면서 각 금융기관에게는 보유한 거래 데이터를 외부 사업자에게 개방하는 오픈 API가 의무적으로 부과됐다. 그리고 2020년 들어 외환·예금·대출 등 은행 업무와 관련된 기능을 서비스로 만들어 외부 기업에서도 이용할 수 있도록 제공하는 BaaS를 은행들이 본격적으로 추진하게 되었다.

〈표 1-9〉 일본의 은행대리업 제도

정의	- 은행 업무 전부 또는 일부를 은행 이외의 자가 대리 또는 중개하는 제도 - 일본 금융청의 허가(원칙)·승인(겸업)으로 운영
허용 업무범위	- 예적금 수입, 대출·어음할인, 외환거래를 내용으로 하는 계약체결 또는 중개
현황	- 비은행 금융기관, 통신·유통업체 등과 결합해 73개 대리점 운영 중 - 유초은행(우편저축은행)은 3,829개 우체국을 대리점으로 활용 중

국내에서도 금융당국이 '은행권 오프라인 금융접근성 제고 방안'을 추진한다. 소비자의 온·오프라인 금융 선택권을 보장하고, 고령층 등 디지털 취약계층의 금융 이용 편의성을 높이겠다는 취지다. 이에 따라 은행이 아닌 유통업체 등이 예금, 대출 등 단순 은행 업무의 일부를 수행할 수 있도록 하는 '은행대리업 제도' 도입을 추진할 계획이다. 또한 이미 일부 은행 업무를 제공하는 우체국 등의 오프라인 채널을 확대하고, 두세 개 은행이 함께 영업하는 '공동지점'을 활성화할 계획이다.

은행대리업이란?

은행 고유 업무를 은행이 아닌 제3자가대신 수행할 수 있도록 허용하는 제도.
소비자는 은행 영업점이 아닌 다른 곳에서대면으로 은행 업무를 처리할 수 있음

대출 취급 시
은행 – 은행대리업자 업무 범위

은행 대출 심사·승인 등 의사결정 필요 업무
은행대리업자 고객 상담, 거래 신청서 접수, 계약 체결 등

우체국 등 시범운영

2025년 7월부터 전국 2,500개 우체국에서 시범운영 예정
예·적금과 대출, 환거래 관련 계약의 체결과 해지 대리 가능(대면만 가능)
※ 대면영업이 불가능한 인터넷전문은행에 대한 제3자의 대리는 금지

상호금융·저축은행 등 은행대리업 진입 허용

은행대리업자 진입규제나 업무범위 단계별로 규율한 은행법 개정안 마련 및 입법 추진
1단계: 예·적금, 환거래관련 대리 / 2단계: 대출 관련 대리
다른 은행의 업무를 대리하려 하는 은행도 은행대리업 가능

출처: 금융위원회

[그림 1-19] 은행대리업 도입 방안 주요 내용

오픈뱅킹은 은행의 데이터를 다른 곳에 쓸 수 있게 열어주는 '읽기전용'에 한정되지만, BaaS는 데이터에 대한 읽기 및 쓰기 등 권한을 모두 제공한다. 즉, 오픈뱅킹이 자사의 상품에 은행 데이터를 활용하는 것이라면, BaaS는 은행 서비스를 자사 상품과 통합하는 것을 의미한다. 신원 확인이나 계좌 정보, 은행 이체 등의 기능 등은 은행 API를 사용하면서 업무기능을 포함해 은행이 가진 역할 전체를 서비스로 이용하는 것이다.

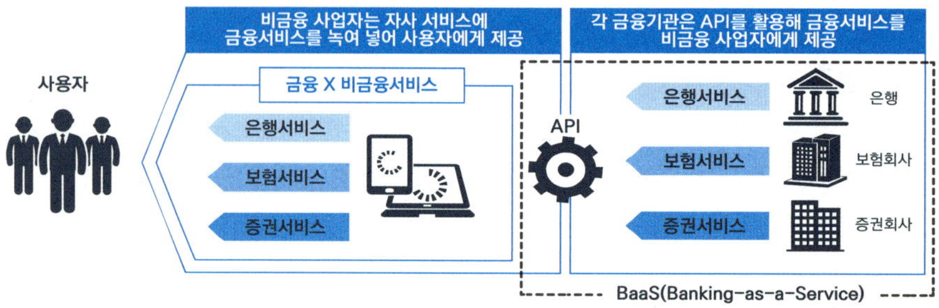

[그림 1-20] BaaS와 API의 관계

스미신SBI넷은행(住信SBIネット銀行, 2007년 9월 설립)의 네오뱅크(NEOBANK)는 제휴기업이 필요한 기능만을 API 형태로 빌려서 자사 고객에게 제공하는 BaaS서비스를 전개한다. 제휴기업의 고객은 스마트폰 앱에서 스미신SBI넷은행의 전용지점 계좌를 개설해 예금, 이체, 대출 등 은행서비스를 이용할 수 있다.

NEOBANK
住信SBIネット銀行

네오뱅크는 스미신SBI넷은행의 전용 지점에 해당한다.
포인트나 마일리지를 운용하는 고객사(T포인트, JAL마일리지, 야마다전기 마일리지)가 자사의 브랜드와 네오뱅크를 결합해 'T NEOBANK', 'JAL NEOBANK', 'YAMADA NEOBANK' 등으로 서비스명을 붙인다. 국내로 말하면 '오케이캐시백 NEOBANK', 'KAL(대한항공) NEOBANK', '해피포인트 NEOBANK'와 같은 식이다.
스미신SBI넷은행의 사용자뿐만 아니라 비사용자도 계정을 개설할 수 있다.

2021년 9월 기준으로 스미신SBI넷은행의 네오뱅크 고객사는 JAL, CCC, 야마다홀딩스 등으로 고객사들은 마일리지나 포인트 회원 대상으로 은행서비스를 제공한다. 고객에게 거래할 때마다 마일리지와 포인트 적립 혜택을 부여하고 주택담보대출 등에도 독자적인 형태로 서비스를 제공하는 등 회사마다 BaaS를 활용해 고객 로열티를 높이는 방안을 모색한다.

예를 들면 일본항공주식회사(이하 JAL)는 2020년 4월부터 네오뱅크의 BaaS를 활용한 'JAL NEOBANK'를 시작했다. JAL마일리지뱅크 회원을 대상으로 하는 서비스로 앱에서 계좌를 개설하면 ATM 입출금이나 은행 이체 등이 가능하다. JAL마일리지 회원 전용 선불카드인 'JAL Global Wallet'에 충전하거나 외화예금도 가능하며 거래 실적에 따라 마일리지가 붙는다. 2021년 7월에는 주택담보대출도 시작했다.

출처: netbk.co.jp

[그림 1-21] JAL NEOBANK의 구조

일본의 주식회사 리쿠르트가 100% 출자한 리쿠르트젝시나비(Recruit Zexy Navi)는 결혼과 관련된 일체의 정보와 서비스를 제공하는 '젝시상담카운터'를 운영한다.

리쿠르트젝시나비는 은행대리업자로 등록해 2019년 6월 3일부터 스미신SBI넷은행의 주택담보대출, 다목적 대출 상품 등을 '젝시보험샵'에서 상담·판매하기 시작했다. 젝시보험샵은 일본 전국 38군데 매장이 있으며 보험 외에 스미신SBI넷은행의 주택대출 상담도 받을 수 있다. 결혼을 계기로 이것저것 생각할 것이 많은 보험상품을 검토하거나 주택구매를 고민하는 이용자의 심리를 잘 포착한 제휴서비스다.

항공회사 ANA는 소니은행과 제휴해 '멀티커런시 데빗카드'와 'ANA마일리지외화정기예금' 서비스를 제공한다. 마일리지를 외화예금으로 적립하거나 해외에서는 직불카드 기능으로 외화예금을 쇼핑할 때 쓸 수 있다.

국내에서는 BaaS와 유사한 서비스로는 상업자표시신용카드(PLCC; Private Label Credit Card)를 들 수 있다. 가령 토스신용카드는 하나카드가 카드 제작과 발급을, 토스가 카드 회원 모집 및 마케팅 등을 담당한다. 2021년에만 발급된 PLCC카드가 40종이 넘었으며 현대카드가 대부분을 차지한다.

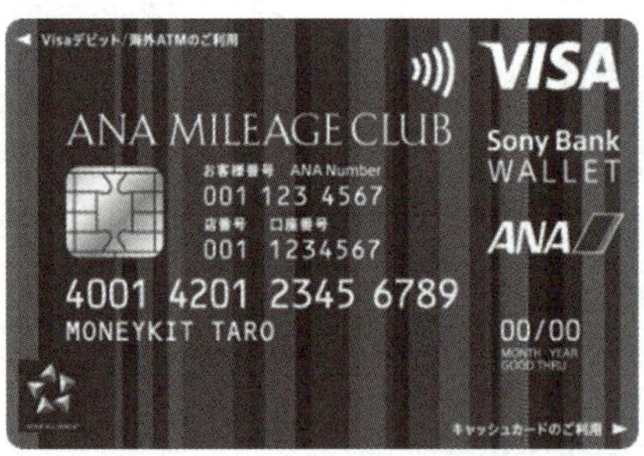

출처: ANA

[그림 1-22] 소니은행이 발급하는 ANA카드

출처: 현대카드

[그림 1-23] PLCC점유율 1위의 현대카드

중국의 핑안보험, 동남아시아의 그랩 등 모두 사회문제를 해결해 삶의 질을 향상하고자 노력을 쏟는 과정에서 자연스럽게 수익이 창출되는 구조를 만들었으며, 그래서 오늘날 생활가치 플랫폼이 될 수 있었던 것이다. 선원들의 애로사항을 디지털로 해결해주는 마르코페이 플랫폼, 필요한 게 있어도 딱히 물어볼 곳이 마땅치 않은 고령층의 니즈를 곁에서 지원하는 SMBC 엘더프로그램, 고객사의 마일리지나 포인트와 은행기능을 결합해 BaaS라는 새로운 수익모델을 개척하는 스미신SBI넷은행 모두 디지털 전환 가속화로 소외되는 계층(고령층·외국인 노동자층 등)이나 새로운 디지털 경험을 원하는 고객의 니즈에 부응하는 과정에서 플랫폼 경쟁력을 키워나가게 될 것이다.

6절 연방준비제도의 페드나우, 무엇을 꿈꾸는가?

1. 지급결제시스템의 혁신

IT 기술의 발전 및 글로벌 금융위기 이후 신용리스크에 대한 관심 증대에 따라 금융 기관 간의 지급결제방식에도 변화가 일어나고 있다. 지급결제시스템(Payment System)은 개인, 기업, 정부 등 경제주체들의 금융거래나 경제활동에서 발생하는 지급결제가 원활히 이루어지도록 해주는 금융시스템의 하부구조를 말한다. 이때의 하부구조는 중앙은행, 지급결제참여기관, 관련법규, 지급수단 및 금융시장 인프라 등으로 구성된다. 효율적이고 안정적인 지급결제시스템은 금융제도의 발전과 건전한 신용질서를 유지하기 위한 근간이 된다.

미국의 결제 시스템은 한 세기가 넘도록 미국의 경제와 글로벌 리더십을 지탱할 만큼 대용량을 처리할 수 있도록 효율적으로 작동했으며 고객의 정보를 안전하게 보관해 왔다. 하지만, 과거에 만들어진 시스템은 느리고 확장하기 어려울 뿐만 아니라 현 시스템에 접근할 수 없는 특정 기업의 불편함을 개선하지 못하는 문제점이 있다. 이러한 문제들을 해결하기 위해서 최근에 등장한 것이 Real Time Payments, 즉 실시간 결제이다.

한국은행에 따르면 지급 결제에는 지급, 청산, 결제 3가지 단계가 있다. '지급(payment)'은 물건 대금을 내는 것, '청산(clearing)'은 금융기관 간 주고 받을 금액을 계산하는 것, '결제(settlement)'는 실제로 자금을 주고받아 거래가 최종적으로 종결되는 것을 의미한다.

우리가 습관적으로 "카드로 결제할게요"라고 말하는 데 이는 잘못된 표현이다. 물건 대금을 치른다는 의미의 'Pay'는 우리말로 번역하면 '결제'가 아닌 '지급'에 해당하는 단어이므로 엄밀히 말하면 "신용카드로 지급할게요"가 정확한 표현이다. 그러나 필자도 알면서도 항상 '결제'라는 단어를 쓰곤 한다.

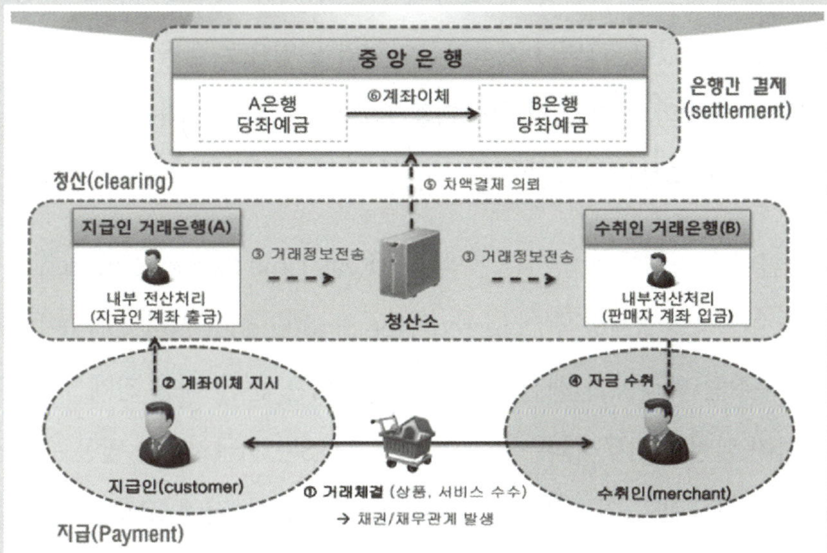

출처: 한국은행

[그림 1-24] 지급결제의 단계별 예시

2. 이연차액결제에서 실시간 총액결제로

신속자금이체는 개인·기업 등이 금융기관의 예금계좌를 통해 ① 지급인의 지급지시와 동시에 또는 거의 실시간으로 수취인에게 자금이 이체되고 ② 연중 24시간(24시간/7일) 이용 가능한 지급 결제 서비스를 의미한다.

2000년대 중반 이후 주요국에서 신속자금이체 도입이 본격적으로 확산되었다. 한국은 2001년 은행들이 회원인 금융결제원에서 전자금융공동망을 구축하면서 24시간 신속자금이체서비스를 도입하였다.

신속자금이체가 도입되기 전에는 개인이나 기업이 의뢰하는 소액결제 처리가 특정일 또는 특정시간에 제한되고, 금융기관 간 청산 및 결제가 완료된 이후에만 수취인이 자금을 이용할 수 있어 수취인이 최종적으로 자금을 수취하는 데 수일이 소요되었다. 그러나 신속자금이체의 도입으로 금융기관의 영업시간에 관계없이 지급인의 지급 지시와 거의 동시에 수취인이 최종적으로 자금을 수취할 수 있게 되었다.

신속자금이체 방식에는 실시간 총액결제(Real Time Gross Settlement, 이하 RTGS)와 이연차액결제방식(Deferred Net Settlement, 이하 DNS)이 있다. RTGS는 수취인 계좌에 실시간으로 돈이 지급되는 순간 해당 건에 대한 은행 간 결제까지 완전히 마무리되는 형태인 반면, DNS는 지급지시를 받은 수취인의 거래은행이 지급인의 거래은행으로부터 자금을 받기 전에 고객(수취인)에게 자금을 먼저 지급하는 방식이다. 따라서 DNS방식에서는 수취인의 거래은행은 은행 간 차액결제가 완료되기 전까지 신용리스크에 노출될 수 있다. 우리나라는 DNS방식을 채택해 고객 간 거래 결과로 발생한 은행 간 채권·채무를 익영업일(오전 11시)에 한은금융망을 통해 최종 결제한다.

과거에는 기술 및 인력의 한계 등으로 인해 결제 참가기관의 유동성 절감 및 관리 측면에서 이점이 있는 DNS 방식이 선호되었으나 최근에 도입하는 국가들은 신용리스크를 원천 차단하는 RTGS를 선호한다. ECB(유럽중앙은행)도 2018년 RTGS 시스템을 개통했고, 2012년 스웨덴을 시작으로 최근까지 러시아, 브라질, 헝가리, 캐나다, 호주, 홍콩 등에서 중앙은행 또는 민간이 운영하는 RTGS가 속속 도입되고 있다.

〈표 1-10〉 주요국의 RTGS 방식 신속자금이체시스템 도입 현황

구분	시스템명	운영기관	도입시점(년)
▪ 유로지역	RT1	민간(EBA Clearing)	2017
	TIPS	중앙은행(ECB)	2018
▪ 미국	RTP	민간(TCH)	2017
	FedNow	중앙은행(미 연준)	2023
▪ 호주	NPP	민간(NPPA)	2018
▪ 스웨덴	BiR	민간(Bankgirot)	2012
	RIX-INST	중앙은행(Riksbank)	2022
▪ 헝가리	GIROInst	민간(Giro Zrt)	2020
▪ 홍콩	FPS	민간(HKICL)	2018
▪ 브라질	PIX	중앙은행(BCB)	2020

출처: 한국은행

최근 미국 실리콘밸리은행(SVB) 사태 등으로 RTGS 도입에 대한 필요성이 제기되고 있는 가운데 한국은행도 RTGS도입을 위한 최적의 시스템 설계방안 및 시스템 도입시점 등이 포함된 종합계획을 수립하고 2028년 전후 구축을 목표로 한다.

한편, 일부 전문가들은 RTGS가 널리 보급되면 사기가 증가하고 은행 시스템이 불안정해질 수 있다고 우려한다. 그 이유는 처리 시간이 길어질수록 사기 요소를 방지하기 위한 검증 및 안전 조치에 더 많은 시간을 할애할 수 있기 때문이다.

3. 미국 내 실시간 결제시스템이 존재하나 확산이 미진

미국 결제 시스템은 여러 가지가 있는데 연방준비제도(FED, 이하 연준)와 클리어링하우스(The Clearing House)가 운영하는 것으로 양분된다. 연준은 페드와이어, FedACH, Federal Reserve 체크서비스, 페드나우를 운영하고 클

리어링하우스는 칩스(Clearing House Interbank Payments System), ACH (Automated Clearing House), RTP네트워크를 운영한다. 이 중에서 미국 내 청산 자금을 관리하는 3대 전자결제 시스템은 페드와이어(FedWire), 칩스, ACH이다.

〈표 1-11〉 미국의 결제 시스템

시스템	운영기관	참여자
페드와이어(FedWire)	연준(Fed)	은행 등의 연준 계좌보유자
칩스(CHIPS)	클리어링하우스	대형은행(43개사)
FedACH	연준(Fed)	은행, 재무성, 정부기관
전자결제네트워크(ACH)	클리어링하우스	은행(300개)
Federal Reserve 체크서비스	연준(Fed)	은행, 재무성, 정부기관
FedNow	연준(Fed)	은행 등 Fed의 계좌 보유자, 재무성 재정 서비스국
RTP네트워크	클리어링하우스	은행

2017년부터 미국의 많은 금융 기관은 결제를 위해 ACH 또는 클리어링하우스가 운영하는 RTP(Real Time Payments, 실시간 결제 네트워크)를 사용하고 있다. 클리어링하우스는 세계 최대 상업 은행 20개가 소유한 은행 협회 및 결제 회사이다. 그러나 클리어링하우스는 은행이 소유하다 보니 일부 회사는 이 실시간 결제 서비스를 사용하는 것을 꺼린다.

실시간 결제 시스템은 미국에 이미 존재하지만 일반 대중이 쉽게 접근할 수 없다. 클리어링하우스의 RTP네트워크는 모든 은행이 접속할 수 있는 것은 아니며 주로 상업적 목적으로 사용된다. 연준 또한 페드와이어라는 실시간 결제 시스템을 운영하는데, 규모가 크고 주로 기업을 대상으로 하며 업무 시간에만 운영된다.

또한 실시간 결제 서비스를 기존 기술 시스템에 통합하는 것은 비용과 시간이 많이 소요될 수 있어 많은 금융 기관이 전환을 꺼리고 있었다. 거래 당사자 모두 즉시 결제의 혜택을 받으려면 동일한 기술이 필요하기 때문에 업계의 침체가 발생했다. 그 결과, 2022년 미국 내 전체 결제 중에서 실시간 결제는 1%에 불과했다.

4. 미국의 RTGS 페드나우의 미래는?

2023년 7월 20일 연준은 RTGS 방식의 소액결제 시스템인 '페드나우(FedNow)'를 출시했다. 페드나우의 주요 특징으로는 미국의 은행 및 신용 조합과 같은 예금 기관에서 사용할 수 있으며, 개인 및 기업이 예금 기관 계좌를 통해 즉시 지불금을 보낼 수 있다는 점이다. 주말과 공휴일을 포함하여 연중무휴 24시간 운영되어 중단 없는 지급결제 서비스를 제공한다.

페드나우는 JP모건체이스, 뱅크오브뉴욕멜론, U.S. 뱅코프 등 41개 은행과 15개 서비스 제공업체로 시작하지만, 연준은 계속해서 참여 기관을 확대할 계획이다. 페드나우의 성공은 얼마나 많은 금융 기관이 페드나우를 얼마나 빨리 채택하느냐에 달려 있다.

미연준의 공식 홈페이지에 접속하면 연준의 페드나우 출시 의도를 엿볼 수 있다. 페드나우는 현금을 대체하거나 중앙은행인 연준의 디지털 통화는 아니며 결제 서비스의 한 형태라고 홈페이지에 설명되어 있다. 다만 기존의 페드와이어 및 FedACH와 다른 점은 연준이 송금인과 수신인 중간에 개입해서 지급 결제를 실시간으로 빠르게 처리해준다는 점이다.

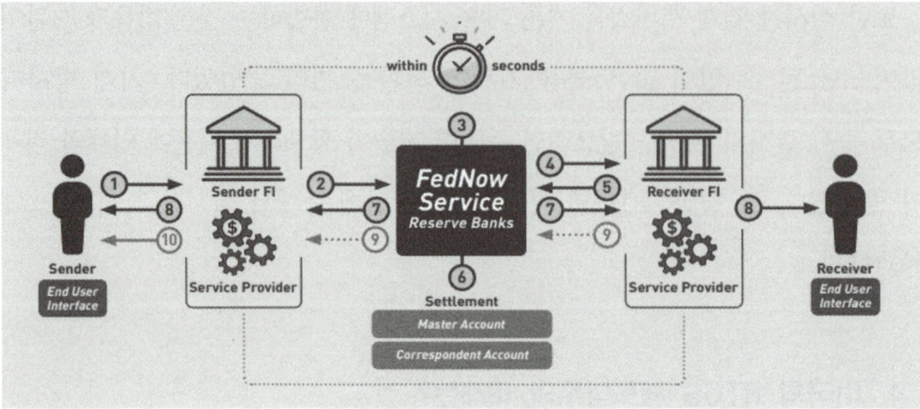

출처: fednow

[그림 1-25] 페드나우 서비스 흐름

연준의 페드나우 도입은 아주 순수한 의도로 보일 수 있다. 그런데 페드와이어 같은 기존 결제시스템이 있는데 굳이 연준이 송금인과 수신인 중간에 직접 개입해서 결제를 처리해주겠다는 건 뭔가 특별한 의도가 있는 것으로 보이지 않을까?

연준은 페드나우 출시가 중앙은행 디지털화폐(CBDC)와는 무관하다는 입장을 2023년 4월부터 여러 차례 피력해오고 있다. 너무나도 무언가를 부인하다 보면 오히려 진정한 의도가 있을 것으로 해석되기도 한다.

연준은 신규 결제 시스템 가동과 동시에 시스템 안정화와 각종 테스트 진행을 구실로 기업들과 국민들의 결제건을 모두 들여다 볼 수 있다. 자국민들이 무엇을 많이 사고 무엇을 덜 사는지 다 파악하는 것이다. 그리고 어느 정도 시간이 흐르고 분석을 마친 후 쥐도 새도 모르게 페드나우 시스템 위에 어떤 특정한 것을 슬쩍 접목 시킬 것인데 그것이 바로 미국의 CBDC, 즉 디지털 달러가 될 것이라는 해석이 분분하다. 연준의 디지털 달러와 페드나우 서비스는 기본적으로 디지털 환경에서 달러화를 결제·보관하는 플랫폼이란 점에서 동일하다.

다만 현금이 아닌 디지털 통화로 분류되는 CBDC는 분산원장 방식(distributed ledger & blockchain)에 기반을 두는 반면 페드나우는 중앙집중처리를 통해 결제를 수행한다는 차이점이 있다.

중앙은행은 오래 전부터 화폐와 결제 시스템에서 핵심적인 역할을 하고 있고 새로운 금융 시스템과 결제 시스템으로 진화한다 해도 경제 성장과 효율성 그리고 공익을 고려할 때 그 역할이 변하지 않을 것이다.

페드나우 출시와 시범 가동, 안정화 이후 CBDC 발행을 통해 연준, 그리고 미국이 원하는 것은 무엇일까? 아마도 이 모든 일련의 과정들은 결국 그들이 지켜야 하고 너무나도 지키고 싶어 하는 '달러패권'과 연관이 있을 가능성이 높다. 프로그램화된 CBDC를 통해 미국인의 돈 쓰는 방식을 통제하고 기축통화로서의 달러의 위상을 굳건히 지켜나가고 싶을 것이다.

7절 스테이블코인과 미래의 통화 패권

최근 몇 년 동안 화폐의 디지털화가 서서히 가속화되고 있다. 미국, 한국에서는 법정화폐와 연동된 스테이블코인의 존재감이 높아지고 있다. 한편, 중국에서는 중앙은행 디지털 통화(CBDC)의 국경 간 사용이 증가하고 있으며 CBDC로 앞서고 있는 중국에 위기감을 느낀 유럽은 CBDC의 개발에 박차를 가하고 있다.

1. 현금 없는 사회를 견인하는 스테이블코인

비트코인, 이더리움 등의 암호화폐는 제도권 화폐보다 가격 변동성이 너무 크다. 암호화폐의 가격 하락으로 송금 시점에 1,000만 원이었던 자산이 받는 시점에는 900만 원이 될 수도 있다. 또한 대출받은 다음 날 시세 급등락이 일어난다면 대출을 주고받은 양쪽 모두 큰 피해를 볼 수 있다. 그렇다면 자산 손실을 감당하면서까지 암호화폐로 거래를 하는 사람은 없을 것이다. 이러한 가격 변동성은 암호화폐의 대중화를 가로막는 엄청난 걸림돌로 작용해 왔다. 이 같은 문제점을 해결하고자 새롭게 대두된 것이 바로 스테이블 코인이다.

스테이블 코인은 미국 달러 등 법정화폐가 가격 기준이 되는 법정화폐 담보형(Fiat-Collateralized Stablecoin)과 이더리움 등 암호화폐가 가격 기준이 되는 암호자산 담보형(Crypto-Collateralized Stablecoin), 아무것도 가격 기준이 되지 않는 무담보형(Non-Collateralized Stablecoin)의 세 가지로 구분된다. 디직스다오(DigixDAO)나 페트로(Petro)와 같이 금이나 원유와 연동되는 것도 있다.

〈표 1-12〉 스테이블 코인의 종류와 대표 사례

구분	내용	프로젝트명
법정화폐 담보형	공인기관에 법정화폐를 예치하고 이에 해당하는 스테이블 코인 발행	테더(USDT), 트루USD(TUSD)
암호자산 담보형	대표적 암호화폐를 제휴기관에 예치하고 이에 해당하는 스테이블 코인 발행	비트셰어(BitShare), 다이(DAI)
무담보형	수요과 공급에 맞는 알고리즘을 통해 정확하게 가치가 고정된 코인 발행	베이스코인(Basecoin), 테라(Terra)

스테이블 코인의 장점은 첫째, 변동이 심한 암호화폐 마켓에서 안정성을 유지하며 기축통화 역할을 한다는 것이다. 둘째, 기존에는 중개은행을 거치기 때문에 높은 수수료, 소요 시간 등의 문제가 있었지만 스테이블 코인을 기축통화로 활용하면 수수료가 절감된다는 것이다. 단점으로는 법정화폐 담보형의 경우 발행처에 의한 중앙집권화가 지적을 받으며, 발행처의 부정행위나 파산의 우려가 있다는 점을 들 수 있다.

2. 디지털 화폐 패권 경쟁

현재 전 세계에는 250종 이상의 스테이블코인이 있으며 달러 일강 체제이다. 가장 유통량이 많은 USDT와 USDC 모두 미국 달러에 고정되어 발행되는 스테이블코인으로 전체 시가총액의 80% 이상을 차지한다. 주목할 만한 점은 거래량이다. 스테이블코인의 총거래 가치는 27조 6천억 달러에 달해 비자와 마스터카드의 총 거래량을 넘어섰다.

미국 의회에서는 달러 등의 법정화폐 및 상품(commodity)과 가치가 연동되도록 설계한 스테이블코인 규제에 관한 법안인 '지니어스(GENIUS)' 법안이 하원을 통과하고 2025년 7월 18일 트럼프 대통령이 서명했다. 스테이블코인은 트럼프 행정부가 달러 기축통화의 지위를 유지하고 글로벌시장에서 달러의 패권을 굳히려는 비책이기도 하다. 속도와 비용 측면에서 은행 송금을 통한 국제 자금 결제보다 편의성이 훨씬 높다. 따라서 달러 연동형 스테이블코인의 이용이 국제 결제에서 확산하면 기축통화로서 달러가 가진 지위를 뒷받침할 수 있다. 또한 해외에서 달러 표시(달러를 사용하여 행해지는 거래) 스테이블코인의 발행이 확대되면 준비자산으로서의 미국 국채와 달러 표시 은행예금의 보유가 증가하고 달러 수요가 높아져 달러 가치의 안정화에도 이바지하게 된다.

〈표 1-13〉 미국 스테이블코인 규율 법안 현황

구분	GENIUS 법안	STABLE 법안
현황	6월 17일 상원 통과	계류 중
주요 목표	달러 지배력 유지, 금융 안정성 강화	감독 일관성, 규제 명확성 강화
발행 주체	은행, 비은행 금융사, 일반 기업	동일
AML/BSA 준수	연방 기준의 AML/BSA 의무 부과	동일
감독 체계	발행 규모에 따라 연방 등록 의무화 (100억 달러 이상 필수, 100억 달러 미만 선택적 등록)	발행 규모와 무관하게 주 또는 연방 등록 선택 가능(단, 주 등록은 연방 기준 충족 및 재무부 인증 필요)
100% 준비금 요건	의무 적용, 구성 자산을 현금 및 고유동성 자산으로 제한	동일하나 구체적인 자산 구성은 상대적으로 유연
기업 소유 제한	공개 상장기업(외국계 포함)의 발행사 지배 금지 (은행-상업 분리 원칙 기반, 빅테크 견제 목적)	현시점에는 제한 없음(향후 논의 가능성 있음)
외국계 발행자	재무부가 예외 허용 가능(연준·FDIC·재무부 포함 위원회 동의 필요)	재무부가 '상응(comparable) 규제체계'를 갖춘 국가의 발행자만 인정

자료: 코빗리서치센터

그러나 국제 결제에서 스테이블코인의 사용 확대를 지향하는 것은 2019년 페이스북(현 메타) 등이 발표한 주요 통화와 연계된 글로벌 스테이블코인 '리브라' 계획과 공통점이 있다. 당시 미국을 포함한 전 세계 금융당국은 페이스북(현 메타)에 이 계획을 파기하도록 압력을 가했다. 리브라가 자금세탁 등의 범죄에 이용될 수 있고 국제 자금의 흐름 및 금융 시스템을 불안정하게 하며, 통화정책의 효과를 저하할 수 있다는 점이 그 이유였다. 리브라가 내포한 문제점을 해결하는 한편, 편의성 높은 자금 결제 수단을 제공하자는 취지에서 중앙은행이 발행하는 법정화폐인 CBDC에 관한 논의가 주요 국가에서 시작됐다.

2019년 6월 리브라 계획의 발표와 함께 많은 국가가 국제적으로 유통되는 디지털 화폐의 탄생에 대한 위기감을 느꼈다. 중국은 특히 CBCD 개발에 적극적이었다. 원래 중국 정부는 위안화의 국제적 지위 향상을 전략적으로 추진하고 있었다. 2015년에는 글로벌 은행 간 결제 시스템인 '국제은행 간 통신협회(SWIFT)'와 경쟁하기 위해 국경 간 결제 시스템(Cross-Border Interbank Payment System)을 자체적으로 구축했다.

현재 CBDC는 중국, 바하마, 나이지리아 등 3개국에서 전 세계적으로 본격 유통되고 있다. 그중 세계에서 가장 많이 사용되는 CBDC는 디지털 위안화이다. 디지털 위안화의 국경 간 거래량은 급격히 증가하여 2024년 거래 금액이 1조 2천억 달러를 넘어섰다.

바이든 행정부는 2022년에 CBDC 도입을 고려하겠다고 발표했다. 그러나 트럼프는 취임하자마자 CBDC 발행을 금지하는 행정명령에 서명했다. 대신 트럼프는 민간 기반 스테이블코인 홍보를 발표한다. 미국의 이러한 입장은 다른 국가의 CBDC 발행에 대한 논의에도 영향을 미치게 됐다.

이재명 대통령은 취임 전 선거 공약에서 부의 유출을 억제하고 국내 디지털 금융 생태계의 경쟁력을 강화하기 위해 '원화 통화 연계 스테이블코인'을 발행하겠다는 혁신적인 조치를 제안했다. 이재명 정부 출범 후 8개 주요 시중은행이 한국의 원화 스테이블코인 공동 프로젝트 출범을 준비하는 등 빠르게 움직이기 시작하자 2025년 6월 30일 한국은행은 디지털 화폐 실거래 테스트 '프로젝트 한강'을 중단하겠다고 발표했다. 스테이블코인과 CBDC가 공존할 수 있는 형태가 명확하지 않으면 CBDC의 실험을 계속하기 어렵다는 판단에 기인한다.

- 2023년 10월~: 프로젝트 한강
  - 2023년 10월~: 기관용 CBDC 활용성 테스트
  - 2025년 4월~6월: KB국민은행, 신한은행, 우리은행, 하나은행, IBK기업은행, NH농협은행, BNK부산은행 등 6개 시중은행이 참여하여10만 명 대상으로 한 CBDC 실거래 테스트

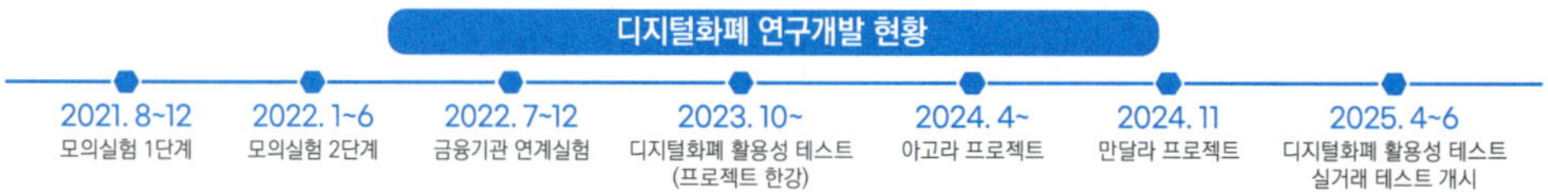

출처: 경제 인플루언서:https://in.naver.com/dreameric

[그림 1-26] 프로젝트 한강

이재명 대통령이 국내 시장 활성화와 자본 유출 억제를 목표로 원화와 연동된 스테이블코인을 합법화하는 것을 최우선 과제로 삼음에 따라 금융 기관은 CBDC가 아닌 스테이블코인 개발에 집중하게 되었다.

국회는 민간기관이 원화 스테이블코인을 발행할 수 있는 법적 근거를 마련하기 위해 2025년 6월 10일, 더불어민주당 민병덕 의원이 원화를 기반으로 한 스테이블코인의 발행인 요건을 담은 '디지털자산기본법'을 국내 최초로 발의하기도 했다. 스테이블코인을 발행하려는 기업은 금융위원회 사전 인가를 받아야 하며, 최소 50억 원 이상의 준비금을 확보해야 한다.

구분	주요 내용
법안 정의	블록체인 기반 경제적 가치를 지닌 전자기록(디지털자산)
업권 분류	발행자, 거래소, 보관업자 등 업태별 구분
ICO 허용	일정 요건 충족 시 허용(발행신고서 제출 등)
스테이블코인 인가제	금융위 인가 + 최소 50억원 준비금 요건
상장심사위원회	디지털자산업협회 산하 심사기구 설치
디지털자산위원회	금융위 산하 민관 혼합 심의·의결 기구

[그림 1-27] 디지털자산기본법 핵심 내용 요약

3. 유럽 연합의 가상자산기본법: 미카법(MiCA)

유럽 연합(EU)은 혁신 및 공정경쟁 지원, 소비자·투자자 보호, 시장 건전성 확보를 위해 암호자산 규제 법안(MiCA)을 2022년 6월 30일에 마련했다. 미카(MiCA)는 Markets in Crypto Assets의 약자로 세계 최초로 가상자산의 포괄적 규제를 담은 법안이라는 점에서 의의를 가진다. 미카는 가상자산 산업의 투명성을 확보하고 자금세탁과 같은 범죄나 테러 등에 가상자산이 악용되는 것을 막기 위해 마련된 법안으로 가상자산 발행 및 거래 투명성, 공시 의무, 발행인 자격 요건 규제 등의 내용을 담고 있다.

이 법안은 2020년 발의되어 2023년 4월 유럽연합(EU) 의회를 통과하였고 초안을 발의한 지 2년 8개월 만인 2023년 5월 16일 벨기에 브뤼셀에서 열린 EU 재무장관회의에서 승인되었다. 그리고 2024년 6~7월부터 2026년까지 단계적으로 시행될 예정이다.

- 자격취득자에 한해 암호화폐 발행 허가
- 암호화폐 발행 시 백서 제출 의무화
- 스테이블코인 발행액 100% 준비금 보유
- 미확인 지갑 거래 시 송금·수취인 성명 기재
- 암호화폐 채굴 시 환경영향평가 보고

출처: 유럽의회

[그림 1-28] 가상자산기본법(MiCA) 주요 내용

미카는 대략적으로 암호화폐가 어떤 의미를 가지고 있으며, 이 자산을 어떻게 운용하고 어떤 방식으로 준비를 하고, 어떻게 투자자를 보호해야 하는지 등을 상세하게 규정하고 있다는 점에서 암호화폐의 불확실성을 제거해 줄 것으로 기대한다.

유럽에서 미카법이 통과된 이상 다른 나라의 가상자산 규제와 관련된 법률 제정도 빠르게 결정이 될 가능성이 높아지고 있다. 각 나라 금융당국에서도 유럽의 미카법을 예의주시하며 세부법안 및 적용시기 등에 따라 이용자 보호와 불공정 거래 규제와 발행 유통체계를 규율하는 규제 등에 대해서도 심도 있게 진행될 전망이다.

글로벌 화폐의 디지털화는 계속 진행될 것이다. 이는 결제 정보가 더 쉽게 데이터로 전환된다는 점을 의미한다. 국제 상거래 흐름의 데이터를 다른 국가가 보유하게 되면 그 위험성이 매우 높기 때문에 국제 결제에서 디지털 화폐의 패권을 둘러싼 싸움은 더욱 치열해질 전망이다.

PART 1

디지털금융의 이해

1장 _ 디지털 전환의 이해

2장 _ 디지털금융 정책 트렌드

2장

디지털금융 정책 트렌드

1절 AI 기본법 성립의 의의와 산업계에 미치는 영향

2절 데이터 경제와 데이터 보호주의

3절 정책변화 속의 디지털 금융혁신

4절 금융규제 완화와 새로운 서비스의 출현: 데이터 3법

5절 금융규제 샌드박스와 혁신금융서비스

6절 디지털혁신 기술과 금융서비스의 결합

1절 AI 기본법 성립의 의의와 산업계에 미치는 영향

1. 생성형 AI의 급속한 확장과 제도적 공백

최근 몇 년 동안 생성형 AI의 발전은 눈부실 정도로 빠르게 진행되어 텍스트 작성, 이미지 및 음향 생성, 프로그래밍에 이르기까지 이전에는 인간에게만 가능했던 창의적인 작업을 자동화할 수 있게 되었다. 챗GPT(ChatGPT), 바드(Bard), 미드저니(Midjourney) 등의 AI 도구는 일상 업무부터 창작 제작, 교육, 고객 서비스에 이르기까지 널리 채택되고 있으며, 이미 많은 사람이 일하고 생활하는 방식에 영향을 미치고 있다.

그러나 한편으로는 이러한 AI가 어떤 종류의 데이터를 학습하고 있는지, 생성된 정보가 정말 정확한지, 책임의 소재는 어디인지와 같은 근본적인 문제를 법 제도가 따라가지 못하고 있다.

예를 들어, AI가 생성한 가짜 뉴스 기사나 실존하지 않는 인물의 이미지가 소셜 미디어에 퍼지거나, 저작권이 있는 콘텐츠를 학습하여 생성된 이미지와 텍스트가 상업적 용도로 이용되는 등 개인과 사회에 실질적인 피해를 주고 있음이 보고되기도 한다. 또한, 채용 심사와 대출 심사에 AI 기반의 자동화 의사결정이 활용되는 경우 결과만 알려주고 과정은 감춰진, '블랙박스화'로 차별과 부당한 평가가 일어날 위험도 커지고 있다.

이처럼 AI의 발전으로 편의성이 높아졌지만, 이를 규제·관리하는 규칙의 공백이 큰 문제가 되고 있다. 특히 아시아에서는 유럽처럼 포괄적인 AI 규제가 없고, 기업에 일임하는 실정이다.

이러한 배경에서 한국은 아시아 최초로 포괄적인 AI 규제법인 'AI 기본법'을 제정하기에이르렀다. 이는 단순한 기술적 한계가 아니라 '신뢰할 수 있는 AI 사회'를 구축하기 위한 제도적 기반이며, 아시아 국가에서 중요한 선례가 될 가능성이 있다.

〈표 2-1〉 지역별 비교 및 주의 사항

지역	AI 규제 동향	한국과의 비교
EU (AI Act)	위험 기반 법체계로 2026년 발효 예정	한국과 거의 같은 시기에 비슷한 구성
일본	가이드라인 중심으로 법제화는 향후 검토과제	한국이 법적 강제력이 높음
미국	주 단위(예: 뉴욕 및 캘리포니아)로 개별 대응 중	국가 차원의 일원화가 진행 중
대한민국	국가법으로서 일괄 정비, 강제력 있음	아시아에서 선진적이고 엄격한 제도

2. AI 기본법의 주요 골자

한국 정부는 급속히 진화하는 AI 기술에 대응하여 사회적 신뢰와 산업 발전의 균형을 이루기 위해 'AI 기본법(정식 명칭: 인공지능 발전과 신뢰 기반 조성 등에 관한 기본법안)'을 제정했다. 이는 아시아 지역 최초의 포괄적인 AI 법으로 AI의 정의, 분류, 위험성 평가, 기업과 정부의 책임을 체계적으로 정의한 법률이다.

2024년 12월 대한민국 국회에서 통과되었고, 2025년 1월 21일 관보를 통해 공식적으로 공포되었다. 그 후 1년간의 준비 기간(유예 기간)을 거쳐 2026년 1월 22일부터 시행될 예정이다. 이 유예 기간 동안 기업과 정부 기관은 시스템을 개발하고, 위험 평가 시스템을 도입하며 AI 생성 콘텐츠에 대한 라벨링 정책을 수립해야 한다.

AI 기본법의 설계 개념은 EU의 'AI 법'과 비슷하지만, 한국의 법 제도와 사회 상황에 맞게 시행되고 있으며, 특히 '고영향 AI(High-Impact AI)'[10]와 '생성형

10) 사회, 경제, 문화, 환경 등 다양한 분야에 광범위하고 중요한 영향을 미칠 수 있는 인공지능 시스템

AI'를 명확하게 구분하고 위험에 따른 점진적 의무화가 특징이다.

또한, 이 법은 단순히 금지나 제재를 목적으로 하는 것이 아니라 시민의 권리와 안전을 보호하는 동시에 AI 기술 발전을 적극적으로 지원하기 위한 '조화로운 접근'을 취하고 있다. 정부는 국가급 인공지능위원회와 인공지능 안전연구소 신설도 포함했으며, 향후 정책과 제도적 발전에 주력할 예정이다.

또한 상세한 운용 규칙 및 기술 지침은 2025년 이내에 다수의 하위법령, 시행령, 명령의 형태로 차례대로 정비될 것으로 예상하며 국내외 사업자는 이를 준수해야 한다.

1) 주요 목표 및 규정

AI 기본법은 AI 시스템의 이용 범위와 위험 수준에 따라 '고영향 AI'와 '생성형 AI'를 중심으로 규제를 정하고 있다. 이는 AI의 영향력이 사람들의 삶과 권리에 직결되는 상황에서 투명성, 안전성, 공정성을 보장하기 위한 것이다. 규제 내용은 크게 다음 두 가지로 나뉜다.

① 고영향 AI

고영향 AI는 개인의 안전, 권리, 경제적 이익에 중대한 영향을 미치는 AI 시스템을 말하며, 법적 규제의 적용을 가장 엄격하게 받는다. 구체적으로 다음 분야에 해당하는 AI를 상정한다.

- **의료 분야**: 진단 지원, 수술 지원, 약물 개발에 사용되는 AI이다. 오진이나 처방 오류가 발생하면 사회적 위험은 매우 크다.
- **금융 분야**: 신용평가, 대출 가능 여부 결정, 보험료 계산과 관련된 AI. 불투명

한 알고리즘으로 인한 차별과 불공정한 심사에 대한 우려가 있다.

- **모빌리티 및 교통**: 자율주행 및 교통 통제에 사용되는 AI. 교통사고나 시스템 고장으로 인한 피해는 인명과 직결된다.
- **공공 안전 및 보안**: 감시 카메라, 범죄 예측 및 치안 유지에 사용되는 AI. 오해와 편향된 판단에 의한 부당한 행위는 문제로 간주한다.
- **교육 및 평가**: 입학시험, 자격시험 및 학습 평가에 사용되는 AI. 편견은 공정성을 훼손할 우려가 있다.

이러한 AI에는 다음과 같은 의무가 부과된다.

- **영향 평가 실시**: 사회적 리스크를 사전에 분석 및 평가하고 기록을 보관한다.
- **안전성 담보**: 알고리즘 안전성을 검증하고 데이터 품질을 보장하며, 보안 대책을 실시한다.
- **투명성 보장**: 사용자가 AI의 판단 근거를 이해할 수 있는 설명 가능성(Explainability)을 담보
- **등록 및 인증 시스템 참여**: 한국 국내의 감독 기관에 대한 등록 및 보고 의무

② 생성형 AI

생성형 AI는 텍스트, 이미지, 오디오, 비디오 등 콘텐츠를 생성하는 AI 전반을 대상으로 삼는다. 특히 최근 문제시되는 '허위 정보', '저작권 침해', '딥페이크'에 대처하기 위해 다음과 같은 규제가 도입된다.

- **AI 생성물의 표시 의무**: 생성된 텍스트와 이미지에는 'AI 생성물'임을 명시하는 라벨이 필요

- **사용자에게 사전 고지**: 대화형 AI(예: 챗봇)를 사용할 때 사용자에게 AI와 상호작용하고 있음을 명확하게 알려야 할 의무
- **데이터의 적절한 사용**: 데이터 수집 및 학습 단계에서 투명성을 보장하여 저작권 침해 및 학습 데이터의 부적절한 사용을 방지
- **악용 방지책 구현**: 가짜 뉴스 및 남용을 방지하기 위해 부적절한 출력을 억제하는 필터링 및 모니터링 기능을 구현

이 법은 AI의 위험 수준에 따라 단계적 규제를 도입한다. 저위험 AI에는 가벼운 보고 의무만 부과되지만, 고영향 AI와 생성형 AI에는 엄격한 의무가 부과된다. 또한 향후 하위 법령 정비에 따라 대상 영역과 필수 항목이 세분화될 예정이다.

2) 적용 범위 및 기업에 미치는 영향

AI 기본법은 한국에서 제공되고 사용되는 모든 AI 서비스에 적용된다. 개발 거점이 해외에 있는 기업도 예외는 아니며, 한국 시장으로 서비스를 확장하려면 다음과 같은 조치를 해야 한다.

- 한국 내 대리인을 두거나 협력업체를 통한 법정대리 체제 구축
- 한국어로 투명성 표시 및 이용약관 정비
- 한국 당국에 정보를 제공하고 등록 절차에 협조

AI 기본법 시행으로 한국 내에서 AI 서비스를 개발하는 기업 및 한국에 영향을 미치는 해외 사업자는 단순한 시스템 제공자에서 '사회적 책임을 지는 주체'로 입장이 바뀐다. 기업은 AI 설계, 개발, 제공, 운영의 모든 단계에서 법적, 윤리적 책임을 져야 한다.

① 투명성의 확보(Transparency)

투명성은 AI의 신뢰성을 보장하기 위한 핵심 요건이다. 기업은 사용자가 AI를 '이해하고, 납득하며 이용할 수 있는' 상태를 보증해야 한다.

- **AI 생성물 표시**: 생성형 AI로 생성한 콘텐츠(텍스트, 이미지, 오디오 등)에는 '이것은 AI가 생성한 것입니다'라고 명시하는 표기를 해야 한다.
- **AI와의 대화 명시**: 챗봇이나 가상비서 등 인간과 상호작용을 하는 AI를 제공하는 경우 상대측이 AI임을 사용자에게 명확하게 알려야 한다.
- **설명 가능성(Explainability)**: 특히 판단과 추론하는 AI의 경우 사용자와 규제기관에 그 근거와 논리를 설명할 수 있는 체계가 필요하다.

② 안전성의 담보(Safety)

AI의 오작동 및 악용으로 인명과 재산에 피해가 미칠 위험이 있으므로 기업은 고도의 안전 조치를 취해야 한다.

- **버그 및 결함에 대한 검증 체제 정비**: AI 모델 및 소프트웨어의 변경에는 사전 테스트와 검토가 필요하다.
- **악용 방지책 도입**: 가짜(fake) 생성 및 혐오 발언을 방지하기 위해 출력 필터링 기능 및 이상 검출 메커니즘 구현을 장려한다.
- **사이버 보안 대응**: 외부 공격으로 AI 하이재킹 및 데이터 유출을 방지하기 위해서는 적절한 암호화, 인증 및 액세스 제어를 구현하는 것이 필수입니다.

③ 영향 평가와 리스크 관리(Impact Assessment & Risk Management)

특히 '고영향 AI'를 제공하는 사업자한테는 도입하기 전에 AI의 사회적 영향을 평가해야 한다.

- **AI 영향 평가 보고서 작성**: AI가 사람들에게 미칠 수 있는 위험(예: 차별, 오판, 개인정보 침해)을 체계적으로 분석하고 이러한 평가 기록을 저장 및 보고할 필요가 있다
- **편향 검출 및 수정**: 학습 데이터와 알고리즘에 불공정한 편향이 있는지 검사하고 발견되면 수정한다.
- **이용자 불만 접수 시스템 구축**: 이용자 불만 및 잘못된 판단에 대응할 수 있는 문의 창구 및 보상 절차를 명확히 하는 것을 포함한다.

④ 국내 대표자의 지정 및 등록 의무(Local Representation & Registration)

해외 기업이라도 한국 내에서 AI 서비스를 제공하고 배포할 때는 담당자(대표자)를 지정하고 서비스의 등록 의무가 있다.

- **대표 역할**: 한국 당국과의 연락 창구가 되어 정보 공개 요청에 대응하고 감사 협력 등에 대응할 필요가 있다.
- **등록의무**: 제공하는 AI 서비스의 특성, 이용 목적, 기술 내용 등을 당국에 신고하고 인증 및 감독을 받을 의무가 있다.

⑤ 내부 통제 및 교육 체제 구축(Governance & Training)

AI의 활용이 기업 활동의 핵심으로 자리매김하는 시대에는 법규 준수를 소수의 부서에 위임하는 것이 아니라 전사적인 거버넌스 체제를 구축할 필요가 있다.

- **AI 윤리 정책 수립**: AI 활용에 관한 회사의 기본 방침과 개발 및 운영에 대한 윤리강령을 명확히 명시하여 모든 임직원이 참고할 수 있도록 한다.
- **직원 교육**: 개발자, 마케터, 영업 사원 및 기타 관련 당사자를 대상으로 AI 윤리, 안전 및 법률 준수에 대한 교육을 정기적으로 실시한다.

- **위험 대응팀 구축**: 사고 발생 시 즉시 대응할 수 있는 대응 조직(예: AI 위험대책실)을 구축하여 위기관리를 중앙 집중화한다.

3. 해외 기업에도 영향이 미칠 것인가?

AI 기본법은 국내 기업에만 국한되지 않고 **'한국 시장과 사용자에게 AI 서비스를 제공하는 모든 사업자'**를 포함한다. 이는 지리가 아닌, 치외법권 효력(extraterritorial effect)의 원칙을 채택한다는 점에서 EU의 GDPR 및 AI 법과 공통된 사상을 갖는다. 즉, 해외 기업이라 할지라도 한국에서 AI를 활용한 제품, 서비스를 개발하고 있다면 법의 적용을 받을 가능성이 높다.

〈영향을 받는 외국 기업의 예〉

다음과 같은 경우, 해외에 기반을 둔 기업도 AI 기본법의 대응이 요구된다고 상정한다.

- 한국 국내에 제공하는 SaaS 서비스(예: 챗봇을 활용한 온라인 고객 서비스 도구)
- 한국 사용자가 사용하는 생성형 AI 플랫폼(예: 이미지 생성 AI, 코드 생성 AI 등)
- 국내 기업 및 파트너사를 통해 구축된 B2B AI 솔루션
- 앱에 AI 기능을 포함하고 글로벌 고객을 상대하는 앱으로, 한국어를 지원

즉, '서비스를 제공하는 장소가 국외라고 해도 한국 사용자에게 영향을 미친다'는 점에서 규제 대상이 될 가능성이 있다.

외국 기업이 한국 AI 기본법을 준수하기 위해서는 다음과 같은 조치가 필요할 수 있다.

(1) 국내 대표자의 선임

한국에 진출하지 않은 기업이라도 법적 책임을 이행하기 위해 대리인이 있어야 한다. 이는 GDPR의 'EU 역내 대표자'와 유사한 구조로, 한국의 감독 당국과의 연락 창구가 된다.

(2) 생성물의 표시 대응

한국어를 포함한 인터페이스상에서 AI가 콘텐츠를 생성한다는 사실을 적절한 형식으로 표시해야 한다. 예를 들어, 채팅 UI에 '이것은 AI 응답입니다' 등의 명시가 필요한 상황도 있다.

(3) 데이터 수집 및 사용에 대한 책임

AI 모델이 한국 국내의 사용자 데이터, 문서, 소셜 미디어 게시물 등을 사용하여 학습된 경우, 획득 경로 및 사용 목적에 대한 정보 공개를 요구할 가능성이 있다.

(4) 한국어로 사용자 설명 및 불만 처리

불만 접수, 설명 자료, 정책 표기 등의 한국어 대응이 필요하다. 이는 이용자의 권리를 보호하기 위한 의무이다.

(5) AI 영향 평가 제출(필요한 경우)

고영향 AI에 해당하는 경우, 한국 국내에서의 운용에 있어 사전에 위험성 평가를 실시하고 소정의 양식으로 기록, 보관할 필요가 있다.

4. AI 기본법에 대한 평가와 향후 전망

1) AI 기본법에 대한 반응

한국의 AI 기본법 제정 및 시행은 국내외 기업, 업계 협회, 법률 전문가들로부터 다양한 반응이 나온다. 특히 산업과 정부의 온도차가 부각되어 있으며, 향후 운영과 제도 설계의 유연성이 핵심이다.

금융기관의 경우 채용, 대출 등 개인의 권리·의무 관계에 중대한 영향을 미칠 수 있는 신용평가 등에 AI 시스템을 사용하는 경우, AI 기본법의 규제 대상이 될 가능성이 있다. 금융위원회는 이미 'AI 가이드라인'을 통해 개인에 대한 부당한 차별 등 개인의 권익이나 안전, 자유에 중대한 위험을 초래할 우려가 있는 서비스, 즉, 고영향 서비스에 대한 적절한 내부 통제 및 승인 절차를 마련하도록 권고하고 있으며 일부 금융기관에서는 이를 반영하여 AI 시스템을 운영하고 있다. 그러나 이 가이드라인에 포함되지 않는 AI 기본법상의 추가 의무가 있을 가능성도 있기 때문에 금융기관은 AI 기본법의 규제 내용을 정확하게 확인한 후, 이를 반영하여 AI 시스템의 운영 방식을 조정해야 한다. 또한 금융위원회가 정한 고영향 서비스보다도 현재의 고영향 AI 서비스의 범위가 좁으므로 향후 법 집행 방법 등에 관해 면밀하게 확인할 필요가 있다.

[찬성의 목소리]

일부 기술 대기업과 금융·의료 분야의 사업자들은 '신뢰성 확보가 AI 서비스의 사회적 구현을 촉진할 것'이라며 기본법 제정을 환영하고 있다. 국내에서 AI 윤리 및 투명성 가이드라인의 표준화로 글로벌 시장과의 정합성을 취하기가 수월해질 것이라는 기대도 나온다. 특히 공공 조달에서는 법에 준거한 AI가

조건이 될 수 있으며, 규칙에 따른 개발이 경쟁 우위를 확보할 수 있다는 전략적 평가가 있다.

[우려와 비판의 목소리]

한편, 중소기업이나 스타트업, 해외 진출 기업에서는 다음과 같은 우려가 제기되고 있다.

- **컴플라이언스 비용이 과도**: 특히 생성형 AI의 표시 의무와 영향 평가 시행은 법적, 기술적, UI의 모든 수정이 필요한데 자원이 제한된 중소기업에는 과도한 부담이 될 것이라는 지적이 제기되고 있다.
- **실무 운영의 불확실성**: AI가 고영향에 해당하는지 판단하는 기준은 아직 모호하며, 가이드라인과 하위법령의 정비가 불충분하다고 우려하는 목소리도 있다.
- **혁신을 저해할 위험**: 획일적인 규제가 실험적인 AI 활용과 신규 사업을 위축시킬 수 있다는 비판도 있다. 특히 신흥 벤처기업들은 '기동성을 빼앗는 제도'라는 견해도 있다.

2) 향후의 초점 및 제도의 성숙

법률 자체는 2026년 1월에 시행될 예정이지만, 2025년에 책정되는 '하위법령(시행령 및 시행규칙)'과 '기술 지침'은 향후 실무에 큰 영향을 미친다.

특히 중소기업 단체와 스타트업 협회 등에서는 '준비 기간이 너무 짧다', '시행을 3년 정도 연기해야 한다' 등 시간제한 완화 조치를 요구하는 청원서를 정부에 제출했다.

그러나 정부는 AI 리스크에 대한 사회적 대응이 기다리지 않을 것이라며 초기 일정에 대한 대대적인 변경에 대해 신중한 태도를 표명했다. 따라서 가이드라인의 유연한 적용과 점진적인 운용이 현실적인 타협점이 될 가능성이 높다.

AI 기술의 진화는 멈추지 않고 계속 가속화되고 있다. 이에 따라 우리 사회, 경제, 일상생활도 크게 변화하고 있다. 문장을 '읽고 쓰기', 이미지를 '그리고 분석하기', 의사를 '결정하기' 등 한때 인간에게만 가능했던 행동이 이제 알고리즘으로 대체될 수 있다. 그러나 그 진전 뒤에는 AI가 정말로 '옳은 일'을 하고 있는지, 그리고 그 책임이 누구에게 있는지에 대한 의문이 나날이 커지고 있다.

한국의 AI 기본법은 이러한 질문에 국가로서 정면으로 맞서려는 시도다. 이는 단순히 AI 기술을 '규제'하는 것이 아니라 기술과 사회의 관계를 재설계하고 신뢰를 바탕으로 미래를 건설하려는 것이다. 즉, AI와 인간, AI와 사회, AI와 법 제도의 '대화의 장'을 제공하는 것이다.

법을 따르는 것이 아니라, 그러한 맥락에서 자신의 가치를 어떻게 입증할 것인지를 고민하는 시대가 도래했다. 한국을 포함한 아시아 국가는 물론 유럽, 미국에서도 유사한 AI 규제가 빠르게 도입되고 있다. 각 나라는 자국의 문화, 시스템, 가치관을 바탕으로 'AI를 어떻게 대처할 것인가'를 모색하고 있으며, 세계는 AI 시대의 룰 메이킹 경쟁에 돌입하고 있다.

우리 각자에게 AI가 친숙해질수록 AI의 설계 철학, 위험, 사회적 책임에 대해 생각할 기회가 더 많아진다. AI가 공존하는 사회에서는 개발자와 정부뿐만 아니라 사용자와 시민까지 포함해 '참여형 대화'가 이루어질 수 있는 환경을 조성하는 것이 중요하다.

한국의 AI 기본법이 첫걸음을 내디뎠다. 그리고 그 움직임은 다른 나라에도 퍼질 것이다. 이는 AI와 법 제도의 대립이 아니라 공존을 위한 대화의 시작이며, 우리는 역사적 전환점에 서 있을지도 모른다.

2절 데이터 경제와 데이터 보호주의

1. 국가별 데이터 주권 확보와 활용

바야흐로 데이터 경제(Data Economy)[11] 시대다. 스마트 기기와 사물인터넷(IoT)의 확산, 지문이나 홍채 등 생체 인증 장치들의 보급으로 데이터의 생성 및 활용 주체와 적용 범위가 넓어지게 되었다. 데이터는 잘 쓰면 삶을 편리하고 윤택하게 만들지만 반대로 개인정보를 침해·유출하고 삶을 통제하는 수단으로도 활용될 수 있으므로 양날의 검이라고 할 수 있다. '데이터가 21세기 원유'라는 비유의 이면에는 개인이 전화 통화·문자·인터넷 검색·여행·물건 구매 등에서 만들어낸 데이터가 고스란히 활용된다는 사실이 전제된다. 온라인·SNS 등이 급격히 발달하면서 최근에는 '사람이 죽으면 디지털 흔적을 남긴다'라는 표현까지 등장했다.

데이터의 경제적·사회적 가치가 높아지고 GAMA와 같은 소수 플랫폼사업자가 대가 없이 고객정보를 독점 활용해 서비스하면서 수익을 극대화하고 비즈니스상에서 절대적인 우위를 누려오다 보니 유럽, 중국, 일본 등에서는 개인정보를 IT기업이나 미국 정보기관 등이 임의로 활용할 수 있다는 불안감과 불만이 제기됐다. 그 결과 자국민의 데이터를 보호한다는 명목하에 해외 기업들에 엄격한 보안 규정을 적용하는, 이른바 데이터 보호주의(data protectionism)[12]가 세계적 추세가 되었다. 국가 차원에서는 자국민의 데이터가 다른 국가로 이전되

---

11) 데이터에 접근하고 활용할 수 있도록 협업하는 과정에서 데이터가 새로운 부가가치를 창출하는 것

12) 국민의 개인정보를 보호하고 자국 기업을 육성하기 위해 해외 IT기업이 자국민의 데이터를 국외로 이전하지 못하도록 엄격한 보안 규정을 적용하는 것

는 것을 엄격히 제한하는 데이터 국지화(data localization) 정책이 확대되는 한편, 개인 차원에서는 자신의 데이터 수집·처리·활용 과정에 적극 참여해 정보주체로서 자기결정권을 확대하는 데이터 주권(data sovereignty)[13] 개념이 부상했다. 데이터 주권이 확보되면 개인 스스로 데이터 제공 여부를 결정하기 때문에 기업은 안심하고 데이터의 수집과 활용을 할 수 있다.

1) 유럽연합

2018년 5월 25일에 도입된 유럽연합의 일반 개인정보보호규정(GDPR; General Data Protection Regulations)은 자국민 데이터의 해외 서버 이전을 엄격하게 제한하고 있으며, GDPR에 제시된 조건을 충족하는 경우에만 정보주체의 동의가 없이도 개인 데이터의 국외 이전을 허용한다.[14] GDPR이 시행되기 전에는 EU 다른 회원국으로의 개인정보 이동이 금지됐지만 GDPR의 도입으로 역내 개인정보의 자유로운 이동도 보장된다. 결국 유럽연합의 전략은 데이터의 역내 이동을 자유롭게 하여 데이터 산업을 육성하는 한편, 데이터의 역외 이동은 엄격히 제한해 미국 IT기업들의 영향력 확대를 막겠다는 취지다.

GDPR은 시행 이전부터 어마어마한 과징금으로 전 세계 정부와 기업들을 긴장에 떨게 했다. GDPR을 심각하게 위반할 경우 최대 2,000만 유로(약 265억 원) 또는 전 세계 매출액의 4%에 해당하는 과징금이 부과되므로 기업들은 치명상을 입거나 최악의 경우 파산에 몰릴 수도 있다. 2020년 8월 비영리 소비자보호단체인 더 프라이버시 컬렉티브(The Privacy Collective)는 미국 IT기업 세일즈포스와 오라클 두 회사가 홈페이지를 방문하는 유럽 내 인터넷 방문자들

---

13) 신체나 재산의 권리처럼 개인에게 정보 권리를 부여해 스스로 자신의 데이터가 언제, 어디서, 어떻게, 어떤 목적으로 사용될지 결정할 수 있는 권리

14) 유럽위원회(EC)의 적정성 검토를 받은 국가·조직, 적절한 보호조치와 법적 구세 방안이 마련되어 있는 경우 등이 해당한다.

의 흔적인 '쿠키'를 통해 개인정보를 무단 수집했다는 것을 근거로 네덜란드 법원에 두 기업을 상대로 100억 유로(약 13조 6,500억 원)의 벌금을 청구한 전례가 있다.

〈표 2-2〉 GDPR의 개요

GDPR의 개념	• 2018년 5월 25일부터 시행된 EU의 개인정보보호 법령 • EU에 속하는 국민들(정보주체)의 개인정보보호를 위한 개인정보규정 • EU 역내 개인정보의 자유로운 이동 보장 • GDPR 위반 시 과징금 등 행정처분이 부과될 수 있음 (EU와 거래하는 우리나라 기업도 이 법에 위반되지 않도록 주의 필요)
GDPR의 대상 국가	• EU 28개국 • EFTA 3개국(리히텐슈타인, 아이슬란드, 노르웨이)도 EU와 동등 적용
GDPR의 특징	• 정보주체의 권리 강화 - 처리제한권, 정보이동권, 삭제권, 프로파일링* 거부권 등 신설·강화 * 프로파일링: 개인의 특성을 평가하기 위한 형태의 자동화된 개인정보처리 • 기업의 책임성 강화 - DPO(개인정보보호책임자) 지정, 역내 대리인제도, 영향평가 등 자율적보완조치 시행 • 지리적 관할범위 확대 - EU 내외 사업자가 EU 내 거주자에게 재화·서비스를 제공하거나 EU 거주자의 행동을 모니터링하는 경우 • 과징금 등 제재 강화 - 전 세계 매출액 기준의 과징금 부과 또는 모든 회원국이 통일된 기준으로 부과(금액이 더 큰 부과 방법으로 과징금 부과)

자료: KISA, 우리 기업을 위한 EU GDPR 가이드북 등

2) 미국

미국은 자국민 개인정보의 국외 이전을 제한하기보다는 국외 정보에 접근할 수 있는 법적 근거를 마련해 사이버 보안을 강화하는 추세다. 필요할 경우 미국 사법당국이 구글, 페이스북 등 자국 IT기업의 해외 서버에 저장된 통신 내용, 트래픽 데이터, 가입자 정보 등의 데이터를 열람할 수 있도록 한 '합법적인 해외 데이터 활용의 명확화를 위한 법률(Clarifying Lawful Overseas Use of Data Act, CLOUD Act)'을 제정하여 2018년 3월부터 시행했다. 개인정보의

국외 이전을 허용하면서 정부가 역외 정보에 접근할 수 있도록 하여 데이터 경제의 부흥과 데이터 보안의 조화를 도모하려는 사례라고 할 수 있다.

도널드 트럼프 전 미국 대통령은 중국 통신장비업체 화웨이의 통신장비가 중국 정부의 스파이 활동에 이용될 수 있다는 우려를 제기해왔다. ≪월스트리트 저널≫(2020년 2월 자)[15]에 따르면 미국 정부는 화웨이가 전 세계 무선 통신 네트워크에 대한 '백도어 접속(backdoor access, 인위적으로 만든 정보 유출 경로)'을 설치해놓은 증거가 있다고 한다. 마이크 폼페이오 전 미국 국무장관은 유럽 동맹국들을 대상으로 "5G 네트워크는 중요한 인프라를 포함해 생활의 모든 영역에 영향을 줄 것이다. 유럽 국가들이 중요한 인프라에 대한 통제권을 화웨이나 ZTE와 같은 이른바 중국의 'IT 거인(Tech giant)'에게 넘겨주지 않는 것이 중요하다"라고 강조하곤 했다. 미국의 영향으로 영국 정부는 5G 이동통신망 구축 사업에서 화웨이 장비를 사지 않기로 했으나, 트럼프가 재선에 실패하자 화웨이가 영국 정부에 결정을 재고해달라고 요청했다.

3) 중국

중국은 14억 인구와 탈규제 정책을 기반으로 BAT(바이두, 알리바바, 텐센트) 등의 데이터 기업을 육성하고 있으며 국경 밖으로의 데이터 이전을 엄격히 금지한다. 중국 네트워크 안전법 제37조에 따르면, 핵심 정보 인프라 사업자는 중화인민공화국 안에서 수집하고 생성한 개인정보와 중요 업무 데이터를 반드시 중국 내에 저장하도록 정한다. 만약 중국 내 외국 기업이 데이터를 국외로 전송할 경우 중국 국가 네트워크 정보기관이 국무원의 관련 부처와 함께 제정한

15) https://www.wsj.com/articles/u-s-officials-say-huawei-can-covertly-access-telecom-networks-11581452256

방법에 따라 보안 평가를 진행해야 한다. 이러한 보안 평가 과정에서 중국 정부는 기업 데이터를 들여다보게 된다. 애플이 구이저우(貴州)성의 구이안(貴安)에 아이클라우드(iCloud) 데이터 센터를 건설해 2019년 12월부터 운영하는 것도 중국 정부의 법규를 따르기 위해서다.

4) 일본

일본은 개정 개인정보보호법(2017.5 시행)에서 개인정보의 정의를 명확히 하고 익명 가공정보[16] 제도를 도입하여 개인정보보호와 데이터의 활용을 높인다. 본 법에 따라 해외에 있는 제3자에게 자국민 개인 데이터의 제공을 제한[17]하는 내용도 포함한다.

일본 정부는 본인도 예상하지 못한 분야에 개인정보가 활용되는 사례에 대한 불만이 커지는 상황에서 데이터 주권을 강화하고 개인정보에 대한 대가를 지급하는 '정보이용신용은행(情報利用信用銀行)'[18] 제도를 만들었다. 소비자가 자신의 구매 이력 정보나 차량 운행정보, 전력 이용 데이터 등을 인증받은 정보은행에 제공하면 그 대가로 각종 할인 혜택이나 절전 방법 등의 조언을 받는다. 미쓰비시UFJ신탁은행 등이 이와 같은 고객 데이터를 민간기업에 중개하는 정보은행 사업에 참여하고 있다. 여기서 은행이라는 명칭을 사용한 이유는 데이터 취급기관으로 사용할 경우 나타날 수 있는 불안감을 해소하기 위한 조치다.

---

16) 특정 개인을 식별할 수 없도록 이름·전화번호·주소 등 개인정보를 삭제하는 등 정부가 정하는 방식으로 가공한 개인 데이터

17) 일본과 동일한 수준으로 개인정보가 보호되고 있다고 인정되는 국가와 제3자에게만 정보주체의 동의 없이 개인 데이터 제공 허용

18) 개인의 정보통제권 보장과 개인정보의 상업적 이용을 위해 2018년 5월 '정보신탁의 인정에 관한 지침안'을 마련하고 정보은행 도입을 추진하고 있다. 정보은행은 개인정보 활용 계약 등에 따라 PDS(Personal Data Store) 시스템을 활용해 데이터를 관리하고 개인이 정한 조건에 따라 개인 대신 타당성을 판단해 제3자에게 데이터를 제공하는 기구다.

사례 개인 데이터 유통 체계 PDS와 정보이용신용은행 사례

PDS(Personal Data Store)는 개인이 여기저기에 흩어져 있는 자신의 정보(구매 이력, 건강정보, 행동 이력 등)를 모아서 수집 및 관리해 데이터를 이용하기를 원하는 제3자에게 제공할 수 있는 기능을 갖춘 시스템이다. 그리고 정보은행은 개인과의 데이터 활용 계약을 기반으로 개인이 PDS에 축적한 데이터를 관리하고, 개인의 지시 혹은 사전에 지정한 조건에 따라 개인을 대신하여 개인 데이터를 필요로 하는 사업자에게 판매 중개하는 역할을 담당한다. 일본에서는 PDS와 정보은행 두 개의 기능(시스템)이 맞물려 돌아가는 구조를 '정보은행'이라는 상위개념으로 통칭하기도 한다. 미쓰비시UFJ 신탁은행은 기업의 건강검진 데이터를 관리하는 회사 등 10개사와 계약을 체결해 개인으로부터 위탁받은 데이터를 데이터 구매자인 기업에 제공하고 이를 통한 수수료를 고객과 공유한다.

정보은행은 일본 총무성이 2018년 5월 발표한 '정보이용신용은행'의 약칭으로 개인이 위탁한 데이터를 개인이 동의한 범위 내에서 운용하고 그 정보를 필요로 하는 사업자에게 제공해 대가를 얻은 후 그 수익 중에서 일부를 환원하는 조직을 말한다.

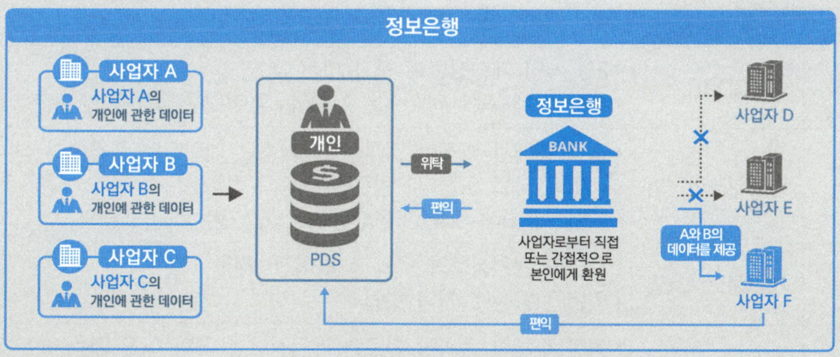

출처: 情報銀行ナビ

[그림 2-1] 일본의 정보은행(Information Bank)

5) 한국

2016년 한국 정부는 국가안보를 이유로 구글이 요청한[19] 1:5,000 축적의 국내 지도 데이터의 해외 반출 요청을 거부했다. 이 이슈로 국가 데이터 주권에 대한 논의는 있었지만 개인의 데이터 주권에 관한 논의는 아직 시작 단계에 불과하다. 「개인정보 보호법」 개정안이 GDPR을 겨냥해 만들어졌음에도 현행법에서는 정보 주체의 동의만 얻으면 개인정보의 국외 이전이 가능해 개인의 데이터 주권 강화와 관련한 사회적 합의가 필요한 상황이다.

우리나라가 개인정보 보호에 방점을 두다 보니 데이터 활용이라는 측면에서는 약했지만 「개인정보 보호법」 개정안이 발효되면서부터는 가명화한 데이터를 정보 주체의 동의 없이 상업적으로 활용할 수 있게 되었다.

〈표 2-3〉 자국 내 데이터 보호를 위한 주요국 정책 추진 현황

국가	정책 및 법령	주요 내용
EU	GDPR	• EU 시민 개인정보의 국외 이전 제한 • 위반 시 매출액의 4% 또는 2,000만 유로(약 260억 원)의 과징금 부과
중국	네트워크안전법	• 중국 내에서 수집한 개인정보 및 중요 데이터는 중국에 저장 • 데이터 국외 이전 시 안전평가 등 규정화 • 위반 시 최대 50만 위안(약 8,000만 원) 과징금 부과
일본	개인정보보호법	• 자국민 개인정보의 국외 제공(이전) 제한 • 익명 가공정보 개념 도입
한국	개인정보보호법	• 정보 주체의 동의만 얻으면 개인정보의 국외 이전 가능 • 특정 개인을 식별할 수 없게 한 정보(가명정보)는 동의 없이도 특정 목적에 활용 가능
베트남	사이버보안법	• 자국민 데이터의 현지 보관 의무 규정
인도	국가 디지털통신 정책	• 자국에서 생성된 데이터는 반드시 자국 내 서버에 저장 • 데이터 주권을 지키는 것이 나라를 위한 최고의 사명임을 강조

자료: 한국정보화진흥원(NIA), 〈데이터 주권과 데이터 국경〉(2020년 7월 7일)

19) 2016년 6월 2일, 구글은 국토교통부 산하 국토지리정보원에 공식적으로 국내 지도 데이터 반출 신청서를 제출했다.

2. 데이터 활용 패러다임 전환을 위한 추진 현황 및 사례

국경과 산업의 경계를 허무는 금융혁신은 각국 정부의 정책 지원에 힘입어 진화해왔다. 2018년 1월부터 유럽연합 지역에서 발효된 지급결제서비스지침(Payment Services Directive 2, PSD2)[20]과 영국의 오픈뱅킹이 대표적이다. 유럽에서는 대형은행들이 소비자의 금융정보를 독점해 IT기술의 성장이 저해되고 비금융기업이 금융서비스 산업에 참여할 기회가 원천적으로 차단되었다. 이에 은행 API를 핀테크 기업에 수수료 등의 차별 없이 제공하는 것을 의무화했다. 이러한 제도 변화로 은행이 보유하고 있던 고객 데이터가 개방되면서 핀테크 스타트업과 글로벌 IT기업들도 이 데이터를 활용해 더욱 새롭고 개인화된 금융서비스를 제공할 수 있게 됐다.

1) 은행이 제3자 서비스사업자와 경쟁하는 근거를 마련한 EU의 PSD2

EU의 PSD2는 개인정보의 이동권을 금융산업에 적용한 지급결제서비스 지침이다. PSD2의 핵심은 정보 주체인 개인이 동의할 경우 제3자 지급결제서비스 제공업자(TPP; Third Party Payment Service Provider)에게 고객의 계좌정보 및 금융정보에 대해 접근을 허용하였다는 점이다. 이를 위해 EU 내 모든 대형 금융사에 오픈 API 형태로 고객 금융정보를 제공할 것을 의무화하였다. PSD2에서는 종전에 면허를 취득해 서비스를 제공해 오던 지급서비스 공급자(PSP; Payment Service Provider)[21]에 지급지시서비스 제공업자(PISP; Payment Initiation Service Provider)와 계좌정보서비스 제공업자(AISP; Account Information Service Provider)의 역할을 추가로 새롭게 정의하여 PISP는 허가제,

---

20) 기존 PSD1(First Payment Services Directive, 2005년 처음 제안되어 2007년 12월에 채택)을 2018년 1월 13일에 개정하여 PSD2를 마련

21) 은행, 전자금융 사업자, 지급결제서비스 사업자

AISP는 등록제로 운영하기로 결정했다. 한국에서 PISP는 '마이페이먼트' 산업, AISP는 '마이데이터' 산업으로 육성 중이다.

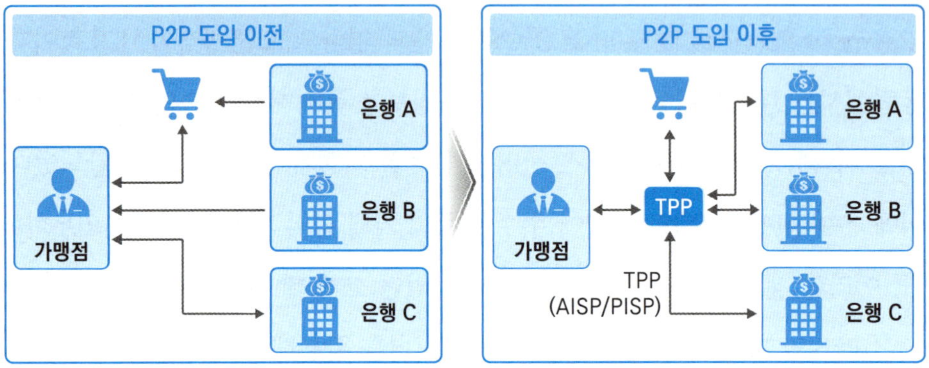

[그림 2-2] PSD2 도입 이전과 이후

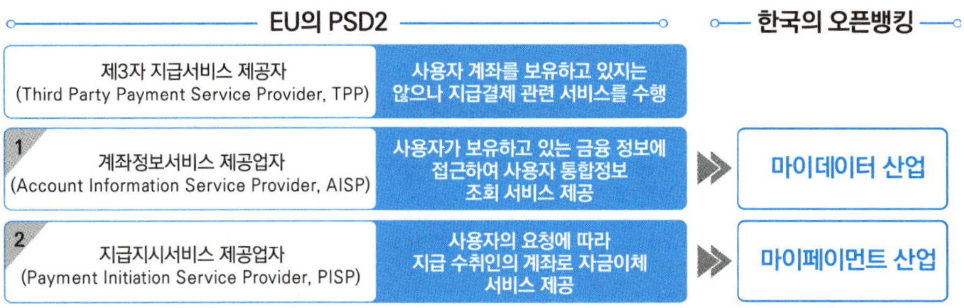

[그림 2-3] EU의 PSD2와 한국의 오픈뱅킹

2018년 설문 조사에서 영국 핀테크 전문 온라인 미디어인 파이넥스트라(Finextra)와 CA테크놀로지스(CA Technologies)는 PSD2 이후 은행 비즈니스에 가장 큰 위협이 되는 존재로 GAMA를 꼽았다.

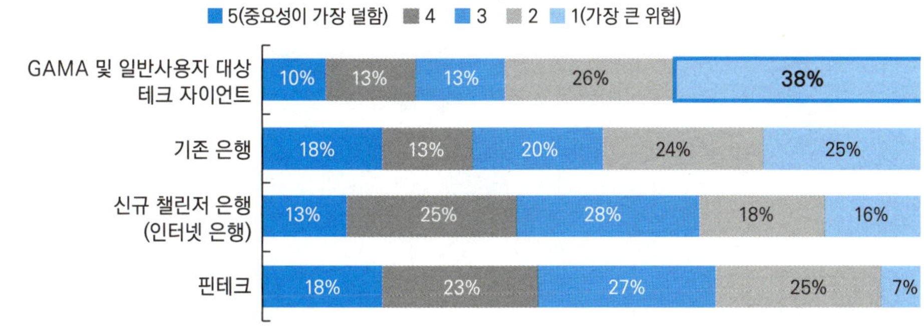

출처: Finextra, CA Technologies

[그림 2-4] PSD2 시행 이후 은행에 위협이 될 플레이어

2) EU의 PSD2 시행에 대응하고 소매금융시장 촉진을 위해 탄생한 오픈뱅킹

최근 글로벌 금융 및 핀테크 산업과 관련해 가장 많이 언급되는 단어로는 '오픈뱅킹', '오픈 API', '오픈뱅킹 플랫폼' 등이 있다. 오픈뱅킹은 특정 은행이 제공하는 금융서비스를 다른 은행이나 핀테크 기업 등도 API(Application programming interfaces)[22]를 통해 이용할 수 있도록 폐쇄적인 금융 결제망을 개방하는 것이다.

오픈뱅킹의 시초는 영국의 CMA(Competition and Markets Authority, 경쟁관리당국)가 EU의 PSD2 시행에 대응하고 영국 대형은행들[23]과 과점적 구조를 형성하고 있는 소매금융시장에 경쟁을 촉진하려는 목적으로 시행한 것이다. 이후 오픈뱅킹 정책은 의무화 여부, 적용 범위, API 표준화 여부 등에 대해서는 다소 차이가 있지만, 호주·싱가포르·홍콩·일본·한국 등 많은 나라로 확산되어 국제적인 트렌드가 되어가고 있다.

---

22) 특정 프로그램의 기능이나 데이터를 다른 프로그램이 접근 및 사용할 수 있도록 사전에 정한 통신 규칙(기능 및 데이터를 연결하는 매개체)

23) Allied Irish Bank, Bank of Ireland, Barclays, Danske, HSBC, Lloyds Banking Group, Nationwide, RBS Group, Santander이며 이 은행들은 오픈뱅킹에 의무적으로 참여하였다.

출처: ndgit

[그림 2-5] 오픈뱅킹 도입 국가별 추진 형태

한국과 영국 오픈뱅킹은 정부 주도의 경쟁 촉진 목적이 강해 은행이 다른 은행이나 제3자 서비스제공자들에 고객 정보를 의무적으로 개방하는 데 초점이 맞추어져 있다. 그러나 한국의 오픈뱅킹은 다음과 같은 특색이 있다.

첫째, 해외에서는 일반적으로 은행과 핀테크 기업이 개별 제휴를 맺어 오픈뱅킹을 시행했지만, 한국형 오픈뱅킹은 정부 주도하에 금융결제원이 중앙에서 공동 플랫폼을 운영한다. 둘째, 해외의 오픈뱅킹은 은행이 보유한 고객의 잔액 정보 및 거래명세 조회에 국한하지만, 국내는 다른 은행의 계좌만 등록하면 거래명세 조회는 물론 입·출금 및 송금도 가능해 고객이 자신에게 더욱 유리한 은행의 상품으로 갈아탈 수 있다. 셋째 영국·호주 등의 국가에서는 일부 대형은행만이 오픈뱅킹에 참여하는 데 반해 국내는 주요 은행은 물론 카드사들도 2021년 5월 31일부터 오픈뱅킹에 참여해 카드사 앱에서도 은행 계좌정보를, 은행 앱에서도 카드 정보를 확인할 수 있다.

〈표 2-4〉 오픈뱅킹 관련 각 나라 정책

국가명	오픈뱅킹 관련 정책
EU	◦ PSD2(Payment Services Directive 2) 도입('18.1월) ✓은행 API를 핀테크 기업에 수수료 등 차별 없이 제공토록 의무화 ◦ GDPR(General Data Protection Regulation)에서는 '개인정보이동권'을 도입하여 고객의 정보자기결정권 강화('18.5월)
영국	◦ 9대 주요 은행 대상 오픈 API 서비스 실시('18.1월) ✓은행들이 오픈 API를 통해 타은행의 고객 정보를 받아, 타은행 계좌의 접근 등 다양한 서비스 실시 → 은행의 결제 기능 강화 및 경쟁 확대 ◦ 英 OBIE(Open Banking Implementation Entity)는 기술사양, 보안 등 API 표준요건을 담은 Open Banking Standard 3.0 발표('18.9월) ※ 英 오픈뱅킹 API 이용건수는 '19.8월 1.1억 건으로 작년 동결(420만 건) 대비 약 26배 성장
호주	◦ 재무부에서 오픈뱅킹 구현을 위한 권고안 발표('18.2월) ✓(4대 주요 은행) '19.7월 신용·직불카드 및 예금·거래계좌부터 시작하여 '20.2월까지 주택담보대출 등으로 확대 예정 ✓(기타 은행) 12개월 시차를 두고 점진적으로 확대. '22.7월 전 은행권의 전 금융상품에 대한 API 공개 예정
일본	◦ 은행법 개정을 통해 핀테크 기업에 대한 API 제공 등 의무화('18.6월) ✓핀테크기업에 대한 API 제공 기준 공시 및 기준 충족업체에 대해 API 제공 의무화(법 시행 후 2년 내 은행 API 구축 노력 명시) ⇒ 日당국, '20년까지 110개 은행이 API 공개를 완료할 것으로 예상
싱가포르	◦ 아태지역 최초로 오픈뱅크 지침 발표('16년) ✓정부 주도의 금융데이터 개방 유도 정책* 추진 중 * 은행(Citi, OCBC 등), 지급결제업체(NETS) 등이 거래내역 등 약 310여 종 API 개방 중이며, MAS도 감독 관련 API를 개방하여 레그테크 부문 발전 도모 중

출처: 금융위원회

금융사	서비스
HSBC은행	·오픈뱅킹 앱 통해 고객의 당·타행 저축계좌, 모기지, 대출, 카드 관련 데이터 제공 ·고객 지출을 30개 부문으로 구분해 정리 → 고객의 예산관리 지원
산탄데르(Santander)은행	·머니박스(Moneybox) 앱과 제휴 통해 고객계좌 연동 → 금융거래 후 발생하는 소액 거스름돈을 저축계좌 또는 투자상품으로 자동 이체
바클레이즈(Barclays)은행	·별도 앱 통해 당·타행 계좌정보 제공
스탈링(Starling) 인터넷전문은행	·별도 플랫폼 통해 고객 계좌정보 제공 → 투자상품 투자, 리워드 및 포인트 자동 수집, 연금현황 확인 등
시티(citi) 은행	·별도 자산관리 앱에 계좌 및 인증 기능 활용 → 송금내역, 잔고 등 조회 서비스 제공

One 앱, All 금융서비스

출처: 금융위원회

[그림 2-6] 오픈뱅킹 서비스 도입 사례

3절 정책변화 속의 디지털 금융혁신

1. 오픈뱅킹

1) 개념

오픈뱅킹이란 말 그대로 '은행이 보유한 정보를 개방한다'라는 의미가 있다. 고객의 명시적 동의가 있는 경우 은행이 보유하고 있는 고객의 금융정보를 다른 은행 또는 제3자 서비스제공자가 오픈 API를 통해 접근할 수 있도록 허용하는 것이다. 이를 통해 고객은 하나의 은행 또는 핀테크 앱만으로 자신의 모든 은행 계좌를 등록해 한눈에 조회하고 이체할 수 있다. 단순히 결제·송금뿐만 아니라 대출, 자산관리, 금융상품 등을 비교해 가입하는 것도 가능하다.

현재 오픈뱅킹의 개념은 지급결제 중심의 공동 오픈 API 시스템 확대를 의미하지만, 핀테크 기업 등 참여자가 다양화되고 마이데이터와 마이페이먼트 등을 포함할 경우 개념은 더 확장될 것이다. 오픈뱅킹, 마이데이터, 마이페이먼트는 영국이나 유럽의 표기를 그대로 따온 것이다. 쉬운 우리말로 바꾸면, 오픈뱅킹은 공동망 금융거래, 마이데이터는 본인 신용정보관리업, 마이페이먼트는 지급지시전달업이다. 그러나 오픈뱅킹은 금융위원회의 주장대로 단순히 금융사들이 전산망을 공동으로 쓴다는 것을 넘어선 훨씬 포괄적인 개념이기 때문에 마이데이터(본인신용정보관리업) 및 마이페이먼트(지급지시전달업)처럼 '딱 떨어지는' 외래어의 순화는 아닌 듯하다. 따라서 본문에서는 영어 표기를 따르기로 한다.

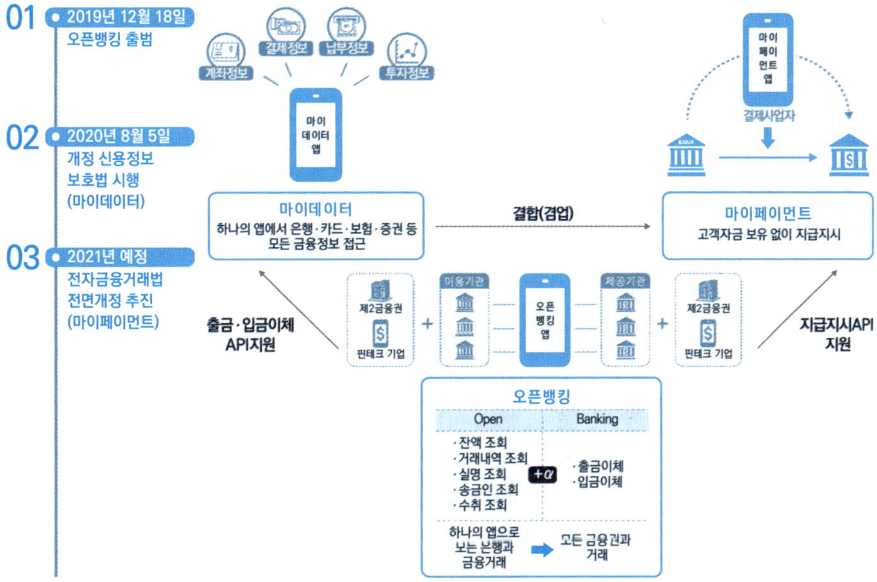

출처: 금융위원회

[그림 2-7] 오픈뱅킹, 마이데이터, 마이페이먼트 산업이 활성화된 이후의 모습

2) 주요 내용

(1) 오픈뱅킹 현황

2019년 2월 금융위원회가 '금융결제 인프라 혁신 방안'을 통해 오픈뱅킹 도입 방안을 발표했다. 은행들을 중심으로 한 오픈뱅킹은 저축은행, 카드사 등 다양한 금융 플레이어가 참여하고 있으며 보험사의 오픈뱅킹 참여를 허용하는 검토가 진행 중이다.

2021년 5월 기준 가입자 수는 8,024만 명의 가입자가 약 1억 5,000만 개의 계좌를 오픈뱅킹 앱에 등록해 이용하고 있다. 2019년 12월 출시한 지 약 1년 5개월 만에 누적 거래량도 48억1,000만 건을 넘어섰으며, 매일 약 1,660만 건 정도가 오픈뱅킹을 통해 거래되고 있다.

오픈뱅킹은 하나의 앱에서 다른 계좌의 조회·출금이 가능하다는 점에서는 편리하지만 오픈뱅킹 서비스를 시작하면서 개인정보 유출로 보이스 피싱 사건이 많이 늘어났다는 보안 우려가 있으며, 금융사 간에 고객 유치 '전쟁'을 벌이느라 대규모 이벤트 등 과도한 출혈경쟁을 벌이는 측면도 있다.

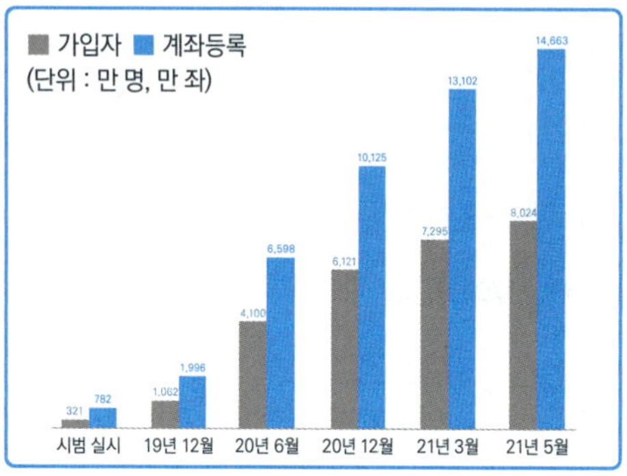

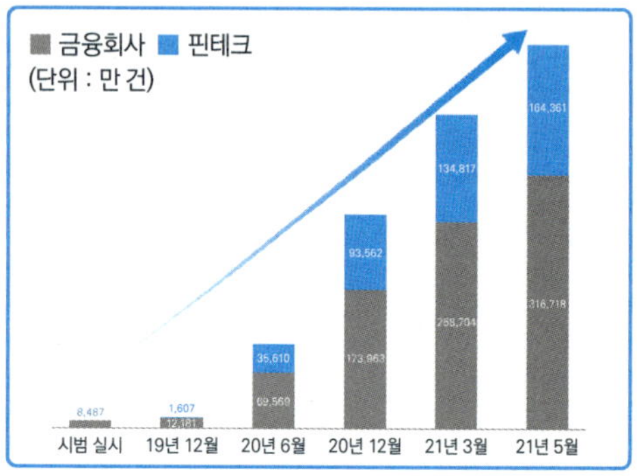

※ '21.5.24 기준(중복 포함), 출처: 금융결제원

[그림 2-8] 오픈뱅킹 가입 및 등록 현황

[그림 2-9] 오픈뱅킹 API 이용 현황

(2) 오픈뱅킹 공동업무시스템

오픈뱅킹 공동업무시스템은 핀테크 기업과 은행이 개별은행과 별도 제휴 없이도 새로운 서비스를 원활하게 개발할 수 있도록 조회·이체 등 은행의 핵심 금융서비스를 표준화해 오픈 API 형태로 제공하는 은행권 공동 인프라를 말한다.

은행권 공동 API를 사용하면 핀테크 기업이 부담하던 수수료가 10분의 1 수준(중소형은 약 20분의 1 수준)으로 낮아진다. 출금 이체 수수료(기존 500원)는 30~50원, 입금 이체 수수료(400원)는 20~40원으로 각각 내려간다. 오픈뱅킹은 이체(출금이체·입금이체), 조회(잔액, 거래명세, 계좌 실명, 송금인 정보) 관련 핵심 금융서비스를 6개 API로 제공한다.

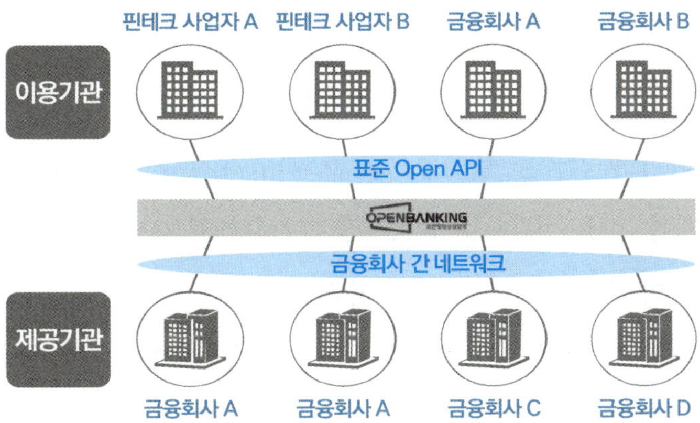

출처: 금융위원회

[그림 2-10] 은행권 공동 API사용으로 수수료 절감

〈표 2-5〉 오픈뱅킹 조회 및 이체수수료 비용

(단위: 원)

업무	구분	기존 비용	오픈뱅킹 (대형사)	오픈뱅킹 (중소형사)[1]
조회	잔액조회	10	10	5
	거래내역조회	50	30	20
	계좌실명조회	100	50	30
	송금인정보조회	300	50	30
이체	출금이체	500	50	30
	입금이체	400	40	20

주 1) 이체 월 거래금액 100억 원 이하, 조회 월 거래 건수 10만 건 이하

(3) 의의

오픈뱅킹은 은행권을 비롯해 핀테크 기업이나 소비자 모두에게 긍정적인 영향을 끼쳤다는 평가를 받는다. 은행권은 오픈뱅킹을 통해 기존과는 다른 새로운 사업모델을 창출할 수 있게 됐으며, 핀테크 기업은 오픈뱅킹망 수수료 부담이 최대 10분의 1로 낮아지고 오픈뱅킹시스템 참여를 통한 시장진입이 용이해졌다. 또한 업권별로 차별화된 앱을 개발해 금융소비자의 편익이 높아졌다.

(4) 오픈뱅킹 도입 효과

- 은행권: 다양한 채널을 통해 신규 고객을 유치하고 새로운 서비스·사업모델을 창출하며 종합금융 플랫폼으로 도약의 계기가 되었다.
- 핀테크 기업: 비용 절감으로 공정경쟁이 가능해졌으며, 서비스 혁신에 주력하여 맞춤형 금융서비스 개발이 용이해졌다.
- 소비자: 다양한 금융서비스 출시와 금융 앱 편의성 개선으로 선택권과 금융편리성이 증대되었다.

2. 마이데이터(AISP, 본인신용정보관리업)

1) 개념

신용정보법 개정을 바탕으로 도입되는 한국의 마이데이터산업은 앞서 시행중인 개인의 금융정보 자기결정권 증진, 데이터 이동권 확립 등을 목적으로 하는 EU의 GDPR, PSD2 및 영국의 오픈뱅킹 정책과 유사하다. 마이데이터정보 주체인 개인이 본인의 정보를 적극적으로 관리·통제하고 이를 신용관리, 자산관리, 건강관리 등 개인 생활에 능동적으로 활용하는 일련의 과정을 의미한다.

예를 들어 A(정보 주체)가 어떤 은행, 보험회사, 카드사, 병원을 대상으로 자신이 생성한 데이터 중 어떠한 항목들을 자신이 지정한 B(마이데이터 사업자)에게 보내라고 요청한다. 그러면 B는 위의 네 군데로부터 API를 통해 A가 요청한 데이터를 전달받아 A가 일상생활에서 유용하게 활용할 수 있도록 안전하게 관리하는 역할을 맡는다. 즉, 마이데이터 사업자는 정보 주체인 개인을 대신하여 흩어져 있는 데이터를 수집해 유용하게 활용될 수 있도록 대리인 역할을 수행한다. 따라서 마이데이터에는 정보의 자기결정권과 함께 '데이터이동권(right to data portability)'의 개념이 포함되어 있다. 개인은 마이데이터 업체로부터 자신에게 특화된 정보관리·자산관리·신용관리 등의 서비스를 받게 되므로 마이데이터를 '금융비서' 또는 '포켓 금융(Pocket Finance)'이라고도 부른다.

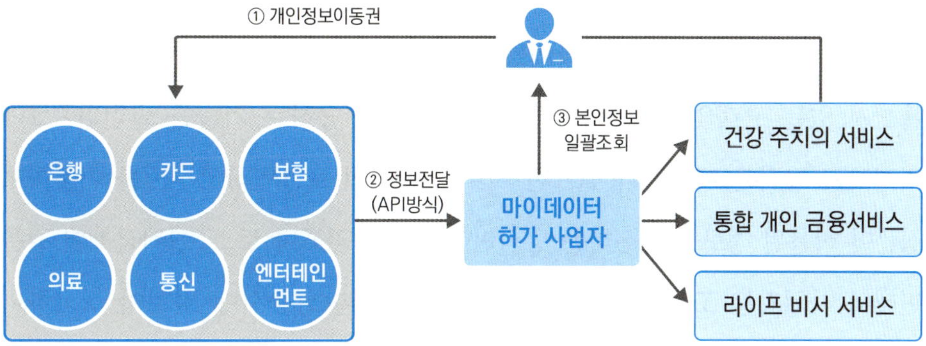

[그림 2-11] 마이데이터와 데이터 이동

한국은 호주·영국·미국 등과 달리 마이데이터 사업을 정부 주도하에 데이터 산업 육성 차원에서 정책적으로 접근하였다. 따라서 정부가 마이데이터 사업자에게 제공해야 할 데이터의 범위를 정해놓았으며 마이데이터 사업의 정보제공 범위가 다른 나라에 비해 포괄적이다. 이를테면 유럽은 결제계좌 정보만 공유하고, 호주는 다양한 금융정보를 공유하지만 자금이체 기능은 제한한다. 그러나 국내 마이데이터 사업은 금융조회·상품추천·자금이체 등이 모두 가능하다. 따라서 마이데이터 사업에서 개인정보가 유출되면 피해가 커질 수 있다는 우려의 목소리도 나온다.

〈표 2-6〉 마이데이터 플랫폼에서 한 번에 조회할 수 있는 본인정보(예시)

예금·대출	월 납입액, 금리, 만기일, 대출잔액, 상환일, 이자 등	보험	보험 만기일, 납입금액, 주기, 보험대출 정보 등
신용카드	결제내역, 포인트, 청구금액, 할부정보, 카드대출 정보 등	금투상품	거래단가, 잔액, 매입금액, 계좌상태, 예수금, 세제혜택 정보 등
통신	통신료 납부내역, 소액결제 내역 등	지급결제	간편결제, 간편송금, 전자화폐, 충전금액, 포인트 등
공공정보	행안부, 국세청 등의 국세·지방세 납부정보, 전기·수도 납부정보, 건강보험·국민연금 등 연금에 관한 정보로서 보험료 납부정보 등 공공부분의 신용정보		

출처: 금융위원회

2) 데이터 수집 방법

데이터 수집 방법은 크게 스크레이핑 방식과 API 방식으로 나뉜다. 스크레이핑 방식은 이용자가 인증정보를 핀테크 업체 서비스에 입력하면 핀테크 업체가 금융기관, 공공기관, 정부 웹사이트 등의 데이터 시스템에 접속해 여러 곳에 흩어져 있는 고객의 정보를 모아 가공하거나 제공하는 기술을 말한다. 그에 비해 API 방식은 이용자가 필요한 서비스에 직접 로그인하고 API를 이용하여 접근이 허용된 정보를 수신하는 방식이다. 뱅크샐러드나 토스, 카카오페이 같은 핀테크 사업자는 고객 아이디와 비밀번호로 개별 금융사에 일일이 접속하여 그 내역을 스크레이핑 방식으로 가져온 후 앱에서 금융정보를 보여준다.

스크레이핑 방식은 핀테크 업체 서비스가 고객의 인증정보를 저장하고 활용한다는 측면에서 개인정보 유출이나 해킹의 위험 등 많은 문제점을 안고 있다. 따라서 금융위원회는 2018년 7월 18일 '금융분야 마이데이터 산업 도입방안'을 발표하며 현행처럼 고객의 인증정보를 직접 활용하는 스크레이핑 방식의 정보 제공은 2022년 1월부터 마이데이터 표준 API로 전면 전환하면서 금지하겠다고 밝혔다.

금융위원회의 조치는 유럽의 마이데이터 확산 전략을 그대로 따른 것으로, 유럽에서는 스크레이핑 방식으로 고객의 정보를 수집하는 것에 대해 일정 기간 유예를 둔 후 금지하고 있으며 점차 API 방식으로 대체해나가는 중이다.

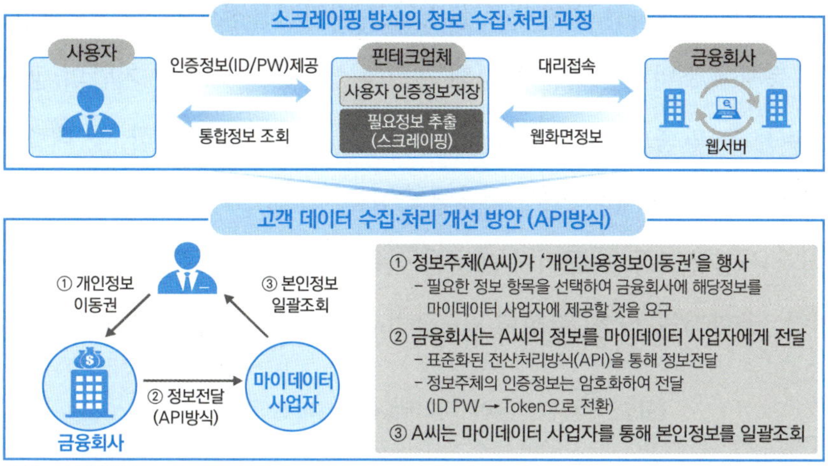

출처: 금융위원회

[그림 2-12] 스크레이핑 방식과 API 방식

3) 금융분야의 마이데이터 사업

현재 마이데이터와 유사한 서비스로는 뱅크샐러드가 있다. 여기저기 흩어져 있는 내 통장의 잔고·부채·카드 사용 명세 등을 한꺼번에 볼 수 있고 나에게 가장 유리한 신용카드를 추천해주거나 건강검진 이력을 활용해 보험상품도 추천해준다.

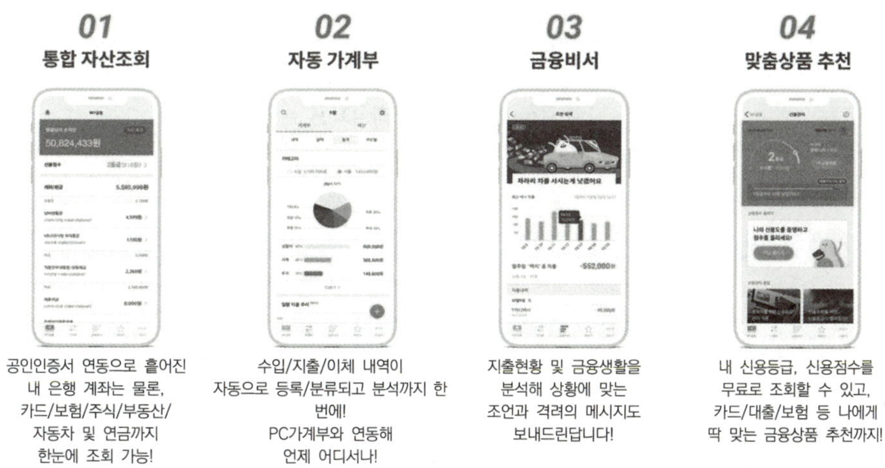

출처: 뱅크샐러드

[그림 2-13] 뱅크샐러드가 지원하는 마이데이터 사례

마이데이터 사업자는 허가제로 운영되고 개인신용정보의 체계적 관리를 지원함과 동시에 소비패턴 등을 분석해 개인의 신용관리, 데이터 기반의 금융상품 비교·추천 등 맞춤형 재무 서비스의 제공이 가능해진다. 예금 및 대출 현황, 카드사용 명세, 보험계약 정보, 종류별 금융투자상품 보유 명세 등 개인의 금융 데이터가 사실상 모두 제공되기 때문에 신용정보의 통합조회 및 관리, 투자자문과 일임, 종합적인 금융 컨설팅 등 광범위한 사업 기회를 확보하게 된다.

〈표 2-7〉 금융분야 마이데이터 서비스 세부 유형

서비스 유형	내용
1. 금융정보 통합조회	**분산되어 있는 개인 금융거래 등의 정보를 통합하여 가독성이 높은 형태로 제공** → 개인이 자신이 거래하는 금융회사나 웹사이트를 방문하지 않고도 본인 금융정보를 한곳에서 종합적으로 확인 가능
2. 재무현황 분석	**일괄 수집된 개인 금융정보 등을 기초로 개인 재무현황 분석** → 고객의 금융·거래데이터를 집계하여 고객의 소비패턴, 재무상태 등을 분석하고 분석결과를 고객에게 제공
3. 신용관리·정보관리 지원	**개인 재무현황을 기초로 신용상태 개선을 위한 맞춤형 재무 컨설팅 및 본인정보 관리 업무** → 개인신용평가 기초자료 등을 분석하여 신용평점 개선·관리를 위한 정보를 신용평가 기관에 대리 제출 또는 잘못 등록된 개인정보 삭제 등을 권고
4. 금융상품 정보제공·추천	**개인 재무현황을 기초로 개인에게 맞춤형으로 금융상품 추천** → 개인의 현 재무현황 및 신용상태에 따라 상품별 가격과 혜택을 비교하여 개인에게 최적화된 금융상품 추천

자료: 금융위원회, 삼정KPMG, 이베스트투자증권 리서치센터

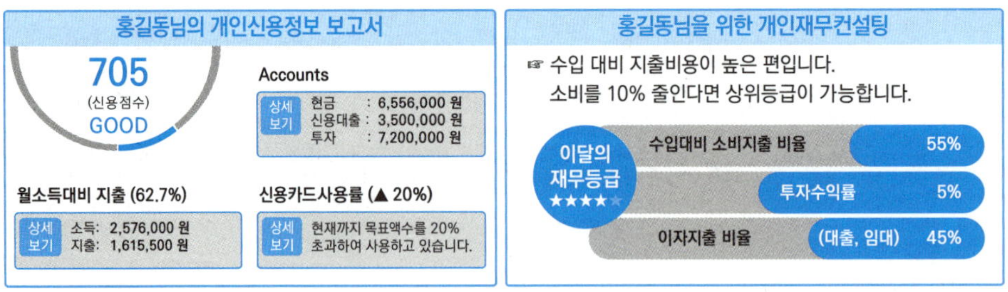

출처: 금융위원회

[그림 2-14] 마이데이터 서비스 유형 ①: 개인 재무 신용관리 지원

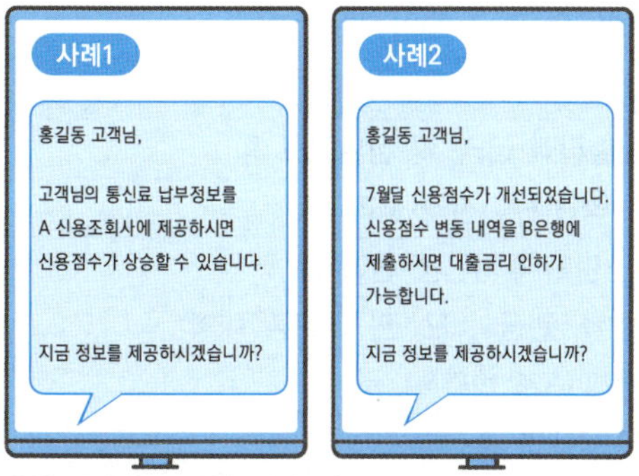

출처: 금융위, 금감원, 미래에셋대우 리서치센터

[그림 2-15] 마이데이터 서비스 유형 ②: 신용관리·정보관리 지원

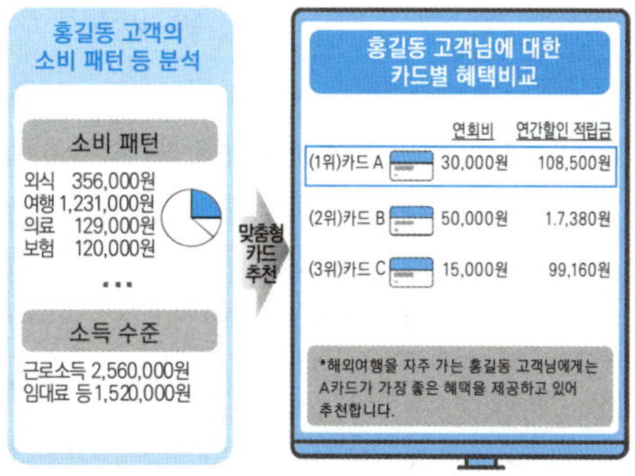

출처: 금융위, 금감원, 미래에셋대우 리서치센터

[그림 2-16] 마이데이터 서비스 유형 ③: 금융상품 정보제공·추천

4) 마이데이터 사업 전망

금융분야 마이데이터 사업을 영위하려는 회사는 금융위원회로부터 허가를 받아야 한다. 2021년 12월 기준으로 10개 은행, 7개 신용카드사와 19개 핀테크·빅테크사 등 총 52사가 허가를 받았으며, 이 중 17개 마이데이터 사업자가 2021년 12월 1일부터 시범서비스를 거쳐 2022년 1월부터 정식 서비스에 들어갔다. 마이데이터는 비즈니스 관점에서는 데이터 플랫폼 사업인 만큼 초기 선점이 매우 중요하다. 따라서 어느 사업자가 가장 먼저 사용자의 명시적 동의를 얻어 주거래 사업자가 되느냐가 관건이다. 사용자는 이미 뱅크샐러드·토스·브로콜리 등 마이데이터와 유사한 서비스 한두 개씩은 스마트폰에 설치해 사용하고 있어서 기존보다 크게 나은 혜택이 없다면 본인의 정보 이동에 동의하는 것을 께름칙하게 여길 수 있다. 그런 만큼 허가를 늦게 받을수록 경쟁에서 뒤처지게 된다.

〈표 2-8〉 업권별 마이데이터 주요 제공정보

업 권	업권별 주요 제공정보
은 행	예·적금 **계좌잔액 및 거래내역, 대출잔액·금리 및 상환정보** 등
보 험	**주계약·특약**사항, **보험료납입내역, 약관대출 잔액·금리 등**
금 투	주식 **매입금액·보유수량·평가금액**, 펀드 **투자원금·잔액 등**
여 전	**카드결제내역, 청구금액, 포인트 현황, 현금서비스 및 카드론 내역**
전자금융	선불충전금 **잔액·결제내역, 주문내역**(13개 범주화) 등
통 신	통신료 **납부·청구내역, 소액결제 이용내역** 등
공 공	국세·관세·지방세 **납세증명**, 국민·공무원 **연금보험료 납부내역 등**

출처: 금융위원회

지금까지는 은행·증권·보험 등 일부 금융회사가 금융 데이터를 독점했으나 마이데이터 사업의 시행으로 개인 데이터가 개방되면서 새로운 기업과 비즈니스 모델 출현의 진입장벽이 낮아졌다. 마이데이터 산업 활성화는 네이버·카카오 등 플랫폼 회사의 금융업 진출 가속화를 의미하기 때문에 은행·증권·보험업 등에는 부정적으로 작용할 수 있다. 현재 너도나도 마이데이터 시장에 뛰어들고 있기 때문에 마이데이터 사업체가 난립할 가능성이 크다. 경쟁이 과열되다 보면 데이터 관리 소홀·유출, 오·남용 문제가 불거져 소비자 피해 등으로 확산할 가능성도 있기 때문에 시민의 지속적인 관심과 당국의 모니터링 강화가 각별히 필요하다.

금융당국은 소비자가 다양한 서비스를 이용할 수 있도록 서비스의 품질로서 경쟁하는 환경 조성을 위해 마이데이터 서비스 가입과 관련해 과도한 경품을 제공하거나 제공할 것을 조건으로 하는 모집을 금지하는 가이드라인을 마련했다. 구체적으로는 통상 수준 3만 원을 초과하지 않는 범위 내 경품 지급을 권장했다. 이는 은행 3만 원, 카드 평균 연회비의 100분의 10, 보험 연간 납부보험료의 10%와 3만 원 중 적은 금액으로 제한하는 현행 법령을 고려한 결정이다.

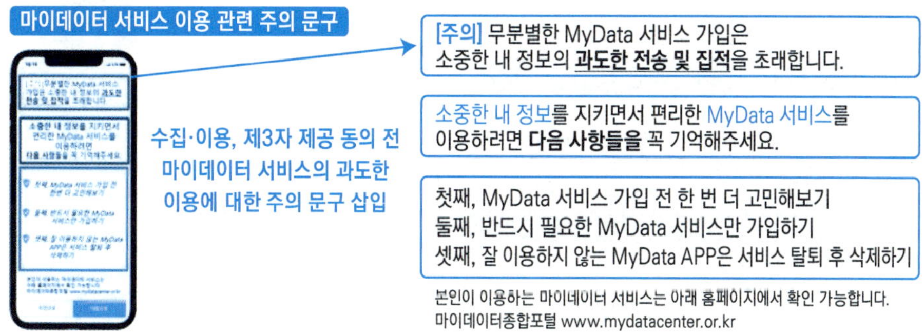

출처: 금융위원회

[그림 2-17] 마이데이터 서비스 이용 시 과도한 가입의 위험성을 알리는 문구가 표시

3. 금융규제혁신 추진방향

금융위는 2022년 7월 19일 금융규제혁신위원회를 출범하고 '디지털화, 빅블러 시대에 대응한 금융규제혁신 추진방향'을 발표했다. △디지털 전환 촉진 △혁신 인프라 구축 △자본시장 선진화 △감독행정 개선 등 4대 분야, 9개 주요 과제, 36개 세부과제를 선정했다. 구체적으로 살펴보면 다음과 같다.

금융산업의 디지털 전환 촉진

1 금융-비금융 융합 촉진

1. 자회사 투자 제한 완화
2. 금융회사의 부수업무 규제 완화
3. 비금융정보 활용을 통한 보험서비스 고도화
4. 카드사의 데이터 활용 규제 개선

2 외부자원 및 신기술 활용 활성화

5. 업무위탁 제도 개선
6. 비대면 실명확인 제도 개선
7. 디지털기술을 활용한 보험모집 규제 개선
8. 보험사의 헬스케어 서비스 활성화

3 다양한 사업모델이 가능한 유연한 규제체계 구축

9. 디지털 유니버설 뱅크 관련 제도 개선
10. 온라인 플랫폼을 통한 금융상품 중개 도입 검토
11. 카드사의 플랫폼 비즈니스 활성화
12. 보험그룹 내 1사1라이선스 규제 완화

자본시장 선진화

6 자본시장 자율성 확대 및 경쟁 촉진

20. 공모펀드 활성화
21. 신탁재산 범위 확대 등 신탁의 운용 자율성 강화
22. 펀드 판매보수 책정·수취 시 판매사 자율성 확대
23. 대체거래소(ATS) 도입

7 자본시장 투자수요 활성화

24. 글로벌스탠다드에 맞는 자본시장 제도 정비
25. 대고객RP 담보 확대 등 채권시장 투자환경 규제 완화
26. 장외시장(비상장주식) 거래 규제 합리화
27. 영문 공시 등 외국인 투자자 친화적 공시 제도 개선
28. ESG 공시 제도 정비

8 기업 부담 완화

29. 회계법인 재무제표 작성 관련 자문금지 규제 합리화
30. 소규모 상장사 내부회계 외부감사 면제
31. 상장폐지 요건 합리화

디지털 금융 혁신 인프라 구축

4 Data, AI 등 신기술 활용 기반 혁신

⑬ 마이데이터 고도화를 위한 정보제공범위 확대 추진
⑭ 신기술 도입 촉진을 위한 망분리·클라우드 규제 개선
⑮ 오픈뱅킹을 오픈파이낸스로 확대(참여업권 확대 등)
⑯ 제도화 예측가능성 제고 등 금융규제 샌드박스 내실화

5 균형 잡힌 신산업 규율체계 구축

⑰ 디지털자산 기본법 제정
⑱ 디지털 증권 규율체계 확립
⑲ 금융회사의 가상자산 관련 업무 영위 허용 검토

감독행정 개선 9

㉜ 금융행정지도 혁신적 개선
㉝ 감독·검사·제재 행정 개선
㉞ 금융회사의 해외진출 관련 신고절차 개선
㉟ 해외진출 관련 국내외 필수정보 제공·지원
㊱ 특수관계인 범위 등 대주주 규제 합리화

1) 금산분리 제도 개선

1995년 도입한 금산분리는 은행업으로 대표되는 금융자본과 제조업으로 대표되는 산업자본이 서로의 업종을 소유하거나 지배하는 것을 금지하는 원칙을 말한다.

은행법 제16조의 2에 따르면 산업자본(비금융주력자)은 금융자본(은행 주식)의 4%를 초과하여 보유할 수 없도록 규정한다. 기업이 자신이 소유한 은행을 통해 고객 자산을 빼돌려 자회사를 지원한다거나 계열사를 확대하는 등 편법을 통해 현금 조달을 원활히 할 수 있기 때문이다. 이와 반대로 금융자본이 산업자본을 소유하는 행위 또한 제한된다. 금융지주회사법 제6조의 3과 37조의1에 따르면 금융지주는 비금융회사 주식을 5% 이상 보유할 수 없고, 은행과 보험사들은 원칙적으로 다른 회사 지분에 15% 이상 출자가 불가능하다.

〈표 2-9〉 현행 금융업법상 자회사 투자범위 규제 현황

구분	내용
은행 보험	• **공통**: 다른 회사 지분에 15% 이상 출자 불가능 **(은행법 37조 1항, 보험업법 109조)** • **은행**: 금융·보험업, 은행업종 등에 지분 15% 이상 출자 가능(금산법상 사전승인) **(은행법 37조 1항, 감독규정 49조)** • **보험**: 보험업 관련 업종에 지분 15% 이상 출자 가능(업무 성격에 따라 승인·신고·보고) **(보험업법 115조)**

금투 여전 저축	• 다른 회사의 지분을 20%(최대주주 등 지배시 5%) 이상 소유 시 사정승인 필요 **(금산법 24조 1항)** • 금융·보험업, 금융업 직접 관련 업종 효율적 업무 수행을 위해 필요 시 회사만 지배 가능 **(금산법 24조 6항)** • 저축은행은 다른 회사의 지분을 15%까지 소유 가능 **(저축은행감독규정 30조 1항2)**
금융 지주회사	• 다른 회비 금융회사의 주식 소유 불가(다만 계열회사 주식소유가 아닌 경우 5% 이내 소유 가능) **(금융지주회사법 6의3)** • 자회사는 비금융회사를 지배 불가(회사가 단독 또는 특수관계인과 합쳐 계열사의 최다 출자자가 되는 경우) **(금융지주회사법 19조 1항)**

출처: 금융위원회

그러다가 윤석열 정부가 출범하면서 금산분리를 완화하려는 움직임이 대두되었다. 금산분리제도가 개선되어 15% 룰이 완화되면 금융사는 IT기업이나 핀테크사 등 비금융회사를 자회사로 둘 수 있다. 현행 은행법 감독 규정상 은행의 자회사로 둘 수 있는 업종은 은행업, 금융투자업, 보험업, 상호저축은행업무, 여신금융업 등 15개로 제한돼 있다. 네이버, 카카오, 토스, 쿠팡 등의 빅테크 기업들은 인터넷전문은행특례법으로 금융업 진출이 자유로운 반면, 전통적인 은행은 금융지주법과 은행법에 따라 비금융회사의 지분투자, 사업확장이 어려웠던 것이 현실이다. 앞으로 금융회사의 업무 범위가 확대되고 업종 제한 없이 자기자본 1% 이내 투자를 허용하는 방안이 도입되면 은행도 음식배달, 통신, 유통, 가상자산업 등에 적극적으로 진출할 수 있게 된다.

〈표 2-10〉 금산분리 규제 관련 및 애로사항

금융회사	관련 비즈니스	애로사항
A은행	**UI/UX디자인** 회사, 부동산 등 **생활서비스** 업체 인수 희망	▶ 은행법상 비금융회사에는 15% 이내 지분투자만 가능
B은행	중소기업 사업지원 **소프트웨어 개발** 회사, 영상·문서 관련 **디지털 인식기술** 업체 인수 희망	
B은행	**음식배달중개 플랫폼** 비즈니스 영위 희망 (생활서비스 연계 제공을 통해 빅데이터 확보)	▶ 부수업무로 인정 받지 못해 규제 샌드박스 적용

출처: 금융위원회

한편 금산분리 완화 정책에 따라 금융회사가 사업을 확장하는 데 있어 문제점도 존재한다. 금융회사가 일반 시민의 자산과 개인정보를 사유화해 다양한 영리사업에 무분별하게 진출할 수 있다는 점이다. 그렇게 되면 금융소비자들에 대한 보호망이 훨씬 취약해지고 금융기관의 건전성이 저하될 우려가 있다.

2) 전업주의 개선

은행, 보험, 카드 등 업권별 칸막이로 작용했던 전업주의 규제도 개선한다. 이를 통해 금융 계열사 간 각자 서비스를 제공하는 것이 아니라, 하나의 앱에서 은행 업무를 비롯해 보험·증권·신용카드 등 금융서비스를 제공하는 디지털 유니버설 뱅크가 구현된다. 종합금융 앱에서 국민연금 가입내역, 건강보험 납입내역, 세금·공과금 고지서 통합관리 등 전자문서 중계업무가 가능해지며 현재 통신 3사가 패스 앱으로 제공하는 본인확인 서비스도 은행이 제공할 수 있게 된다.

〈표 2-11〉 주요 금융규제혁신안

구분	지원안		특징
금융사의 플랫폼 업무 활성화	**은행**	**디지털 유니버설 뱅크**	**보험, 카드, 증권 등 계열사 서비스 통합앱 제공**
	보험	헬스케어 금융플랫폼	헬스케어 업무는 다른 법령에 금지하지 않는 한 허용
	카드	생활밀착 금융플랫폼	카드사가 신고 없이 할 수 있는 부수업무 범위
온라인 플랫폼 금융상품 중개업	플랫폼에서 예금/보험/P2P 비교 추천 서비스		혁신금융서비스를 활용한 시범운영

출처: 금융위원회, 메리츠증권 리서치센터

3) 가상자산발행(ICO)을 허용

현재 국내는 가상자산발행(ICO)을 금지함에 따라 해외에서만 ICO가 진행되고 있다. 디지털 자산기본법 제정에 본격적으로 착수하게 되면 그동안 금지했던 ICO의 허용 여부를 검토하되, 관련 규율 체계도 마련한다는 방침이다. 은행이나 증권사가 암호화폐 등 가상자산 관련 업무를 허용하는 방안도 검토하게 된다. 미국의 경우 통화감독청(OCC)에서 신탁업 인가를 받은 시중은행들이 암호화폐 수탁업에 직접 진출하고 있다.

현재 국내 은행권에서는 블록체인 업체와 합작 법인 설립 및 지분 투자 형식으로 설립한 커스터디 업체들이 암호화폐 수탁업 서비스를 제공하고 있다. 신한은행은 코빗, 블로코, 페어스퀘어랩 등과 손을 잡고 한국디지털자산수탁(KDAC)을 설립했다. KB국민은행은 해치랩스, 해시드와 한국디지털애셋(KODA)을 만들어 지분투자를 진행했다. NH농협은행은 헥슬란트, 한국정보통신, 아톤과 함께 카르도를 설립했으며 우리은행은 코인플러그와 디커스터디를 설립했다.

4. 디지털 금융혁신

1) 전자금융거래법 개정

2006년에 제정된 「전자금융거래법」은 현재까지 별다른 변화 없이 유지되어 왔다. 그러다 보니 기존의 법령이 금융 환경 변화를 반영하지 못해 혁신적인 서비스의 제도권 수용을 어렵게 한다는 지적이 제기되어 전자금융거래법의 개정 작업이 진행되었다.

그 결과 기존 7개의 전자금융업종 분류를 자금이체업, 대금결제업, 결제대행업 등 세 가지로 통합하고 지급지시전달업(마이페이먼트)과 종합지급결제업을 신설해 총 다섯 가지로 분류했다. 또한 혁신적 아이디어를 보유한 스타트업 등이 전자금융업에 진출할 수 있도록 최소자본금 기준을 인하했다.

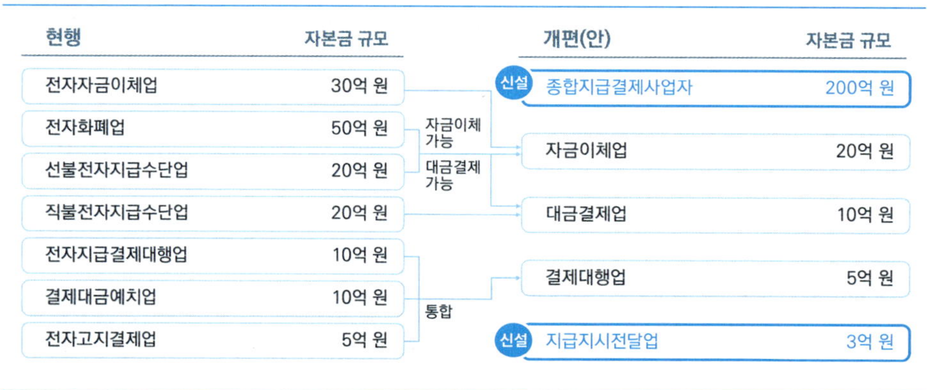

자료: 금융위원회

[그림 2-18] 전자금융거래법령 등 개정방향

전자금융거래법이 통과되면 네이버, 카카오 등의 빅테크들도 종합지급결제사업자가 되어 소비자들에게 계좌를 제공·운영할 수 있게 되므로 기존 금융권은 강하게 반발하고 있다.

2) 마이페이먼트와 종합지급결제사업 신설

(1) 마이페이먼트(PISP)

마이페이먼트는 지급지시전달사업자가 사용자로부터 결제·송금을 지시받아 금융회사 등에 이체를 하도록 전달하는 업종이다. 지급지시전달사업자는 카드사처럼 결제자금을 보유하지 않고도, 또는 네이버페이나 카카오페이처럼 자금을 미리 충전하지 않아도 고객 계좌정보만으로 결제·송금이 가능해 전자상거래 등의 수수료와 거래리스크가 절감되는 효과가 있다. 예를 들어 소비자가 편의점에서 도시락을 살 때 마이페이먼트 사업자는 은행에 지급지시를 해 은행이 소비자 계좌에서 바로 편의점 계좌로 입금하는 구조를 갖는다. 결제시장에서 가맹점을 많이 확보한 PG(Payment Gateway)사[24]와 대형 페이업체들이 유리하다.

금융위에서는 전자금융거래법 개정 시 도입되는 마이페이먼트를 카드사에도 허용하겠다는 방침을 발표했다. 수익성 측면에서는 어려울 수 있지만 카드사들이 보유한 데이터의 범위가 소비 영역에서 송금·결제 영역까지 확장돼 고객 맞춤형 마케팅이 가능하다는 점에 카드사들은 기대를 걸고 있다.

이러한 지급지시전달사업자들이 종합지급결제사업으로 확장해나갈 것으로 예측된다.

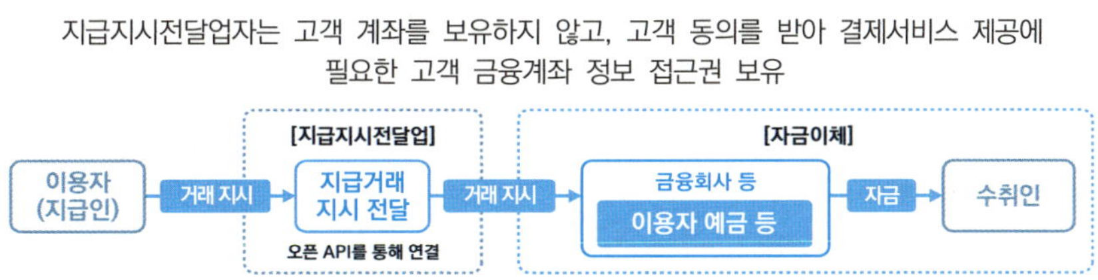

[그림 2-19] 지급지시전달업 개념도

---

24) 전자상거래 시 판매자가 카드사와 직접 가맹계약을 맺지 않고도 인터넷 전자결제를 할 수 있도록 지불 대행하는 회사를 말한다.

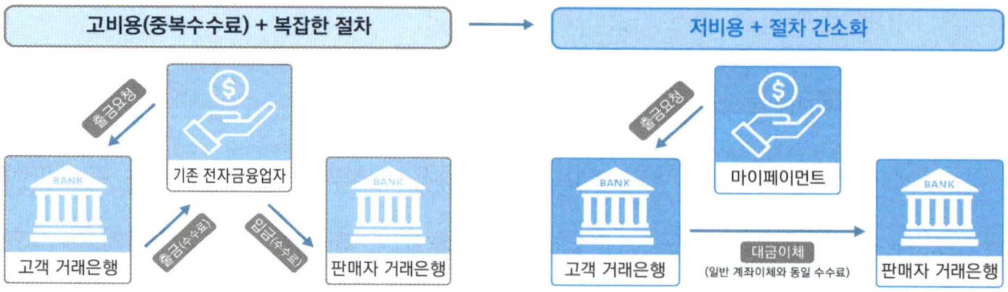

출처: 금융위원회

[그림 2-20] 지급지시전달업 적용 전후 비교

(2) 종합지급결제업

종합지급결제업은 현재 은행에만 허용되는 결제계좌를 카드사나 핀테크들이 직접 발급할 수 있게 하는 제도다. 종합지급결제업을 취득한 기업은 자체 금융 플랫폼을 통해 간편결제·송금뿐만 아니라 급여 이체·카드 대금납부·보험료 납입 등 디지털 결제 서비스를 일괄 제공할 수 있어 '작은 은행', '결제 전문은행' 등으로 불린다. 다만 은행 고유 업무인 수신과 여신전문금융업자의 고유 업무인 대출 업무는 제한된다. 네이버파이낸셜이나 카카오페이와 같은 대형 전자 금융 업자들이 종합지급결제업으로 진출할 가능성이 크다.

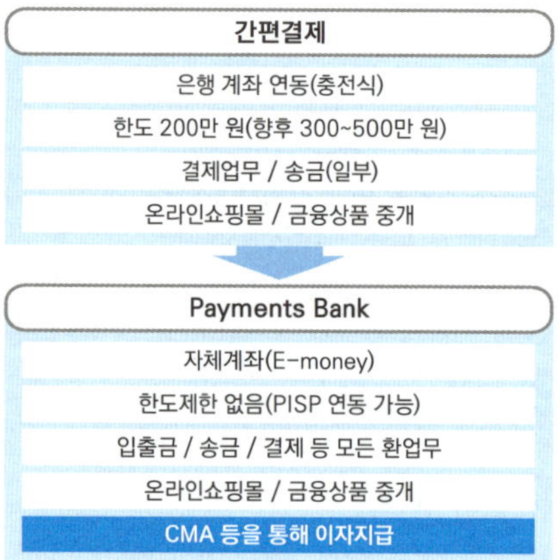

출처: 금융위원회

[그림 2-21] 종합결제사업의 기대효과

미래에셋대우와 함께 CMA통장을 만든 네이버파이낸셜이 종합결제사업자로 지정되면 네이버 통장으로 급여이체, 공과금 납부 등이 가능하다.

출처: 네이버파이낸셜

[그림 2-22] 네이버파이낸셜의 '네이버통장'

3) 핀테크 소액후불결제 허용

네이버페이나 카카오페이 등 간편결제 서비스로도 월 최대 30만 원까지 신용카드처럼 후불결제를 할 수 있게 되며, 한 번에 충전 및 송금(1회)할 수 있는 결제 앱의 금액도 현재 200만 원에서 500만 원으로 늘어난다. 단 간편송금이나 간편결제의 1일 이용 한도는 1,000만 원으로 제한된다.

「전자금융거래법」 및 「여신전문금융업법」에 따르면 선불전자지급수단 발행 및 관리업자(선불업자)는 후불결제 업무를 할 수 없다. 그러나 금융위원회는 2021년 2월에는 네이버파이낸셜의 소액 후불결제 서비스를 혁신금융서비스로 등록한 데 이어 5월에는 카카오페이의 모바일 후불형 교통카드 서비스를, 11월에는 비바리퍼블리카(토스)의 소액후불결제 서비스를 혁신금융서비스로 등록했다.

이에 따라 네이버파이낸셜은 2021년 4월부터 네이버페이 후불결제 서비스를 운영하며 네이버페이 포인트를 소진한 후 결제금액 부족분에 대해서 30만 원 한도 내에서 후불결제를 제공하고 있다.

핀테크 후불결제란	
기능	카카오페이·네이버페이 이용 시 신용 결제
한도	30만 원
연체정보 공유	후불결제사업자끼리만 공유 타 금융권에는 공유 의무 없음
사용제한	충전금 부족 시에만 가능
주요 수요층	신용카드 발급 어려운 주부, 사회초년생, 개인사업자 등

한국경제(2021.03.17)

[그림 2-23] 핀테크 후불결제

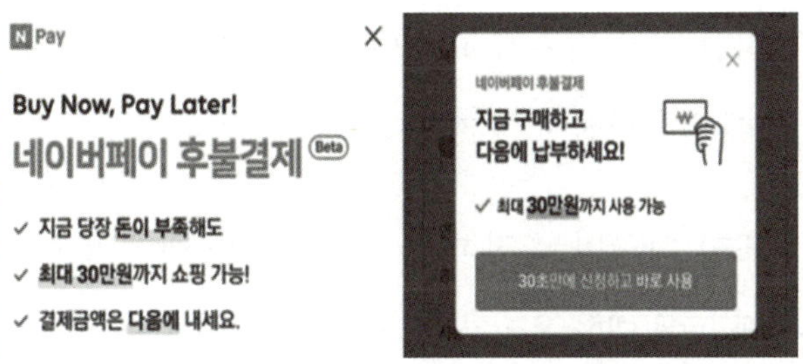

출처: 매경이코노미(2021.11.09)

[그림 2-24] 네이버페이 후불결제

금융소비자의 결제 편의성에 대한 니즈가 높아지고 있으며 간편결제, 모바일 카드, 선불카드 등 새로운 결제수단의 비중이 확대되는 가운데 기존 신용카드사의 입지는 점차 약화될 가능성이 크다. 경제활동의 주류로 떠오른 밀레니얼 세대는 신용카드보다는 후불결제를 선호하기 때문에 앞으로는 지급결제시장 전반의 패러다임 변화가 나타날 것으로 예상한다. 매월 탄 주행거리만큼 후불로 납입하는 자동차 보험상품도 나오고 있으니 말이다.

5. 금융 노마드와 디지털 리스크

오픈뱅킹 참가 기관이 확대되고 소비자의 금융서비스 선택권 및 본인정보 통제권이 강화되면서 금리, 수수료, 자산관리 서비스 등 혜택에 따라 고객이 수시로 거래은행을 이동하는 금융 노마드(Financial Nomad) 현상이 일어난다. 또한 마이데이터 및 마이페이먼트 등의 사업이 본격화되면 각종 금융상품 추천이나 계좌개설 후 자금 이체 등도 편의성이 높아진다. 그 결과로 금융산업의 축이 이동하는 한편, 금융산업 내 분업화와 재결합이 촉진될 것으로 전망된다.

금융기관·빅테크·핀테크 대부분이 데이터 금융 생태계에 진입할 것으로 예상하지만 결국 기존에 고객기반을 이미 확보한 대형 사업자만이 살아남는 구조이기 때문에 혁신 조성 차원에서도 시장 참여자에 대한 관리가 어느 정도 필요하다.

또한 당국이 추진하는 디지털금융 정책의 혁신성과는 별개로 디지털 보안 문제 등에 대한 우려가 크다. 영국, 홍콩 등에서는 이미 오픈뱅킹의 취약성에 대한 지적이 나오고 있고 호주나 유럽에서 마이데이터 정보의 공유 범위를 제한하는 것도 보안 위협 때문이다. 따라서 오픈뱅킹이나 마이데이터를 신청한 기관들을 대상으로 보안 점검 및 서비스 취약점 실태 조사가 철저히 이루어져야 한다.

4절 금융규제 완화와 새로운 서비스의 출현: 데이터 3법

1. 데이터 3법의 개요

데이터 3법은 개인정보 보호법·신용정보법·정보통신망법 개정안을 일컫는 말로, 2018년 11월 더불어민주당 의원이 국회에 발의했으나 1년 넘게 계류되다가 2020년 1월 9일 열린 본회의에서 드디어 통과됐다. 개정된 법률은 2월 4일 행정부에 의해 공포되어 6개월 후인 2020년 8월 5일부터 시행에 들어갔다. 데이터 3법은 개인정보 보호에 관한 법이 각각 소관 부처별로 나뉘어 생긴 불필요한 중복 규제를 없앰으로써 4차 산업혁명의 도래에 맞춰 데이터를 활용한 새로운 산업과 서비스를 촉진하기 위해 마련됐다.

개인정보 보호법 개정안은 특정 개인을 식별할 수 없도록 처리한 가명 정보를 본인 동의 없이 통계 작성, 연구 등 목적으로 활용할 수 있도록 하는 내용의 법안이다.

신용정보법 개정안은 상업 통계 작성, 연구, 공익적 기록 보존 등을 위해 가명 정보를 신용 정보 주체의 동의 없이 이용·제공하는 것이 핵심이다. 정보통신망법 개정안은 개인정보 관련 내용을 모두 개인정보 보호법으로 이관하는 내용을 골자로 한다.

〈표 2-12〉 데이터 3법 주요 내용

구분	소관부처	주요 개정 내용
개인정보 보호법	행정안전부	• **가명정보 개념 도입 및 동의 없이 사용 가능한 범위 구체화** • 가명정보 이용 시 안정장치 및 통제수단 마련(EU DGRP 적정성 평가 및 승인 추진) • 개인정보 관리, 감독 체계를 개인정보보호위원회로 일원화
신용정보법	금융위원회	• 금융분야 개인정보 강화 • 금융분야 빅데이터 분석 및 이용의 법적근거 명확화 • **마이데이터 도입 및 금융분야 규제 정비**
정보통신망법	과학기술정보통신부	• 개인정보 보호 관련 사항은 「개인정보 보호법」으로 이관 • 온라인상 개인정보 보호 관련 규제와 감독 주체를 방송통신위원회에서 '개인정보보호위원회'로 변경

자료: 과학기술정보통신부, 행정안전부, 금융위원회, NH투자증권 리서치본부

데이터 3법의 시행은 빅데이터 산업 육성은 물론 기존의 금융권에도 큰 변화를 일으킬 전망이다. 그중에서도 가장 주목해야 할 부분은 ① 가명정보 개념 도입, ② 개인의 사전동의 없이 비식별화된 가명정보의 활용 허용, ③ 신용정보회사의 영리 목적의 다른 업무 겸업 허용, ④ 개인의 신용정보 이동 권한 확대, ⑤ 마이데이터 도입이다.

2. 데이터 3법 개정안의 주요 내용과 기대 효과

1) [개인정보 보호법 개정] 가명정보 활용의 초석 마련

개정 전의 개인정보 보호법에서는 비식별화된 '익명정보'만이 동의 없이 이용 가능했다. 하지만 익명정보는 활용성이 낮아 데이터 산업 발전의 주요 저해 요인으로 지적받았다. 이런 문제를 개선하기 위해 개정법에서는 '가명정보'라는 개념을 도입했다. 가명정보는 개인정보와 익명정보의 중간 단계에 있는 정보로 개인정보 중 일부를 비식별 조치해 특정인을 알아볼 수 없게 하되 익명정보에 비해서는 활용성을 높인 정보다.

〈표 2-13〉 개인정보 vs. 가명정보 vs. 익명정보 정의

구분	개념	활용가능 범위
개인정보	특정 **개인에 관한 정보**, 개인을 **알아볼 수 있게 하는 정보**	**정보주체**로부터 **사전**에 **구체적**인 **동의를** 받은 범위 등의 내에서 활용 가능
가명정보	**추가정보**의 사용 없이는 **특정 개인을 알아 볼 수 없게 조치**한 정보	다음 목적으로는 **동의 없이** 활용 가능 ① 통계작성(상업적 목적 포함) ② 연구(산업적 연구 포함) ③ 공익적 기록보존 목적 등
익명정보	**더 이상 개인을 알아볼 수 없게**(복원 불가능할 정도로) 조치한 정보	개인정보가 아니기 때문에 **제한 없이 자유롭게 활용**

출처: 금융위원회

예를 들어 우리가 자동차보험에 가입할 때 보험사에 제공하는 정보는 이름, 주민등록번호, 휴대폰 번호, 나이, 성별, 주소, 직업, 차량등록 번호 등이다. 이 중 이름, 주민등록번호, 휴대폰 번호의 경우 그 정보만으로도 개인에 대한 식별이 가능하므로 이를 암호화해서 숫자와 알파벳으로 전환한 것이 '가명정보'다. 가명정보는 정보의 상당 부분을 삭제하는 익명정보보다 활용 가치가 높으므로 상업적 목적의 통계 작성 등에 활용할 수 있다. 또한 정보 제공자의 동의가 없더라도 기업 내부에서 공유할 수 있고 전문기관의 승인을 거쳐 제3자에게 제공할 수도 있다.

이러한 데이터 3법의 도입으로 개인정보의 암호화나 가명 처리 등의 안전조치를 마련하고 개인정보 보호를 독립적으로 수행할 부처를 개설함으로써 EU의 GDPR에도 대응할 수 있게 됐다.[25] 참고로 한국은 EU의 GDPR 적정성 평가

25) EU가 개인정보 보호법(GDPR)을 시행하면서 동등한 수준의 보호 체계를 갖춘 국가에는 개인정보의 자유로운 데이터 이동을 허용했지만 그렇지 못한 국가는 기업 단위로 높은 수준의 개인정보보호를 요구한다. 한국은 2016년(행정안전부), 2018년(방송통신위원회) 두 차례나 EU의 평가에서 탈락했는데 그 이유는 한국은 개인정보 보호의 보호 체계가 분산돼 체계적인 감독·관리가 불가능하다는 지적 때문이었다. 데이터 3법을 통하여 세 개 부처에 분산된 감독 권한을 합쳐 국무총리 산하 정부 부처로 승격해 독립성을 확보하고 2020년 상반기에 EU의 적정성 평가 승인을 다시 추진할 계획이었으나 코로나19로 지연되었다.

에서 두 차례나 탈락했으며 일본은 2019년 1월 통과했다.[26)]

하지만 가명정보는 다른 정보와 결합하면 다시 식별 가능한 상태가 되며, 정보의 주체인 개인이 자신의 가명 정보 활용에 대해 거부권을 행사하지 못한다는 문제점이 있다. 우리나라는 과거 카드사와 인터넷 쇼핑몰, 통신사 등이 고객의 개인정보를 고의 또는 과실로 유출해 여러 차례 홍역을 치른 바가 있기 때문에 개인정보 취급에 대해서는 가명의 형태이든 아니든 상당히 민감하게 반응한다.

〈표 2-14〉 개인정보 vs. 가명정보 vs. 익명정보 예시

구분	개인정보	가명정보	익명정보
이름	홍길동	-	-
생년월일	1999년 01월 01일	-	-
휴대폰	010-1234-1111	werrt21213(암호화)	-
직장 전화	02-555-7777	-	-
자택 전화	031-111-2222	-	-
주소	서울시 강남구 대치동 100	서울시 강남구 대치동 (범주화)	서울시 강남구 대치동 (범주화)
직업	회사원	-	-
가족	배우자, 아들 2, 딸 1	배우자, 아들 2, 딸 1	4명
예금액	103,453,645원	103,453,645원	9,000만 원~1억1천만 원
대출액	1,234,567원	12,345,678원	1,100만 원~1,300만 원

2) [신용정보법 개정] ① 마이데이터 산업 도입

신용정보법 개정의 첫 번째 포인트는 마이데이터 산업의 도입이다. 마이데이터는 정보 주체의 정보 전송요구권에 근거하여 기존에 기업이 독점으로 보유했던 데이터를 제3자인 마이데이터 사업자에게 의무적으로 개방하는 것을 의미한다.

26) 일본은 2015년 개인정보보호법 개정을 통해 '익명 가공정보' 개념을 도입했다. 정보 주체의 동의 없이 이용하거나 제3자에게 제공하는 것이 허용된다. 또한 독립적인 개인정보 관리·감독기구를 설치·운영하고 있다.

여기에 해당하는 정보는 ① 예금 입출금 명세, ② 소비정보, ③ 자산·부채 정보 등을 포함하는 모든 신용정보다.

〈표 2-15〉 개인신용정보 전송요구권 도입(신용정보법 제18조 6항, 제28조 3항)

신용정보 제공자	제공되는 정보	신용정보 제공받는 자
금융회사 전기통신업자 한국전력공사 한국수자원공사 공공기관 등	금융거래정보 국세, 지방세 납부정보 보험료 납부정보 기타 주요 거래내역 정보	정보주체 본인 금융회사 개인CB, 마이데이터 사업자

자료: 금융위원회, NH투자증권 리서치본부

이를 바탕으로 마이데이터 사업자는 ① 개인의 분산된 금융정보를 한곳으로 통합해주고, ② 알고리즘 방식의 맞춤형 금융 자문 및 금융상품 추천을 하게 된다. 은행, 상호금융, 저축은행의 입출금 내역, 카드 거래명세, 대출금 정보, 보험계약 정보, 증권사 입출금 명세, 상품 구매 내역, 통신료 납부 내역 등을 마이데이터 사업자가 가공할 수 있게 된 것이다.

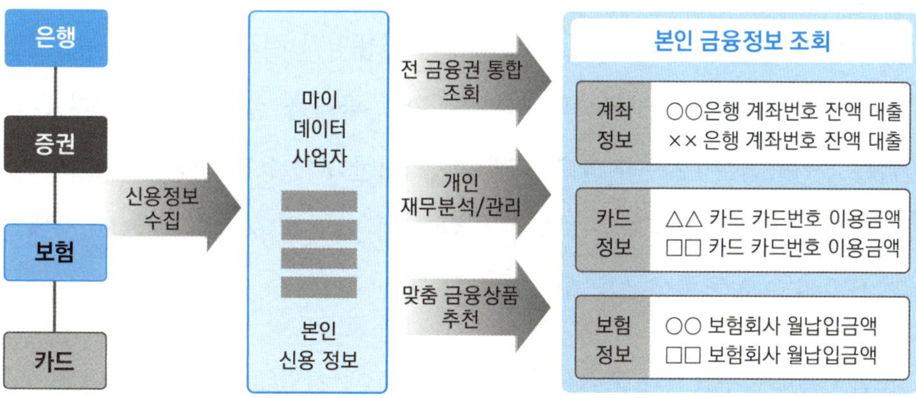

출처: 금융위원회, 신한금융투자

[그림 2-25] 마이데이터 서비스 도입 계획

3) [신용정보법 개정] ② 신용정보조회업 개편

신용정보법 개정의 두 번째 포인트는 신용정보조회업(CB; Credit Bureau)의 세분화로 신용평가 시장이 확대되는 것이다. 여기에는 비금융정보만을 활용해 개인신용을 평가하는 비금융정보 CB 등의 도입도 포함된다.

(1) CB사의 역할

개인 신용평가는 '개인이 채무를 정해진 기간 내에 상환할 수 있는지를 평가하는 것'으로 정의할 수 있다. 이러한 신용평가 체계는 현재 전문 신용평가회사인 CB의 평가와 금융 회사의 내부 신용평가 시스템인 CSS(Credit Scoring System) 평가로 이루어진다.

CB사는 은행·카드·캐피탈·보험·저축은행 등의 금융기관과 유통·통신·대부업 등과 같은 비금융기관, 그리고 국세·관세·지방세 등 공공기관이 제공하는 신용거래내역 및 관련 정보를 수집하고, 이러한 자료를 평가·가공하여 이용자에게 제공한다. 금융회사는 CB사의 이러한 신용평가 결과와 내부 신용평가인 CSS 결과를 종합하여 대출 승인 여부 및 한도 금리를 결정한다. 우리가 흔히 말하는 신용등급은 CB사가 만드는 전자를 의미한다. 신용평가를 통해 정해지는 신용등급은 개인에게는 평판 담보의 역할을 하는 무형자산이자, 금융회사에는 여신심사와 위험관리의 기반이 된다.

또한 CB사는 수요처와 고객사에 따라 개인CB와 기업CB로 나눠진다. CB사업은 개인 및 기업의 정보를 다루는 것이기 때문에 금융위원회의 허가를 받은 기업만이 사업을 영위할 수 있다.

〈표 2-16〉 개인CB와 기업CB 사업자

CB사의 종류	해당 사업자
개인CB	NICE평가정보, 코리아크레딧뷰로(KCB), SCI평가정보
기업CB	NICE평가정보, 이크레더블, 나이스D&B, 한국기업데이터, SCI평가정보

(2) 신용정보법 개정안으로 인한 변화

기존에는 개인CB와 기업CB만이 존재했지만 신용정보법이 개정됨에 따라 개인CB, 개인사업자CB, 기업CB로 구분되고 진입 규제 요건도 다음과 같이 합리적으로 완화된다. ① 개인CB의 하나로, 통신료·전기·가스·수도 요금 등 비금융정보를 활용하여 신용을 평가하는 '비금융정보 전문CB'가 신설된다. ② 개인사업자에 특화된 신용평가체계를 구축하기 위해 '개인사업자CB'가 신설되고 카드사의 진입도 가능해진다. ③ CB사의 영리 목적 겸업 금지 규제가 폐지되어 데이터 분석·가공, 컨설팅 등 다양한 겸영·부수업무가 가능해진다.

〈표 2-17〉 신용정보법 개정안으로 인한 변화

	인가단위		최소 자본금	금융회사 출자요건
현행	신용조회업(CB업 구분 X)		50억 원	적용(50% 이상)
개선	개인CB		50억 원	적용(50% 이상)
		① 비금융전문CB	5억 원/20억 원	**배제**
	② 개인사업자CB		50억 원	적용(50% 이상)
	기업CB	기업등급제공	20억 원	적용(50% 이상)
		기술신용평가	20억 원	적용(50% 이상)
		정보조회업	5억 원	**배제**

출처: 금융위원회

① 비금융정보 전문CB와 씬 파일러

우리나라는 기본적으로 급여 입출금 거래명세서나 금융거래 이력을 기반으로 개인의 신용도를 평가하며 비금융정보를 활용한 신용평가 시스템이 존재하지 않는다. 따라서 취업 준비생, 사회 초년생, 프리랜서, 주부, 노령층 등과 같은 금융 이력 부족자는 신용평가상 불이익을 받거나 금융권 대출이 어려워 저금리 시대에도 고금리 금융을 이용해야만 하는 것이 현실이다. 이러한 금융 이력 부족자는 얇은 파일을 의미하는 '씬 파일러(Thin-filer)'[27]라고도 불린다.

해외에서는 비금융정보를 활용한 대안 신용평가 회사가 이미 활발히 활동하고 있다. 대안 신용평가는 '대체 정보(alternative data)'로 불리는 비금융정보를 활용하여 신용을 평가하는 방식을 말한다. 즉, 대출이나 신용카드 발급 여부 등 기존 금융거래정보가 아닌 통신·전기·가스요금 납부 이력, 고객의 피드백, 온라인 구매 정보, 포인트 적립 정보, 소셜네트워크서비스(SNS) 정보, e메일, 모바일 데이터 등과 같은 비금융정보를 활용해 신용등급과 점수 등을 산정하는 것이다. 휴대폰이 보급됐지만 금융거래정보가 없는 브라질, 가나, 멕시코, 칠레 등에서는 통신사와 협력해 고객의 통화, 문자메시지, 결제 패턴 등의 정보를 신용도에 활용하는 대안 신용평가 업체들이 많다.

더구나 배달 앱, 차량 호출 서비스 시장의 급성장으로 '긱 이코노미(Gig Economy, 임시직 경제)'가 세계 고용시장에 큰 화두로 떠오르면서 대안 신용평가 정보를 활용한 긱 근로자 전용 대출상품까지 나오고 있다. 이러한 긱 근로자 중에는 일을 시작한 지 얼마 되지 않거나 단기로만 계약하기 때문에 신용이력이 부족한 경우가 많다. 하지만 예컨대 우버 운전자가 승객으로부터 높은 평점을 받거나 프리랜서에 대한 고객 만족도가 높은 경우, 혹은 주부가 공공요금을 잘 냈다면 좋은 신용등급을 받을 수 있게 된 것이다.

---

27) 2년 동안 신용카드 사용 실적이 없고 3년 내 대출한 경험이 없는 사람들

대안 신용평가의 대표적 기업으로는 미국의 파이코(FICO)와 렌도(Lenddo)를 들 수 있다. 파이코는 통신료, 지급결제 이력 등을 활용한 신용위험 측정모형을 적용해 금융정보가 부족한 개인들의 신용점수를 산출한다. 렌도는 SNS 친구나 포스팅 등 260억 개 데이터를 머신러닝으로 분석해 일종의 평판 점수인 렌도 스코어를 매긴 후, 이를 통해 고객의 금융 신용도를 평가한다. 이 기업들은 은행 계좌가 없는 인구가 대부분인 동남아 시장에 진출해 현지의 은행, 핀테크 업체, 가전 양판점, 통신회사, 유틸리티 회사 등과 제휴를 맺으며 대안 신용평가 모델을 개발한다.

② 개인사업자CB 신설

소상공인과 영세자영업자와 같은 개인사업자는 그동안 정확한 신용평가가 어려워 자금을 지원받지 못했다. 이를 위해 신규 CB사 진입을 허용하는 동시에 사업자 정보를 가지고 있는 카드사는 개인사업자의 CB 겸업을 허용한다.

③ CB사의 사업 영역 확대

CB사는 보유 중인 개인정보를 활용해 해외처럼 소상공인 마케팅 전략 수립, 상권분석, 다양한 대출모형 개발 등 데이터 기반 업무를 수행할 수 있게 된다.

CB사는 다른 산업에 비해 집적된 양이 많고 정확도가 높은 금융 데이터를 보유하고 있기 때문에 미국의 3대 CB인 엑스페리안(Experian), 트랜스유니온(TransUnion), 에퀴팍스(EquiFax)와 같은 기업들은 데이터 기반 서비스를 다양하게 출시하며 빅데이터 시장을 선도하고 있다. 하지만 국내의 CB는 상황이 다르다. 활용 가능한 정보가 제한적인 데다 정부나 공공기관에 대한 조사·분석과 같은 일부 업무 외에는 영리 목적의 겸업이 금지돼 있기 때문에 해외 CB처럼 가명처리정보의 제공, 빅데이터 분석 및 컨설팅, 데이터 관련 솔루션 개발·판매 등을 할 수 없다. 하지만 신용정보법 개정안이 통과되면서 CB사도 빅데이터 업무를 수행할 수 있게 되었다.

데이터 3법 개정안을 통해 본인신용정보관리업(마이데이터업), 비금융전문 CB업 등 새로운 혁신 플레이어의 출현 기반이 마련되고, 금융권 빅데이터 활용의 법적 근거가 생김으로써 데이터의 활용과 융합이 더욱 활성화될 전망이다. 또한 앞으로 데이터를 기반으로 한 소비자 맞춤형 금융서비스가 출현하고 금융 접근성도 향상될 것으로 예상된다.

4) [신용정보법 개정] ③ 금융데이터거래소 출범

신용정보법 개정의 세 번째 포인트는 금융데이터거래소의 개설이다. 2020년 5월 11일 데이터 수요자와 공급자를 연결해 금융·통신·기업정보 등 데이터의 거래를 중개하는 '금융데이터거래소(FinDX)'가 출범했다. 금융데이터거래소는 금융보안원이 운영하며 가명정보를 결합하고자 하는 개인정보처리자는 금융보안원에 결합신청서를 제출한 후 결합된 가명정보를 받아 분석할 수 있다. 핀테크 기업이나 금융회사, 학교·연구소 등이 데이터 구매를 요청하면 은행, 카드사, 보험사, 신용평가사, 유통, 통신사 등이 데이터를 제공하는 방식이다. 이와 같이 이종 산업 간에 데이터를 결합함으로써 데이터의 부가가치가 올라가게 된다. 가령 공공정보와 신용카드 정보를 결합해 상권 분석 서비스를 제공할 수 있으며, 보험정보와 헬스 기기 구매 정보를 결합해 보험료 할인상품 개발에 활용할 수 있다. 즉, 데이터 공급자는 데이터 판매로 부가 수익을 올리고 데이터 수요자는 양질의 데이터를 원활히 공급받아 새로운 상품과 서비스 개발에 활용할 수 있게 된 것이다. 2021년 10월 20일 기준 금융데이터거래소에는 860건의 일반 데이터, 63건의 API/Link 데이터가 등록되어 있다.

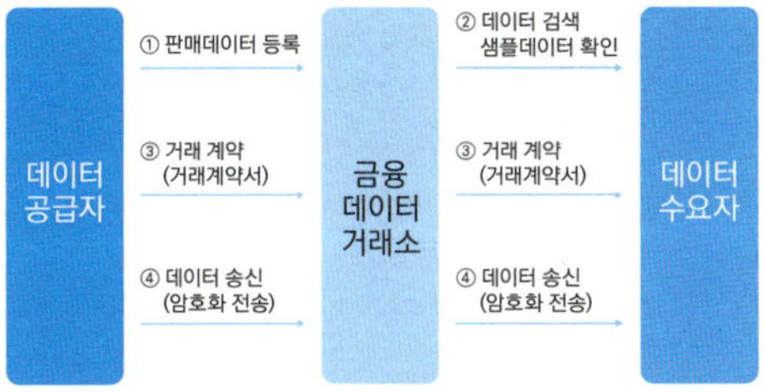

출처: 금융위원회

[그림 2-26] 금융데이터거래소 어떻게 운영되나

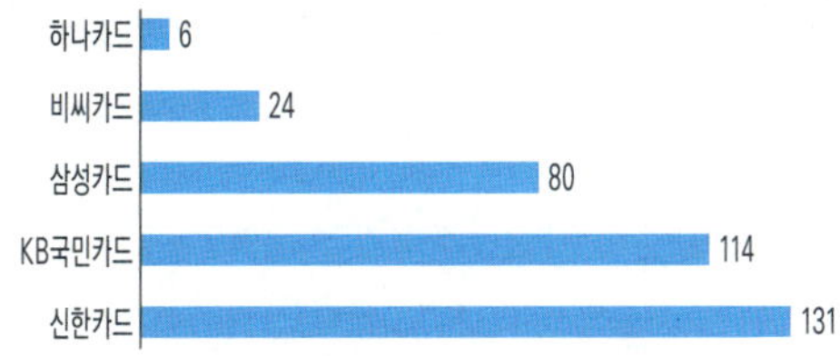

출처: 금융보안원 제공

[그림 2-27] 카드업계 데이터 등록 현황(단위: 개)

[그림 2-28] 금융데이터거래소

업종	기업	데이터 상품
은행	NH농협은행	지역/연령별 10대 소비(가계자금) 금액 및 금융자산 정보
카드	신한카드	코로나19에 따른 카드소비동향(결제건수)
부동산	빅밸류	전국 단지형 아파트 정제 정보
통신	후후	2019년 월별 스팸 유형별 신고현황
유통	KB국민카드	KB DART(트렌드 리포트) - 시니어 소비 트렌드

출처: 금융데이터거래소

[그림 2-29] 금융데이터거래소 업종별 구매 1순위 데이터 상품

5절 금융규제 샌드박스와 혁신금융서비스

1. 금융규제 샌드박스

1) 개념

샌드박스(sandbox)란 모래가 깔려 어린이가 다치지 않고 자유롭게 뛰어놀 수 있는 장소를 가리키는 개념이다. 따라서 금융규제 샌드박스는 혁신적이고 소비자 편익이 큰 금융서비스에 대해 규제 특례를 부여하여 사업자가 새로운 금융서비스를 낮은 비용으로 실험 및 검증하도록 임시 기회를 허용하는 것을 의미한다.

정부는 4차 산업혁명에 대비하고 핀테크 산업을 육성·지원하기 위해 '금융혁신지원특별법'을 제정하였다. 이 법의 하위에 들어 있는 것이 바로 혁신금융서비스 지정제도(금융규제 샌드박스 제도)다. 혁신적인 신시장 창출을 목적으로 삼는 혁신금융서비스는 대상자를 한정하여 인허가 및 영업 행위 등의 규제 적용을 최대 4년간(2+2년) 유예해준다. 또한 신기술이 도입되었을 때의 부작용과 위험이 인정되지 않은 상황에서 시장에 먼저 출시하기보다 미리 시행착오를 거쳐 안정성을 확인하고자 하는 취지도 있다.

금융규제 샌드박스를 통해 기업, 정부, 소비자는 다음과 같은 혜택을 얻게 된다.

(1) 기업

신사업 확장이 용이하며 시범운영으로 겪은 시행착오를 바탕으로 개선된 서비스를 출시하고 글로벌 혁신 경쟁에서 우위를 점할 수 있다.

(2) 정부

혁신적인 신사업을 창출하고 관련 규제를 정비하여 안정성을 확보할 수 있다.

(3) 소비자

안전하고 혁신적인 서비스에 대한 선택권이 넓어져 보다 편리한 생활이 가능해진다.

2) 영국에서 건너온 규제 샌드박스

규제 샌드박스의 본고장은 영국으로, 2016년부터 금융감독청(FCA)을 중심으로 하여 규제 샌드박스를 운영해왔다. 소비자의 경험과 성과를 향상시킬 수 있는 제품과 서비스의 개발을 지원해 금융서비스의 경쟁과 성장을 촉진하기 위해서다.

영국에서는 2018년까지 276개 기업을 지원해 총 89개 사업자를 혁신적 금융사업자로 선정했다. 규제 샌드박스를 통해 실증 테스트를 마친 영국 기업의 90%는 시장 출시 준비에 들어간 상태이며 40%는 외부 투자 유치에 성공했다.

〈표 2-18〉 영국 샌드박스 주요산업

차수	신청 및 선정	주요 사업
1차 (2016년)	69개 → 18개	비행기 티켓 모바일 결제 후 기상이변 등으로 취소될 경우 새로운 비행기표를 즉시 제공하는 자동 클레임 처리 상품
2차 (2017년 상반기)	77개 → 24개	사용자의 운전 습관을 모니터링하고 자동차보험회사와 공유 → 비용 할인을 받을 수 있는 점수 앱 개발
3차 (2017년 하반기)	61개 → 18개	보험계약자가 보험료 상승에 미치는 모든 요소를 파악하여 관리할 수 있도록 도와주는 서비스 개발
4차 (2018년)	69개 → 29개	블록체인 기반의 디지털 플랫폼을 개발하여 기업들이 부채 및 지분 증권, 암호화폐 자산 등을 관리

출처: 중소벤처기업부

혁신적 금융사업자로 선정된 사업자는 한정된 소비자군을 대상으로 새로운 서비스를 테스트하게 된다. 정부는 사업자의 소비자 피해 보상체계 마련을 의무화하고, 테스트 결과를 기반으로 서비스 인가 여부를 결정한다. 이를 통해 보험료 상승 요소 관리 서비스, 블록체인 기반의 기업 대상 자산관리 플랫폼 등이 혁신서비스로 등장했다.

3) 금융규제 샌드박스의 종류

금융규제 샌드박스는 혁신금융서비스, 지정대리인, 위탁테스트, 규제신속확인 제도로 나뉜다. 혁신금융서비스는 금융법상 인허가 및 영업 행위 규제 등에 특례를 부여하는 제도로 핀테크 기업의 독자 운영이 가능하며 기본 2년에 2년을 추가 연장할 수 있다. 지정대리인은 금융사와 협력 관계를 구축해 금융회사의 본질적인 업무(은행의 예금 수신 업무나 대출 심사 업무 등)를 핀테크 기업이 시범운영하는 것으로 효력 기간은 2년이다. 또한 지정대리인과 반대로 핀테크 기업이 개발한 서비스의 사용권을 금융회사에 위탁하여 서비스를 테스트해보는 위탁테스트가 있으며, 이 외에도 규제에 대한 법령 적용 여부를 신속히 확인해 주는 규제신속확인제도가 있다. 2021년 12월 1일 기준 제도별 지정 건수는 혁신금융서비스 총 185건, 지정대리인 총 34건, 위탁테스트 총 18건이 선정됐다.

〈표 2-19〉 금융규제 샌드박스의 종류

	혁신금융서비스	지정대리인	위탁테스트	규제신속확인
요약	혁신적 금융서비스를 시장에서 테스트 할 수 있도록 시범영업 및 임시 규제 특례 적용	핀테크 기업이 금융회사의 본질적 업무를 수탁받아 시범 운영	핀테크 기업이 개발한 서비스의 사용권을 금융회사에 위탁	규제 불확실성 해소를 위해 해당 서비스와 관련된 법령의 적용 여부 확인
서비스 운용 형태	독자 운영	핀테크 기업이 금융회사와 협업 (서비스 운영 주체: 핀테크 기업)	핀테크 기업이 금융회사와 협업 (서비스 운영 주체: 금융회사)	-

출처: 금융규제 샌드박스 홈페이지

2. 혁신금융서비스

1) 혁신금융서비스 사례

금융위원회는 2019년 4월부터 '혁신금융서비스'를 시작했다. 2021년 11월까지 총 185건의 혁신금융서비스가 지정됐다. 2021년 11월 12일 선정된 혁신금융서비스 중에서 4건을 소개한다.

- o 해외주식 소수점 거래 서비스 출시
- o 안면인식기술을 활용한 비대면 실명확인·카드발급 서비스
- o 온라인쇼핑 플랫폼을 통한 금융투자상품권 거래 서비스
- o 소액후불결제 서비스 등

해외주식 소수점 거래 서비스

투자자가 증권사의 거래시스템(HTS, MTS 등)을 통해 **해외주식을 소수단위*로 매매**할 수 있는 서비스입니다.

*향후 증권사별 전산개발 상황 등에 따라 최대 소수점 아래 여섯째 자리까지 서비스를 제공할 것으로 예상

서비스 출시 예정 (순차적 출시)	한국예탁결제원 · DB금융투자 · KB증권 · KTB투자증권 · NH투자증권 · 교보증권 · 대신증권 · 메리츠증권 · 미래에셋증권 · 삼성증권 · 산영증권 · 신한금융투자 · 유안타증권 · 유진투자증권 · 카카오페이증권 · 키움증권 · 토스증권 · 하나금융투자 · 하이투자증권 · 한국투자증권 · 한화투자증권

고가 해외주식에 대한 개인투자자의 접근성이 확대되고, 소액으로 분산투자가 가능하여 **포트폴리오 관리의 효율성**도 높일 수 있을 것으로 기대됩니다.

안면인식기술을 활용한 비대면 실명확인·카드발급 서비스

비대면 금융거래 및 접근매체 발급시 안면인식기술*을 활용하여 **실지명의를 확인**하는 서비스입니다.

*실명확인증표 사진과 얼굴 촬영화면의 특징점 등을 대조하여 일치 여부를 판별

서비스 출시 예정	실명확인	한국투자증권(2022년 5월) 미래에셋증권(2022년 6월)
	카드발급	신한카드(2022년 3월)

영상통화에 익숙하지 않은 고객의 편의를 제고하고, 영상통화를 이용할 수 없는 **금융회사 비업무시간에도 계좌개설이 가능**할 것으로 기대됩니다.

2) 금융사별 혁신서비스 지정 현황

2021년 11월 30일까지 금융당국이 지정한 혁신금융서비스 185건 중 핀테크·빅테크를 제외한 금융사들의 서비스는 98건에 달한다. 하지만 총 98건 중에서 시중은행의 혁신금융서비스는 15건(15.3%)에 불과하며 이 중 최소 3건은 출시가 불투명한 상황이다.

은행은 업의 속성상 은행 고유 업무와 이종산업을 융합하기가 어렵다는 점, 다른 산업으로의 진입장벽이 높은 점 등도 원인으로 작용하겠으나 막대하게 들어오는 대출 자금 수요가 현상유지편향에 빠지게 하는지도 모른다. 코로나19 사태에 직면해 디지털 전환 가속화, 비대면 서비스 발굴에 적극적으로 돌입하는 모양새를 보였지만 막상 부동산 패닉바잉 자금 수요에다 주식가격 상승, 코인 투자 열풍 등으로 인한 '영끌(영혼까지 끌어모은다)'과 '빚투(빚내서 투자)' 목적 등의 신용대출 급증으로 최대 실적을 경신하면서 혁신금융은 주춤거리는 양상을 보이고 있다.

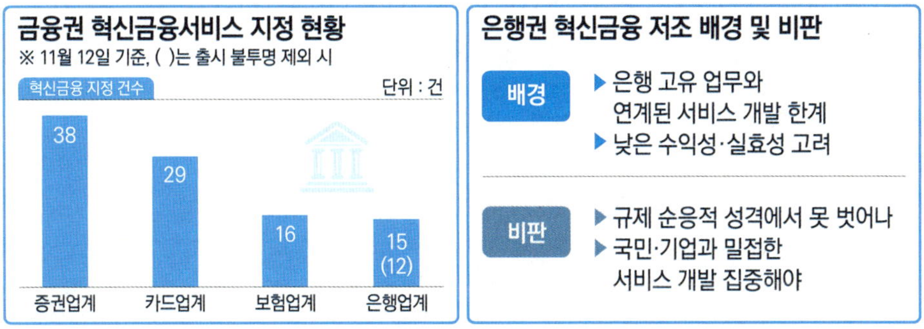

출처: 아시아투데이(2021.11.30.)

[그림 2-30] 금융권 혁신서비스 지정 현황과 은행권 한계

반면 증권업계에서는 총 38건(38.8%)이 혁신금융서비스로 지정됐으며 카드업계와 보험업계도 29건(29.6%), 16건(16.3%)으로 은행권보다 많았다. 증권·카드·보험업계가 혁신적인 서비스 발굴에 적극적인 이유는 업계에 경쟁사가 많고 수수료를 주 수익원으로 삼기에는 안정성이 떨어지기 때문이다.

3. 스몰 라이선스

'스몰 라이선스(Small License)' 또는 '스몰 뱅킹 라이선스(Small Banking License)'는 은행업, 보험업, 증권업 등 인허가 조건이 까다로운 금융분야의 인허가 단위를 업무 단위로 쪼개어 인가해주는 것이다. 예를 들어 은행, 증권사, 보험사 등을 하려면 종합적인 라이선스를 획득해야 하지만 스몰 라이선스가 도입되면 일부 분야와 업무에 한정해서 라이선스를 받고 금융서비스를 할 수 있다. 신청 사업자로서는 인허가 획득이 용이하다는 장점이 있다.

스몰 라이선스에 해당하는 대표적인 업종으로는 전자금융업의 마이페이먼트(지급지시전달업)가 있다. 지급지시전달업자는 고객 계좌를 보유하지 않는 대신에 고객의 동의를 받아 결제 서비스 제공에 필요한 금융계좌 정보의 접근권을 보유한다.

이 외에도 해외에는 지급결제전문은행, 중소기업대출 전문은행, 소액단기보험회사, 직불·선불카드만을 발급·결제하는 카드업, 소액신용카드업, 매입처리전문업, 은행대리업 등의 사례가 있다.

〈표 2-20〉 미국의 중소기업(SMB)대상 대출 전문 네오뱅크

중소기업대상 은행	시작연도	가입자	SMB	타깃 고객군 스타트업	프리랜서
NorthOne	2019	20K+	◉	◎	◎
NOVO	2018	비공개	◉	◎	◎
azlo	2018	80K+	◎	◉	◎
MERCURY	2019	10K+	-	◉	-
relay	2019	비공개	◎	◉	-
wave	2020	비공개	◉	◎	-
BlueVine	2020	20K+	◉	-	-
Rho	2020	비공개	-	◉	-
WISE	2019	1K+	◎	◉	
Oxygen*	2018	125K+	◎	-	◉
JOUST	2019	비공개	-	-	◉
lili	2019	100K+	-	-	◉

* Oxygen은 소매금융고객도 취급

◉ 핵심 고객군 ◎ 인접 고객군

출처: WhiteSight(2021.2)

스몰 라이선스의 목적은 새로운 형태의 시장 참가자를 대상으로 제한된 업무범위 내에서 최소 자본금 규제 등 진입장벽을 낮추고 금융 소비자의 편의성 및 혜택을 확대하도록 유도하는 것이다. 또한 금융당국 입장에서 핀테크 기업의 은행서비스가 확대됨에 따라 금융 관련 법 테두리 내에서 규제 및 감독할 수 있는 제도적 장치를 마련하여 금융 안정을 도모하려는 취지도 포함된다. 〈표 2-21〉에서 볼 수 있듯이 대부분의 국가에서 최소 자본금 규제를 기존 은행보다 현저히 낮은 수준으로 적용함으로써 핀테크 기업의 원활한 진입을 허용하고 있다.

〈표 2-21〉 주요국 스몰 뱅킹 라이선스 비교

구분	영국	EU	스위스	호주	미국
인가 명칭	Small Specialized Bank	Fin-tech Credit Institution	Light Banking License	Restricted ADI Licence	Fin-tech Bank National Charter
최소 자본금	100만 유로 (파운드) (500만 유로)	100만 유로 (500만 유로)	유치예금의 3% 최소 30만 CHF (1,000만 CHF)	300만 AUD + (5,000만 AUD)	업무규모, Biz 모델에 따라 차등화
적용기간	12개월	-	-	24개월	-
업무범위	예금, SMEs 대출, 모기지 등 최소 1개 포함	기존 은행과 동일	기존 은행과 동일	복잡하거나 시장 위험이 높은 상품, 투기적 업무 제외	수표 지급, 대출 (예금 제외)
예금한도	5만 파운드	-	1억 CHF	200만 AUD (1인당 25만 AUD)	-
기타 규제	• 기존 은행과 유사	• 기존 은행과 유사 • SSM 적용 • 출구전략 강화	• 자본 적정성/유동성 규제 제외 • 은행 명칭 사용 불가 • 결제 시스템 허용	• 건전성 규제 완화 • 은행 명칭 사용 불가 • 출구전략 강화	• 기존 은행과 유사 - 금융포용/지역재투자법(CRA) 적용 - 출구전략 강화

※ ( )는 기존은행 기준의 최소자본금을 의미함

자료: PRA, FCA, ECB, FINMA, APRA, OCC

6절 디지털혁신 기술과 금융서비스의 결합

1. 인슈어테크

1) 개념

인슈어테크(InsureTech)란 보험(Insurance)과 기술(Technology)을 합친 단어로 빅데이터 분석, 인공지능, 사물인터넷 등의 기술을 활용해 기존과 다른 보험서비스를 제공하는 것을 말한다. 〈표 2-22〉에서 볼 수 있듯이 보험업계에서는 사물인터넷, 빅데이터, 인공지능, 블록체인을 활용한 다양한 종류의 인슈어테크가 등장했다. 기존의 보험상품이 사고 이후 보상에 초점을 맞추었다면 인슈어테크는 가입자의 위험 상황을 미연에 방지하는 데 초점을 둔다.

〈표 2-22〉 인슈어테크에 활용되는 기술

<table>
<tr><th>구분</th><th>상품개발</th><th>마케팅</th><th>가입</th><th>계약관리</th><th>지급</th><th>고객 서비스</th></tr>
<tr><td>사물인터넷</td><td rowspan="2">맞춤상품 개발 UBI[1]</td><td></td><td></td><td></td><td></td><td></td></tr>
<tr><td>빅데이터</td><td>맞춤상품 추천</td><td>계약심사 자동화</td><td>유지율 예측</td><td>보험사기 탐지</td><td>인원고객 예측</td></tr>
<tr><td>인공지능</td><td></td><td></td><td colspan="3">로보틱 프로세스 자동화</td><td>자동 고객 응대</td></tr>
<tr><td>블록체인</td><td></td><td></td><td>스마트 계약</td><td></td><td>보험금 자동 지급</td><td></td></tr>
</table>

주 1: UBI: User based Insurance
출처: 금융감독원 블로그

2) 규제 한계

중국과 미국, 일본, 유럽을 비롯한 선진국 보험시장은 관련 규제 완화를 통해 인슈어테크를 폭넓게 활용하고 있지만, 우리나라에서는 진전이 더디다. 그 이유로는 첫째, 소비자 보호를 중시해야 하는 보험상품의 특성상 타 금융권보다 더 엄격한 규제가 적용되기 때문이다. 현재 보험업법은 보험사의 업무영역을 열거주의(포지티브)28) 방식으로 규정하고 있어 인슈어테크 서비스를 확대하는 데 한계가 있다. 법이 허용하는 목록에 들어 있지 않은 일을 하면 위법 행위로 간주하기 때문에 법안 개정이 통과될 때까지 기다려야 하고, 위법 여부가 모호한 영역은 반드시 해석을 통해 진행하게 되어 있다.

둘째, 인슈어테크는 보험에 기술이 접목돼 채널과 상품, 마케팅, 영업 등에 혁신이 일어나는 것이다. 그러나 우리나라에만 있는 '대주주 적격성 심사'29)라는 규제 때문에 금융사가 아닌 IT기업이 보험사 대주주가 되기는 어려워 IT기업과 보험사 간의 협업 수준에 머물고 있다. SK텔레콤은 2019년 5월에 설립한 디지털 손해보험사 '캐롯손해보험'의 설립 초기에 한화손해보험과 함께 대주주 지위를 확보하려고 했다. 그러나 2014년 11월 멜론 관련 공정거래법 위반 혐의로 벌금형을 확정받은 지 5년이 지난 2020년에야 비로소 보험사 대주주 자격 신청이 가능해져 2020년 11월에 지분을 21.36%까지 늘릴 수 있었다. 캐롯손해보험은 2020년 2월 SK텔레콤의 T맵을 기반으로 한 퍼마일(Per Mile) 개념30)의 자동차보험을 출시했다.

셋째, 국내에서는 보험사가 헬스케어 부문에 진출하고 싶어도 의료정보 제공 동의 등 업계마다 이해관계가 첨예하게 얽혀 있어 헬스케어 서비스 확대에 한계가 있다. 인슈어테크 선진국이라 불리는 영국, 싱가포르는 규제 샌드박스를 통해 기술 활용을 장려하고 소비자 피해 등에는 사후적으로 대응하는 사후규제를

---

28) 열거주의(Positive) 규제는 법률이나 정책에 허용되는 것들을 나열하고 이외의 것들은 모두 허용하지 않는 규제 방식을 뜻한다. 반대로 포괄주의(Negative) 규제는 법률이나 정책에서 금지한 행위가 아니면 모두 허용하는 방식이다. 우리나라에서는 열거주의 방식의 규제를 채택하고 있어 규제가 강력하다.

29) 보험사의 대주주가 되기 위해서는 보험업법 시행령 제10조 4항에 따라 최근 5년간 금융관련 법령, 공정거래법, 조세범 처벌법을 위반해 벌금형 이상의 형사처벌을 받은 적이 없어야 한다. 또한 10% 이상의 지분 보유 시에도 보험업법 제2조에 따라 보험사 대주주에 해당해 대주주 적격성 심사 대상이 된다.

30) 자동차보험 가입자가 일정 기간 실제 운행한 거리만큼만 보험료를 납부할 수 있도록 한 상품

적용 중이다. 우리나라도 부작용이 적은 인바운드 비대면 채널부터 원칙 중심의 사후적 규제를 점진적으로 적용해나가는 것이 필요하다.

〈표 2-23〉 인슈어테크를 이용한 해외 보험회사의 사고예방 서비스 사례

구분	보험회사	보상하는 내용
건강보험 관련	Vitality	• 고객에게 최상의 운동과 음식 섭취에 관한 조언 제공 • 핏비트(Fitbit)와 같은 커넥티드 기구를 이용하여 고객의 행동 측정
	AXA	• 자회사 카메트(Kamet)가 개발한 애플리케이션 Qare를 통해 고객들이 의사들과 접촉할 수 있는 의료서비스 제공(유료)
	Beam	• 커넥티드 기구를 이용한 구강관리와 보험료 할인 서비스 제공
	Aimo	• AI와 3D 카메라 센서를 이용하여 고객의 동작을 분석 및 점수화 • 실시간으로 정확하고 개별화된 건강 분석정보와 조언을 고객에게 제공
손해보험 관련	Generali	• 차량에 장착된 장치를 통해 운전이 불안정할 때 경고
	Aviva RSA	• 고객의 주택 배관에 누수감지 장치를 장착하여 누수를 조기에 감지

출처: 보험연구원

2. 인공지능이 금융 약관을 심사한다!: 레그테크·섭테크 시대

1) 레그테크

디지털금융 시대가 도래함에 따라 기존의 금융규제로는 금융 사고를 막을 수 없는 상황이 되었다. 따라서 기존에 사람이 주로 처리하던 리포팅 및 사후적발 위주의 준법 감시업무를 예방하고 자동으로 혁신할 수 있는 기술 도입이 필요해졌다.

레그테크(RegTech)는 규제를 뜻하는 레귤레이션(Regulation)과 기술을 뜻하는 테크놀로지(Technology)의 합성어로, 정보통신 기술을 활용해 금융회사의 내부통제와 법규 준수, 준법 감시 등 규제준수 업무를 효율화하는 기술이다. 레그테크의 본질은 금융회사들이 점차 강화되고 있는 법령과 감독 당국의 컴플라이언스 요구사항을 충족시키기 위해 컴플라이언스 업무를 IT화하는 것이다. 2008년 글로벌 금융위기 이후 각국의 금융당국이 금융 관련 규제를 강화하자

이를 효율적으로 지원하기 위해 등장했다. 국제금융협회(IIF; Institute of Inter-national Finance)에서는 레그테크를 빅데이터, 클라우드, 머신러닝 등의 신기술을 활용해 금융 관련 법규 준수 및 규제에 대한 대응보고를 유효하게 하는 기술로 정의한다.

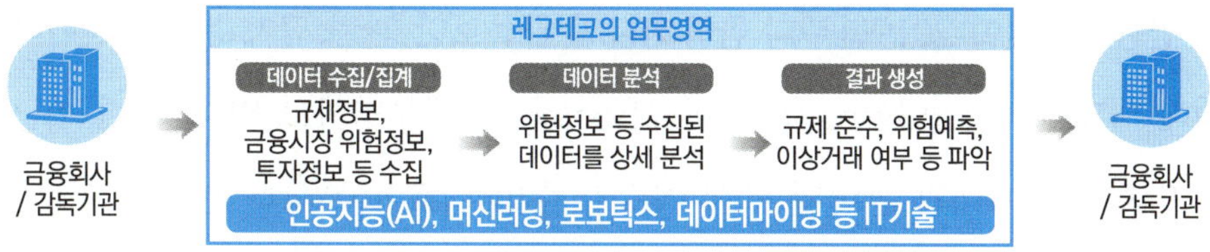

출처: 금융보안원

[그림 2-31] 레그테크의 범위

〈표 2-24〉 레그테크 관련 주요 기술

주요 기술	세부 내용
데이터 마이닝 (Data Mining)	머신러닝(Machine Learning) 기반의 데이터 마이닝 기술을 통해 대량의 비정형 데이터를 분석하여 의심 거래 분석, 내부통제 등에 활용
머신러닝 (Machine Learning)	분석된 데이터를 바탕으로 위험 예측, 실시간 거래 감시 등에 활용
로보틱스 (Robotics)	머신러닝, 데이터 전송 및 저장 등 IT 프로세스 제어를 자동화하여 효율성 향상
클라우드컴퓨팅 (Cloud Computing)	실시간 리스크 관리, 위험 분석 등 고성능의 컴퓨팅 파워가 필요한 경우 활용
바이오인증 (Biometrics)	지문, 홍채 등 바이오인증 기술을 결합하여 개인의 신원 확인
시각적 분석 (Visual Analytics)	분석된 대용량 데이터를 이해하기 쉽고 효율적으로 시각화하여 탐색 및 리포팅
블록체인 (Blockchain)	규제 준수 관련 문서 송부, 저장 등에 활용함으로써 추적, 감사 기능 제공

출처: 금융보안원, '금융규제 이행을 위한 RegTech의 필요성 및 향후과제'

핀테크가 주로 개인 금융소비자 시장에 혁신적 서비스를 제공하여 기존 금융기관의 수익을 잠식했다고 한다면, 레그테크는 금융기관의 수익 영역을 잠식하는 것이 아닌 비용 절감에 기여한다는 점에서 핀테크와 차이가 있다. 즉, 핀테크는 주 고객이 개인인 데 비해 레그테크는 금융회사가 주 고객이 된다.

핀테크 확산과 더불어 금융기관은 매우 광범위한 기술적 위협에 노출되어 있어 국내외 금융기관에서 레그테그를 적극적으로 도입하는 추세다. 국내에서도 금융보안원이 2019년부터 금융회사의 금융보안 관련 규제준수를 지원하기 위해 레그테크 포털(https://regtech.fsec.or.kr)을 운영하고 있다. 또한 최근에는 암호화폐 거래와 관련된 규제 이슈가 수면 위로 급부상하면서 블록체인과 관련된 기술도 레그테크에서 필요로 하는 핵심 기술로 주목받고 있다. 2021년 3월 「특정금융거래정보의 보고 및 이용 등에 관한 법률(특정금융정보법)」[31] 시행에 맞춰 레그테크 도입 논의가 본격화되었다.

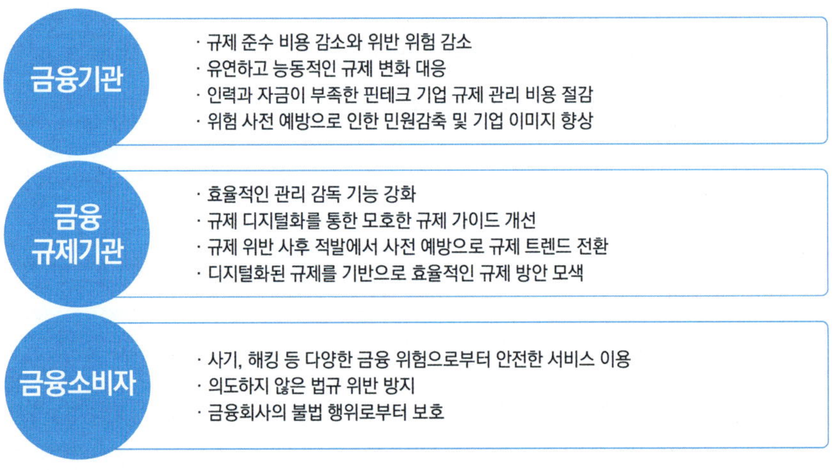

출처: 삼성SDS

[그림 2-32] 레그테크 기대효과

---

31) 우리나라는 암호화폐 등 가상자산에 관한 별도의 법률이 없었으나 2019년 6월에 OECD 산하 국제자금세탁방지기구(FATF)에서 암호화폐를 이용한 자금세탁을 방지할 수 있는 법안을 만들라고 권고를 내리면서 특정금융정보법을 제정하였다. 이는 금융거래를 이용한 자금세탁행위와 공중협박자금 조달행위를 규제하여 불법적인 자금 조달행위를 예방하고, 건전하고 투명한 금융거래 질서를 확립하기 위한 것이다.

2) 섭테크

섭테크(SupTech)는 감독(Supervision)과 기술(Technology)의 합성어로, 금융감독원의 주 업무인 감독에 기술을 접목해 감독과 검사를 효율적으로 수행하는 것을 의미한다. 레그테크가 금융회사의 업무 효율화에 필요하다면, 섭테크는 금융회사들의 감독자인 금융감독원의 감독업무를 돕는 데 필요하다. 금융감독원은 대규모 원금 손실로 파문을 일으킨 해외금리 연계 파생결합펀드(DLF)의 경우와 같은 불완전판매[32]의 재발을 막기 위해 2020년 2월 '섭테크혁신팀'을 신설했다. 향후에는 섭테크혁신팀 주도하에 '금융감독 디지털 전환 TF'를 구성하고 섭테크 장단기 과제를 선정해 금융감독 역량을 강화하는 한편, 금융 사고에 빠르게 대응하여 파장을 최소화하고, 애초에 문제가 될 상품은 설계·판매 단계부터 감시하여 소비자 피해를 줄일 계획이다.

금융감독원은 2019년 대부업 불법 추심 판별지원 및 민원분류 추천시스템을 운영하기 시작해 2020년에는 AI 사모펀드 심사와 보험 TM의 불완전판매 식별, 인터넷 불법 금융광고 감시 등 5개의 시스템으로 확대 구축하여 운영하고 있다.

〈표 2-25〉 섭테크 관련 금융감독시스템 현황

시스템명	가동시기	주요 적용기술
① 대부업 불법추심 판별지원	2019년 5월	음성변환
② 보험 TM 불완전판매 식별지원	2020년 3월	
③ 인터넷 불법금융광고 감시[1)]	2020년 7월	빅데이터
④ 민원분류추천	2019년 5월	인공지능(AI), 기계독해
⑤ AI사모펀드 심사지원	2020년 2월	

주 1) 2020년 3월부터 시범운영 중
출처: 금융감독원

32) 상품에 대한 기본 내용 및 투자 위험성 등에 대한 안내 없이 고객에게 금융상품을 판매하는 것

사례

레그테크 서비스 제공 기업

〈표 2-26〉 분야별 레그테크 서비스 제공 기업

기업명	분야	솔루션
unitas Community of Veritas ㈜유니타스	자금세탁방지	UNITAS CRI(Country Risk Index) Service: 마약, 테러, 제재 등과 관련된 34개 변수를 실시간 반영한 '국가위험지수(Country Risk Index)' 산출
NIC COMPANY ㈜닉컴퍼니	핀테크 전문 컴플라이언스	NIC 디지털 컴플라이언스 플랫폼: 금융회사가 제공하는 모든 서비스를 위험지표화(스코어링)하여 시각화된 모니터링 기능 제공
AIMS ㈜에임스	보험금 착오지급 점검	보험금 착오지급 점검업무 자동화 솔루션(Autodit): 보험약관의 자동 알고리즘화 및 보험금 착오지급 자동검출
OCTA SOLUTION ㈜옥타솔루션	자금세탁방지	업종별 특화 AML/RBA 솔루션 SaaS 서비스: 가상통화 취급업소, 해외송금업자, 전자금융업자 등에게 업종 맞춤형 자금세탁방지 솔루션 제공
koscom ㈜코스콤	금융투자 컴플라이언스	상시모니터링서비스 시스템 KI-Guard: 금융투자회사의 데이터베이스를 실시간으로 분석·모니터링하여 내부직원의 횡령·사기 등 이상거래 적출
금융보안원 금융보안원	금융보안 점검	금융보안 레그테크 시스템: 금융회사의 정보보호 수준 자율진단, 금융보안 관련 보고서의 자동 생성·리포팅 등

〈표 2-27〉 은행권 레그테크 현황

A은행	• 은행 업무에 특화된 인공지능(AI) 기반 'MRC(Machine Reading Comprehension)' 기술 자체 개발 • 신규 상품, 서비스 출시 이전 약관·법률 점검에 MRC 도입 예정, 약관 투자자 보호 항목 포함 여부 및 적절성 등 판단
B은행	• 정보보호 레그테크 시스템 구출 • 글로벌 정보보안 강화 위한 모니터링 기능 제공, 관리체계 및 정보관리 현장점검업무를 전산화해 업무효율성 제고
C은행	• 컴플라이언스(준법감시) 및 보안평가 등에 레그테크 활용 계획

출처: ≪파이낸셜뉴스≫(2019.12.04)

사례

금감원의 음성변환과 빅데이터, 인공지능을 활용한 섭테크 사례

(1) 음성변환

① 대부업 불법추심 판별지원: 대부업자의 채권추심 실태점검 때 수집한 녹취파일에 인공지능 기술인 음성텍스트변환 기술을 적용해 "가족에게 알리겠다"라거나 "집이나 회사로 찾아가겠다" 등의 언어폭력이나 반복추심 등을 포함한 대부업 불법추심 여부를 식별한다.

② 보험 TM 불완전판매 식별지원: 보험영업 검사 때 텔레마케팅 녹취파일을 분석하고 저축성 보험이 아닌데도 적금보다 낫다고 허위 광고를 하는 등 보험계약자에게 필수적으로 고지하는 항목의 허위 안내 등을 판별해 불완전판매 여부를 식별한다.

(2) 빅데이터

인터넷 불법 금융광고 감시: 통장 및 개인신용정보 매매, 휴대폰 소액결제 등 인터넷에 만연한 불법 금융광고 관련 빅데이터를 수집하고 룰(Rule) 기반으로 분석해 조기에 적발하고 차단할 수 있는 기반을 마련한다.

(3) 인공지능

① 민원분류추천: 민원인이 제출한 민원내용을 인공지능이 분석해 민원유형 및 유사 민원 등을 업무담당자에게 자동으로 추천한다.

② AI 사모펀드 심사지원: 인공지능이 기계독해 기술을 활용해 사모펀드 보고서를 읽고 주요 항목별로 적정성을 판단함으로써 심사업무를 지원한다.

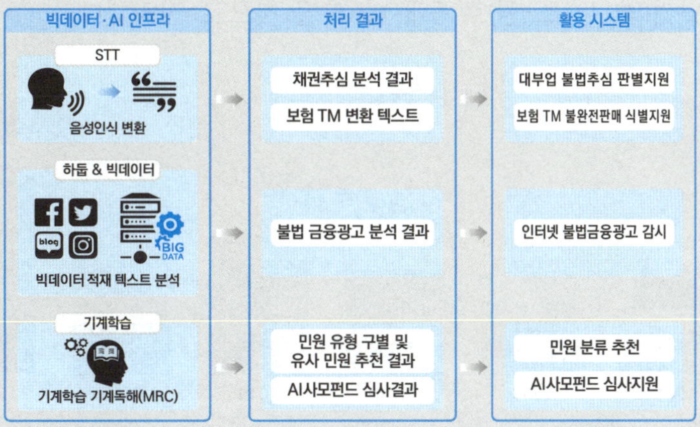

출처: 금융감독원

[그림 2-33] 빅데이터·AI인프라 활용 업무 흐름도

3. 직장인을 야근에서 해방시키는 솔루션!: 로봇프로세스자동화(RPA)

코로나19는 직장인들의 일하는 방식을 바꿔놓았다. 기업들은 재택근무와 유연근무 등 다양한 근무 형태를 도입하면서 업무 효율을 높이는 방식을 계속 실험하고 있다. 한편 원격근무, 비대면 보고와 같은 업무 수행 방식으로 전환되면서 화상 회의, 그룹 영상 통화, 안면인식 서비스처럼 비대면과 관련된 솔루션이 적극적으로 활용되고 있다. 또한 사무 환경에서는 업무 생산성을 높일 수 있는 RPA가 예전보다 더욱 주목을 받기 시작했다.

RPA는 물리적 로봇이 아닌 소프트웨어 프로그램으로 단순 반복적인 업무를 자동화하는 기술을 일컫는 용어다. 이메일 열기, 파일 첨부, 보내기, 파일과 폴더 정리, 복사와 붙여넣기, 웹에서의 데이터 크롤링(모으기), 사칙연산 수행 및 결과 처리, SNS 통계 데이터 수집 등 반복적이고 노동 집약적인 작업을 신속하고 정확하게 완료할 수 있기 때문에 금융을 비롯한 제조·유통·통신 등 다양한 산업계가 RPA를 도입하고 있다. 시장조사업체 HFS Research는 글로벌 RPA시장의 규모가 2016년 2억 7,100만 달러(3,165억 원)에서 2022년 12억 2,400만 달러(약 1.4조 원)로 5배 더 커질 것으로 전망했다.

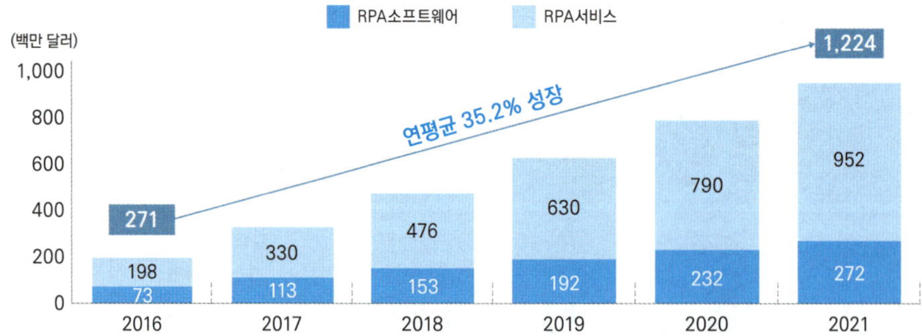

출처: HFS Research(2017)

[그림 2-34] 글로벌 RPA 시장규모

RPA는 기술 수준에 따라 기본 자동화, 지능형 자동화, 인지 자동화 총 3단계로 구분한다. 1단계 기본 자동화는 반복적인 거래나 업무를 규칙으로 입력하여 자동화하는 단계이고, 2단계 지능형 자동화는 더욱 고급화된 프로세스 자동화로 축적된 데이터와 머신러닝을 활용하여 RPA 기술의 정확도와 기술을 높이는 단계다. 3단계 인지 자동화는 빅데이터 기반의 예측 분석을 활용해 복잡한 의사 결정까지 가능한 단계다.

〈표 2-28〉 RPA의 기술 수준별 3단계

단계	1단계 기본 자동화 (Basic Automation)	2단계 지능형 자동화 (Intelligent Automation)	3단계 인지 자동화 (Cognitive Automation)
데이터 및 프로세스 특징	구조적 데이터의 입력 및 출력	반구조적 데이터의 입력 및 출력	비구조적 데이터의 입력 및 출력
장점	인력의 대체	인력의 협업	인력의 보조
모델	도표	알고리즘	인공지능·신경망 분석
처리 업무	반복적인 데이터의 자동화	분류, 예측, 결합	시공간을 넘어서는 복잡한 분석

자료: KPMG

국내에서는 2016년 이후 은행·보험·카드사 등 금융권의 사기 탐지나 이상거래 파악, 고객 등록, 신용카드 발급 업무, 계약관리, 보험증권처리, 정보조회 등과 같은 백오피스 업무 중심으로 RPA 도입이 본격화되고 있다. 또한 2017년 이후에는 비대면 금융거래 비중이 확대되고 주 52시간 근무제 시행 등으로 업무 자동화 수요가 증가함에 따라 금융권의 RPA 적용이 더욱 확대되어왔다. 정산·계산·검증·입력 등 단순 작업을 RPA에 넘기면, 임직원들은 창의적이고 가치 있는 업무에 집중해서 성과를 극대화할 수 있기 때문이다.

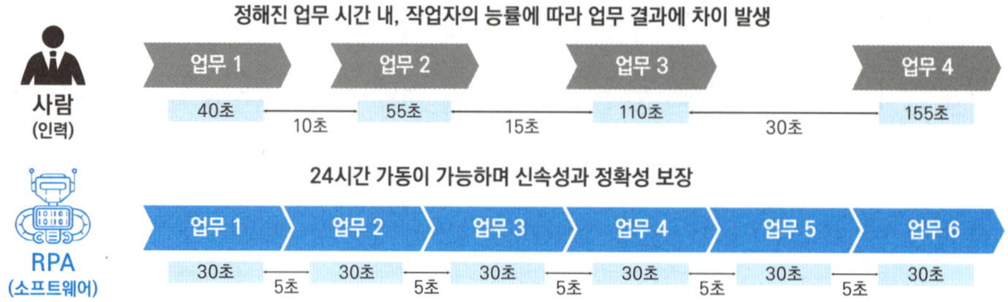

출처: 후지쯔, NH투자증권

[그림 2-35] 사람과 RPA의 업무 방식 차이

2018년 딜로이트의 글로벌 RPA 조사에 따르면 400개 기업 중 53%가 이미 RPA를 도입하기 시작했다. 딜로이트는 현재의 증가추세가 유지된다면 앞으로 2년 이내에 도입 비율이 72%로 늘어나고, 5년 이내에는 도입 비율이 100%가 될 것으로 예측했다. 응답자들은 RPA 도입에 대해 규제 대응(92%), 업무 품질 및 정확도(90%), 생산성 향상(86%), 비용 절감(59%)에서 만족도를 보인다고 대답했다. 그리고 이미 RPA를 도입한 이들 중 78%는 향후 3년간 투자를 계속 늘려갈 것이라고 대답했다.

〈표 2-29〉 국내 은행권 RPA 도입 사례 및 현황

은행	내용
A은행	• 2018년 10월 6개 부서 13개 프로세스 RPA 도입 • 2020년까지 RPA 적용 업무 확대 및 인공지능을 활용한 RPA 고도화 추진
B은행	• 2019년 3월 여신관리, 외환업무 등 7개 분야 10개 업무에 대해 RPA 구축 • RPA 고도화 및 글로벌 사업부문 확산을 위해 2차 사업 진행 중
C은행	• 2017년 12월 RPA 도입 후 현재 43개 업무에 RPA 적용 • 데이터 수집 및 입력 과정을 인공지능으로 대체하는 '머신러닝 기반 기업여신 자동심사 시스템' 등 RPA 고도화 추진 • 2019년 5월 RPA 고도화 및 전행적 확산을 위해 컨설팅 진행 중
D은행	• 2018년 7월 RPA 시범사업 추진, 2019년 3월부터 영업점, 본부 지원부서를 중심으로 RPA 운영 중이며, 2020년 전행적으로 확대 추진
E은행	• 국내 금융사 중 최대 규모인 RPA 운영로봇 40대를 보유하고 RPA 컨트롤룸 구축 • 개인여신 자동기한 연기, 카드 가맹점 계좌 검증, 비대면 카드검사, 가입자 휴·폐업 정보 조회 등 7개 프로세스에 적용 중
F은행	• 2019년 3월 여신관리, 외환업무, 투자상품 등 7개 분야 10개 단위 업무에 대해 RPA 도입 완료

출처: KDB미래전략연구소

PART 2

디지털금융의 활용

- [x] 3장 _ 디지털금융 기술
- [ ] 4장 _ 디지털 마케팅

3장

디지털금융 기술

1절 클라우드 컴퓨팅 기술의 이해와 활용

1. 클라우드의 정의

2008년 4월 21일 자 IT 전문지 ≪와이어드≫에 다음과 같은 기사가 실렸다.

> 월스트리트와 실리콘밸리는 수년 동안 전설적인 제프 베조스의 주의력 결핍 장애를 곁에서 지켜봐 왔다. 혼자 꽂혀서 추진하는 그 황당한 프로젝트의 정체가 도대체 뭐란 말인가? 하늘에 떠 있는 우주선이라고? 궤도 밖으로 이탈한 베조스, 하루빨리 지구 복귀를 명한다! 당신은 리테일러로서의 본분을 잊고 있다. 엄연히 손에 잡히는 실체가 있고 가치 있는 리테일 사업을, 어째서 수익성도 없고 뜬구름 같은 클라우드 서비스와 맞바꾸려 한단 말인가?

≪와이어드≫가 아마존의 CEO 제프 베조스를 매도한 지 13년이 지난 지금 클라우드 사업은 아마존의 전체 매출 중에서 13%, 영업이익 중에서 67%의 비중을 차지할 정도로 성장했다. 한때는 세상에서 외면당하던 클라우드, 지금은 디지털 전환의 첫 관문이자 필수적인 인프라로 자리잡았다. 지금부터 구름 위의 세상으로 떠나보자.

클라우드 컴퓨팅은 복잡하고 번거로운 일들을 더는 지상(PC)에서 처리하지 않고 구름 위(중앙서버)로 올려 보내 필요할 때마다 중앙서버에 연결해 쓴다는 의미에서 붙여진 명칭이다. 4차 산업혁명 시대의 필수 네트워크 인프라가 5G라면, 데이터의 수집·보관·사용 등에서의 필수 인프라는 클라우드다. 각종 프로그램과 데이터를 자신의 PC나 모바일 기기가 아닌 대형 서버에 저장하고 인터넷으로 접속해 사용하며, 그에 대한 이용료를 부담한다.

우리가 흔히 사용하는 웹메일(인터넷 메일)은 클라우드 컴퓨팅의 가장 기본적인 모델이다. 인터넷에 접속해 메일을 읽을 수는 있지만, 각종 데이터는 자신이 사용하는 컴퓨터에 저장되는 것이 아니라, 웹메일 서비스를 제공하는 회사의 서버에 저장된다. 미국은 클라우드 서비스를 도입하는 고객 기준으로 약 60%의 비중을 차지하며, 서비스를 제공하는 사업자 기준으로는 전 세계를 지배한다. 중국 시장에서는 알리바바 클라우드가 40% 이상의 점유율을 차지하지만, 미국 정부가 중국의 클라우드 시스템 이용을 제한하기 때문에 사실상 아마존의 아마존 웹서비스(AWS; Amazon Web Service), 마이크로소프트의 마이크로소프트 애저(Microsoft Azure), 구글의 구글 클라우드(Google Cloud)가 부동의 3인방이다.

2. 클라우드의 분류

클라우드 컴퓨팅은 '무엇을 빌려 쓰는가', 즉 서비스 모델에 따라 서비스형 인프라(IaaS), 서비스형 플랫폼(PaaS), 서비스형 소프트웨어(SaaS)로 분류할 수 있다. 또한 '어디에 어떻게 구축하는가', 즉 운용 모델에 따라 퍼블릭(Public), 프라이빗(private), 하이브리드(hybrid), 커뮤니티(community), 멀티 클라우드(multi-Cloud)로 구분한다.

1) 서비스 모델에 따른 분류

(1) IaaS

IaaS(Infrastructure as a Service; 서비스형 인프라)는 네트워크를 통해 이용자에게 CPU나 하드웨어 등 컴퓨팅 자원을 제공하는 모델이다. IaaS의 활용 예로 웹사이트의 서버를 들 수 있다. 웹사이트를 운영할 때 홍보 이벤트용 웹사이트를 개설한다면 단기간에 엄청난 접속자가 몰릴 수 있다. 이때 IaaS를 도입하면 해당 기간만 컴퓨팅 리소스를 일시적으로 많이 사용하고 이벤트가 종료하면 줄이는 식으로 유연하게 변경할 수 있기 때문에 웹사이트 운용비용을 절감할 수 있다. 대표적인 IaaS 서비스로는 아마존의 AWS가 있다.

(2) PaaS

PaaS(Platform as a Service; 서비스형 플랫폼)는 운영체제, 데이터베이스, 프로그램 개발 도구 등 소프트웨어 개발 환경을 제공하는 클라우드 서비스를 뜻한다. 이용자는 인프라 구축 및 운용 보수를 하지 않아도 그 기반을 사용할 수 있으므로 단기간에 응용 프로그램을 개발할 수 있다.

(3) SaaS

SaaS(Software as a Service; 서비스형 소프트웨어)는 업무에서 사용하는 소프트웨어 기능(고객 관리 프로그램, 문서작성 등)을 인터넷 등의 네트워크를 통해 필요한 만큼 이용할 수 있도록 제공하는 형태다. 이용자는 장소와 기기에 구애받지 않고 빠르게 서비스를 이용할 수 있으며 비용도 저렴하다.

세일즈포스(Salesforce)는 CRM 소프트웨어 판매를 SaaS로 구현해 대중화한 가장 대표적인 기업으로, SaaS가 도입되기 전에는 대기업들에 설치형 솔루션을 판매해왔다. 세일즈포스는 SaaS 전략을 통해 고객사들에 적절한 가격으로 소프트웨어를 사용할 수 있는 대안을 제시함으로써 CRM 소프트웨어의 최강자였던 SAP를 제치고 글로벌 시장 점유율 1위로 올라서게 되었다.

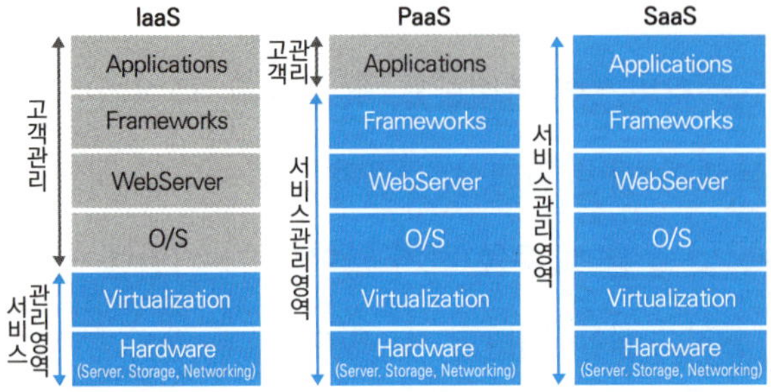

- **IaaS(인프라 영역)**
  - 네트워크, 서버, 데이터베이스 등을 임대하여 사용
- **PaaS(플랫폼 영역)**
  - PaaS에서 제공하는 서비스를 선택하여 소프트웨어를 개발
- **SaaS(소프트웨어 영역)**
  - 다양한 소프트웨어를 설치하지 않아도 인터넷에서 사용(그룹웨어, CRM, 전자메일 등)

출처: 마이크로소프트

[그림 3-1] 클라우드 서비스 모델의 종류

사례 어도비 사례: 비즈니스 모델을 SaaS로 전환해 성공

2013년 어도비는 기존의 소프트웨어 패키지 판매 방식의 어도비 크리에이티브 스위트(Adobe Creative Suite)를 클라우드 기반의 SaaS형 모델인 어도비 크리에이티브 클라우드(Adobe Creative Cloud)로 전환하였다.

이를 통해 고객은 처음부터 목돈을 지불하고 통째로 소프트웨어 패키지를 구매해야 했던 부담에서 벗어나 일정한 사용료만 내고 저렴하게 어도비의 솔루션을 모두 이용할 수 있게 되었다. 또한 클라우드 기반으로 이용하므로 시간과 장소의 제약을 받지 않으며 팀원 간의 공동작업 효율성이 높아지고 항상 최신 버전으로 유지되므로 업그레이드에 대한 부담도 줄어들게 되었다.

[그림 3-2]는 2012년 중반 크리에이티브 스위트6을 출시한 지 2년 반 만에 가입자가 0에서 400만 명으로 급증하는 것을 보여준다. 그리고 [그림 3-3]은 패키지 소프트웨어 판매 방식에서 SaaS형 구독형 서비스 모델을 내놓은 지 30개월 만에 구독형 매출(21억 달러)이 패키지 소프트웨어 매출(16억 달러)을 추월하는 것을 보여준다.

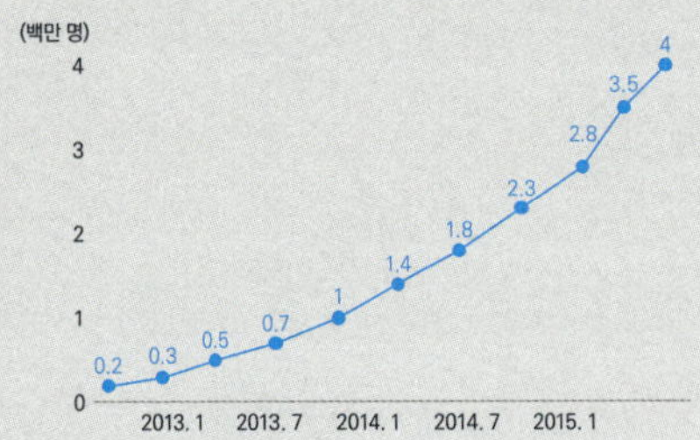

출처: tomtunguz.com

[그림 3-2] 어도비 크리에이티브 스위트 가입자

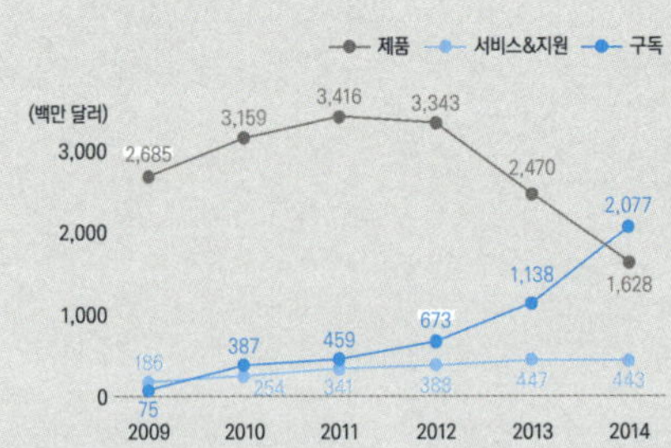

출처: tomtunguz.com

[그림 3-3] 어도비의 비즈니스 모델에 따른 매출 변화

2) 운영 모델에 따른 분류

(1) 퍼블릭 클라우드

퍼블릭 클라우드는 아마존, 마이크로소프트, 구글과 같은 사업자가 시스템을 구축하고 인터넷망 등의 네트워크를 통해 불특정 다수의 기업과 개인에게 서비스를 제공하는 형태다. 이 모델을 도입하면 사용자 기업은 IT 자산을 보유하지 않더라도 필요한 컴퓨팅 자원을 저렴한 비용으로 단기간 사용할 수 있으므로 운용 관리 부담이 적어진다는 장점이 있다.

(2) 프라이빗 클라우드

프라이빗 클라우드는 인트라넷과 마찬가지로 특정 회사가 클라우드 관련 기술이 활용된 환경을 직접 구축하여 가상화된 인프라를 소유하는 형태다. 퍼블릭 클라우드와 비교할 때 초기 비용투자와 IT 관련 전문 지식이 필요하지만, 개인정보 보호 등 엄격하고 높은 보안성을 필요로 하는 서비스 기업이나 기업의 인사·회계팀과 같은 핵심 부서에서 주로 도입하고 있다.

(3) 하이브리드 클라우드

하이브리드 클라우드는 퍼블릭 클라우드와 프라이빗 클라우드를 묶어 동시에 사용하는 방식이다. 민감하고 중요한 데이터는 프라이빗 클라우드에, 외부에서 손쉽게 열람해야 하는 데이터는 퍼블릭 클라우드에 보관해 비즈니스에서 유연성을 갖추면서 보안 및 규정 준수를 최적화할 수 있다는 장점이 있어 최근 주목받고 있다.

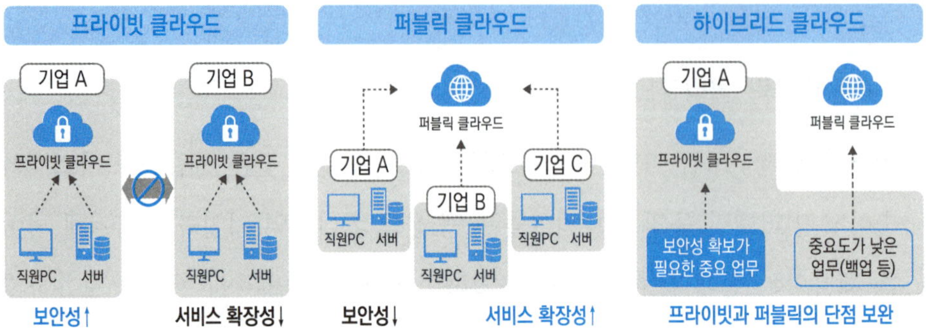

출처: 금융위원회, 금융권 클라우드 이용 확대방안

[그림 3-4] 클라우드 운용 모델 비교

영국 IT시장 조사기관인 벤슨본(Vanson Bourne)이 2020년 중반 뉴타닉스(Nutanix)의 의뢰를 받아 전 세계 3,400명의 IT 의사결정자를 대상으로 조사한 보고서(Nutanix Enterprise Cloud Index)에 따르면 코로나19 사태로 전 세계 많은 기업이 하이브리드 클라우드 도입을 더 적극적으로 고려하게 되었다는 결과가 나왔다. 특히 강도 높은 규제와 급변하는 시장 환경에 놓여 있는 금융기관에는 유연성과 보안성에 각각 뛰어난 퍼블릭 클라우드와 프라이빗 클라우드를 혼용하는 것이야말로 경제성·혁신성·효율성 등을 동시에 충족하는 이상적인 방식이라 할 수 있다.

(4) 커뮤니티 클라우드

커뮤니티 클라우드는 공통의 목적을 가진 기업들이 클라우드 시스템을 형성하여 컴퓨팅 자원 수요에 유연하게 대처하는 형태다. 이를테면 세일즈포스의 커뮤니티 클라우드는 주택담보대출 은행과 대출업자가 커뮤니티를 만들어 대출자, 중개인(브로커), 여신심사역 간에 전 대출 과정을 통해 협업할 수 있는 환경 구축을 지원한다. 또한 철저한 보안성을 요구하는 방위산업 프로젝트나 신무기 개발에 참여하는 기업들이 커뮤니티 클라우드를 통한 테스트 환경을 구축한다.

(5) 멀티 클라우드

멀티 클라우드는 2개 이상의 클라우드 공급자(벤더)가 제공하는 퍼블릭 클라우드로 하나의 서비스를 운영하는 것을 말한다. 단일 공급자에 종속될 경우 비용 통제와 관리가 어렵고 시스템 장애가 발생했을 때 서비스에 타격을 입기 때문이다. 하지만 공급자가 여럿이다 보니 관리가 복잡하고 모니터링이 어렵다는 단점이 있다.

3. 클라우드 기술 개관

클라우드 컴퓨팅을 구현하기 위해서는 서버 가상화(virtualization) 기술과 분산처리(distributed computing) 기술이 필요하다.

1) 가상화 기술

클라우드라는 개념은 가상화 기술을 기반으로 나온 서비스를 말한다. 가상화 기술을 이용하면 1대의 물리적인 서버 컴퓨터로 여러 대의 서버를 이용하고 있는 것처럼 작동시킬 수 있다. 가상머신(VM; Virtual Machine)이라는 복제된 컴퓨터 환경이 만들어지기 때문이다.

사용자는 가상화 기술로 가상 서버 자원을 유연하게 프로비저닝(Server-Provisioning, 사용자 요청에 맞게 공급)할 수 있다. 기업 입장에서 클라우드 서비스를 이용하는 것은 무수히 많은 서버를 가상머신 단위로 사용하는 것이 된다. 가상화는 가상화의 대상에 따라 서버 가상화, 데스크톱 가상화, 애플리케이션 가상화로 나눌 수 있다. 이 중에서 가상화 개념의 시초가 되는 역할을 한 것이 서버 가상화다.

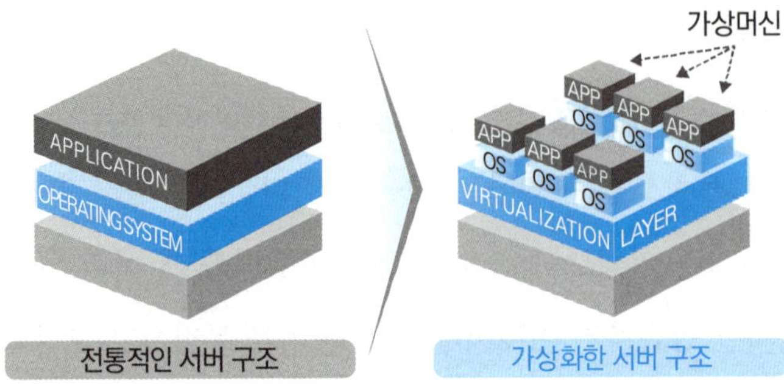

자료: VM ware

[그림 3-5] 가상화의 기본개념(서버 가상화의 예)

가상화의 대상이 되는 컴퓨팅 자원은 프로세서(CPU)·메모리(memory)·스토리지(storage)·네트워크(network)를 포함하며, 이들로 구성된 서버나 장치들을 가상화함으로써 높은 수준의 사용률과 분산처리 능력을 제공할 수 있다.

2) 분산처리 기술

클라우드가 등장하기 전에는 대용량 데이터를 처리하려면 고속 CPU와 대용량 메모리가 탑재된 서버가 필요했다. 하지만 지금은 분산처리 기술과 클라우드 서비스를 이용하여 데이터를 여러 서버에 나누어 병렬로 처리할 수 있다.

유명한 분산처리 기술에는 구글이 개발한 맵리듀스(MapReduce)와 이를 오픈소스로 구현한 하둡(Hadoop)이 있다.

4. 서버 가상화 기술의 진화: 가상머신과 컨테이너 방식

최근 서버 가상화 기술의 두 축은 '하이퍼바이저' 기반의 가상화와 '컨테이너' 기반의 가상화다.

1) 하이퍼바이저 방식

하이퍼바이저(Hypervisor)는 물리적인 호스트 시스템이 여러 대의 가상머신을 게스트로 운영할 수 있도록 해주는 소프트웨어로, 이를 통해 네트워크 대역폭, CPU 등과 같은 컴퓨팅 자원을 더 효과적으로 사용할 수 있다. 각각의 가상머신들을 관리하기 때문에 '가상화 머신 모니터', 또는 '가상화 머신 매니저'라고도 부른다. 하이퍼바이저가 등장하기 전에는 하나의 서버를 여러 사용자가 공유할 수 있도록 물리적으로 공간을 격리하는 데 그쳤다면, 하이퍼바이저가 출현하면서 물리 서버 자원을 추상화하고 논리적으로 공간을 분할하여 가상머신(VM)이라는 독립된 가상 환경의 서버를 이용할 수 있게 됐다. 하이퍼바이저는 위치 및 역할의 차이에 따라 Type 1과 Type 2로 구분된다.

(1) Type 1

호스트의 하드웨어 위에서 바로 구동되며 하이퍼바이저가 다수의 가상머신을 관리한다. 가상머신에 설치된 게스트 운영체제(OS)는 하드웨어 위에서 하이퍼바이저 다음으로 바로 구동된다. Type 2보다는 더 향상된 성능을 제공하지만, 여러 하드웨어 드라이버를 세팅해야 하며 설치가 어렵다.

(2) Type 2

하드웨어 위에 호스트 운영체제가 있고, 그 위에서 하이퍼바이저가 다른 응용프로그램과 유사한 형태로 동작한다. 기존의 컴퓨터 환경에서 하이퍼바이저를 활용하기 때문에 설치가 용이하고 구성이 편리하다는 장점이 있으나 Type 1보다는 성능이 낮다.

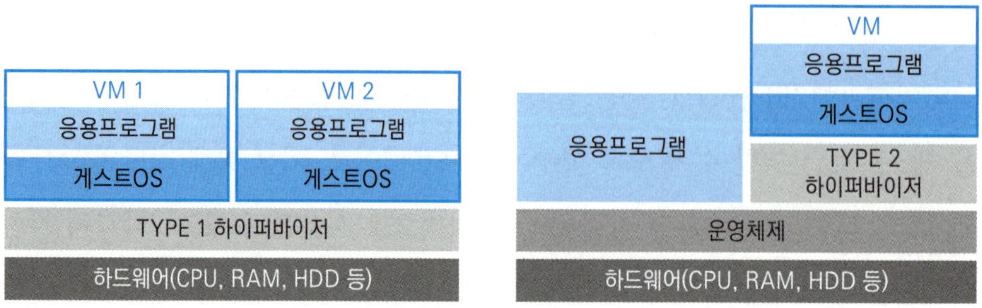

출처: 소프트웨어정책연구소

[그림 3-6] 하이퍼바이저 타입

2) 컨테이너 방식

최근 클라우드 컴퓨팅에서는 컨테이너 기반의 가상화가 기존의 하이퍼바이저 기반의 가상화 기술을 대체하며 주목받고 있다. 컨테이너(container)의 사전적인 의미는 '물체를 격리하는 공간'으로 흔히 배에 싣는 네모난 화물 수송용 박스를 생각할 수 있다. 클라우드 컴퓨팅에서 컨테이너는 애플리케이션과 앱을 구동하는 환경을 격리한 공간을 의미하는데 기존의 가상머신에 비해 가볍고 빠르게 동작하며 시스템에 대한 요구사항이 적다는 장점이 있다.

가상머신 방식은 하이퍼바이저와 게스트OS를 필요로 하지만 컨테이너 방식은 프로세스를 격리하여 모듈화된 프로그램 패키지로써 작업을 수행한다. 애플리케이션과 이를 실행하는 라이브러리, 바이너리, 구성파일 등을 하나로 묶어서 배포하기 때문에 오류를 최소화할 수 있다는 것이 가장 큰 특징이다.

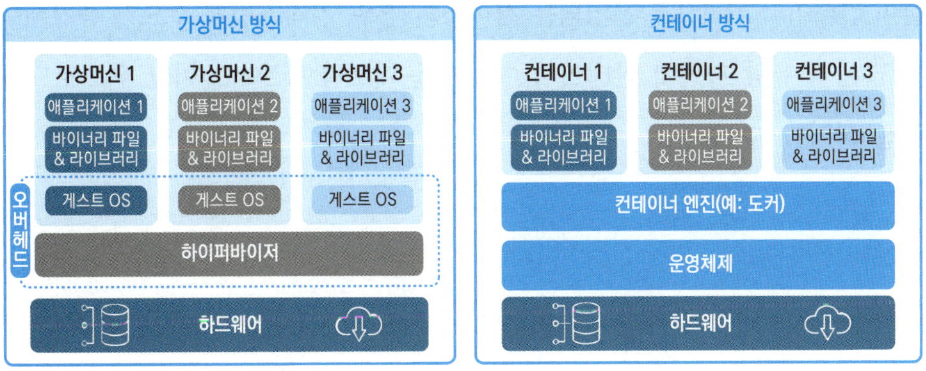

출처: akf partners

[그림 3-7] 컨테이너의 개념

구글은 구글 컨테이너 안에서 구글 문서부터 지메일 그리고 검색에 이르기까지 모든 구글 애플리케이션을 구동한다.

〈표 3-1〉 가상머신 방식과 컨테이너 기반 가상화 방식의 차이

구분	기존 방식의 가상머신(VM)	컨테이너 기반의 가상화
이식성	• VM당 하나의 거대한 통합 애플리케이션을 사용하는 모놀리식(Monolithic)한 서비스 • VM단위의 이동, 복제와 생성 가능	• 실행에 필요한 모든 종속성 및 구성을 함께 배포(실행환경의 일관성) • 마이크로(Micro)서비스 구축에 최적
효율성	• 1VM당 1서비스 • 성능오버헤드 존재	• 호스트 OS커널 공유이므로 필요한 만큼 자원 사용
서비스 요청에 따른 신속성	• 최소 수 GB 이상의 추가 VM을 생성하여 대응	• 게스트OS가 없는 수 MB 단위의 컨테이너 생성
라이선스 비용	• VM개수만큼 지불	• Host 1대의 비용만 지불
안정성	• 각각 독립된 VM들로 안정적인 운영 가능(완전한 분리)	• 통제된 영역이지만 OS커널을 공유하므로, 장애발생 시 같이 영향을 받음

출처: 소프트웨어정책연구소

3) 도커: 컨테이너를 관리하는 오픈소스 플랫폼

컨테이너 기술을 논할 때 빠지지 않고 등장하는 단어가 '도커(Docker)'와 '쿠버네티스(Kubernetes)'다. 도커는 오픈소스 기반의 컨테이너 관리 플랫폼이자 사실상 현재의 컨테이너 기반 클라우드 컴퓨팅의 표준(de facto)이다. 도커와

같이 컨테이너 기반으로 운영되는 서비스의 경우, 갑작스럽게 수요가 증가해도 더 많은 컴퓨팅 자원에 컨테이너 이미지를 배포함으로써 늘어난 워크로드를 분산 실행할 수 있다.

4) 쿠버네티스: 다중 컨테이너에 대한 효율적인 관리와 클러스터링

컨테이너는 기존의 가상머신에 비해 경량화된 방식으로 구동되므로 서버 자원을 보다 효율적으로 사용할 수 있다. 하지만 컨테이너의 수가 많아지면 관리와 운영상에 어려움이 따른다. 따라서 여러 컨테이너(서비스)의 실행을 관리하고 외부의 요구를 적절히 배분, 조율해주는 역할이 필요한데 이를 컨테이너 오케스트레이션(Orchestration)이라고 한다. 몇 년 전만 해도 다양한 컨테이너 오케스트레이션 툴이 시장에 존재했지만, 현재는 대부분 쿠버네티스 기반으로 바뀌었다. 쿠버네티스는 그리스어로 '조타수'를 뜻한다. 즉 컨테이너를 싣고 가는 배의 조타수 역할을 한다는 의미다. 쿠버네티스는 구글이 컨테이너 관리를 위해 시작한 프로젝트였으나 2014년 오픈소스화되었으며, 현재 클라우드 네이티브컴퓨팅재단(CNCF)이 관리하고 있다.

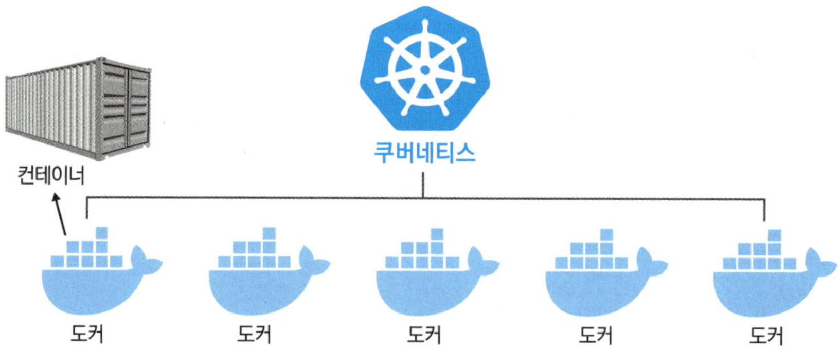

출처: medium.com

[그림 3-8] 쿠버네티스, 도커, 컨테이너의 관계

5. 데브옵스와 마이크로서비스 아키텍처

클라우드 네이티브는 처음부터 클라우드 환경에 최적화된 애플리케이션, 서비스 개발 패러다임 등을 의미한다. 또한 클라우드 컴퓨팅 모델의 장점을 모두 활용하는 애플리케이션을 개발, 실행하는 접근 방식을 총칭하기도 한다. 클라우드 네이티브 기술을 적용한 대표적인 사례로는 앞에 소개한 컨테이너, 하이브리드 클라우드 플랫폼, 그리고 개발부터 배포 과정을 자동화해주는 데브옵스 등이 있다.

1) 디지털 전환에 필요한 클라우드 환경에 맞는 솔루션: 데브옵스

데브옵스(DevOps)는 소프트웨어 개발(Development)과 운영(Operation)의 합성어로 개발자와 운영자 간의 소통, 협업 및 통합을 강조하는 문화·방법론·프로세스·도구 등을 의미한다(그림 3-9). 일반 기업에서 개발팀과 운영팀은 서로 다른 목적하에 서로 다른 프로세스와 툴로 업무를 진행하므로 충돌이 빈번히 발생한다. 데브옵스는 조직 간에 상호 의존적으로 대응해 소프트웨어 제품과 서비스를 이른 시간 안에 개발 및 배포하는 것을 목적으로 한다.

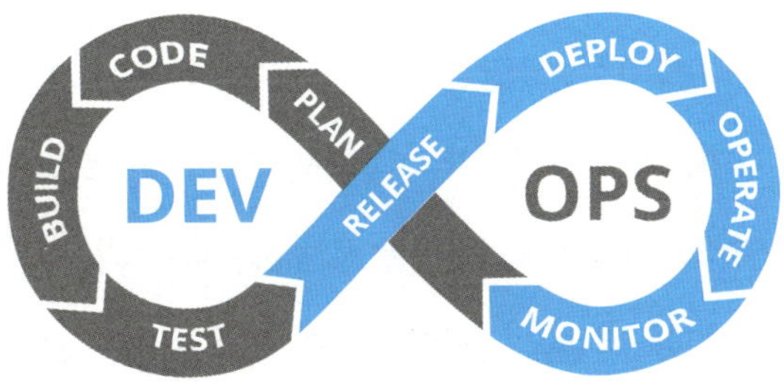

[그림 3-9] 데브옵스: 개발담당자와 운영담당자가 연계하여 협력하는 개발 방법론

데브옵스의 중심을 이루는 것이 CI와 CD인데 CI는 지속적인 통합(Continuous Integration)을 의미하며, CD는 지속적인 서비스 제공(Continuous Delivery) 및/또는 지속적인 배포(Continuous Deployment)를 의미한다.

페이스북은 사용자가 기하급수적으로 늘어나고 새로운 기능이 추가될 때마다 엄청난 트래픽이 발생했다. 이 때문에 서비스 장애가 생기고 시스템이 중단되는 사태까지 발생했지만, 정작 중요한 사용자 반응이나 피드백은 제대로 얻을 수가 없었다. 그래서 데브옵스 원칙을 도입해 새로운 기능을 출시하기 전에 [그림 3-10]과 같은 프로세스를 준비한다.

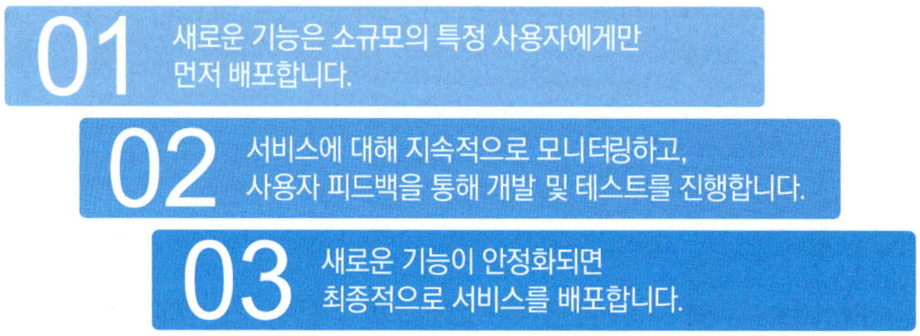

출처: 「아마존웹서비스(AWS)로 시작하는 데브옵스」

[그림 3-10] 페이스북의 데브옵스 원칙

2) 마이크로서비스 아키텍처

클라우드 네이티브 설계 방법 중 하나인 '마이크로서비스 아키텍처(MSA; Microservices Architecture)'는 말 그대로 작은 서비스를 하나씩 개발하고 연결하여 전체 애플리케이션을 만들어나가는 방식이다. 넷플릭스와 아마존이 자사의 시스템에 마이크로서비스 아키텍처를 사용한다고 말하면서 그 개념이 널리 알려졌다. 다수의 이용자를 대상으로 하는 다수의 기능을 가진 웹 기반 분산 시스템을 구현할 때 기존의 모놀리식 아키텍처(monolithic architecture)와 같은 전통적인 시스템 구현 방식을 사용한다면 기능의 빠른 개발, 테스트, 배포 그리고 유지 보수의 한계에 부딪히게 된다.

라인(LINE)의 서비스를 예로 들 수 있다. 라인에는 온라인 채팅 메시지, 음성 통화, 스탬프 판매, 인증, 동영상 등 다양한 메뉴가 있다. 라인은 그것들을 서로 독립된 기능 부품으로 개발, 제공하고 있다.

마이크로서비스 아키텍처는 다양한 프로그래밍 언어와 시스템을 활용하여 각각의 기능별로 나눠진 개발팀이 서로의 간섭을 최소화하고, 빠르게 개발하며 효율적으로 유지·보수할 수 있다.

또한 개별적인 개발, 테스트, 배포가 가능하기에 데브옵스의 필수 요소라 할 수 있는 지속적인 통합과 지속적인 배포에 적합한 구조를 가진다.

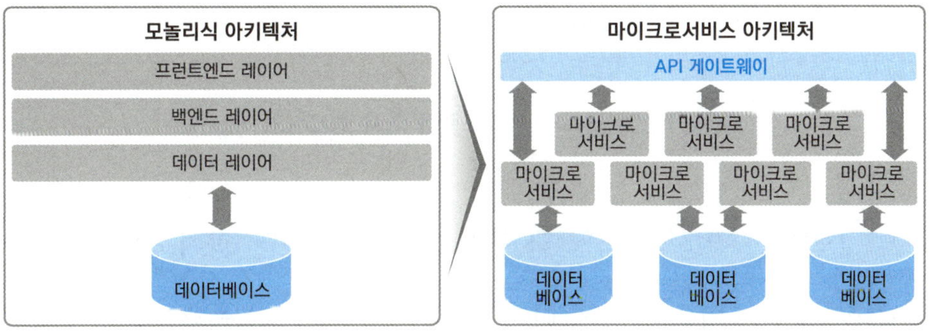

출처: nextdaily.co.kr

[그림 3-11] 모놀리식 아키텍처와 마이크로서비스 아키텍처의 비교

6. 클라우드 컴퓨팅과 에지 컴퓨팅

IoT 기기가 본격적으로 보급된 이후 클라우드 컴퓨팅은 점차 한계를 드러내기 시작했다. 가장 큰 문제는 IoT 기기가 제공하는 데이터가 폭증하면서 중앙컴퓨터가 모든 데이터를 처리하는 데 오랜 시간이 소요되는 것이었다. 이러한 문제에 대해 에지(edge) 컴퓨팅이 해결책이 될 수 있다.

에지 컴퓨팅과 클라우드 컴퓨팅은 대조되는 개념의 기술이다. 에지 컴퓨팅은 과거 클라우드에 맡겼던 데이터 처리 일부를 단말기나 단말기에 가까운 현장의 서버, 즉 말단부인 에지에서 처리하는 구조다. 클라우드 아래 계층에 해당하기 때문에 '포그 컴퓨팅(fog computing)'이라고도 부른다. 자율주행차량처럼 실시간 응답 성능이 필요한 경우, 클라우드를 경유하여 데이터를 처리해서는 시간이 지연되기 때문에 에지 쪽에서 처리해버리는 방식이다.

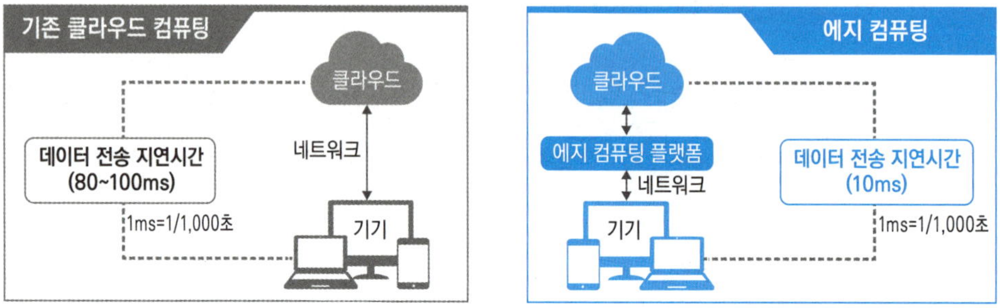

출처: 한국경제

[그림 3-12] 클라우드 컴퓨팅과 에지 컴퓨팅의 개념도

7. '클라우드 격동' 시작된 금융권, IT 혁신과 보안 과제 상존

국내 금융권의 경우 2016년 '비중요 정보'에 한해서만 클라우드 활용을 허용하여 내부 업무처리 등에만 한정되어 있는 상황이었다. 은행권은 그간 비용 절감 등을 이유로 클라우드 이용 확대와 관련한 추가 규제 완화의 필요성을 지속해서 제기해왔다. 이에 따라 2019년 1월 「전자금융감독규정」 개정안이 시행돼 일정 수준의 정보 안전 수준을 준수하는 IT기업은 고객 개인신용정보 등을 위탁해 저장, 관리할 수 있게 됐다.

▶「전자금융감독규정」 개정(2019년 1월)

개정 배경

클라우드 이용 확대와 관련한 **추가 규제 완화 필요성**이 지속적으로 제기됨에 따라 클라우드 활용 범위를 개인신용정보까지 확대하되 **금융권 보안수준 및 관리감독 체계를 강화**하고자 함

주요 내용

- 클라우드 서비스 이용범위 확대(비중요정보에 한정 → 개인신용정보 고유식별정보)
- 클라우드에 대한 내부통제 강화(클라우드 서비스의 안전성 평가, 자체 정보보호위원회 심의의결)
- 클라우드 이용 관련 보고의무 등 감독 강화(클라우드 이용 현황 보고, 법적책임 등을 계약서에 명시)
- 국내 소재 클라우드 운영(개인신용정보 처리는 국내 소재 클라우드에 한해 우선 허용)

[그림 3-13] 전자금융감독규정 개정안의 배경과 내용

마이데이터 본허가를 획득한 기업들 중의 상당수는 마이데이터 플랫폼으로 클라우드를 선택했지만 데이터 플랫폼 구축 방식은 각 금융사의 클라우드 전략에 따라 상이하다.

농협중앙회, 신한은행은 프라이빗 클라우드 시스템을 구축했으며 KB국민카드, SC제일은행, 국민은행은 AWS(아마존웹서비스)기반의 퍼블릭 클라우드로 마이데이터 플랫폼을 구축했다. 한편 국민카드는 AWS 기반 퍼블릭 클라우드 기반의 플랫폼을 구축했지만, 개인의 민감 정보는 클라우드에 저장하지 않으며 기존의 시스템(온프레미스) 환경과 연계되어 하이브리드 형식으로 활용한다.

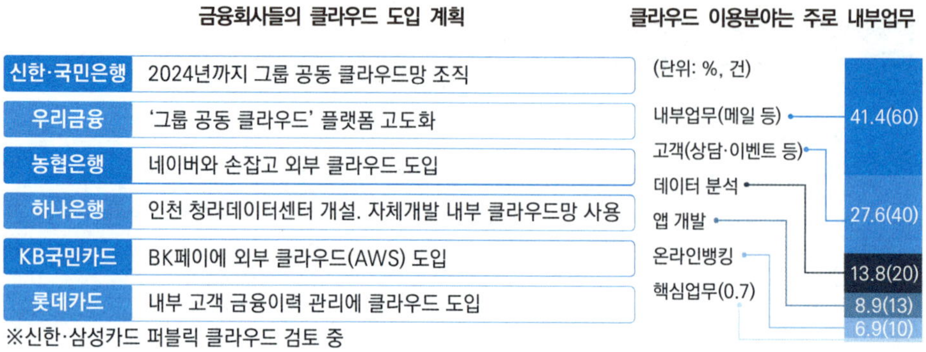

자료: 각 사　　　　자료: 금융감독원

[그림 3-14] 금융회사들의 클라우드 도입 계획

앞으로도 이러한 클라우드 도입 열풍은 더욱 커질 전망이다. 하지만 막상 실제 금융권에서 클라우드를 적용하는 단계에 들어서면 아직도 여러 가지 장벽이 존재한다. 무엇보다 금융당국은 여전히 클라우드 서비스의 안정성을 우려하고 있다.

첫째, 2019년 캐피탈원 등 미국 금융업체의 클라우드 서버에 저장된 고객 정보가 유출된 것처럼 클라우드 인프라에 대한 지속적인 외부 공격이 이뤄질 것으로 예상된다.

둘째, 클라우드 이용이 소수 사업자에 집중될 경우 해당 사업자의 장애가 다수 금융회사에 영향을 미칠 수 있다.

셋째, 클라우드 사업자의 파산이나 기술적 오류로 서비스가 중단되거나 사업자가 서비스 가격을 높여도 이용자(금융권)가 어쩔 수 없이 계속 쓰는 경우 비용 절감 효과는 반감된다.

〈표 3-2〉 클라우드 이용범위에 따른 금융권 적용 사례

<table>
<tr><th rowspan="2">클라우드 이용</th><th>확대 전</th><th colspan="2">확대 후</th></tr>
<tr><th>비중요정보만 가능
(현행)</th><th>개인신용정보</th><th>개인신용정보 +
고유식별정보</th></tr>
<tr><td>AI활용 대고객
서비스(챗봇 등)</td><td>△
• 단순 상담만 가능</td><td>○
고객 편의성↑
• 개인 맞춤형 금융상담</td><td>◎
고객 편의성↑
• 계좌개설 등 모든 전자금융서비스 제공 가능</td></tr>
<tr><td>빅데이터 분석</td><td>△
• 비식별 조치 후 제한적 분석</td><td>○
분석 실효성↑
• 개인 맞춤형 결과 도출
• 비식별 조치 없이(통상 2~3개월 소요) 실시간 분석</td><td>◎
분석 실효성↑
• 고유식별정보를 기준 업권 간 연계 분석</td></tr>
<tr><td>인디넷뱅킹, HTS 등</td><td>×
이용 불가</td><td>△
사실상 제약
• 고유식별정보 처리 기능 분리가 필요해 이용 실익 낮음</td><td>○
관리 효율성↑
• 시간대별 효율적 운영, 월말·명절 등 일시 접속량 폭주에 대응</td></tr>
<tr><td>재해복구센터 구축</td><td>×
이용 불가</td><td>×
이용 불가</td><td>○
비용절감 효과↑
• 상황 발생 시 즉시 대응 용량 확대</td></tr>
<tr><td>고성능 컴퓨팅
(파생상품 개발, 보험 손해액 산정 등 활용)</td><td>×
이용 불가</td><td colspan="2">○
비용절감 효과↑
• 사용량에 따라 비용 지급</td></tr>
<tr><td>대고객 신규 서비스 구축(신규 모바일 애플리케이션 및 뱅킹 서비스, 홈페이지 등)</td><td>△
• 홈페이지, 설문지 등 단순 서비스만 가능</td><td>△
사실상 제약
• 고유식별정보 처리 기능 분리가 필요해 이용 실익 낮음</td><td>○
서비스 출시기간↓
• 필요시 신속한 인프라 구성</td></tr>
<tr><td>콜센터, CRM
(고객관리) 등</td><td>×
이용 불가</td><td colspan="2">○
최신 서비스 활용↑
• 시스템 구축 없이 SaaS 이용</td></tr>
<tr><td>오픈 API 제공</td><td>×
이용 불가</td><td colspan="2">○
서비스 확장성↑
• 이용량 증가에 따른 추가자원 확보 용이</td></tr>
<tr><td>혁신 서비스 테스트</td><td>×
이용 불가</td><td colspan="2">○
비용절감 효과↑
• 신속한 인프라 구성 및 실험 후 자원 반납</td></tr>
</table>

출처: 금융위원회

〈표 3-3〉 해외 금융권 클라우드 도입 현황

금융회사(국가)	서비스 내용	운용 모델	서비스 목적
Citibank (미국)	비민감 정보 중심의 클라우드 시스템 도입	하이브리드 클라우드	고객 만족도 제고
USAA (미국)	각 계열사(보험, 은행, 카드 등)에 통합 클라우드 기반의 인증 서비스(Verisign) 도입	커뮤니티 클라우드	인증 서비스
BBVA (스페인)	전 세계 직원 간 협업을 위한 클라우드 기반 업무시스템(Google Apps) 도입	커뮤니티 클라우드	내부업무 협업
Bankinter (스페인)	모바일뱅킹, 리테일뱅킹 업무를 지원하는 AWS 클라우드 시스템 도입	퍼블릭 클라우드	위험관리 분석
DNB (네덜란드)	위험요소 분석용으로서의 AWS 클라우드 시스템 도입	퍼블릭 클라우드	데이터 저장·관리, 위험관리 분석
Barclays (영국)	이메일을 포함한 인트라넷과 정보계 비즈니스 인텔리전스(Business Intelligence) 중 빅데이터 분석 클라우드 시스템 도입	하이브리드 클라우드	빅데이터 분석
Deutsche Bank (독일)	빅데이터 활용을 위한 하둡(Hadoop) 기반 데이터 분석 클라우드 시스템 도입	하이브리드 클라우드	금융사기 방지, 데이터 분석
CommonWealth Bank (호주)	300여 개 분산DB를 프라이빗 클라우드 시스템으로 통합	프라이빗 클라우드	DB통합
도쿄 미쓰비시 (일본)	데스크톱 클라우드 시스템 도입	커뮤니티 클라우드	정보유출 방지, 업무 지속성 유지

출처: 대한금융신문

2절 인공지능 기술의 이해와 활용

1. 인공지능의 개념

인공지능은 학습, 문제해결, 패턴 인식 등 인간이 가진 지적 능력을 컴퓨터를 통해 구현하는 기술이다. 인공지능은 크게 강한 인공지능(strong AI)과 약한 인공지능(weak AI, narrow AI) 두 가지로 나눌 수 있다. 강한 인공지능은 어벤저스의 울트론이나 트랜스포머처럼 영화 속에서 흔히 볼 수 있는 로봇들이다. 스스로 말을 할 줄 알고, 사고하며 위험이 닥칠 때는 자기 자신을 보호하기 위해 행동한다. 또한 상황에 따라 프로그램을 바꾸어 진화하기도 하며 때에 따라 인간을 뛰어넘은 것처럼 보이기도 한다. 이에 대해 활발한 연구가 이루어지고 있기는 하나, 기술적·이론적으로 강한 인공지능의 도래는 아직 먼 일로 여겨지고 있다.

반면에 약한 인공지능은 인간이 미리 심어놓은 프로그램에 기반을 둔 명령만을 수행하고 특정 목적을 위해 개발된다. 이세돌과 대국을 치른 구글의 알파고가 '바둑'을 위해 개발되었듯이 한정된 임무에 대해 데이터 수집과 학습을 하며 정해진 목표나 목적으로 자신을 강화하고 발전하는 인공지능이라 할 수 있다. 약한 인공지능의 대표적인 사례로는 스팸메일 필터링, 이미지 분류, 기계번역 등이 있다.

〈표 3-4〉 강한 인공지능과 약한 인공지능

강한 인공지능	약한 인공지능
• 다양한 분야에서 보편적으로 활용 • 알고리즘을 설계하면서 AI가 스스로 데이터를 찾아 학습 • 정해진 규칙을 벗어나 능동적으로 학습해 창조 기능	• 특정 분야에서만 활용 가능 • 알고리즘은 물론 기초 데이터·규칙을 입력해야 함 • 이를 바탕으로 학습 가능. 규칙을 벗어난 창조는 불가

자료: 보스턴컨설팅, 가트너, 세계경제포럼

2. 인공지능 vs. 머신러닝 vs. 딥러닝

인공지능과 관련하여 자주 언급되는 단어가 머신러닝(machine learning, 기계학습)과 딥러닝(deep learning, 심층학습)이다. 이 세 개의 관련성을 표현하면 다음과 같다. 인공지능이 인간의 지능을 컴퓨터로 구현하는 기술이라고 한다면 머신러닝은 데이터를 활용해 인공지능을 구현하는 구체적인 접근 방식이다. 그리고 딥러닝은 합성곱 신경망(CNN; Convolution Neural Network), 심층 신경망(DNN; Deep Neural Network), 순환 신경망(RNN; Recurrent Neural Network) 등과 같은 인공신경망(ANN; Artificial Neural Network)을 이용해 스스로 분석한 후 답을 내는 방식이다.

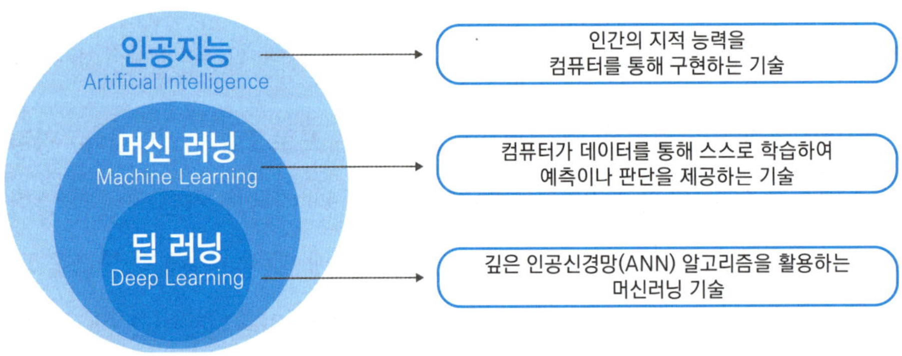

[그림 3-15] 인공지능, 머신러닝, 딥러닝의 관계

1) 머신러닝

약한 인공지능을 구현하는 데 쓰이는 것이 바로 머신러닝이다. 머신러닝(기계학습)이란 '컴퓨터에 데이터를 주고 패턴을 찾아내게 하는 방법'으로 미국에서 컴퓨터 게임과 인공지능 분야를 개척했던 아서 새뮤얼(Arthur Samuel)이 1959년에 '컴퓨터에 명시적인 프로그램 없이 배울 수 있는 능력을 부여하는 연구 분야'라고 정의하면서 최초로 사용되었다. 최초로 등장했을 때는 데이터의 부족 및 활용 분야에 대한 정보 부족 등의 문제로 활발히 사용되지 못했고 2000년대 중반 들어서야 뜨기 시작한 기술이다.

머신러닝은 학습 데이터의 유무에 따라 크게 지도 학습과 비지도 학습으로 나눌 수 있다. 가령 호랑이 사진을 수천 장 학습시키고 무작위 사진 수만 장을 제시해 호랑이 사진만 분류하게 하는 것이 지도 학습에 속한다. 그에 비해 비지도 학습에서는 학습 데이터를 사용하지 않은 상태에서 무작위로 사진 수만 장을 제시해 특징이 비슷한 사진(사람, 호랑이)끼리 군집화하게 한다.

2) 딥러닝

딥러닝은 인간의 두뇌를 모방한 심층 신경망을 이용하여 최적의 결론을 도출한다. 인간이 데이터를 분류해서 전달해주는 작업이 생략되고 스스로 다양한 데이터를 분류하여 같은 집합들끼리 묶은 뒤, 층을 겹겹이 쌓아 신경망을 구축하며, 층을 지날수록 필터링을 통해 유용한 정보만 걸러낸다. 즉, 컴퓨터에서 스스로 다양한 호랑이 사진을 찾아보고 호랑이에 대해 학습한 뒤 새로운 호랑이를 봤을 때 '호랑이'라고 인식하게 되는 것이다.

딥러닝은 많은 양의 데이터에 대한 계산 처리를 위해 연산 능력이 높은 그래픽 처리장치(GPU; Graphics Processing Unit) 등의 하드웨어가 필요하다. 따라서 하드웨어의 성능이 뛰어나고 데이터양이 많은 경우에는 딥러닝을, 그렇지 않은 경우에는 머신러닝을 도입하는 것이 좋다.

〈표 3-5〉 인공지능, 머신러닝, 딥러닝 사례

종류	방식	사례
인공지능	• 전문가 시스템 • 규칙기반 시스템	• IBM 딥블루 체스 프로그램 심즈(SIMS)[33]
머신러닝	• 지도 학습(회귀, 분류) • 비지도 학습(군집화) • 강화학습(알고리즘 트레이닝)	• IBM 왓슨 • 구글 검색 알고리즘 • 아마존 추천 • 이메일 스팸 필터
딥러닝	• 합성곱 신경망(CNN) • 심층 강화학습 • 순환 신경망(RNN)	• 알파고 • 자연 음성 인식 • 구글 자율주행차량 웨이모(Waymo) 4단계

출처: cargroup.com

3. 인공지능의 편향성에 대한 도전

1) 인공지능에 차별과 편견을 심어 놓는 주체는 인간

2019년 말 애플이 골드만삭스와 협력해 내놓은 신용카드인 ‘애플카드’ 발급을 둘러싸고 남녀차별 문제가 제기됐다. 소득·자산 등의 여건이 똑같아도 인공지능이 남성에게 훨씬 큰 카드 사용 한도를 부여한 경우가 있었기 때문이다. 심지어 애플 공동창업자인 스티브 워즈니악(Steve Wozniak)도 방송에서 “아내와 나는 재산과 금융계좌를 모두 공동으로 소유한다. 그런데 내 카드 한도가 아내의 10배다”라고 불평했다.

미국의 유명한 수학자이자 데이터 과학자인 캐시 오닐(Cathy O’Neil)은 2017년 테드(TED)에서 ‘빅데이터에 대한 맹목적 믿음의 시대는 끝나야 한다(The Era of Blind Faith in Big Data Must End)’라는 제목으로 강연을 했다. 알고리즘에는 인간의 편견이 투영되어 있기 때문에 오늘날 일상의 모든 분야에

33) 미국의 일렉트로닉아츠(EA)가 만든 시뮬레이션 게임으로 게임 안에서 사람들과 사회적 관계를 만들고 인격이 부여되면서 이용자들이 각 상황에서의 행동과 반응을 즐긴다.

서 작동하고 있는 알고리즘들을 자신과는 무관한 전문가들의 영역이라고 내버려 둬서는 안 된다고 주장한다. 또한 저서 「대량살상수학무기」에서는 알고리즘을 대량살상수학무기(WMD; Weapons of Math Destruction)에 비유했다.

인공지능이 도입된 신용대출 심사나 면접시험에서 떨어지면 알고리즘은 그 이유를 알려주지 않는다. 알고리즘과 빅데이터가 '자동화된 불평등'을 확산하고 민주주의를 위협할 수 있다는 주장이 설득력 있게 들린다. 이렇듯 인공지능이 의사결정의 기반으로 삼는 데이터에는 인간의 사고방식이 담겨 있다. 결국 인공지능의 문제는 인간의 문제로 귀결된다.

2) 설명가능한 인공지능(XAI)

현존하는 인공지능은 의사결정 이유를 설명할 수 없기 때문에 주가예측, 군사작전 수행, 질병 진단과 같이 결론에 이르기까지의 내부 과정이 투명하게 드러날 필요가 있는 전문 분야에는 적용이 제한된다. '블랙박스'와 같은 인공지능의 알고리즘 안에서 어떤 근거로 그러한 결론이 도출되는지 알아야 시스템을 신뢰할 수 있다. 이러한 신뢰성 문제를 해결하는 데 필요한 것이 사용자가 시스템 내부의 의사결정 과정을 이해할 수 있도록 하는 '설명가능한 인공지능(eXplainable AI, XAI)'이다. 즉, XAI는 인공지능의 행위와 판단을 사람이 이해하는 형태로 설명할 수 있는 인공지능을 의미한다.

현재 미국 방위고등연구계획국(DARPA)은 약 800억 원의 예산을 들여 기존 인공지능이 갖고 있는 알고리즘의 조작 가능성, 의사결정의 편향성과 같은 한계와 과제를 극복하기 위해 연구를 진행 중이다.[34]

---

34) https://www.darpa.mil/program/explainable-artificial-intelligence

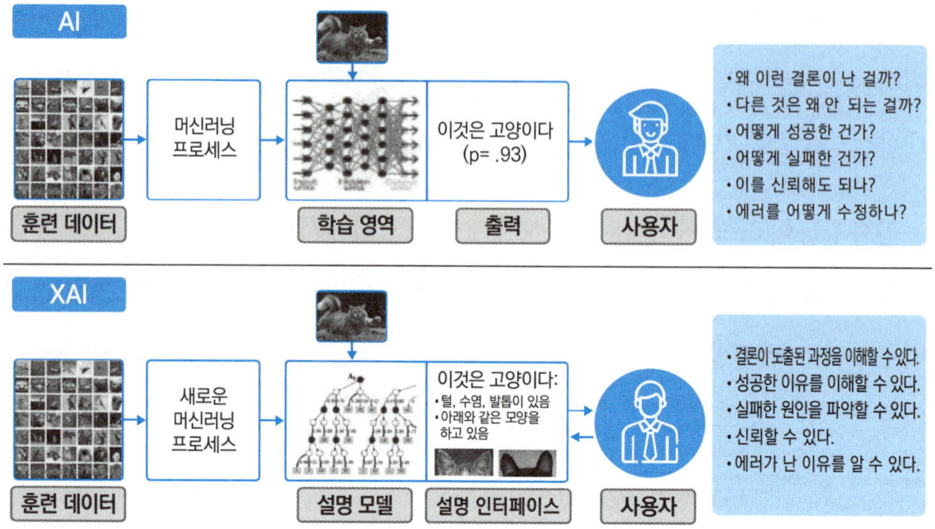

출처: DARPA

[그림 3-16] DARPA의 AI와 XAI 비교

설명가능한 인공지능은 딥러닝이 어떤 사물을 고양이로 인식했을 때 또 다른 인공지능 툴로 무엇을 언제 고양이라고 했고, 언제 아니라고 했는지 모니터링하면서 분석하는 것이다. 기존 딥러닝 과정에 설명가능한 툴을 붙여 사진에서 고양이로 판단하는 데 어떤 특징을 활용했는지 밝히는 것이다. 이를 응용하면 암세포나 질병 진단, 전장에서 적군을 판단할 때도 적용할 수 있다. 국내에서도 정부의 '인공지능 국가전략 프로젝트'의 일환으로 울산과학기술원에 '설명가능 인공지능 연구센터'를 오픈했다.

3) 3세대 인공지능

인공지능이 그릇된 판단을 내렸을 때 그 이유를 아는 것은 알고리즘을 정정하고 개선하는 방법일 수도 있지만, 기본권을 침해당한 개인의 권리이기도 하다. 유럽연합에서는 GDPR(일반정보보호규정) 제22조에 인공지능 알고리즘에 의해 자동으로 결정된 사안에 대해 회사의 설명을 강제하는 '자동화된 의사결정 제한'

이라고 명시했다. 또한 미국의 평등신용기회법(Equal Credit Opportunity Act/Fair Housing Act)에서는 신용결정 및 주택담보대출 등 주요한 금융 결정에 대해서 이유를 제시하도록 강제하고 있다. 이 법을 근거로 빅데이터나 인공지능을 활용할 때 지켜야 할 규정이 생성된다.

	1세대 AI	⇒	2세대 AI	⇒	3세대 AI
사례	물류스케줄링 왓슨(체스)		이미지인식 자율주행, 알파고(바둑)		XAI(개발 중)
학습	규칙 세트 (sets of rules)		데이터셋 (training dataset)		설명모델 및 인터페이스
특징	규칙을 통한 스킬의 이해		통계분석을 통한 패턴의 이해		관계설명을 통한 맥락의 이해
한계	규칙에서 벗어난 문제 해결능력 한계		각 개체에 대한 인식 오류의 한계		-

자료: DARPAtv, Perspective on AI 동영상

[그림 3-17] 인공지능개발의 진화(미 국방연구원)

4. 인공지능 도입 영역이 넓어지는 금융권

금융업에는 정형 데이터가 많기 때문에 다른 업종에 비해 인공지능이 적용될 수 있는 범위가 상당히 포괄적이다. 그동안에는 챗봇, 로보어드바이저 등 소비자와의 접점이 한정된 분야에만 인공지능이 일부 적용되었지만, 이제는 신용평가 리스크 관리, RPA, 이상거래탐지시스템(FDS), 기계 독해(MRC)[35] 등으로 인공지능 활용 분야가 점차 넓어지고 있다.

미즈호은행은 2020년 3월 인공지능을 활용한 모바일 기반 주택담보대출 사전 진단 서비스인 '미즈호 AI 사전 진단' 서비스를 출시했다. 기존의 사전 심사보다 입력 항목을 약 60% 줄이고 사람이 심사하는 결과와 거의 비슷한 결괏값을

35) 기계가 인간처럼 텍스트를 읽고 이해해 특정 질문에 대한 해답을 제시하는 기술

산출할 수 있다. 주택담보대출의 정식 심사 전에 이루어지는 사전 심사는 통상 2~3일 정도 걸렸지만 '미즈호 AI 사전 진단'의 경우 주택담보대출 차입에 관한 간단한 정보를 입력하면 정식 심사에 통과할 확률을 1분 만에 진단해준다. 하루 24시간 서비스를 이용할 수 있으며, 물건이 아직 정해지지 않은 경우 또는 미즈호 은행에 계좌가 없는 경우라도 진단해볼 수 있다. 또한 조건을 변경하고 여러 번 진단할 수 있으므로 최적의 조건으로 주택담보대출을 계획할 수 있다.

이러한 서비스는 실제 결과가 당초 예측치에 얼마나 부합하느냐가 관건이다. 따라서 데이터의 질과 가용성을 높이는 노력이 뒤따르지 않으면 사용자에게 외면당하게 된다.

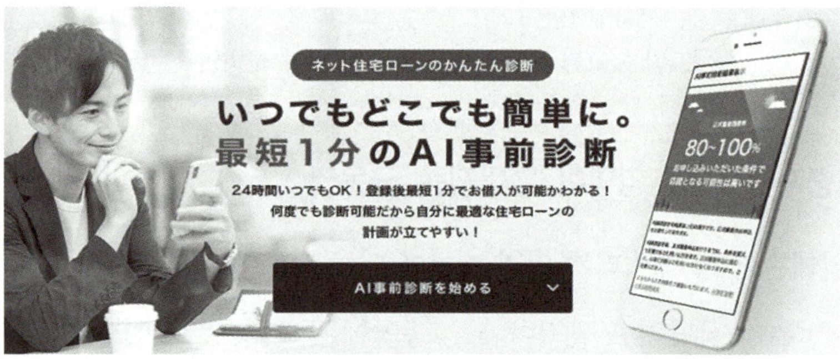

출처: 미즈호은행 홈페이지

[그림 3-18] 미즈호 AI 사전 진단: 주택대출 심사에 통과할 확률을 인공지능 기반으로 1분 만에 계산

소비자와 가까워진 AI Front Office service	AI를 활용한 규제 준수 Middle Office service	AI가 수행하는 금융업무 Back Office service
챗봇(AI 상담사)	레그테크(RegTech)	AI 기반 신용평가
AI 스피커	자금세탁방지(AML)	업무자동화(RPA)
로보어드바이저	이상거래탐지(FDS)	기업 위험관리
스마트 ATM	약관 자동 비교 분석	고객 데이터 분석

[그림 3-19] 인공지능 기반 금융서비스 분류

5. 국내외 금융권의 인공지능 도입 현황

1) '가상인간' 활용한 AI뱅커

AI뱅커(AI Banker) 또는 AI은행원은 비대면 금융거래가 증가하고 오프라인 점포가 급격히 축소되는 가운데 디지털 기술을 활용한 무인 점포나 소형화 점포 운영을 가능하게 하는 해결책으로 주목받고 있다.

특정 인물의 외모와 자세, 목소리 등을 반영한 가상의 은행원이 디지털 기기를 통해 고객을 맞이한 후 고객이 원하는 업무까지 안내하거나 고객의 생체정보를 디지털 키오스크 기기에 등록하면 출금·이체 등 업무가 가능하도록 도와주는 역할도 수행한다.

출처: todayeconomic.com(2021.04.16.)

[그림 3-20] 실제 은행원과 비슷한 일을 수행하는 AI뱅커

2) 비대면 고객 대응 채널의 진화

콜센터는 코로나19의 장기화 및 비대면 서비스의 활성화, 업무시간 단축, 재택근무 확산 등으로 새로운 기술이 빠르게 도입되고 있는 분야다. 금융사들은

기존의 노후화된 지식관리 시스템을 최신 인공지능 기술 트렌드에 부합하는 지능형 지식관리 시스템으로 개편하여 상담 편의성과 운영 효율성 개선을 통한 고객 만족도 향상 및 비용 절감을 도모한다.

AI 상담봇은 채팅에 기반한 챗봇, 통화에 기반한 음성봇으로 구분된다. 챗봇은 채팅창을 통해 자동으로 컴퓨터가 답변하는 모든 형태를 통칭하는데 텍스트(문자) 기반으로 대화를 해야 한다는 제약이 있다. 코로나19 장기화로 비대면 업무가 확산되면서 챗봇 서비스의 활용 범위가 대폭 넓어졌다. 기존에는 주로 고객 응대를 위한 대민 업무에 활용했지만, 기업들이 재택근무를 정례화하면서 사내 업무 처리(예: 인사 문의나 기술 지원 등) 등 특정한 업무에 특화된 챗봇에 대한 수요가 늘어났다. 챗봇은 이용자가 많아져 학습 데이터가 쌓이면 쌓일수록 머신러닝 기술로 더욱 똑똑하고 정교해지는 구조다.

음성봇은 기본적으로 챗봇에 기술적인 기반을 두는데 사람 음성을 텍스트로 전환하거나(Speech-To-Text), 텍스트를 음성으로 전환하는(Text-to-Speech) 기술을 활용한다. 일상에서 음성봇을 접할 기회는 많지만 아직까지 음성인식 기술이 완벽하지는 않다. 따라서 기계가 제대로 인식했는지 사용자에게 확인받는 과정이 생길 수밖에 없어 어느 접점에서나 동일한 수준의 서비스를 원하는 고객 눈높이에는 미치지 못한다. 음성봇이 서비스 인력의 고객 응대 경험을 모방하거나 고객 경험을 향상시키는 데 일조하지 못한다면 사용자는 그저 거추장스러운 단계라고 느낄 것이다.

음성봇 중에서도 컨택센터와 같이 전화 상담에 초점을 맞춘 것을 AI콜봇이라고 별도로 분류하기도 한다. AI콜봇의 일은 AI가 고객의 상담 전화를 먼저 받는 데서 시작하는 것으로 ARS와 달리 대기시간 없이 고객의 관련 업무를 파악해 담당 상담사에게 자동으로 연결한다. 챗봇은 성능에 한계가 있어 사람이 자주 개입해야 하지만 AI의 성능이 높아질수록 AI가 할 수 있는 일과 사람이 할 수 있는 일이 구분되어 업무 효율성이 높아진다.

〈표 3-6〉 음성ARS와 AI콜봇 비교(예시: 통장 해지)

구분	음성ARS	AI콜봇
1단계	1661-3000으로 발신	1644-0000으로 발신
2단계	버튼식 ARS #1번 말로하는 ARS #2번 ARS 메뉴보기 #3번	"적금 만기금액 찾으려고요"
3단계	#0 상담사 연결	AI확인질문
4단계	#2 예금 및 펀드 상담	"네"
5단계	#2 기타 예금 및 펀드 상담	AI인내
6단계	#1 상담사 연결	"감사합니다"
7단계	상담	AI종료
소요시간	**1분 30초 이상**	**45초**

출처: NH농협은행 사례

3) 금융분야 인공지능 가이드라인의 취지 및 핵심 가치

글로벌 금융기업들은 투자, 자산관리, 리스크 모델링, 금융사기 적발 등 고급 업무에 인공지능을 적용하는 방안을 연구하고 있다. 그에 비해 국내 금융기업들은 챗봇, 로보어드바이저, RPA 등 일부 서비스에만 제한적으로 도입해왔다.

이에 금융당국은 코로나19로 금융분야 디지털 전환이 가속화됨에 따라 2020년 7월 '금융분야 인공지능 활성화' 워킹그룹을 구성해 신용평가·여신심사·보험인수·자산운용 등 인공지능 도입의 효과가 클 것으로 예상되는 분야에서 인공지능 도입 활성화 정책을 추진한다. 인공지능의 법적 지위 및 책임소재, 인공지능 알고리즘 저작권 주체, 인공지능 기반 금융서비스의 보안성 유지 방안 및 평가기준 등이 포함된 가이드라인을 수립한다.

〈표 3-7〉 금융분야 AI 가이드라인 마련, 시행 일정

<table>
<tr><th>2021년 7월</th><th>2021년 3분기</th><th>2021년 연내</th></tr>
<tr><td rowspan="2">가이드라인 최종안
마련, 발표</td><td colspan="2">가이드라인 적용 준비 → 전면시행</td></tr>
<tr><td>실무지침 마련</td><td>실무지침 발표, 전파</td></tr>
</table>

출처: 금융위원회

금융분야 인공지능 가이드라인은 크게 '3중 내부통제장치, 데이터 정확성 안전성 확보, 금융소비자 권리 보장, 투명성 공정성 제고'로 구분된다. 금융사는 인공지능의 의사결정이 개인의 금융거래계약의 체결·유지에 중대한 영향을 미칠 때를 대비해 내부통제·승인 절차 등을 마련하고 책임자를 별도로 지정해야 한다.

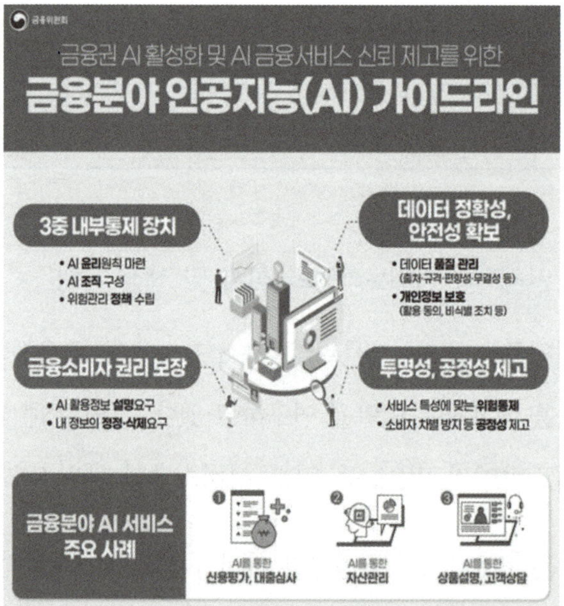

출처: 금융위원회

[그림 3-21] 금융분야 인공지능(AI) 가이드라인

AI 가이드라인은 금융산업의 책임성 강조, AI 학습용 데이터의 정확성, 안전성 확보, AI 금융서비스의 투명성, 공정성 담보, 금융소비자 권리의 엄격한 보장과 같은 4가지의 핵심 가치를 구현하려고 한다.

금융산업의 책임성 강조

- 서비스 개발·운영에 발생 가능한 위험을 명확히 인지
- 금융서비스 목적에 맞게 위험을 통제하기 위한 전사적 노력 추진

AI 학습용 데이터의 정확성·안전성 확보

- 안전하고 효율적인 데이터 관리를 위해 AI 학습데이터의 품질을 엄격히 관리
- 개인정보 보호 체계도 한층 강화

AI 금융서비스의 투명성·공정성 담보

- 일반적이고 건전한 상식·사회규범에 어긋나지 않는 AI 서비스 운영 도모(금융서비스가 합리적이고 공정한 기준에 따라 제공·관리된다는 금융소비자의 믿음 확보)

금융소비자 권리의 엄격한 보장

- 사람에 의한 금융서비스를 제공받을 때와 같이, 금융소비자가 서비스를 이해하고, 자신의 권리를 불편함 없이 행사토록 지원

[그림 3-22] AI 가이드라인 4대 핵심가치

국내 사례: 금융분야 AI 서비스 도입 사례

◈ 대고객 서비스뿐만 아니라 상품 심사·평가, 내부 업무 처리 등 금융회사 등의 **영업활동 전 과정에 활용**

① Front Office: **고객 상담 자동화**로 소요 시간이 단축되고 **맞춤형 상품 추천** 등이 가능해져 **고객 편의성** 증대

카카오뱅크	AI 기반의 챗봇을 통한 고객 상담이 전체의 39%를 차지(2020년 5월 기준)
NH농협은행의 AI 은행원 서비스	고객의 은행 영업점 방문이 필요한 경우 AI 은행원이 방문 예약, 필요서류 안내, 맞춤형 상품 정보 제공(금융규제 샌드박스 지정)
신한금융투자의 로보어드바이저 플랫폼	AI가 빅데이터 분석으로 장·단기 자본시장을 예측하고 투자자 성향을 반영하여 투자 포트폴리오 추천
신한카드의 안면인식결제 서비스	AI가 머신러닝으로 고객의 외모를 인식하여 실물카드 또는 스마트폰 없이도 얼굴만으로 간편하게 결제(금융규제 샌드박스 지정)

② Middle Office: AI를 활용하여 **신용평가·여신심사·보험인수** 등을 고도화함으로써 **비즈니스 모델의 혁신** 가능

페르소나 AI 보험설계 서비스	보험가입 상담부터 보험계약 체결까지 TM채널의 모집 전 과정을 AI 설계사를 통해 진행(금융규제 샌드박스 지정)
더존비즈온의 기업신용평가 모형	AI가 머신러닝을 통해 신용평가를 수행하는 모형을 개발·판매(금융규제 샌드박스 지정)
기업은행의 보이스피싱 차단 앱	AI가 통화 목소리를 실시간으로 분석하여 보이스피싱 확률이 일정 수준에 도달하면 경고음성·진동으로 알림
보험사기 방지	보험업권은 AI를 통한 보험사기 탐지 시스템 고도화를 추진 중
하나은행의 AI 기반 금융서비스 'HAI'	문자·음성 인식을 통한 챗봇 기능 외에도 환전, 로보어드바이저(HAI Robo)를 통한 자산관리 등이 가능

③ Back Office: 금융회사·핀테크 등이 AI를 활용하여 **내부적으로 업무 효율성을 향상**시키고 비용 절감

KB국민은행	AI를 활용한 단순·반복적인 업무 처리인 RPA(Robotic Process Automation)를 183개 업무에 도입하여 연간 업무시간을 125만 시간 축소

출처: 금융위원회

사례

해외 사례

〈표 3-8〉 소비자 금융 관련 AI 활용 동향

구분	AI 활용 사례	도입 회사	통상적인 성과
고객관리	다양한 채널을 통해 고객에게 맞춤형 추천	DBS, Chase, RBS, BBVA, DB, Capital One	• 응답률 2~3배 개선 • 수익 20~30% 증가
	고객 서비스를 위한 챗봇, 디지털 에이전트	DBS, USAA, HSBC, BoA, CMB, Capital One	• 일 100만 건 이상의 고객문의 처리 • 시간 80% 단축
	얼굴, 목소리, 행동 측정을 통한 디지털 ID	Barclays, Wells Fargo, HSBC, USAA, WestPac, Capital One	• 금융사기 80~90% 감소 • 신원조회 비용 50~70% 질감
	자동화된 투자 자문	USAA, Capital One, BoA, Betterment, Wealthfront	• 비용 80% 이상 감축 • 어드바이저당 고객 수 2배 이상 증가
업무운영	로봇프로세스자동화(RPA)	Wells Fargo, Chase, ICICI, Danke Bank, JPMorgan, BoA, DBS	운영비용 40% 이상 절감
리스크 & 컴플라이언스	효율적인 금융사기 모니터링(특히 실시간 지급결제 조회)	Visa, Mastercard, Stripe, JPMorgan, Nordea Bank	금융사기에서 긍정오류 60~80% 감소
	머신러닝을 활용한 사이버 보안 강화	Capital One, Barclays	감지시간 30% 이상 단축

출처: Citi Research

사례

해외 사례

〈표 3-9〉 기업금융 관련 AI 활용 동향

구분	AI 활용 사례	도입 회사	통상적인 성과
고객관리	가상 디지털 에이전트가 상품 상세설명, 질의 응답 등 기업고객 지원	HSBC, RBS	가상 에이전트를 통해 법인 콜(call)의 70~90% 감소
	AI기반 챗로그 분석으로 고객과의 상호작용 개선	DBS, BoA, HDFCBank	챗로그 분석을 통해 질의의 60% 이상을 보다 빨리 처리
	AI기반 분석으로 유동성 최적화	JPMorgan, YesBank, HSBC	유동성 버퍼의 10~15% 감소
업무운영	공급업자 자금조달 최적화를 위한 매입채무·매출채권 관련 AI 예측 분석	Wells Fargo, DBS, JPMorgan	재무예측 70~90% 개선
	원장 조정 자동화	JPMorgan, ICICI, Axis	운영비용 40~60% 절감
	매입채권의 지급조정 자동화	BoA, Citi	-
리스크 & 컴플라이언스	자동화된 지능 계약 프로세싱	JPMorgan	표준화된 계약 요건 자동화로 법률 비용 80~90% 절감
	머신러닝을 통해 고객 투자의 노출 리스크 예측	Capital One, Goldman Sachs	예측 위험 20~30% 개선

출처: Citi Research

3절 빅데이터 기술의 이해와 활용

1. 빅데이터의 개념

1) 정의

빅데이터란 디지털 환경에서 생성되는 모든 데이터를 말한다. 더 정확하게는 기존 데이터보다 방대하여 기존의 방법이나 도구로 수집·저장·분석 등이 어려운 정형 및 비정형 데이터들을 의미한다. 디지털 경제의 확산으로 우리 주변에서는 날마다 규모를 가늠할 수 없을 정도로 많은 정보와 데이터가 생산되는 빅데이터 시대가 열렸다. 빅데이터라는 용어는 2012년 시장조사기관인 가트너 그룹이 빅데이터를 세계 10대 기술로 선정하면서 관심을 끌기 시작했는데, 그 정의는 시대와 기관에 따라 달라질 수 있다.

2) 빅데이터의 공통적 속성 3V

경제협력개발기구(OECD)의 정의에 따르면 빅데이터의 공통적 속성으로는 크기(Volume), 속도(Velocity), 다양성(Variety)이 있다. 이를 '3V'라고 한다. 크기는 물리적 데이터의 양을 나타내는 것으로 빅데이터의 가장 기본적인 속성이다. 속도는 대용량의 데이터를 빠르게 처리하고 분석할 수 있는 것을 말한다. 이는 데이터가 생성되고, 저장되며, 시각화되는 과정이 얼마나 빠르게 이뤄져야 하는지에 대한 중요성을 나타낸다. 다양성은 다양한 형태의 데이터를 포함하는 것을 의미한다.

3) 아직 제대로 정의되지 않은 빅데이터의 개념

빅데이터의 공통적 속성인 3V는 변하지 않겠지만 시간이 지나면서 4V, 5V 등 기존 빅데이터의 속성인 3V에 새로운 속성들이 추가되는 추세다.

빅데이터의 새로운 특징으로는 정확성(Veracity), 가치(Value), 시각화(Visualization) 등이 있다. 정확성은 정보량이 많아지면서 데이터 신뢰성이 떨어지기 쉽기 때문에 데이터를 분석하는 데 수집한 데이터가 정확한지, 분석할 가치가 있는지 살펴보아야 한다는 것이다. 가치는 공공 분야에서 질병·재난·사고 등을 예방하고, 산업 분야에서는 경제적 가치를 창출하는 데 얼마나 기여할 수 있는지 효용성 측면에서 접근해야 한다는 것이다. 시각화는 빅데이터를 수집하고 분석, 처리한 후 정보의 사용 대상자가 쉽게 이해할 수 있도록 해야 한다는 것이다. 그렇지 않으면 정보의 가공을 위해 소모된 시간적, 경제적 비용이 무용지물이 될 수 있기 때문이다.

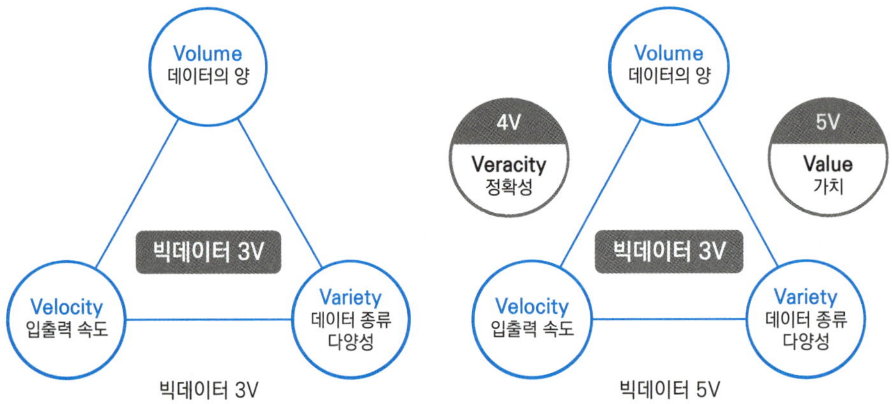

[그림 3-23] 빅데이터의 정의

2. 빅데이터의 종류

빅데이터는 정형화의 종류에 따라 정형, 반정형, 비정형 데이터로 분류할 수 있다. 데이터의 잠재적 가치는 '비정형 데이터 > 반정형 데이터 > 정형 데이터' 순으로 크다.

1) 정형 데이터

정형 데이터(Structured Data)는 스키마(Schema) 형식에 맞게 데이터베이스로 저장되는 데이터다. 즉, [그림 3-24]와 같이 엑셀로 정리할 수 있으면 정형 데이터다.

	업종	TV	RADIO	신문	잡지	전체
1	식품	26,861,513	1,170,312	18,470,181	1,021,105	47,523,111
2	금융,보험및증권	19,846,952	3,927,952	21,747,732	761,200	46,283,836
3	서비스	10,536,473	1,444,463	25,958,130	1,433,320	39,372,386
4	컴퓨터및정보통신	23,119,397	961,743	13,773,294	616,500	38,470,934
5	화장품및보건용품	12,105,281	454,152	8,860,484	6,508,150	27,928,067
6	수송기기	13,644,813	1,590,459	10,419,250	865,540	26,520,062
7	출판	6,274,858	583,229	17,891,340	212,580	24,962,007
8	제약및의료	7,051,201	1,278,607	13,256,869	622,930	22,209,607
9	관공서및단체	525,479	176,719	17,443,547	350,860	18,496,605
10	유통	7,064,910	597,387	8,797,739	288,300	17,548,344

[그림 3-24] 정형 데이터의 예

2) 반정형 데이터

반정형 데이터(Semi-Structured Data)는 정형 데이터와 같이 데이터베이스의 고정된 필드에 저장되어 있지는 않지만, 메타데이터나 스키마 등을 포함하는 데이터다. HTML 텍스트, XML 등과 같은 인터넷 문서에 포함된 형태의 데이터를 말한다.

```
<University>
<Student ID= “1”>
<Name>John</Name>
<Age>18</Age>
<Degree>B.Sc.</Degree>
</Student>
<Student ID= “2”>
<Name>David</Name>
<Age>31</Age>
<Degree>Ph.D.</Degree>
</Student>
....
</University>
```

[그림 3-25] 반정형 데이터의 예

3) 비정형 데이터

비정형 데이터(Unstructured Data)는 데이터베이스의 고정된 필드에 저장된 형태가 아닌 데이터를 의미하며 페이스북과 트위터, 사진, 오디오, 음원, 워드, 유튜브 동영상 등과 같은 형태의 데이터들을 말한다. 빅데이터에서 85% 이상이 비정형 데이터로 알려져 있다.

3. 빅데이터의 3대 기술

빅데이터를 다양하게 분석하고 활용할 수 있는 것은 저장 기술, 분석 기술, 표현 기술이 있기 때문이다.

1) 저장 기술

대량의 데이터를 데이터베이스에 저장하고 관리하는 기술이 계속 발전해왔기 때문에 기존 데이터베이스를 빅데이터의 저장과 관리에도 이용할 수 있다. 그러나 기존의 관계 데이터베이스가 저장하고 관리할 수 있는 범위를 넘어서는 다양한 형태의 대규모 데이터에는 새로운 저장 및 관리 기술이 필요하다. 이러한 요구에 따라 빅데이터 시대에 크게 주목받고 있는 기술에는 대표적으로 하둡(Hadoop)과 NoSQL(Not Only SQL)[36]이 있다. 하둡과 NoSQL은 특히 비정형 데이터를 관리하는 데 기존 데이터베이스보다 뛰어나다는 평가를 받는다.

(1) 하둡

하둡은 대용량 데이터를 분산처리할 수 있는 자바 기반의 오픈소스 프레임워크다. 분산 파일 시스템인 HDFS(Hadoop Distributed File System)에 데이터

---

36) 관계 데이터베이스만 고집하지 말고 필요에 따라 다른 특성을 제공하는 데이터베이스를 사용하는 것이 좋다는 의미

를 저장하고, 분산처리 시스템인 맵리듀스(MapReduce)를 이용해 데이터를 처리한다. 오픈소스이기 때문에 기존 데이터베이스 시스템보다 적은 비용이 들고 여러 대의 서버에 데이터를 분산해서 저장해두기 때문에 처리 속도가 빠르다는 장점이 있다.

(2) NoSQL

관계 데이터베이스 모델과 SQL을 사용하지 않는 데이터베이스 시스템으로, 기존 관계 데이터베이스의 일관성보다 가용성과 확장성에 초점을 둔다. 비정형 데이터의 저장을 위해 유연한 데이터 모델을 지원하며 관계 데이터베이스와 동일하게 데이터 처리가 가능하면서도 더 저렴한 비용으로 분산처리와 병렬 처리가 가능하다. NoSQL 제품으로는 에이치베이스(HBase), 카산드라(Cassandra), 몽고DB(Mongo DB) 등이 있다.

〈표 3-10〉 관계 데이터베이스와 NoSQL 비교

구분	관계 데이터베이스	NoSQL
처리 데이터	정형 데이터	정형, 비정형, 반정형
대용량 데이터	대용량 처리 시 성능 저하	대용량 데이터 처리 지원
스키마	미리 정해진 스키마 존재	스키마가 없거나 변경이 자유로움
트랜잭션	트랜잭션을 통해 일관성 유지 보장	트랜잭션을 지원하지 않아 일관성 유지 보장이 어려움
검색 기능	조인 등 복잡한 검색 기능 제공	단순한 데이터 검색 기능 제공
확장성	클러스터 환경에 부적합	클러스터 환경에 적합
라이선스	고가의 라이선스 비용	오픈소스
대표적 사례	Oracle, MySQL	카산드라, 몽고DB, 에이치베이스

출처: 「IT Cook Book, 데이터베이스 개론」

기존의 관계 데이터베이스나 하둡, NoSQL 모두 각각의 장단점이 있기 때문에 하둡, NoSQL이 기존의 데이터베이스를 대체한다기보다는 상호 보완적인 관계라고 이해해야 한다.

2) 분석 기술

빅데이터를 분석하는 대부분 기술은 기존의 통계학이나 전산학에서 사용하던 데이터 마이닝,[37] 기계 학습, 자연어 처리, 패턴 인식 등을 활용한다. 특히 근래의 소셜 미디어 등 비정형 데이터의 증가로 분석 기술 중 텍스트 마이닝, 오피니언 마이닝, 소셜 네트워크 분석, 군집 분석 등이 주목을 받고 있다.

〈표 3-11〉 빅데이터 분석 기술

구분	내용
텍스트 마이닝	자연어 처리 기술을 기반으로 반정형 또는 비정형 텍스트에서 가치 있는 정보를 추출하고 가공한다.
오피니언 마이닝	SNS, 블로그, 게시판 등에 기록된 사용자들의 의견을 수집하고 분석하여 제품이나 서비스에 대한 선호도를 추출한다.
소셜 네트워크 분석	소셜 네트워크의 연결 구조나 강도 등을 바탕으로 소셜 네트워크에 나타난 영향력, 관심사, 성향, 행동 패턴 등을 추출한다.
군집 분석	데이터 간 유사도를 측정한 후 이를 바탕으로 특성이 비슷한 데이터를 합쳐가면서 최종적으로 유사 특성의 데이터 집합을 추출한다.

출처: NRIC

3) 표현 기술

빅데이터 표현 기술은 특정 기준으로 분석한 데이터의 특징이나 분석 결과를 분석가와 사용자들이 쉽게 이해할 수 있도록 그림이나 그래프 등으로 표현해 주는 기술을 말한다. 빅데이터의 대표적인 표현 도구에는 R과 파이썬(Python)이 있다.

---

37) 데이터 마이닝의 일반적인 정의는 데이터웨어하우스나 데이터마트 등 자료 저장소에 저장된 많은 양의 데이터로부터 의사결정에 도움이 되는 유용한 정보를 발견하는 일련의 작업 과정을 의미한다. 다시 말해 대량의 데이터가 축적된 데이터베이스로부터 데이터 간의 정보를 분석하고 유용한 정보 또는 지식을 추출하는 과정이다. 그 과정에서 체계적이고 자동으로 통계적 규칙이나 패턴을 찾아내는 것으로, 데이터를 마이닝한다는 것은 데이터베이스에서 값어치가 있는 정보·지식 등을 캐낸다는 의미로 설명할 수 있다.

R은 전통적인 통계 프로그래밍 언어로 연구 목적의 업무에 최적화되어 있다. SAS와 같은 고가의 통계 프로그램의 대항마로 급부상했으나 파이썬에 밀려 최근에는 인기가 주춤해졌다. 방대한 양의 패키지와 즉시 사용 가능한 테스트 SET을 제공한다는 강점이 있다. 그러나 속도가 느리고 입문자가 처음부터 R을 활용해 원하는 분석을 할 수는 없다는 단점이 있다.

파이썬은 R에 비해 후발 주자로 시작했지만 프로그래밍 언어 중에서 상대적으로 쉽고 직관적이라는 장점 때문에 짧은 시간 내에 점유율이 엄청나게 높아졌다. 최근에는 머신러닝·딥러닝 등의 라이브러리들이 많이 추가·활용되고 있으며 때로는 R에 비해 뛰어난 성능을 보여주기도 한다. 그러나 파이썬의 시각화된 결과가 R과 비교하면 해석하기 어려운 모습을 하고 있는 경우가 종종 있다.

4. 빅데이터 출현 이전 데이터와 빅데이터 비교

빅데이터는 급진적으로 발전을 거듭해왔지만 빅데이터가 가진 유용성은 아직 미지의 영역으로 남아 있다. 클라우드 컴퓨팅의 발전과 확산에 따라 빅데이터 처리 기술도 발전하기 때문에 클라우드 컴퓨팅은 빅데이터의 잠재력을 확장시켜나간다고 할 수 있다.

〈표 3-12〉 빅데이터 이전 데이터와 빅데이터 비교

구분	빅데이터 이전의 데이터	빅데이터
데이터 유형	정형화된 문자, 수치 데이터 중심	정형, 반정형, 비정형
관련 기술	• 관계 데이터베이스 • SAS, SPSS와 같은 통계 패키지 • 데이터 마이닝 • 기계 학습	• 저장 기술: 하둡, NoSQL • 분석 기술: 텍스트 마이닝, 오피니언 마이닝, 소셜 네트워크 분석, 군집 분석 • 표현 기술: R언어
저장 장치	데이터베이스나 데이터웨어하우스와 같은 고가의 저장 장치	비용이 저렴한 클라우드 컴퓨팅 장비 활용 가능

출처: 「IT Cook Book, 데이터베이스 개론」

5. 빅데이터 처리 과정과 기술

빅데이터의 궁극적인 목적은 다양한 종류로 이루어진 많은 양의 데이터 속에서 숨겨진 패턴이나 알려지지 않은 유용한 정보들을 찾아내는 것으로, '데이터의 생성 → 수집 → 저장 → 처리 → 분석 → 표현(시각화)'의 과정을 거친다.

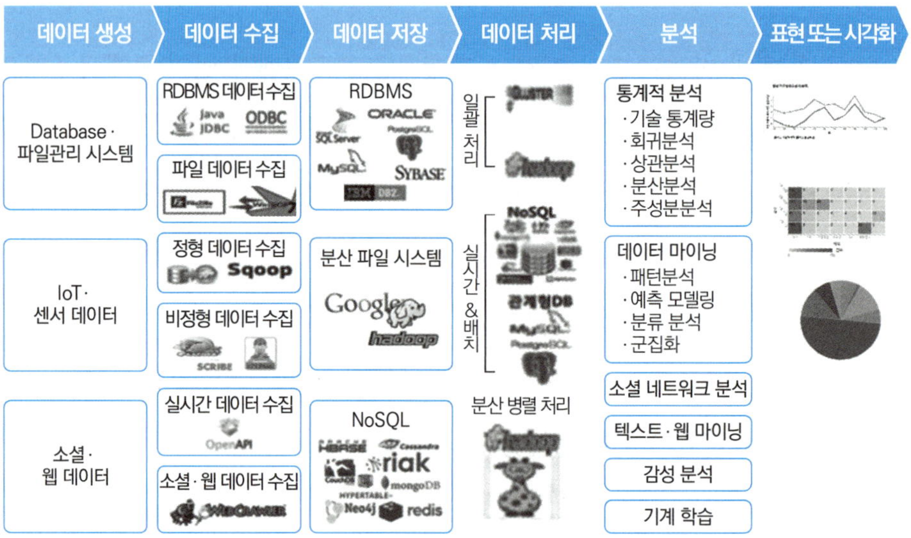

[그림 3-26] 빅데이터 처리 과정과 기술

1) 1단계: 데이터 생성

① DBMS나 시스템의 내부 데이터, ② SNS 등의 소셜 미디어, 공공데이터, 인터넷으로 연결된 이미지, 영상 등의 미디어가 데이터의 원천이 된다.

2) 2단계: 데이터의 수집

데이터 수집은 말 그대로 다양한 유형의 데이터(정형, 비정형, 반정형)를 수집하는 것을 말한다. 내부 데이터를 수집하는 경우 자체적으로 보유한 내부 파일 시스템, 데이터베이스 관리시스템 센서 등으로 정형 데이터를 수집한다. 또한 외부 데이터는 인터넷으로 연결된 외부의 이미지, 영상, 문서, 텍스트 등의 비정형 데이터를 수집한다. 시스템이나 소프트웨어를 이용하여 로그를 수집하거나 크롤링, 하드웨어를 이용하는 센싱도 있다.

3) 3단계: 데이터 저장

빅데이터 저장이란 검색·수집한 데이터를 분석하여 사용하기에 적합한 방식으로 안전하게 영구적인 방법으로 보관하는 것이다. 다양한 형식의 대용량 데이터를 고성능으로 저장하고, 필요한 경우 데이터를 검색하여 수정·삭제 또는 원하는 내용을 읽어 오는 방법을 제공하는 것을 포함한다.

4) 4단계: 데이터의 처리

수집한 데이터들은 실시간으로 일괄처리하게 되는데 이는 일종의 데이터 정제 과성이다. 데이터셋에서 원하는 부분 혹은 전체를 추출하고 분석을 위해 데이터셋을 재배치하는 등 데이터셋의 폼을 바꾸는 과정이다.

5) 5단계: 분석

데이터를 분석할 수 있는 타입으로 전처리[38]한 후 수학적인 기법을 적용하여 통계 분석, 딥러닝, 머신러닝 기법들을 통해 예측, 분류 등의 분석 결과를 만들어낸다.

6) 6단계: 표현 또는 시각화

분석 결과를 시각화하는 과정으로, 분석 결과 자체가 될 수도 있으며 그래프, 스프레드시트, DB, 인포그래픽 등 다양한 형태로 직관적이며 보기 편하게 표현한다.

---

38) 상황에 따라 앞선 처리 과정에서 전처리를 하거나 분석 과정에서 먼저 전처리를 한다.

<표 3-13> 빅데이터 처리 과정별 기술 영역

과정	영역	개요
생성	내부 데이터	데이터베이스(Database), 파일 관리 시스템(File Management System)
	외부 데이터	인터넷으로 연결된 파일, 멀티미디어, 스트림
수집	크롤링(Crawling)	검색 엔진의 로봇을 사용한 데이터 수집
	ETL (Extraction, Transformation, Loading)	소스 데이터의 추출·전송·변환·적재
저장	NoSQL 데이터베이스	비정형 데이터 관리
	스토리지(Storage)	빅데이터 저장
	서버(Server)	초경량 서버
처리	맵리듀스(MapReduce)	데이터 추출
	프로세싱(Processing)	다중 업무 처리
분석	NLP (Natural Language Programming)	자연어 처리
	기계 학습(Machine learning)	기계 학습으로 데이터의 패턴 발견
	직렬화(Serialization)	데이터 간의 순서화
표현	가시화(Visualization)	데이터를 도표나 그래픽으로 표현
	획득(Acquisition)	데이터의 획득 및 재해석

출처: 그린컴퓨터학원

6. 금융권의 빅데이터 활용 사례

1) 싱가포르 은행 사례

싱가포르에 있는 은행들은 2010년대 초반부터 빅데이터 분석을 최대한 활용하여 완전히 새로운 업무수행 방식을 정착시켰다. 이제 10년이 지나면서 개념증명(PoC; Proof of Concept) 차원의 프로젝트 수준에서 벗어나 고객 만족도를 높이고 운영 효율화로 직결되는 성과를 창출하고 있다.

(1) 고객 업무 절차

과거에는 현장을 직접 방문해 기업과 기관 고객의 실사 조사를 진행했지만 머신러닝 기반의 빅데이터 덕에 이러한 과정 중 일부가 생략됐다. 또한 고객이 제출하는 은행 거래 명세서와 자금 산출을 자동으로 처리하여 일주일에 수백 시간을 절약할 수 있게 됐다. 결과적으로 중소기업의 대출 심사 기간도 짧아졌다.

스탠다드차타드은행은 스타트업 인스타베이스(Instabase)와 협력해 비즈니스 심사의 실사 절차를 자동화한다. 또한 다양한 감시 목록에 들어 있는 제재나 불리한 언론 보도와 관련해 외부의 공공 및 민간 정보를 입수한다. 씨티은행도 2017년 인터뷰에서 빅데이터를 사용하여 규제 기관에 대한 보고를 자동화함으로써 수작업과 오류를 없앴다고 밝혔다. 또한 특정한 포트폴리오 상품을 확대, 축소하기 위한 의사결정 프로세스에 빅데이터를 활용한다.

(2) 인사 운영

데이터 분석은 고객 데이터의 분석뿐 아니라 내부 운영의 효율화에도 유용하다. 예를 들어 채용 담당자가 데이터 분석 도구를 사용하여 입사 지원자의 프로필을 평가하게 되면 입사 지원자에 대한 초기 심사 시간이 크게 줄어든다.

2011년 초 싱가포르 DBS은행은 빅데이터 분석을 도입하여 채용 담당 직원의 생산성을 높이고 인력의 자연 감소율을 줄이는 방향으로 인사 운영을 전면적으로 재검토했다. 은행은 부서 내에 인적 자원 분석팀을 꾸려 동향을 살펴보고 초기에 직원의 감소율에 대한 위험 요인을 결정했다. 그 이후 기존 27%에 달했던 인력 감소율이 18%로 낮아졌다. OCBC은행 역시 2015년부터 빅데이터를 활용해 교육과 채용 프로그램을 새롭게 구성했다.

(3) 사이버 사건에 대한 대응

은행 네트워크를 통해 많은 정보가 교환되기 때문에 은행들은 네트워크뿐만 아니라 데이터 센터를 보호하는 것도 중요하다. 빅데이터는 위협 패턴을 분석하고 은행의 내부 시스템을 손상시킬 만한 의심스러운 활동을 식별할 수 있다.

OCBC은행은 2017년부터 예측 분석과 빅데이터를 사용하여 사이버 위협의 약 55%를 방지하였으며 이미 발생한 사건의 62%도 해결했다고 한다. 돌발적인 위기 상황에서 정보 검색 및 통화 활성화와 같은 작업을 자동화하기 위해 음성 지원을 사용하였는데, 이는 사고가 일어났을 때 주요 의사결정을 위한 인력을 확보하는 데 도움이 되었다.

(4) 은행 지점 및 ATM 네트워크 감사

은행 지점의 위험을 수동적으로 파악하는 것이 완전히 불가능한 일은 아니지만 따분하고 번거로울 수도 있다. 그러나 빅데이터를 통해 지점에서 일어날 수 있는 잠재적인 문제를 사전에 파악하는 일이 가능해졌으며, 때로는 회계 및 제반 업무들에 관한 감사(audit)가 필요한 경우도 있다. 또한 고객의 흐름, ATM 부하 및 콜센터 집중도와 같은 문제도 데이터로 정확하게 식별할 수 있다. 이를 통해 은행은 더 나은 제품과 서비스를 개발할 수 있으므로 고객의 불만이 줄어들게 된다.

DBS은행이 시작한 초기 프로젝트 중 하나는 실제로 ATM을 채우는 순서를 파악하여 은행의 ATM 서비스를 개선하는 일이었다. 은행은 데이터 분석을 통해 ATM 현금 흐름의 패턴을 이해하고 ATM에 현금이 부족한 시기를 예측할 수 있었다. 예측 분석을 활용한 이래로 현금이 바닥나는 경우는 98%, 고객 불만은 92% 줄어들었다. 은행의 데이터에 따르면 1년 만에 고객은 80만 시간에 해당하는 ATM 대기열 시간을 절약할 수 있었다.

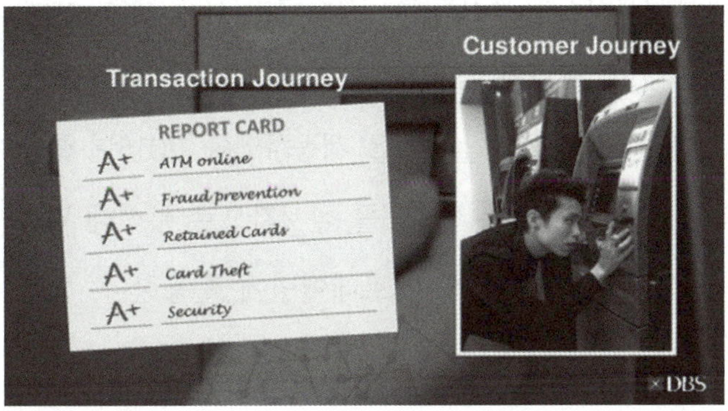

출처: DBS은행

[그림 3-27] DBS은행: 고객의 ATM 여정 따라가기

(5) 자금세탁방지

일반적으로 자금세탁방지를 위한 은행 프로세스는 규칙 기반(rule-based) 접근 방식을 따른다. 다시 말해 시스템은 일련의 규칙을 위반하는 모든 거래에 경보장치를 걸어놓는다. 그런 다음 의심스러운 활동을 식별하기 위해 거래를 수동으로 조사하고 검토해야 한다.

데이터 분석은 프로세스를 자동화하여 업무량을 크게 줄이면서 정확성을 높일 수 있다. 싱가포르은행협회(ABS) 보고서에 따르면, 한 은행은 블랙리스트 명단에 올라가 있는 고객인지 확인하는 절차에서 오탐지가 50~60% 감소했으며 거래 모니터링 모듈은 오탐지가 40% 감소했다고 한다.

OCBC은행 또한 빅데이터 분석을 도입한 이후 인력이 검토해야 하는 사례 수가 35% 감소했다고 한다. DBS의 경우 거래 한 건만을 놓고 확인 작업에 들어가는 대신에 거래 전체 동향을 통해 무역 금융에서 이상거래 징후를 탐지한다.

2) 미국 은행 사례

골드만삭스는 분야별로 데이터 분석에 전문화된 핀테크 기업에 투자하여 빅데이터 역량을 확보한다. 2014년에는 메릴린치 등과 함께 콘텍스트릴리번트(Context Relevant)에 투자하여 최신 머신러닝 기술을 활용해 고객의 행동 분석, 가격 전략, 예측 모델 등의 솔루션을 제공하였다. 2015년에는 데이터마이너(Dataminr)의 지분도 사들였는데 SNS를 실시간으로 분석해 전 세계에서 발생하는 각종 사건의 정보를 파악하여 트레이딩에 활용한다.

JP모건은 은행이 담보로 잡은 부동산을 적절한 값에 매각하기 위한 최적의 가격 결정 모델을 구할 때 빅데이터를 활용한다. 부동산 시장 상황을 지역별로 분석해 팔릴 만한 가격을 산정하면 채무자가 지급불능에 빠지기 전에 부동산을 매각할 수 있기 때문에 사회적 손실이 줄어든다.

뱅크오브아메리카는 조직 구조를 통합해 상품의 설계와 마케팅, 리스크 관리 등 고객에 대한 접근 방식을 통합적으로 수행한다. 빅데이터를 통해 고객이 보유한 신용카드와 주택담보대출 등을 파악하고 재융자 가능 여부를 결정하기 위해 거래와 성향 패턴 모델을 활용한다. 또한 빅데이터 분석 시스템을 도입하여 신용 리스크를 대비한 조기 대응 체제를 강화했으며 신용 관리와 손실 예측의 처리 시간을 줄였다. 이에 따라 대출계좌 40만 건에 대한 신용평가 지수 산출 시간은 3시간에서 10분으로, 채무 불이행 확률 계산 시간은 96시간에서 4시간으로 단축됐다.

3) 국내 은행 사례

(1) 고객 이동 경로 분석(Customer Journey Map)

A은행은 이탈고객을 막기 위한 맞춤형 마케팅으로 빅데이터 분석 기법 중 하나인 이동 경로 분석을 도입했다. 인지 → 탐색 → 신규 → 거래 과정에서 고객의 이동 경로에 어떤 변화가 있는지를 포착해 이탈 예상률이 높은 고객들을 유입으로 전환하는 데 활용하는 것이다.

예를 들어 신용대출, 전세자금 대출 등의 상품을 2회 검색한 고객에게는 결혼 준비나 예비부부를 위한 패키지 상품 등을 권유하는 마케팅을 진행한다. 또한 고객 이탈률이 높은 상황을 데이터로 포착해 이탈을 방지하고, 고객으로의 전환을 유도하기도 한다. 은행 앱에서 투자 상품을 평균적으로 2.5회 검색한 뒤 이탈하는 고객 비율이 높다는 인사이트를 바탕으로 고객이 투자 상품을 3회 검색하는 순간 모바일 상담 쪽지를 보내 이탈을 방지한다.

(2) 빅데이터 플랫폼 및 이벤트 기반 마케팅

B은행은 인공지능 기반의 빅데이터 플랫폼을 오픈했다. 2,200만 개인과 소호 기업 고객의 대출 및 소비성향 등 고객 통합분석체계를 마련함으로써 개인 고객별 맞춤형 상품 추천과 고객 이탈 예측이 가능해졌다.

또한 고객 거래 패턴 변화 등을 포착하고 맞춤형 상품을 제안하는 이벤트 기반 마케팅(event based marketing)을 진행한다. 카드 사용 내역이나 면세점 구매 정보를 이용해 해외여행을 떠날 가능성이 큰 고객을 대상으로 환전 및 신용카드 사용 마케팅을 진행한 결과 환전율은 58% 향상, 모바일앱 올원뱅크의 가입률은 2배 증가, 카드 이용률은 9% 증가했다는 결과를 내놓았다.

(3) 은행의 고객 빅데이터를 활용한 부수업무 겸영

기존에는 금융회사들이 빅데이터의 자문 및 빅데이터 판매 등에 대한 수행 여부가 불명확해 빅데이터 부수업무에 참여하지 못했다. 그러나 2020년 2월부터는 은행·보험·금융투자회사가, 8월부터는 신용평가사가 빅데이터 부수업무의 수행이 가능해졌다. 이로써 은행의 경우에는 고객의 개인신용정보를 빅데이터(가명정보, 익명정보, 통계정보 등)로 변환한 후 빅데이터 분석을 통해 상권분석, 마케팅 전략 등에 관한 자문 서비스를 제공하고 데이터셋 판매가 가능해졌다. 2021년 4월에는 신한은행이 익명·가명 데이터 기반의 빅데이터 자문 및 판매 서비스 부수업무를 신고했으며, 2021년 11월에는 KB국민은행이 마이데이터 사업자의 부수업무에 해당하는 실명 데이터 기반의 '데이터 판매 및 중개업' 허가를 신청했다.

① 금융 데이터를 바탕으로 한 소비자 성향, 지역, 시기 등에 특화된 맞춤형 서비스, 마케팅* 복지서비스 등이 가능해집니다.
*예시: 금융 데이터와 지리, 상권 정보 등을 결합·활용하여 맞춤형 마케팅에 활용

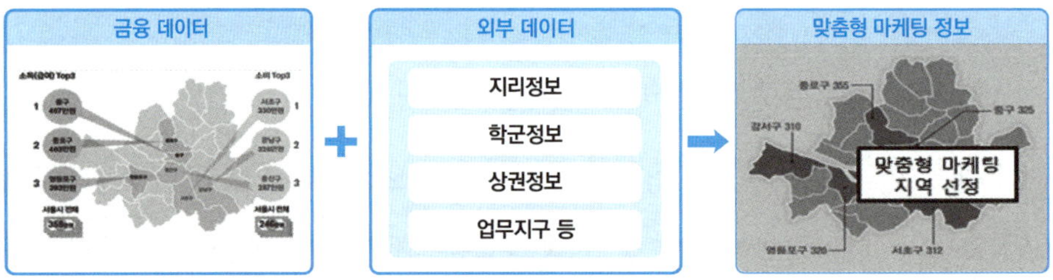

② 지역별 소득, 소비, 저축, 여신 등 데이터가 공공기관, 유통회사 등에 제공되어 보다 정교한 상권분석* 등이 가능해집니다.
*예시: 기존의 지역별 매출액, 유동인구, 거주인구 등을 활용한 상권분석과 결합 활용

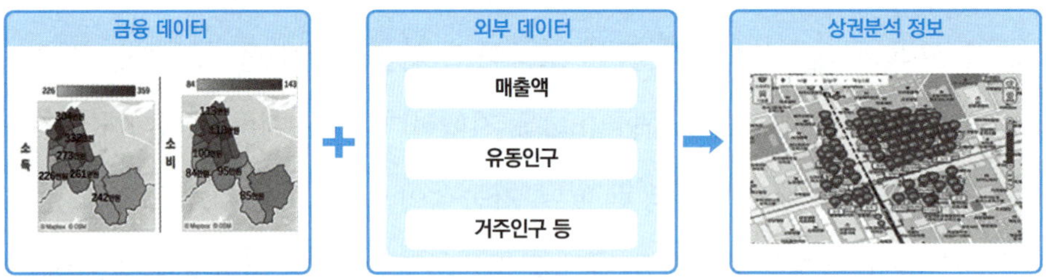

출처: 금융위원회

[그림 3-28] 빅데이터 부수업무 허용에 따른 기대효과

사실상 은행이 보유한 자체 데이터만으로는 분석 및 활용에 한계가 있다. 유통사·카드사·통신사 등이 보유한 구매 품목·결제 명세·위치 정보 등의 데이터를 은행 데이터와 결합했을 때 비로소 새로운 시장이 열리면서 마이데이터 시대에 승부를 걸어볼 수 있다.

7. 금융 빅데이터 개방을 통한 디지털 금융혁신

금융위원회는 기업들이 데이터를 원활히 활용할 수 있게 유관기관과 함께 데이터를 개방·유통·결합하는 금융분야 빅데이터 인프라 구축을 단계적으로 추진하고 있다.

〈표 3-14〉 금융 빅데이터 5대 인프라 체계도

구분	내용	시기
① 신용정보원 빅데이터 개방시스템(CreDB)	금융권에 축적된 금융정보(개인·기업신용정보)를 금융회사·일반기업·학계 등에 제공	2019년 6월 3일~
② 금융데이터거래소	데이터 공급자와 수요자를 매칭해 데이터의 검색·계약·분석 등을 원스톱으로 지원	2020년 5월 11일~
③ 금융 공공데이터 개방시스템	금융위 및 금융 공공기관이 보유하고 있는 금융 공공데이터를 오픈 API 형태로 민간기업 등에 개방	2020년 6월 9일~
④ 데이터 결합 전문기관	데이터 부가가치 창출을 위해 데이터를 안전하게 결합할 수 있는 전문 기관 지정	2020년 8월~
⑤ 금융결제원 빅데이터 개방시스템	금결원의 계좌이체 정보 등 금융결제 정보를 비식별화하여 통계작성 및 연구 등 목적으로 활용할 수 있도록 금융결제 빅데이터 개방시스템 구축	2020년 하반기~

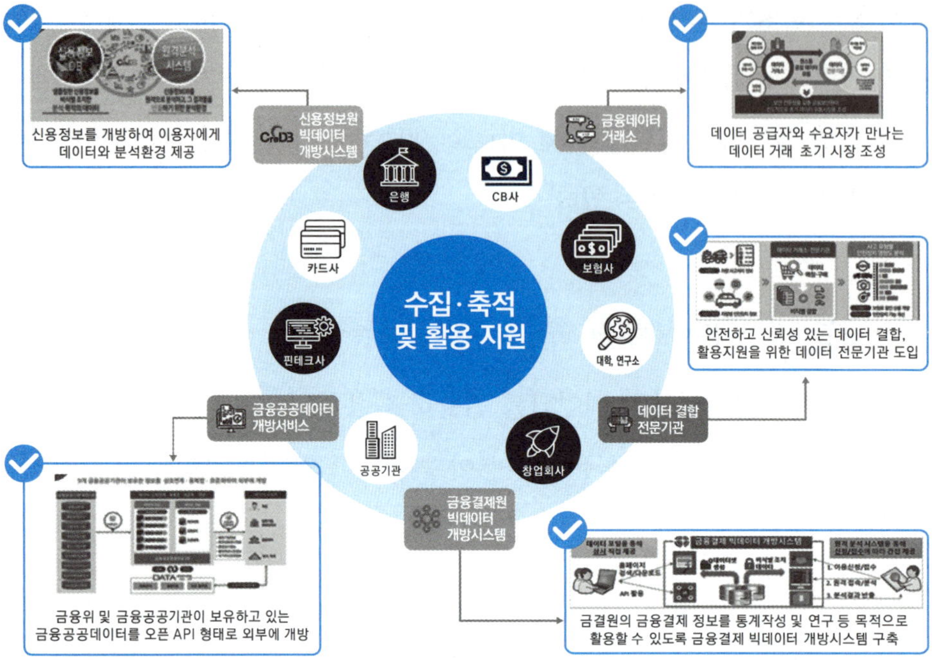

출처: 금융위원회

[그림 3-29] 금융 빅데이터 5대 인프라 체계도

4절 블록체인 기술의 이해와 활용

1. 블록체인과 분산원장의 개념

블록체인은 누구나 열람할 수 있는 공공 장부에 거래 내역을 기록하고, 여러 대의 컴퓨터에 이를 복제해 저장하는 분산형 데이터 저장 기술이다. 일정한 주기로 데이터가 담긴 블록(block)을 생성한 후 이전 블록들을 체인(chain) 구조로 연결한다는 의미에서 '블록체인'이라고 부른다. 블록에 기록된 내용은 거래에 참여하는 모든 이에게 공개되며 참여자 간에 합의가 있어야만 거래 내역이 업데이트될 수 있다. 이러한 특징 때문에 블록체인을 때로는 '공공 거래 장부' 또는 '분산원장 기술'이라고 부른다.

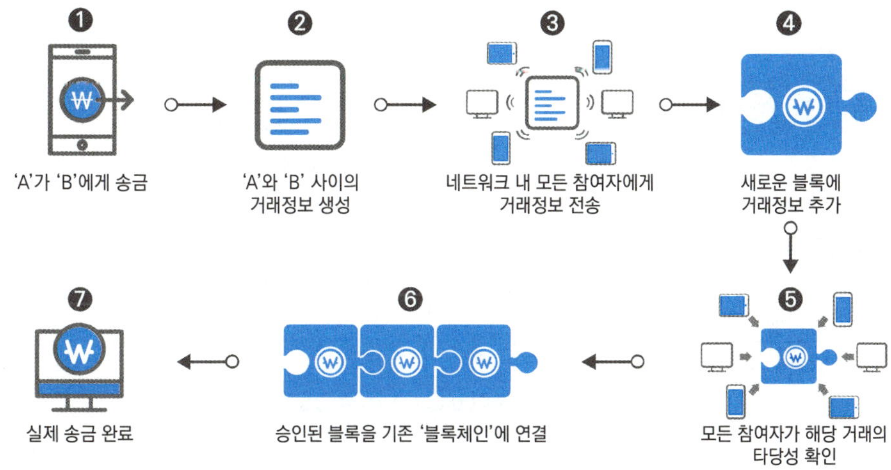

[그림 3-30] 블록체인의 개념

여기서 반드시 기억해야 할 점은 '모든 블록체인은 분산원장 기술을 활용하지만, 모든 분산원장 기술이 블록체인의 형태를 띠는 것은 아니라는 점'이다. 분산원장은 여러 컴퓨팅 장치에 분산된 DB(데이터베이스)다. 블록체인은 분산원장 기술을 구현하기 위한 하나의 데이터 구조에 불과하며, 모든 분산원장이 블록체인의 구조[39]를 갖지는 않는다는 점이다. 따라서 어떤 프로젝트를 추진할 때 분산원장 기술만 사용하면 충분한데도 굳이 블록체인 방식으로 설계해 블록체인이 가진 고유의 취약성(속도 저하 등)을 감내해야 하는 건 아닌지 따져봐야 한다. '블록체인 천국, 불신 지옥'과 같은 맹목적인 믿음을 떨쳐내야 비로소 블록체인의 진정한 효용성을 발견할 수 있다.

[그림 3-31] 분산원장 기술과 블록체인의 관계

분산원장 기술 (Distributed Ledger Technology)

- 중앙 관리자나 중앙 데이터 저장소가 없으며, P2P망 내 모든 참여자(Peer)가 거래 장부를 공유하고 감시 관리하여 장부 위조를 막는 기술
- 분산원장 기술의 대표적인 예: 블록체인
- 원장을 분산하여 저장하는 기술
- 모든 블록체인은 분산원장이지만 모든 분산원장이 블록체인은 아님
- 블록체인은 분산원장 기술이지만 합의를 통한 공유 분산데이터베이스 기술임

블록체인 (Blockchain)

- 다수의 거래내역을 묶어 블록을 구성하고, 해시를 이용하여 여러 블록을 체인처럼 연결한 뒤, 다수의 사람이 복사하여 분산 저장하는 알고리즘
- 분산 데이터 저장환경으로 임의로 수정할 수 없고 누구나 변경의 결과를 열람할 수 있는 분산 컴퓨팅 기술 기반의 원장 관리 기술
- 블록체인의 대표적인 예 : 비트코인
- 분산된 원장인 블록을 체인으로 연결하여 저장하는 기술

출처: blog.naver.com/moon0819

[그림 3-32] 분산원장 기술 vs. 블록체인

39) 데이터를 블록으로 만들어 그룹화한 후 그룹화된 블록을 그다음 블록과 함께 체인으로 연결해서 암호화한다. 새로운 블록은 블록체인 네크워크에 참여하는 노드들 간의 합의 과정을 통해서 이미 생성된 블록에 연결된다.

2. 블록체인으로 구현된 1세대 암호화폐, 비트코인

블록체인과 비트코인의 개념은 2008년 11월 사토시 나카모토(가명)가 공개한 9쪽 분량의 '비트코인 백서(Bitcoin: A Peer-to-Peer Electronic Cash system)'에서 처음 등장했다.

미국 정부는 대형 금융회사(리먼 브러더스)가 2008년 서브프라임 모기지 사태 등 금융위기를 초래한 주범임에도 시장에 돈을 풀어 경제를 활성화하는 양적 완화 정책을 펼쳤다. 국민들은 중앙은행과 같은 중앙 기구에 불신을 갖게 됐다. 이에 때마침 사토시 나카모토가 서브프라임은 경제 체제가 중앙화된 금융 시스템 아래에 있어서 발생한 것이라고 주장하며 '금융기관을 통하지 않고 개인 간 온라인 직접 거래(P2P)'가 가능한 분산 컴퓨팅을 거론하자, 양적 완화 정책으로 손실을 본 많은 달러 보유자가 금처럼 공급량이 제한된 비트코인에 관심을 보이게 됐다.

3. 블록체인과 기존 거래 방식의 차이

1) 중앙 관리자의 부재

기존의 거래에서는 은행 및 정부 등 중앙 기관이 필요하지만, 블록체인 거래에서는 모든 참여자가 거래 장부를 공유하고 감시, 관리하는 시스템이기 때문에 중앙 관리자가 필요하지 않다. 예를 들면 인터넷상에서 중개자(middleman) 없이 거래 당사자 간의 직접 거래(금융거래뿐 아니라 다양한 유형의 거래)를 가능케 한다.

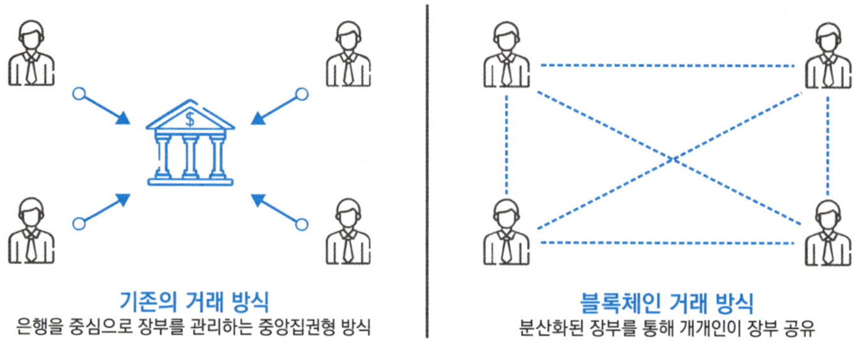

[그림 3-33] 기존의 거래 방식 vs. 블록체인 거래 방식

2) 데이터 저장의 분산화

블록체인이 주목받는 가장 큰 이유는 위조 및 변조를 할 수 없다는 속성 때문이다. 기존에는 모든 정보가 중앙 집중형 서버에 보관되지만 블록체인은 정보를 분산해서 저장한다. 모든 참여자는 거래가 이루어질 때마다 정보를 공유하며 이를 대조해 데이터의 위·변조를 차단한다. 또한 기록을 변경하려면 블록체인에 연결된 모든 컴퓨터를 해킹해야 하는데 이는 사실상 불가능하므로 기존 방식보다 보안성이 높아진다.

4. 블록체인의 유형

1) 퍼블릭 블록체인

퍼블릭 블록체인은 누구든지 자유롭게 블록체인 네트워크에 참여하여 이용할 수 있는 방식이다. 원칙적으로 모든 거래 내용이 블록에 저장되어 모든 참가자 사이에서 공유된다. 앞서 설명한 블록체인의 전형적인 특징을 갖추고 있는 유형으로, 비트코인이나 이더리움과 같이 일반적인 암호화폐에서 사용되는 방식이다. 메인서버가 없이 전체 노드가 데이터베이스를 공동 관리하기 때문에 해킹 등 데이터 위변조가 사실상 불가능하다는 장점이 있다. 하지만 네트워크 확장이 어렵고 속도가 느리다는 단점이 있어 중앙시스템 제어가 필요한 금융서비스에는 부적합하다.

2) 프라이빗 블록체인

프라이빗 블록체인에서는 네트워크를 운영하는 주체가 있고, 이러한 주체가 새로운 참가자의 네트워크 참여 여부를 결정하며 허가할 권한과 관련 규칙을 결정할 권한을 가진다. 주로 특정한 기관이나 업체들이 자신들의 필요와 특성에 맞게 설계한 블록체인으로, 관리자의 의도대로 규칙 변경이나 기존 기록 수정 등을 할 수 있기 때문에 블록체인의 장점이자 특성인 투명성과 탈중앙화는 사라지게 된다. 프라이빗 블록체인은 네트워크 참가자 수가 상대적으로 적어 거래 정보가 적은 수의 노드에서만 공유되고 처리되기 때문에 퍼블릭 블록체인보다 거래 속도가 빠르고 효율적이라는 장점이 있다. B2B 거래 처리의 인프라로 많이 사용되는 방식이다.

3) 컨소시엄 블록체인

컨소시엄 블록체인은 퍼블릭과 프라이빗 블록체인이 결합한 형태로, 미리 선정된 노드들이 권한을 갖는 블록체인이다. 컨소시엄 모델에서는 일반 이용자들에게만 기록 열람의 권한을 부여할 수도 있고, API를 통해 특정 대상에게만 공개할 수도 있다. 분산형 구조를 유지하면서 제한된 참여를 통해 보안을 강화할 수 있으며 퍼블릭 블록체인에서 제기되는 느린 거래 속도와 네트워크 확장성의 문제도 해결해주기 때문에 은행 간 거래와 같은 용도로 개발하고 있다.

〈표 3-15〉 블록체인의 유형별 특징

구분	퍼블릭 블록체인	프라이빗 블록체인	컨소시엄 블록체인
관리주체	모든 거래 참여자	한 중앙기관	컨소시엄 참여자
거버넌스	한번 정해진 법칙을 바꾸기 매우 어려움	중앙기관이 용이하게 법칙을 바꿀 수 있음	참여자들 간 합의로 법칙을 바꿀 수 있음
네트워크 확장	어려움	매우 쉬움	쉬움
거래속도	느림	빠름	비교적 빠름
데이터접근	제한 없음(모든 사용자)	허가받은 사용자	허가받은 사용자
식별성	익명성	식별 가능	식별 가능
거래증명	거래 증명자는 사후에 알고리즘에 따라 결정	중앙기관이 거래증명	거래증명자가 인증을 거쳐 알려진 상태
활용 사례	비트코인, 이더리움 등	링크(Linq)[1]	• 하이퍼레저(Hyperledger) • 엔터프라이즈 이더리움 얼라이언스(EEA) • R3CEV

주 1) 나스닥의 비상장 주식거래소 플랫폼

5. 블록체인 기술의 구성요소

P2P 네트워크, 스마트 계약, 해시함수, 합의 알고리즘은 블록체인의 대표적인 기반기술로 볼 수 있다.

1) P2P 네트워크

P2P란 'Peer to Peer'의 약자로, 네트워크에 연결된 컴퓨터가 모든 서버와 클라이언트의 기능을 동시에 수행하는 컴퓨터 네트워크를 의미한다. P2P는 네트워크로 연결된 컴퓨터의 다양한 자원을 공유할 수 있다. 대표적으로 해외 P2P 파일 공유 프로그램인 비트토렌트(bittorrent)가 중앙 서버가 아닌 각 사용자가 가진 파일의 조각을 내려받는 P2P 방식을 사용한다. 한때 저작권과 관련하여 공공의 적으로 간주되었던 P2P가 이용자들의 협업적 활동이 가능해짐에 따라 새로운 가치를 만들어낼 수 있는 블록체인 기술로 각광받고 있다.

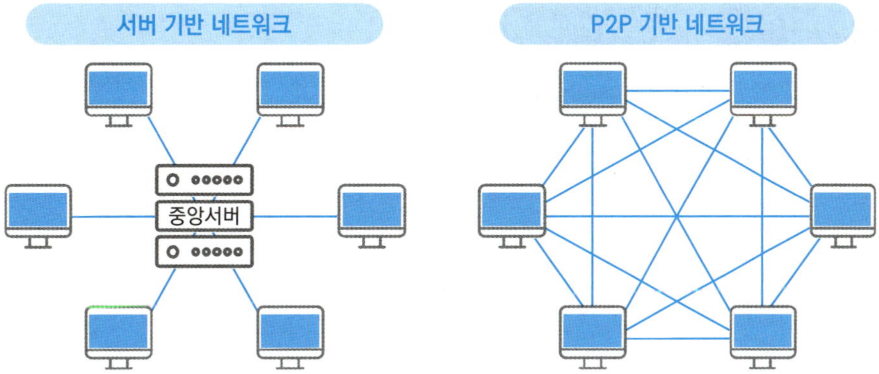

[그림 3-34] 서버 기반 네트워크 vs. P2P 기반 네트워크

2) 스마트 계약

스마트 계약(스마트 콘트랙트)은 중간에 제3의 보증기관을 끼우지 않고 개인 간(P2P)에 원하는 계약을 체결할 수 있도록 해주는 디지털 전자 계약 기능이다. 사전에 협의한 내용을 미리 프로그래밍해 전자계약서 안에 넣어두고 조건이 충족되었을 때 자동으로 계약되는 시스템이다.

스마트 계약이라는 개념은 1994년 암호학자이자 프로그래머인 닉 자보(Nick Szabo)가 처음 제안하였으나 실제로 구현하지는 못하였다. 그러다가 비탈릭 부테린(Vitalik Buterin)이 2015년 7월 30일 이더리움 개발에 성공하며 실제 서비스를 시작했다. 솔리디티(solidity)라는 프로그래밍 언어를 사용하여 계약 기간, 금액, 조건 등을 미리 코딩해두면 부동산 거래, 중고 자동차 거래, 무역 거래 등 어떠한 종류의 계약도 자동 실행되도록 만들 수 있다.

예를 들어 부동산 임대의 경우 임대인이 계약 조건으로 등록한 보증금과 월세를 지불하면 임차인의 스마트폰으로 출입할 수 있는 키가 발급된다. 만일 월세를 내지 않으면 키를 사용하지 못하고 보증금이 환불된다.

사례 1: 숙박 공유서비스에 스마트 계약 도입

독일의 스타트업 슬로킷(Slockit)은 숙박 공유서비스에 블록체인 기반의 P2P 거래를 도입했다. 집주인은 집에 대한 정보와 사진을 업로드하고, 여행자는 자신이 원하는 방을 검색한 후 방값을 이체한다. 호스트와 방문객 간의 거래 정보는 블록으로 등록되며 사물인터넷 기반의 스마트 도어락으로 접근 권한이 발생하여 스마트폰으로 문을 열 수 있다. 사용 기간이 지나면 도어락에 대한 접근 권한은 없어진다.

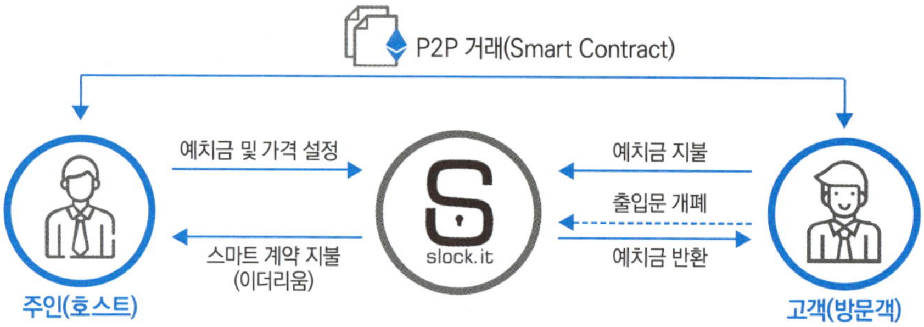

[그림 3-35] 독일의 스타트업 슬로킷의 블록체인 기반 숙박 공유 플랫폼

사례 2: 에너지 거래에 스마트 계약 도입

뉴욕의 브루클린 지역은 2016년 4월 프레지던트 스트리트의 50가구를 대상으로 블록체인을 활용한 최초의 P2P 전력 거래를 시작했다. 가정마다 옥상에 태양광 발전기와 스마트 계량기를 설치하고 자신들이 전기를 생산해서 사용하고 남는 전기는 블록체인 기반의 스마트 계약으로 이웃에게 자동으로 판매할 수 있는 시스템을 구축했다.

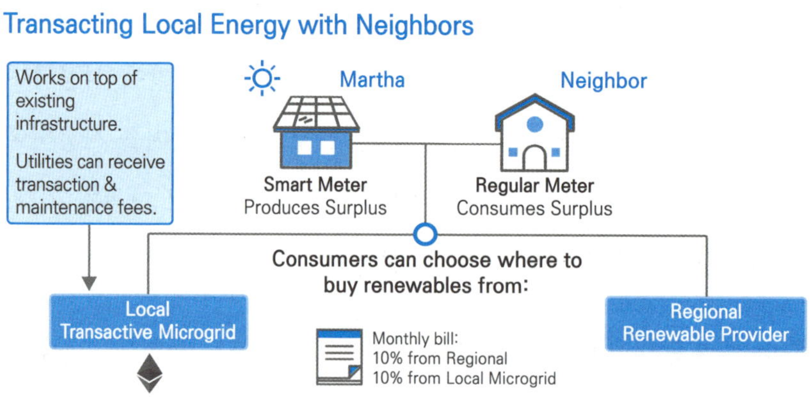

출처: Brooklyn Microgrid, 한화투자증권

[그림 3-36] 브루클린 마이크로그리드의 스마트 에너지 P2P 블록체인

3) 해시함수

블록체인의 중요한 특징은 거래 내역을 암호화하기 위해 해시함수[40]를 사용하는 데 있다. 해시함수는 비트코인뿐 아니라 정보 보안 분야에서 널리 쓰이는 함수로, 데이터를 정해진 길이의 무작위 문자열로 치환한다. 동일한 데이터를 입력하면 해시함수의 결괏값이 항상 동일하게 나타나고, 입력하는 데이터에 약간의 변화만 주어도 결괏값은 완전히 다르게 나온다. 결괏값에서 규칙성을 찾을 수 없으므로 역으로 입력 데이터를 추론할 수도 없다. 우연히 다른 데이터를 입력했을 때 동일한 결괏값이 나올 수도 있으나 확률은 극히 낮으며 이러한 특성 때문에 입력 데이터의 추론은 더욱 불가능하다.

예를 들어 입력값이 'A가 B에게 100만 원을 주었다'일 때 해시값은 '443AEF287A...'라는 것을 알 수 있지만, 거꾸로 '443AEF287A...'라는 해시값을 가지고 이 값이 나오는 입력값을 구할 수는 없다.

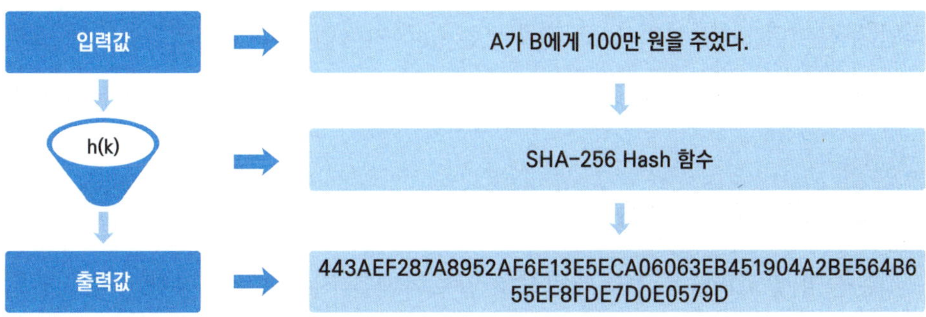

[그림 3-37] 해시함수 개념

40) 해시함수(hash function)는 불특정한 길이의 데이터를 입력하면 고정된 길이의 암호화된 값을 출력하는 함수이며, 이 해시함수에 의해 얻어지는 값을 해시라고 정의한다.

4) 합의 알고리즘

합의 알고리즘은 블록체인 네트워크에서 다수의 참여자(노드)가 통일된 의사결정을 하기 위해 사용하는 알고리즘을 말한다. 퍼블릭 블록체인은 분산화된 시스템으로 이루어져 있으며 참여자가 같은 데이터를 복사하여 분산해 저장하기 때문에 모든 사람에게 이 내역이 위·변조되지 않았다는 것을 증명하기 위한 공통 합의가 필요하다. 수없이 많은 합의 알고리즘이 나오고 있으며 보안성과 기능성, 확장성 등의 측면에서 각기 장단점이 있다. 가장 일반적인 것은 작업증명(PoW; Proof of Work) 알고리즘과 지분증명(PoS; Proof of Stake) 알고리즘이며, 최초의 합의 알고리즘은 비트코인의 작업증명 알고리즘이었다.

(1) 작업증명 알고리즘

비트코인에 처음 활용된 1세대 블록체인 합의 알고리즘으로 컴퓨팅 파워로 블록체인 합의를 결정한다. 작업증명 알고리즘은 마이닝(채굴)[41] 과정에 필수적인 부분이다. 보안성이 높고 민주적인 방식이지만 컴퓨팅 파워 소모가 크기 때문에 전기료가 많이 든다. 이에 대한 대안으로 지분증명 알고리즘이 등장했다.

(2) 지분증명 알고리즘

지분증명 알고리즘은 블록체인상의 암호화폐를 지분으로 사용해서 합의하는 방식이다. 의사결정 영향력은 지분에 사용된 암호화폐량과 암호화폐를 지분으로

---

41) 비트코인과 같이 작업증명(PoW) 알고리즘을 사용하는 블록체인에서 트랜잭션을 정렬하고 블록을 생성하는 행위를 마이닝이라고 한다. 채굴자는 블록체인 네트워크에 포함된 트랜잭션을 순서대로 정렬하고 대가로 코인을 얻는다. 컴퓨터 자원을 사용해 난도가 높은 문제를 풀어내는 절차로, 가장 먼저 문제를 푼 채굴자가 코인을 획득한다. 작업증명 알고리즘은 비트코인을 통해 기술적인 안정성이 증명됐지만, 블록 채굴을 위한 난도는 점점 높아지고 있어 컴퓨팅 자원과 전기량이 더욱 많이 요구된다.

걸어둔 기간에 비례하여 커진다. 작업증명에서 컴퓨팅 파워가 핵심이라면, 지분증명에서는 지분이 핵심이다. 지분증명은 작업증명보다 확장성 측면에서는 우수하지만 민주성 측면에서는 떨어진다. 또한 지분증명에서는 암호화폐 보유 수로 의사결정이 좌우되기 때문에 독점 문제가 일어날 수 있다.

이와 같이 기존에 나온 합의 알고리즘이 가진 단점을 보완하고자 위임지분증명(DPoS; Delegate Proof of Stake)과 같은 새로운 합의 알고리즘도 등장했다. 위임지분증명은 본인 지분을 의사결정에 활용하는 것이 아니라, 타인에게 결정 권한을 양도하는 알고리즘이다. 선출 방식을 통해 블록체인 운영 의사결정자들을 선출하므로 기존과 같은 독점 문제 발생 가능성은 작다.

〈표 3-16〉 블록체인과 합의 알고리즘

구분	주요 내용
작업증명 (PoW; Proof of Work)	비트코인의 창시자인 사토시 나카모토가 제안한 가장 기본적인 합의 알고리즘으로, P2P 네트워크에서 시간 및 비용을 들여 실행된 컴퓨터 수행작업을 신뢰하기 위해 참여당사자 간에 검증하는 방식
지분증명 (PoS; Proof of Stake)	작업증명 방식의 단점인 과도한 에너지 소비 문제를 해결한 것으로, 블록 생성권 지분에 참여자가 보유한 지분이 반영되도록 하는 방식
위임지분증명 (DPoS; Delegate Proof of Stake)	반 중앙화된 방식으로, 지분을 보유하고 있는 사람이 자기 권한을 대표자에게 위임하여 대표자들이 블록 생성 및 검증에 대한 권한을 행사하는 방식
PoI (Proof of Importance)	NEM(New Economy Movement)과 같은 가상화폐에서 사용하는 알고리즘으로, 네트워크 참여도에 따라 지급 보상이 달라짐
PBFT (Practical Byzantine Fault Tolerance)	블록체인 네트워크에서 배신자 노드가 발생하여 신뢰 있는 합의를 도출하기 힘든 경우 이를 해결하기 위한 알고리즘. PBFT 합의 알고리즘은 배신자 노드 f개가 있을 때, 총 노드 개수가 3f+1개 이상이면 해당 네트워크에서 이루어지는 합의는 신뢰할 수 있다는 것을 수학적으로 증명함

출처: 이재규, '블록체인을 활용한 해외직구 프로세스 개선방안 연구', 숭실대학교(2018년 12월)

6. 블록체인의 난제

1) 트릴레마

블록체인 업계에는 트릴레마(trilemma; 3중 딜레마)라는 것이 존재한다. 이더리움의 공동 창립자인 비탈릭 부테린이 이 용어를 언급한 이후 자주 등장하고 있다. 트릴레마는 원래 1672년 영국 성직자 필립 헨리(Philip Henry)가 처음으로 사용한 단어로, 1725년 아이작 왓츠(Isaac Watts)가 사용하면서 널리 알려졌다. 삼각형을 이루는 꼭짓점 세 개의 속성이 서로 영향을 주어 결과적으로 트레이드 오프를 해야 하는 상황이 발생한다는 뜻이다. 블록체인에서는 확장성(scalability), 분산화(decentralization), 보안성(security) 이 세 가지 요소를 동시에 충족시키기 어렵다는 의미로 사용하는데 분산화에 집중하면 확장성이 떨어지고 확장성을 높이기 위해 중앙화하면 보안성이 약화되는 문제가 발생하게 된다.

현재 시중에 나와 있는 암호화폐들이 채용하는 블록체인은 대부분 위의 세 꼭짓점 중에서 하나 또는 최대 두 개까지 해결할 수 있고, 현재로서는 세 가지를 동시에 만족시키는 것은 물리적으로 불가능하다. 예를 들면 비트코인이나 이더리움은 셋 중에서 분산화와 보안성을 만족하는 대신에 매우 느리다(확장성이 없음). 또한 프라이빗 블록체인의 경우 확장성과 보안성을 선택하는 대신에 분산화는 포기한다. 따라서 통제권을 가진 특정한 누군가에 의해 장부가 조작될 가능성이 있어 결국 블록체인이 지향하는 '데이터 무결성' 및 '투명성'과는 거리가 멀어진다. 결국 이에 대한 해결책은 비즈니스 혹은 사용자에게 어떠한 요구가 있느냐에 따라 특정한 서비스에 적당한 속성만을 사용하는 것이다.

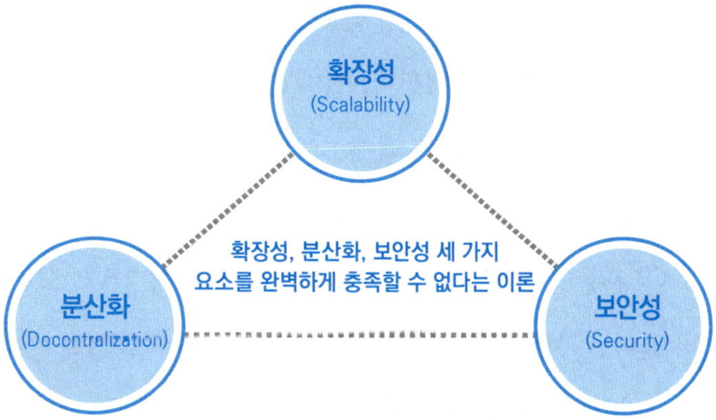

[그림 3-38] 블록체인 트릴레마(3중 딜레마)

2) 오라클

SF계의 걸작 영화 〈매트릭스〉를 본 독자라면 '오라클'이라는 단어가 낯설지 않을 것이다. 오라클(oracle; 神託)은 그리스어로 '예언자'라는 뜻으로 라틴어 '말하다(to speak)'의 의미를 가진 'ōrāre'에서 유래했다. 〈매트릭스〉에서 오라클(글로리아 포스터 분)은 주인공 네오(키아누 리브스 분)와 지구를 구하는 전령사로 등장한 인물로 기계의 대변인 역할을 하는 프로그램이자 예언자로 설정돼 있다. 신이 자신의 의지나 의사를 전하고 인간의 물음에 답하는 과정에서 오라클이라는 중개인을 통하므로 신과 인간의 매개체 역할을 한다.

블록체인에서 오라클이란 블록체인 외부(off-chain; 오프체인)에서 발생한 데이터를 블록체인 내부(on-chain; 온체인)에 기록하는 주체를 의미한다. 그렇다면 오라클 문제는 무엇일까? 바로 블록체인의 외부에 있는 정보를 블록체인 내부로 가져오는 과정에서 발생할 수 있는 문제를 말한다. 블록체인 네트워크 내부에서만 일어나는 이벤트는 온체인에 기록된 데이터만으로도 계약의 이행이 가능하지만, 오프체인과 온체인이 유기적으로 소통해야 할 경우에는 오라클의 문제가 불거진다. 알 것 같기도 하고 모를 것 같기도 하지 않은가?

2,300만 회원이 이용하는 중고나라를 예로 들어보자. 중고나라에서는 연간 약 6,000여 건의 사기 피해가 발생한다. 판매인이 대금만 받아 챙기고 잠적하거나 스마트폰을 샀는데 벽돌이 담긴 택배 상자가 배송되거나 하는 경우다. 만일 오라클이 존재한다면 "오라클 도와줘, 중고나라 사기야!" 하고 외치는 순간 어디선가 '짠' 하고 나타나 이미 입금한 돈을 찾아서 돌려줘야 한다. 그러나 오라클은 오프라인에서 일어난 사건을 근거로 온라인에서 이미 실행된 거래를 되돌릴 능력이 없다. 오라클이 만일 판매자가 '먹튀'했는지, 택배 상자 안에 무엇이 들었는지를 일일이 확인한 후에 온라인에 입금 지시를 내린다면 애초부터 이런 문제는 발생하지 않을 것이다. 그러나 오라클은 오프라인에서 일어나는 일을 온라인에 소통할 재량이 없다.

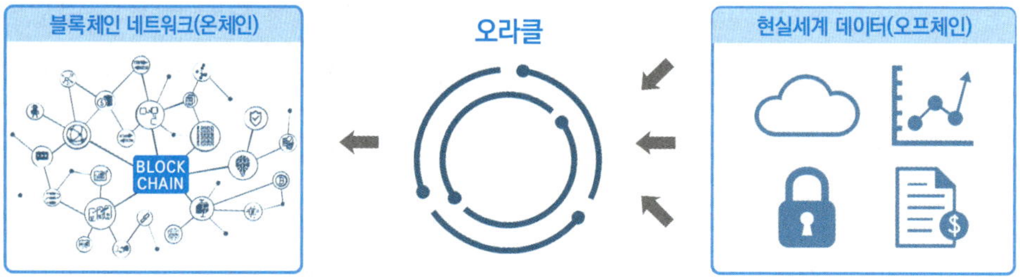

[그림 3-39] 현실세계와 블록체인을 잇는 매개체 '오라클'

블록체인 스마트 계약의 코드는 'If....then 조건문(만일 ~하면 ~한다)'으로 이루어져 사전에 설정한 조건을 충족하면 프로그램이 자동으로 실행된다. 이를테면 'A가 B의 계좌에 30만 원을 송금하면 A에게 호텔 2박 3일 숙박권을 디지털 키(암호화된 코드)로 보낸다'처럼, 조건이 맞으면 자동으로 실행되는 구조다. 이 경우에는 B의 계좌에 입금이 됐는지를 블록체인 네트워크상에서 확인할 수 있고, 확인만 되면 자동으로 A에게 디지털 키를 발급하는 프로세스라서 A와 B 사이에 '신뢰'가 없더라도 프로그램을 통해 인위적으로 신뢰를 구현할 수 있다.

그런데 다음 조건문은 어떠한지 보자. '배달원이 오후 7시 정각에 집(주문고객)에 도착하면 음식점에 3만 원을 자동으로 입금한다.' 배달원이 오후 7시에 도착했는지 어떤지는 주문고객이 배달원의 도착 여부를 온라인에 알려주어야만 알 수 있고, 그래야 3만 원 계약이 실행된다. 결국 스마트 계약은 코드화된 하나의 약속일 뿐 현실 세계에서 일어나는 일에 대한 자체적 판단 능력(도착 여부)은 없으며 외부 정보의 공급자 역할을 하는 누군가(사람)가 필요하다.

또한 만일 주문고객에게 위급한 일이 생겨 옆집에 음식을 대신 받아놓아 달라고 부탁했다고 치자. 옆집에서는 귀찮은 나머지 배달이 완료됐다는 거짓 정보를 전달할 수도 있고, 또한 배달원이 실수로 다른 음식을 배달했는지 알 길이 없으므로 배달 완료 여부만 알려줄 수 있다. 게다가 다른 음식이 배달되었음을 뒤늦게 확인하고 3만 원 지급 결제를 취소하려고 해도 한번 실행된 계약은 되돌릴 수가 없다. 즉 오프체인 데이터를 온체인으로 받아 오는 과정에서의 위·변조와 실수의 가능성이 있고 데이터 자체의 신뢰성에도 의문을 제기할 수 있다.

이러한 오라클 문제는 스마트 계약의 응용 및 발전에 커다란 걸림돌이 된다. 블록체인이 처음 등장했을 때 중고나라의 모든 부정 거래를 블록체인이 '한방에 해결한다'고 떠들어대는 이들이 많았다. 마치 스마트 계약이 법적인 구속력이나 재판관과 같은 판단력을 지닌 것처럼 과장한 것이다. 스마트 계약은 블록체인에서 동작하는 응용 프로그램 코드에 불과하다. 온라인에서 당한 사기는 경찰서에 가서 호소할 수밖에 없다.

7. 블록체인의 한계와 가능성

블록체인이 4차 산업혁명 시대의 사회 전 분야에 걸쳐 근본적인 변화를 가져올 파괴적 혁신(Disruptive Innovation) 기술인 것은 확실하지만 기존의 비즈니스 모델과 서비스 제공 방식을 바꾸는 단순한 요소 기술은 아니다. 수십 년에 걸쳐 굳어진 기업의 문화나 프로세스를 송두리째 바꿔야 하는 '기득권과의 싸움'이 전제되어 있고, 이 과정에서 이해관계자들이 블록체인 도입을 꺼릴 수도 있기 때문에 넘어야 할 산이 많다.

블록체인은 금융업 업무 전반에 걸쳐 적용할 수 있는 기술은 아니다. 금융회사 업무 중에서 블록체인을 적용하여 효과를 낼 수 있는 부분은 제한적이다. 무엇보다도 블록체인을 사용해 대규모 결제를 빠르게 수행하는 것이 가장 큰 과제로 남아 있다. 블록체인은 실시간으로 누구나 거래를 열람할 수 있어 효율적이지만 모든 노드가 동일한 거래를 처리하고 합의에 도달하기까지 많은 시간이 걸린다. 비트코인 원장은 초당 거래처리 속도가 평균 3.3~7TPS (Transactions Per Second), 이더리움은 10~30TPS인 데 비해 비자(Visa) 네트워크는 평균 1,700TPS다. 따라서 블록체인을 적용해 비용 절감, 업무 효율성 증대 등을 도모할 수 있는 영역과 대상 업무를 제대로 선정하는 것이 중요하다.

5절 NFT 기술의 이해와 활용(feat. 메타버스)

1. 지금은 맞고 그때는 틀렸을까?

필자가 모기업에 재직 중이던 2000년대 중반 상사가 “그 뭣이냐, 메타버스랑 세컨드 라이프 잘 알재? 우리 회사랑 뭔 관련이 있을지 보고서 한 편 써 온나.” 진한 사투리를 팍팍 구사했지만 시장을 보는 통찰력이 대단했던 상사였다. 각설하고 보고서의 결론부터 말하자면 ‘거품이 잔뜩 낀 위험한 시장’이었고 상사도 필자의 논조에 동의를 표했던 것으로 기억한다.

실제로 이 메타버스는 지금까지 여러 차례 주목을 받아왔던 아이템으로 한동안 붐업이 되다가 어느 순간 거품처럼 사라지는 전례가 반복됐다. 그렇다면 이번의 메타버스 붐은 과연 진짜일까, 아니면 또다시 찾아온 거품일까?

‘메타버스’가 또다시 2021년을 뜨겁게 달구었다. 기업들이 메타버스 플랫폼을 자체적으로 구축한다고 선언하면서 경력직 채용 공고가 올라오고 기업들은 코로나19로 대규모 오프라인 채용 행사가 어려운 만큼 디지털 환경에 익숙한 MZ세대 구직자와 유연한 상호 소통을 위해 메타버스 면접을 진행한다. 군 당국과 방산업계 등도 메타버스 기술을 접목해 미래형 훈련체계 모델을 구축하고 장교·부사관 모집 설명회에서 아바타 형태로 질의응답에 대응한다.

페이스북은 사명을 ‘메타 플랫폼즈(Meta Platforms, Inc)’로 바꿔 화제를 불러 모았다. 또한 2021년 11월 2일 마이크로소프트는 화상 회의를 지원하는 비즈니스 커뮤니케이션 플랫폼인 ‘마이크로소프트 팀즈’에 3D 아바타로 메타버스를 적용한다고 발표했다.

메타버스(Metaverse)란 메타(meta-)와 우주(universe)를 결합한 조어다. 공상과학(SF) 작가인 닐 스티븐슨(Neal Stephenson)이 1992년 발표한 소설 「스노우 크래쉬(Snow Crash)」에 처음 등장했다. 소설에서 등장하는 인터넷상의 가상세계를 메타버스라고 불렀다. 최근에는 인터넷상에서 전개되는 혁신적인 가상공간 서비스를 총칭하는 용어가 되었다.

일설에는 샌프란시스코의 린덴 랩(Linden Lab)이 2003년 출시한 가상공간서비스 '세컨드 라이프(Second Life)'가 가상세계의 개념을 가장 가깝게 구현한 세계 최초의 메타버스라고 말한다. 그러나 사실 메타버스에는 명확한 정의가 없다.

아직 메타버스라는 단어가 존재하지 않던 1986년 루카스 아츠(Lucas Arts)[42]가 개발한 온라인 RPG(롤 플레잉 게임)인 해비타트(Habitat)가 메타버스의 원조라는 의견도 있다. 해비타트는 텍스트 중심의 컴퓨터 통신 시대에 등장한 그래픽 커뮤니티 플랫폼이다. 2D 세계이기는 하지만 해비타트라는 가상세계에서 아바타를 생성해 생활하는 것으로, 다른 플레이어들과 만나서 대화를 하거나 미니 게임을 즐기거나 하는 내용이다. 당시에는 사이버 스페이스 혹은 비쥬얼 커뮤니케이션이라고 불리던 서비스다.

'메타버스가 지금은 맞고 15년 전은 틀렸을까? 지금은 15년 전과 뭐가 달라졌을까를 곰곰이 생각해 보면 크게 3가지를 꼽을 수 있다. 첫째, 코로나19로 인한 비대면의 확산으로 개인과 기업이 가상공간으로 옮겨가며 가상공간 비즈니스가 주목을 받게 됐다. 둘째, 메타버스에서 금맥을 캐야 하는 기업인 메타가

---

42) 루카스 아츠의 시작은 루카스필름의 대표이자 스타워즈의 아버지 조지 루카스가 1982년 3월 창립한 '루카스필름 게임즈'였다. 조지 루카스는 자신의 회사가 영화에만 국한하지 않고 다양한 엔터테인먼트 분야로 확장되기를 원해 게임 쪽에도 관심을 보이다가 게임을 전문적으로 다루는 '루카스필름 게임즈'를 세우기에 이르렀다.

시장에 엄청나게 펌프질해왔다. 셋째, 대체불가능한 토큰(Non-Fungible Token, 이하 NFT) 기술의 등장으로 사이버 공간상의 '임자 없는 자산'에 소유권을 부여할 수 있게 되어 가상세계와 실물 세계 간의 연결고리가 생겼다.

지금 이 장에서는 메타버스라는 디지털 공간에서 사용자를 '소유자'로 바꿔주는 NFT에 대해서 알아보기로 한다.

2. 최초의 메타버스 '세컨드 라이프'

메타버스의 효시로 불리는 세컨드 라이프는 블록체인 이전부터 존재하는 지명도 높은 플랫폼으로 2003년에 등장했다. 세컨드 라이프는 3D 모델로 만든 완선한 가상공간의 세계로 자신의 아바타를 만들어 가상공간 속을 자유롭게 걸어 다닐 수 있고 다른 사용자와 아바타를 매개로 커뮤니케이션도 할 수 있다. 그러나 고사양 PC가 필요하고 경제권 형성이 비교적 어렵나는 측면이 지적되는 경우도 많았다.

세컨드 라이프에는 '린든달러(Linden dollar)'라는 사이버머니가 존재한다. 린든달러로 세컨드 라이프 안에서 건물을 세우고 아이템 거래도 가능하다. 린든달러는 오로지 세컨드 라이프 안에서만 통용될 뿐 금전적 교환가치는 없다.

세컨드 라이프와 같은 시기에 울티마 온라인(Ultima Online), 에버퀘스트(EverQuest) 등과 같은 MMORPG(Massively Multiplayer Online Games ; 다중접속역할수행게임)[43]도 유행하고 있었는데 세컨드 라이프와 마찬가지로 3D 가상공간이 있다. MMORPG 역시 가상공간 내에서 플레이어 캐릭터를 조작하여

---

43) 게이머들이 자신의 게임 속 캐릭터를 키워가면서 미션을 해결해 나가고 다른 사람들과 교류하는 게임

아이템과 게임머니를 거래하는 것이 가능하다. 그러나 배경에 스토리가 있는 점, 정해 놓은 목적과 경쟁자 등을 물리치는 것 등이 메타버스로 불리는 경우는 거의 없었다.

출처: djinformatico.wordpress.com

[그림 3-40] 메타버스의 효시 '세컨드 라이프'

메타버스로 명확하게 분류되던 것들의 대부분은 아바타를 통해 사용자 간에 교류한다든지 가상공간 내에서 상업 활동을 한다든지 커뮤니케이션을 주목적으로 활용한 것들이 주를 이룬다. 또한 그 시대의 최첨단 기술이 도입되어 구축되는 것이 많다.

가상현실(VR) 분야에서는 메타버스를 VR 애플리케이션이라고 정의하는 학술서도 존재한다. VR 애플리케이션에서 메타버스에는 3D 가상공간을 배경으로 '또 다른 나'를 투사할 수 있는 아바타가 존재한다. 그 위에서 여러 아바타가 같은 가상공간을 공유하고 그 공간에 객체를 생성할 수 있는 것으로 정의한다.

2021년 시점에서 메타버스에는 VR의 개념과 증강현실(AR)의 요소가 더해지고, 그 위에 블록체인 기술이나 암호화폐, NFT가 응용되고 있다. SF의 세계에 머물던 메타버스의 실현이 보다 현실미를 띠게 된 것이다. 그리고 과거 여러 차례 거품이 꺼졌던 메타버스의 거품이 다시 끓어 오르게 된 데에는 NFT의 역할이 크다.

3. 대체 '대체불가능한 토큰'이 무엇이란 말이냐?

NFT는 Non-Fungible Token의 줄임말로 한국말로 옮기자면 '대체불가능한 토큰' 또는 '비대체 토큰'으로, 암호화폐와 같은 디지털 자산에 속한다. 대체불가능한 토큰이란 다른 것과는 교환할 수 없는 유일무이한 가치를 갖는 토큰임을 의미한다. 개념적으로는 확 와닿지 않지만 대체불가능한 토큰과 대치되는 대체가능한 토큰의 사례를 들면 이해하기 쉬울 것이다.

대체가능한 토큰에는 비트코인과 이더리움과 같은 일반 암호화폐가 있다. 이들은 토큰 한 개의 가치가 같이서 화폐처럼 서로 대체가 가능하다. 법정통화도 대체가능한 토큰의 일종이라 할 수 있다. 내 돈 만 원짜리 한 장과 다른 사람이 가진 만 원짜리 한 장은 가치가 같아 교환하더라고 어느 쪽도 가치가 변하지 않는다. 지폐의 왼편 상단에는 일련번호가 적혀있는데 내 돈 만 원과 내 동생의 만 원이 비록 일련번호는 달라도 만 원이라는 가치는 같다. 비트코인도 모든 비트코인은 같은 가치를 지닌다. 이렇게 대체가능 토큰을 FT(Fungible Token)라고 부른다.

[그림 3-41] 대체가능 토큰의 개념도

만 원짜리 지폐가 대체가능하다고 했지만 전 세계 화폐 수집광들에게는 지폐에 적힌 일련번호는 대체불가능한 고유의 가치를 지닌다. 따라서 신권이 발행되면 빠른 번호, 특이한 번호 등을 입찰 등을 통해 손에 넣으려고 한다. 즉 만 원 한 장에 특별한 가치가 부여된 경우는 다른 만 원과는 바꿀 수 없는 가치를 갖는 대체불가능한 자산이 되는 것이다. 아이가 대충 휘갈긴 낙서 같은 그림도 세상 유일한 것으로, 가치야 어떻든 간에 다른 그림으로는 대체할 수 없는 속성을 지닌다. 이렇게 하나의 사물, 또는 개체를 디지털화해서 블록체인으로 토큰화한 것이 NFT다. 따라서 이전에는 생각지도 못했던 JPG나 GIF 이미지 파일이 NFT로 디지털 자산이 된다.

4. 디지털 데이터가 자산이 되기까지

NFT는 예술작품이나 컴퓨터 게임 내의 아이템 또는 캐릭터, 음악, 동영상, 트레이딩 카드(trading card)[44] 등의 디지털 작품, 혹은 부동산이나 회원권 등의 소유권을 토큰화할 수 있는 구조로 되어 있다. 암호화폐와 마찬가지로 블록체인 네트워크상에서 그 가치를 관리할 수 있으며, 영상이나 그림, 음악 등 오프라인 저작물을 디지털화하면서도 원작자·자산 소유권·판매 이력 등의 정보를 블록체인에 모두 기록해 두기 때문에 위변조, 복제할 수 없다. 포토샵으로 이미지 파일을 수십 장, 수천 장 복제해도 어떤 게 원본인지 알 수 없지만 NFT 기술을 적용하면 원본과 복사본을 식별할 수 있다. 디지털 세상에서 원본의 희소성이 상실되는 한계를 블록체인 기술로 극복해 어떤 경로로 소유권이 이전되었는지 입증할 수 있는 '유일한 인증서' 역할을 하므로 디지털 작품을 안전하게 거래할 수 있다.

44) 영화, 게임, 애니메이션 등 다양한 주제를 가지고 제작된 수집용 카드로, NBA, MLB 등의 세계적인 스포츠 선수들의 모습을 담은 카드가 제작돼 수집가들 사이에서 고가에 거래되곤 한다.

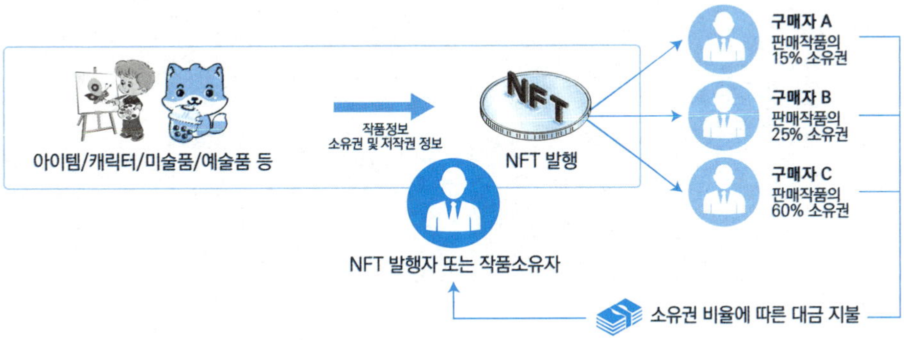

[그림 3-42] 대체불가능 토큰의 개념도

디지털 데이터는 이더리움을 비롯해 NFT 발행이 가능한 블록체인 플랫폼을 통해 토큰화해서 NFT로 발행할 수 있다. NFT로 발행된 예술작품이나 게임 아이템 등은 가상통화와 마찬가지로 NFT에 대응하는 월렛으로 송수신하거나 NFT의 구매자와 판매자를 중개하는 P2P 마켓플레이스(marketplace) 등에서 거래할 수 있다.

NFT는 2021년에 들어서 갑자기 화제가 되었는데 NFT화된 예술작품이나 인기 게임을 테마로 한 NFT 기반 트레이딩 카드 등이 엄청난 금액으로 거래된 것이 계기가 되었다. 2021년 3월 세계적 경매업체 크리스티에서 마이크 윈켈만(Mike Winkelmann)이 만든 NFT 암호화 기술을 적용한 JPG 파일 형식의 디지털 아트 '에브리데이즈; 첫 5,000일(Everydays-The First 5,000 Days)'는 약 6천930만 달러(약 817억 원)에 판매됐다.

출처: 크리스티

[그림 3-43] 800억 원에 팔린 JPG파일 '에브리데이즈: 첫 5,000일'

출처: cryptostache.com

[그림 3-44] 스트리트 파이터 시즌2를 테마로 한 NFT 기반 트레이딩 카드

5. 이더리움이 NFT의 주류 플랫폼이 된 이유

이더리움에는 블록체인상에서 디지털 자산의 발행 및 거래 편의성 차원에서 ERC(Ethereum Request for Comments) 규격을 정의해 놓았다. 토큰을 만들 때 준수해야 하는 프로토콜을 의미하며 일반적으로 대체가능한 토큰 대부분은 ERC-20의 표준을 따른다. ERC-20의 핵심적인 특성은 동등한 가치로 구매·판매·교환된다는 데 있다. ERC-20은 2015년 6월 처음 제안된 이래 헤아릴 수 없이 많은 토큰이 출현하는 데 기여하게 된다. 토큰 생성이 쉬워지면서 코인 ICO (Initial coin offering)가 활발해졌고 이더리움은 플랫폼 시장의 왕좌를 차지하게 되었다.

그러한 가운데 이더리움이 NFT의 주류 플랫폼이 된 데에는 이유가 있다. 이더리움에서는 NFT용으로 정의한 ERC-721 및 ERC-1155 2개의 규격이 존재하는데 이 규격으로 NFT를 발행하면 해당 규격에 대응한 월렛이나 마켓플레이스, 애플리케이션과 호환성이 있어 그대로 이용할 수 있다. 이더리움은 NFT를 표준화하기 위한 규격을 일찍부터 정의해 놓았기 때문에 NFT의 발행 플랫폼으로서 범용성을 띠게 된 것이다.

ERC-20은 대체가능하지만, ERC-721을 따르는 NFT토큰은 ID, 값 등으로 구별되어 각각 고유한 속성과 희귀성을 갖출 수 있으므로 복제할 수 없다. 즉 다른 자산과 호환되지 않는 대체불가능한 속성을 지닌다.

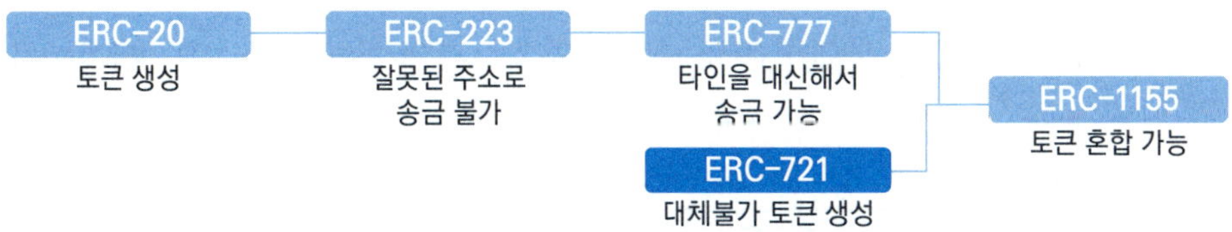

[그림 3-45] ERC의 상호 연계 관계도

크립토키티는 2017년 11월 출시된 ERC-721 토큰 방식의 디앱(DApp)으로, 고양이 캐릭터를 수집·교배하고 그 캐릭터 이미지를 암호화폐로 거래하는 NFT를 활용한 최초의 게임으로 고양이 캐릭터가 1억 원 이상에 거래되기도 해서 화제가 됐다.

출처: 크립토키티 홈페이지

[그림 3-46] 블록체인 게임 붐을 일으켰던 '크립토키티'

또 다른 규격인 ERC-1155는 FT와 NFT 양쪽 토큰을 관리할 수 있으며 여러 토큰 거래를 한꺼번에 처리·승인할 수 있다. 최근에는 ERC-721을 확장한 저작권을 관리할 수 있는 ERC-2665와 같은 표준도 등장했다. 이더리움 외에도 다양한 블록체인마다 독자적인 토큰 규격을 바탕으로 NFT 사양을 정의한다. 따라서 NFT의 용도, 목적에 따라 NFT 발행 플랫폼을 자유롭게 선택할 수 있는 상황이다.

〈표 3-17〉 FT와 NFT 간의 비교

구분	FT(ERC-20)	NFT(ERC-721)
유형	통화(currency)	증서(Deed)
토큰정보	토큰 이름 및 약어	고유정보
상호교환성	있음	없음
분할성	있음	없음
추적정보	잔고 추적	소유권자 추적
활용 사례	- 송금 및 물품 구매 - 디지털 통화(포인트, 기관에서 발행하는 코인 등) - 디지털 증권(주식, 채권, CO_2 배출권 등)	- 자산 소유권 - 디지털 콘텐츠(게임 캐릭터, 작품 등) - 물리적인 사물의 등기(부동산, 감정품 등)
이더리움 규격	ERC-20	ERC-721
데이터 구조 (토큰 컨트랙트)	각 소유자의 지분을 기록한다 주소(핵심 키) / 잔고 A 0X1234... / 800 B 0X5678... / 200 C 0X9012 / 0 합계 / 1,000	각 토큰의 소유권자를 기록한다 토큰 ID(핵심 키) / 주소 토큰 #1 / A 0X1234... 토큰 #2 / B 0X5678... 토큰 #3 / C 0X9012... ... / ...

출처: ERC(Ethereum Request for Comment)를 기반으로 재작성

6. NFT의 3가지 특징

NFT는 상호운용성, 거래가능성, 프로그램가능성 3가지 특징을 갖는다.

1) 상호운용성

대다수의 NFT는 발행 시점부터 여러 월렛이나 마켓플레이스에서 확인·이용할 수 있게 된다. 이것은 NFT의 사양이 공통 규격(이더리움 블록체인의 경우는 ERC721이 일반적)으로 정해져 있기 때문이다. 예를 들면 악보든, 그림이든, 감정서의 서식이든 일정하게 정해져 있는 상태다. 이 규격을 따라 발행하는 한 어떤 서비스상의 NFT라도 원리상으로는 다른 서비스 내에서 취급하는 것이 가능하다.

2) 거래가능성

기존에는 디지털 데이터 대부분은 발행한 기업의 서버 내에서 소유권(오너십)이 관리되어 자신이 데이터의 소유자임을 입증하는 것을 서비스 제공 측에 의존하고 있었다. 이에 반해 NFT는 소유권이 특정한 서비스 공급 업체가 아니라 블록체인에 명시되어 있어 소유자는 비트코인과 같은 암호화폐처럼 자신의 NFT를 자유롭게 이전할 수 있다. 즉, 중간에서 누군가 나의 소유권을 인정해줄 필요가 없다.

또한 NFT의 소유권은 오로지 소유자하고만 연결돼 위조·복제도 불가능하므로 현실 세계의 미술품이나 수집품 등과 마찬가지로 거래시장에서 자산 가치를 보유한 존재로 취급된다.

3) 프로그램가능성(programmability)

NFT에는 다양한 부가 기능을 데이터 자체에 적용할 수 있다. 부가 기능의 예로 유통 수수료가 있다. 가령 화가가 자신의 그림을 화랑에 판매하고 화랑이 그 그림을 경매에 부친 경우, 화랑이 경매를 통해 취한 이익은 화가에게 돌아오지 않는다. 또한 최초의 구매자가 재판매한 경우에도 화가에게 이익은 없다.

한편, NFT의 경우에는 이렇게 여러 경로로 유통될 때 화가에게 구입대금 일부를 지급하도록 프로그램을 그림 자체에 미리 설정해 놓을 수 있다. 이처럼 기존과는 다른 인센티브나 돈의 흐름을 자산에 미리 프로그램화해서 입력해 놓을 수 있다는 점이 새로운 사실이다. 한편 이러한 특징을 갖추기 위해 현재 대부분의 NFT는 이더리움 블록체인상에서 발행되고 있다. 그 이유는 이더리움의 기능적인 성질이 NFT에 적합하다는 점, 그리고 이용자가 많아 네트워크 효과를 얻기 쉽다는 점이 작용한다.

중고차의 NFT 거래 프로세스

2020년 3월 16일, 블록체인 기업 데이터체인(Datachain)은 일본 토요타 파이낸셜 서비스와 공동으로 블록체인을 활용해 중고차량의 가치 증명을 비롯해 자동차의 소유권을 이전할 때 전자 계약의 편의성 향상 및 안전한 데이터 관리를 목적으로 하는 실증실험을 진행했다. 차량의 교통법규 위반 사항이나 자동차 제조 이력, 정비 이력 등을 관련 기관으로부터 수집하여 해당 차량의 NFT를 발행한다. 블록체인의 데이터 위변조 방지 기능을 바탕으로 차량의 주행 데이터 및 유지 보수 데이터의 이력을 신뢰할 수 있으며, 그 가치는 평가 가격에 반영될 수 있다. 판매자와 구매자는 기업, 경찰청, 정비소 등에서 제공한 차량 정보를 확인·열람하고 구매와 이전 시 정보를 갱신한 신규 NFT로 발행하고 구매 관련 계약서는 스마트 컨트랙트로 작성하여 블록체인으로 관리하는 거래 시스템이다.

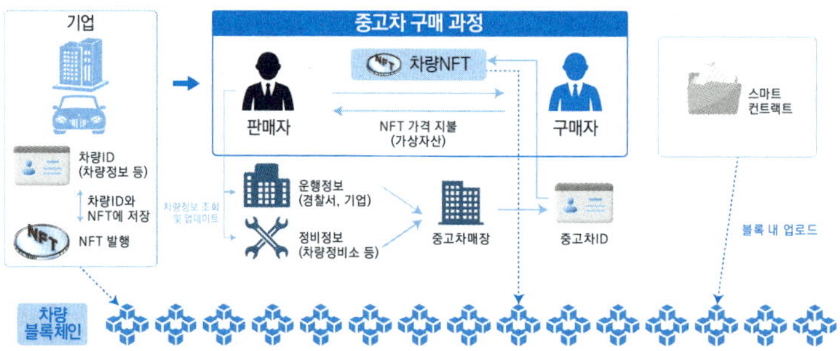

출처: HTTPS://RESPONSE.JP/

[그림 3-47] 중고차 NFT 거래 프로세스(실증안)

7. 비트코인에도 존재하는 NFT '컬러드 코인'

화제가 된 NFT의 대부분은 이더리움 블록체인상에서 발행되었지만 예전부터 비트코인에도 NFT가 존재했다. 비트코인에는 Open Assets Protocol(OAP)

이라는 기술이 있다. 비트코인의 블록체인은 이중 계층(layer)으로 되어 있어 첫 번째 계층에 거래 데이터를 기록하고, 두 번째 계층에는 송금 메시지를 게재할 수 있다. 이 메시지 기반을 확장하는 기술이 OAP다. OAP를 활용해 비트코인을 송금할 때 다양한 정보를 보낼 수 있다. 원래는 비트코인을 송금함과 동시에 투표 등에 이용할 것을 상정하고 개발한 기술이지만 이것을 활용한 컬러드 코인(Colored Coin)이라는 구조가 등장해 활용의 폭이 넓어졌다.

비트코인은 거래를 기록하는 화폐 용도로 개발되어 텍스트를 삽입할 수 있는 공간의 크기가 작다. 그렇지만 졸업증명서처럼 간단한 기록은 새겨넣을 수 있는데 화폐에 문구를 새겨넣는 기념주화 같다고 해서 이를 컬러드 코인이라 불렀다. 이더리움의 창시자 비탈릭 부테린이 열광한 비트코인의 속성이 바로 이 컬러드 코인이다. 그는 텍스트를 삽입할 수 있는 용량을 늘리면 비트코인을 스마트컨트랙트의 플랫폼으로 사용할 수 있다고 생각했다

컬러드 코인은 두 번째 계층에 정보를 게재해 독자적으로 암호화폐를 발행할 수 있다. 즉 대체불가한 비트코인을 표현한 것으로 이것도 일종의 NFT라고 할 수 있다. 컬러드 코인은 그 후에도 다양한 연구가 이루어지고 있는 기술이다.

8. NFT로 관심이 쏠리는 이유

종전의 디지털 데이터는 무제한으로 복제할 수 있으며, 바로 그 점이 디지털의 장점이기도 했다. 하지만 바꿔 말하면 소유권을 증명하기 어렵다는 것을 의미한다. 그러나 블록체인 기술로 디지털 데이터를 NFT로 전환함으로써 소유권을 주장하고 권리의 보유를 증명할 수 있게 되었다. 또한 거래로 권리를 양도하고 소유권 이전을 블록체인상에서 추적할 수 있다.

네트워크를 통해 유통되는 NFT는 암호화폐와 마찬가지로 어떤 지갑(월렛) 주소에서 어떤 지갑 주소로 소유권이 넘어갔는지 권리의 이력 관리도 가능하다. 이것이 디지털 예술작품이 NFT로 전환되는 가장 큰 이유다.

또한 컴퓨터 게임 업계도 전환될 가능성이 있다. 가령 어떤 블록체인 게임 아이템을 NFT로 발행하면 그 NFT 아이템을 지갑을 통해 다른 사람에게 양도하거나 마켓플레이스에 출품할 수 있다. 또한 게임 아이템을 NFT로 발행하면 그 규격에 대응하는 다른 게임에서도 그 아이템을 사용할 수 있다. 이처럼 NFT는 디지털 자산으로 거래할 수 있어 다양한 분야에서 주목을 받고 있다.

현재 활발한 거래가 이뤄지는 대표적인 NFT 마켓플레이스에는 오픈씨(Opensea), 라리블(Rarible), 민트베이스(Mintbase) 등의 해외플랫폼이 있다. NFT를 자유롭게 등록하고 내가 원하는 가격대로 설정해서 사고팔 수 있다.

〈표 3-18〉 주요 NFT 유통 서비스

	오픈시(OpenSea)	라리블(Rarible)	슈퍼레어(Super Rare)
소재(창립일)	미국 (2017년 창업)	미국 (2020년 창업)	미국 (2017년 창업)
특징	- 세계 최초이자 최대규모 - 크립토키티 릴리즈를 계기로 시작 - 아트, 음악, 도메인 네임, 가상세계, 트레이딩 카드, 수집품, 스포츠 카드, 유틸리티 총 8개의 카테고리로 대중 누구나 거래할 수 있는 플랫폼	- NFT를 간단히 발행할 수 있는 사용자인터페이스가 특징 - 커뮤니티 조직에 주요의사결정 권한을 부여하는 탈중앙화 조직(DAO)[45] 형태로 운영	- 까다로운 큐레이팅을 통해 각 아티스트 수입을 보장하는 NFT예술 플랫폼 - NFT를 여러 개를 발행할 수 있는 것이 아닌 작품당 단 1개의 NFT토큰만 판매 가능

45) Decentralized Autonomous Organization의 약자로 기존의 중앙화된 조직 형태와 달리 분산화되고 자율적으로 운영되는 조직 또는 시스템을 말한다. DAO에는 위계가 없고, 조직의 이익과 구성원들의 이익을 조정하기 위해 경제적 메커니즘을 사용한다.

9. 블록체인·NFT를 도입한 메타버스 사례

1) 디센트럴랜드(Decentraland)

디센트럴랜드는 2015년부터 개발이 진행되고 있는 메타버스다. 블록체인 기반의 메타버스 중에서는 가장 오래된 플랫폼이라고 할 수 있다. 이더리움을 기반으로 '마나(MANA)'라는 네이티브 토큰[46]을 발행하거나 디센트럴랜드 위의 토지를 '랜드(LAND)'라는 NFT로 발행·유통하고 있다.

사용자는 월렛을 연결하여 디센트럴랜드에 로그인할 수 있으며 아바타로 참가한다. 아바타의 패션이나 토지 위에 올라가는 건축물 등도 NFT로 작성·판매가 가능해서 디자이너나 건축가, 토지 거래자 등이 각 방면에서 활약하고 있다.

출처: decentraland.org

[그림 3-48] 디센트럴랜드

46) 블록체인 인프라에서 직접 발행되는 토큰으로 블록체인 내에서 투표나 전송 수수료의 결제 등에 쓴다.

2) 크립토복셀(Cryptovoxels)

크립토복셀은 2019년 탄생한 메타버스로 새롭게 두각을 나타내고 있다. 이더리움 블록체인 기반의 메타버스로, 오큘러스 퀘스트(Oculus Quest)를 비롯한 VR 브라우저를 탑재한 헤드셋에도 대응한다. 사용자는 경매나 마켓플레이스에서 NFT화된 토지를 사들여 가게나 갤러리를 만들고 그 안에 NFT 객체를 배치할 수 있다. NFT 객체는 외부 서비스를 이용하여 만든 컬렉터블(collectable; 수집)로 이 NFT 객체는 시장인 오픈시(OpenSea) 등과 연계해 그 자리에서 매매할 수 있다. 메타버스 안에서 NFT 아트 갤러리를 운영할 수도 있다. 크립토복셀는 프로그래밍 지식이 없더라도 편집할 수 있는 세계를 구축하는 것을 목표로 삼고 있으며 모두 빌트인 기능으로 브라우저에서 이용할 수 있는 것도 특징이다.

출처: playtoearn.online

[그림 3-49] 크립토복셀

3) 샌드박스(Sandbox)

샌드박스는 2012년 휴대폰용으로 개발한 게임 플랫폼을 기반으로 하는 전통적인 게임 시리즈의 최신판이다. 2018년 8월 애니모카 브랜즈(Animoca Brands)에 인수되어 블록체인을 기반으로 한 메타버스 플랫폼으로서 계속 발전해 나가고 있다. 애니모카 브랜즈는 홍콩에 기반을 둔 게임 소프트웨어 회사이자 벤처 캐피탈 회사다.

샌드박스 최신판에서는 3D 블록으로 가상세계에서 물건이나 건물을 만드는 등 다양한 게임 체험을 할 수 있다. 사용자는 토지나 캐릭터, 아이템 등의 자산을 이더리움 블록체인 기반의 NFT로 매매하는 것도 가능하다.

네이티브 토큰 샌드(SAND)를 발행하여 메타버스에서 이용할 수 있는 주요 토큰으로 이용한다. 샌드박스에서 콘텐츠 제작자는 게임 자산과 게임 체험을 수익화하는 것이 가능하다는 점이 특징이다.

출처: sandbox.game

[그림 3-50] 샌드박스

10. 블록체인 및 NFT 도입 후 메타버스의 진화

세컨드 라이프의 시대에도 이미 메타버스의 요소가 온전히 포함되어 있었다. 세컨드 라이프는 3차원 그래픽으로 만들어 얼핏 보면 단순한 게임처럼 보이지만 실제보다 다양하고 왕성한 경제활동이 가능하다. 특히 집을 사고 물건을 만들어 파는 등 경제활동이 가장 근본적인 토대라 사용자들의 경제적 동기를 자극해 적극적인 참여를 이끌어낸다는 점이 가장 큰 특징이었다. 그러나 이상적인 가상세계라고 하기에는 보안 개념이 희박하고 여전히 위험한 요소를 많이 포함하고 있었다.

세컨드 라이프 안에서는 사용자 간 린든머니라는 디지털 화폐를 거래할 수 있어서 외부 서비스로 법정통화를 건네주면 세컨드 라이프 안에서 디지털 통화로 건네받는 식의 유사 거래소 행위도 가능했다. 세컨드 라이프에서 땅을 파는 부동산업자도 외부 서비스에 존재했다. 돈을 지불해도 세컨드 라이프 안에서 인도가 이루어지지 않는 등 사기도 적지 않았고 터무니없이 비싼 가격의 물품을 강매하는 등의 부작용도 일어나고 있었다. 그러나 구두로 거래를 약속하고 통합된 시스템도 없으며 상황을 추적할 만한 하는 장치도 없었다. 당시에는 블록체인의 개념이나 암호화폐도 존재하지 않았기 때문에 이들을 해결하는 방법은 당연히 없었다. 또한, 메타버스 자체도 그러한 방식을 의도한 것이 아니라서 모두 사용자의 아이디어 혹은 노하우라는 개념에 지나지 않았다.

메타버스는 이러한 역사를 거쳐 블록체인이나 NFT와 같은 기술이 등장함으로서 점점 이상적인 가상세계가 실현될지도 모른다는 기대가 높아지고 있는 단계에 있다. 블록체인 기술을 응용한 NFT는 예술작품이나 메타버스 안의 아바타나 아이템 등의 디지털 자산에 작가나 소유자의 정보를 추가할 수 있다. 메타버스 안에서 만든 아이템을 NFT화함으로써 외부 서비스라도 앞으로는 안심하고 안전하게 거래를 할 수 있게 되는 것이다. 제3자가 운영하는 NFT 마켓플레이스라고 해도 블록체인으로 발행된 NFT라면 누구나 안심하고 매매할 수 있게 된다. 또한 메타버스 안의 통화를 암호화폐로 바꾸기만 해도 가상통화거래소에서 교환할 수 있으므로 글로벌 환경을 고려한 메타버스 환경을 구축하는 일이 가능하다.

11. 가상공간 비즈니스로 부활한 메타버스

코로나19의 확산으로 오프라인 활동이 제한되자 개인과 기업이 주요한 활동 무대를 가상의 공간으로 옮겨갔다. 가상공간은 '여러 사람이 참여할 수 있고 참가자가 아바타를 조작해 자유롭게 행동할 수 있으며 다른 참가자와 상호 작용할 수 있는, '인터넷상에 구축되는 가상의 3차원 공간'을 의미한다. 예를 들어, 가상공간에서 아바타를 조작해 슬로우 라이프를 즐기는 게임은 세계 누적 판매 개수가 약 3,200만 개(2021년 3월 시점)로 큰 히트를 쳤으며 2020년 5월 개최된 현실의 거리를 재현한 가상 이벤트에는 하루에 약 5만 명의 사용자가 모여 화제가 되었다. 그렇다면 가상공간 비즈니스는 사업자에게는 어떤 이점을 가져다 줄까?

1) 신규 사업 창출

오프라인에서 벌이던 사업을 가상공간으로 옮겨가는 사례를 흔히 찾아볼 수 있다. 예를 들면, 참가료로 수익화를 도모하는 가상 이벤트나 가상 관광 등이다. 오프라인에서는 제공할 수 없는 가상공간만의 체험 제공이 수익화의 포인트가 된다.

또한 NFT의 등장으로 이 세상에 단 하나만 존재하는 디지털 아이템의 보증이 가능해져 가상공간에서 이용하는 아바타, 건물, 미술품 등의 디지털 아이템 매매, 디지털 콘텐츠의 N차 이용 비즈니스가 앞으로는 더욱 활성화될 것으로 전망한다.

2) 마케팅

디지털 리터러시가 높은 MZ세대에게 다가가는 장소로 활용하거나 가상공간만의 체험을 제공해 고객의 참여를 높일 수 있다. 가령 BMW·페라리·현대자동차 등의 완성차 업체는 가상공간 내에서 자사의 차량을 시승할 수 있는 서비스를 진행하고 있다. 자동차나 부동산처럼 거래 금액이 큰 재화는 고객의 체험이

성약률로 직결된다. 따라서 가상공간에서 부담 없이 체험할 수 있다는 점은 사업자와 고객 모두에게 이점이 된다.

3) 생산성 향상

사원과의 커뮤니케이션을 원활하게 할 목적으로 가상공간을 활용하는 사례도 많다. 코로나19로 인해 원격 커뮤니케이션으로서, 대면으로 이루어지는 커뮤니케이션을 대체하는 수단으로서 가상공간이 활용된다.

메타가 2020년 출시한 가상 회의 공간인 '호라이즌 워크룸(Horizon Workroom)'은 오큘러스 VR 헤드셋으로 접속할 수 있는 가상세계로, 비공개 베타 서비스다. 직원을 아바타로 표현하고 사용자들은 물리적으로 떨어져 있지만 VR 기기를 통해 가상 회의실에 모여 파워포인트를 띄워 놓고 자신의 아바타를 통해 동료와 회의를 진행할 수 있다.

또, 통상적으로 재현하기 어려운 재해 시뮬레이션 등 실증실험의 장소로도 활용한다.

출처: 메타

[그림 3-51] 메타버스 가상회의실 '호라이즌 워크룸'

12. 웹3.0과 게임파이

웹3.0이라는 키워드가 2021년 말부터 급속히 주목을 받아왔다. 웹은 시간이 흐르면서 웹1.0, 웹2.0, 웹3.0으로 진화해왔다.

웹1.0은 읽기만 가능한 개념으로 1990년대 및 2000년 초반 웹페이지들을 떠올리면 된다. 대부분 일방향으로 정보공유가 이뤄지던 시절이다. 읽기만 가능하고 댓글 기능은 없다.

웹2.0은 읽기와 쓰기가 가능한 개념으로 현재의 웹사이트에 해당한다. 웹2.0에서는 구글, 아마존, 메타, 네이버, 카카오 등 특정한 플랫폼에 개인정보가 집중되면서 독과점 양상, 데이터의 수익화, 개인정보의 노출 등이 문제시되었다.

웹3.0은 읽고-쓰고-소유가 적용된 개념으로 웹2.0에서 발생한 문제점을 해결하기 위해 등장한 개념이다. 웹3.0은 아직 그 개념과 실체가 모호하지만 기본적으로 블록체인 기술을 근간으로 삼는 '차세대 인터넷'으로 인프라에 가까운 부분을 지칭하는 개념이다.

	WEB 1.0	WEB 2.0	WEB 3.0
소통방식	읽기만 가능	읽기·쓰기	읽기·쓰기·소유
운영주체	회사·개인	거대 플랫폼	네트워크
인프라	개인컴퓨터	클라우드·모바일	블록체인·메타버스
운영권한	탈중앙화	중앙화	탈중앙화

출처: 친절한 박군의 리뷰로그

[그림 3-52] 웹의 진화

웹3.0을 기반으로 탄생한 서비스에는 NFT(대체불가능한 토큰), 디파이(De-Fi, 탈중앙화 금융), DAO(Decentralized Autonomous Organization, 탈중앙화 조직) 등이 있다. 게임을 하며 보상을 획득하는 게임파이(GemeFi)도 웹3.0에 해당한다.

게임파이는 Game(게임)과 Finance(금융)를 결합한 단어로 'P2E(Play to Earn, 돈버는 게임)'라는 새로운 장르를 개척했다. 그러나 게임파이의 정의는 여전히 모호해 때로는 블록체인 게임 혹은 NFT게임이라고도 부른다.

출처: STEPN

[그림 3-53] 대표적인 M2E(Move to Earn)인 스테픈

일반적인 게임에서는 던전을 클리어하거나 여러 명의 막강한 적을 물리치면 보상과 경험치를 얻을 수 있다. 그러나 그 보상이라는 것이 어디까지나 게임 안에서만 가치 있을 뿐이다. 게임에서 천만 원을 벌더라도 현실 세계에서 통화로

교환할 수는 없다. 그러나 게임파이는 게임하면서 암호화폐를 얻고, 또 그 암호화폐를 실제 돈으로 바꿀 수 있다는 의미에서 기존의 게임과 다르다.

스테픈(STEPN)은 이용자가 운동하면서 돈을 버는 M2E(Move to Earn) 앱이다. 이용자가 150만 원 상당의 운동화 NFT를 구매한 후 일정 시간 동안 걷거나 달리면 암호화폐를 획득할 수 있다.

13. 금융서비스와 메타버스의 접목

1) 금융기관에서의 메타버스 활용목적 및 사례

금융기관에서는 메타버스를 사내에서나 기존 금융서비스의 새로운 영업 채널로 활용하고 있다. 그 외에도 현실과 메타버스를 융합해 새로운 금융서비스를 제공할 목적을 갖는다. 현재로서는 사업 수익성이 제한적이지만 메타버스 활용은 수난이나 채널로서 가능성이 크다.

〈표 3-19〉 메타버스 활용 사례

활용목적	활용 사례
내부 활용	• 회의 • 사내 및 그룹 내 커뮤니케이션 • 이벤트
프로모션	• 가상매장 출점 • 메타버스상에서 채용 이벤트 • 메타버스상에서 IR설명회 개최
분석	• 메타버스상의 데이터 분석 및 활용 검토 • 시뮬레이션(재해 리스크 평가)
비즈니스 (수익화)	• 결제 수단 제공 • 디지털 보험 판매 • 메타버스상에서 토지 구입을 위한 주택담보대출

출처: 노무라 종합 연구소

프로모션 측면에서는 여러 금융기관이 메타버스상에 이미 출점해 있다. 상설 운영은 제한되기 때문에 지속적인 대응이 필요하다. 분석 측면에서는 과거 데이터를 기반으로 보험료를 설계하는 기존의 방식뿐 아니라 메타버스상의 시뮬레이션에 기초한 예측 데이터를 활용해 보험상품을 개발하는 서비스를 생각할 수 있다. 한편 비즈니스 측면에서는 메타버스상의 근로(아바타를 통한 접객 대응, 메타버스 내 순찰업무 등)나 자산에 대한 손해보험을 제공하는 사례 등을 들 수 있다. 메타버스의 토지 구매자를 대상으로 한 '메타버스 주택대출'은 실제로 이미 제공 중이다.

메타버스에서는 국경을 넘는 서비스가 출현하기 마련이다. 따라서 자금세탁이나 테러자금 공여방지, 디지털 자산의 보호 등 글로벌 법 규제와 표준화의 장벽이 높아 금융기관에서도 운용상의 어려움이 따른다. 메타버스의 시장 확대가 예상되는 가운데 금융기관의 경영 및 사업에 메타버스를 접목하는 정도가 깊어져 갈 것으로 예측한다.

2) 메타버스에서 결제 수단의 한계

현실 세계에서는 이용자가 여러 결제 수단 중에서 선택할 수 있는 환경이 갖춰져 있지만 메타버스상에서는 결제 수단이 제한되어 사이버상에서 결제가 완결되지 않는 경우가 있다. 이용자 관점에서는 아래와 같은 환경을 이상적으로 간주하므로 사업자들이 현실적인 방안을 모색 중이다.

- 평소에 이용하는 여러 결제 수단 중에서 하나를 선택해 메타버스상에서 부담 없이 구매하고 결제할 수 있는 환경
- 어떤 메타버스에 로그인하더라도 구매한 아이템이 나타나 상호 이용할 수 있는 환경
- 개인정보가 보호되고 익명성이 담보되는 환경

〈표 3-20〉 메타버스 상에서 결제 수단 후보 사례

결제 수단	일반적인 결제 수단 사례
NFT	암호자산, 신용카드, 자금이체
암호자산(가상통화)	비트코인, 이더리움
수익증권발행신탁(전자지불결제 수단)	스테이블 코인
신용카드	비자, 마스터카드, BC카드
직불카드/체크카드	은행 및 신용카드사 발행
선불결제 지급 수단	네이비페이, 카카오페이, 토스페이 등
포인트	네이버페이 포인트, CJ포인트 등

3) 메타버스상에서 결제 플랫폼 간의 경쟁

메타버스상에서 공간이나 이벤트, 서비스, 교류가 늘어나면서 돈이 움직이게 된다. 현실 세계에서 돈이 움직이는 곳에는 반드시 금융기관이 존재하듯이 메타버스 내에서도 금융 서비스가 중요해진다.

요즘 금융기관에서는 메타버스상에서 결제 플랫폼을 제공하려는 시도가 활발해지고 있다.

〈표 3-21〉 메타버스 내 결제와 관련된 금융기관의 대응 사례

금융기관	대응 개요
아메리칸 익스프레스	NFT, 암호 자산, 블록체인 자산 거래와 관련된 상표를 출원. 메타버스상에서 카드결제, ATM서비스, 은행서비스, 사기 감지 기능 등의 제공을 검토 중
마스터카드	다양한 NFT 마켓플레이스에 결제할 때 당사의 신용카드, 직불카드를 사용할 수 있다고 발표. 암호자산을 구매하지 않고도 NFT를 직접 구매하는 것이 가능
JCB	메타버스나 게임에서 디지털 데이터의 권리를 관리하는 데 있어 신뢰성을 향상하는 실증실험을 개시
JP모건	디센트럴랜드에 오닉스 라운지(Onyx Lounge)를 개설. 메타버스에 진출한 최초의 은행임을 공표. 디지털 통화 'JPM 코인'을 포함해 메타버스상에 결제 플랫폼을 제공하는 서비스를 검토 중. 단일통화부터 다중통화까지 선택지를 제시하는 결제 수단을 검토

금융기관	대응 개요
미쓰비시UFJ신탁은행	스테이블 코인 '프로그마코인(Progmacoin)'을 제공해 메타버스 내 결제 등에 활용하는 방안을 검토. 디지털 자산이나 콘텐츠 및 권리를 NFT화해서 일괄관리하는 앱을 준비 중
미쓰이 스미토모 트러스트 홀딩스	메타버스에서의 결제수요, NFT수요증가에 대비하여 디지털 자산 관리에 특화된 신탁회사 설립을 준비 중이라고 발표

출처: 노무라 종합 연구소

앞으로 더 많은 금융기관이 메타버스상에서 결제 플랫폼을 제공하는 분야에 진출하면서 주도권 다툼이 치열해질 것으로 예상한다. 라트비아의 벤처기업인 ZELF는 메타버스 내에 은행을 개설해 카드나 앱 없이도 사용할 수 있는 서비스를 제공 중이다. 금융기관 이외에도 메타가 플랫폼상에서 지급결제 기능을 갖춘 '메타페이(Meta Pay)'를 기반으로 메타버스용 디지털 월렛 서비스를 전개해 나갈 계획을 발표하는 등 메타버스상에서의 결제를 놓고 치열한 눈치작전이 전개될 것으로 점쳐진다.

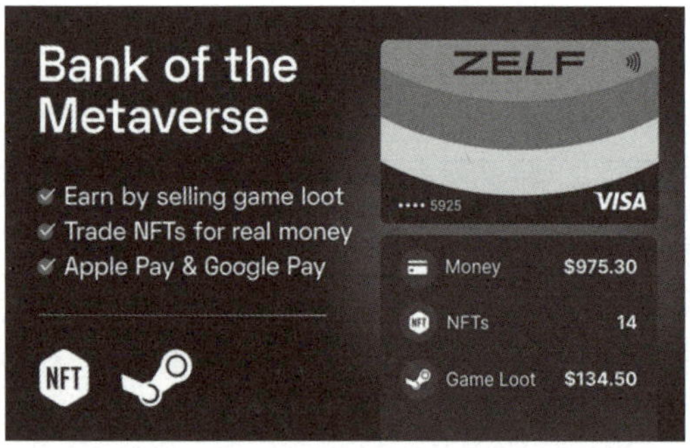

출처: ZELF

[그림 3-54] '메타버스의 은행' ZELF

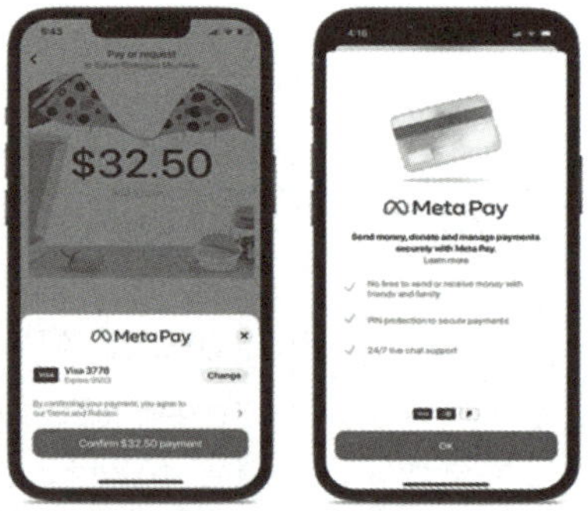

출처: gadgets360

[그림 3-55] 메타가 출시한 디지털 월렛 '메타페이'

14. NFT의 한계

국내외 금융사나 빅테크들도 블록체인에 이어 NFT 사업에도 뛰어들고 있지만 산적한 과제가 많다. NFT화된 디지털 예술품의 경우, 보존 방식으로는 NFT를 만든 블록체인 내 예술품 자체를 함께 저장하는 온체인(On-chain) 방식, 그리고 예술품 자체는 일반서버나 IPFS(Inter Planetary File System) 등 블록체인 밖에 저장하는 방식이 있다. 저장용량 및 고비용 등의 이유로 후자가 대다수를 차지하기 때문에 원본 파일에 대한 해킹 위험이 존재하고 디지털 특성상 무단복제를 원천적으로 막을 수는 없다. 또한 유명 작품의 소장자가 경매업체와 작품을 NFT로 만들어 경매에 부치기로 합의했다고 해도 저작권자와 협의를 거치지 않으면 저작권 침해에 해당한다. 그리고 블록체인 네트워크에 기록된 NFT는 영구 삭제되지 않지만 NFT 거래 플랫폼이 사라지면 해당 NFT로 접속하는 링크가 사라질 가능성이 있어서 과연 해당 플랫폼이 얼마나 영속적일지도 미지수다.

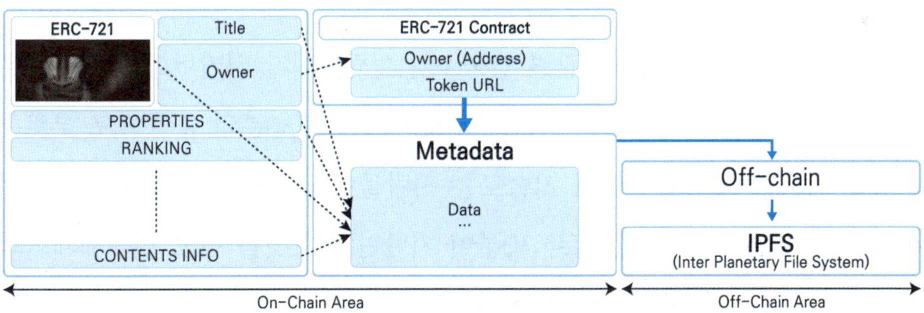

[그림 3-56] NFT의 아키텍쳐

15. 저커버그가 메타버스에 집착하는 이유

메타의 CEO인 저커버그가 메타버스에 집착하는 가장 큰 이유는 메타가 지금까지 유튜브·틱톡·스냅챗 등의 플랫폼에 젊은 사용자를 빼앗겼기 때문이다.

미 하원의 반독점 소위원회는 2019년 7월부터 GAMA의 반독점법 위반 혐의를 조사했고 2020년 10월 디지털 시장의 경쟁상황에 대한 조사보고서를 발표하고 법률 제정안을 권고했다. 따라서 메타는 새로운 기업을 인수하는 일이 어려워졌다. 그러므로 저커버그는 MZ세대에 어필하는 앱을 자사의 생태계에서 탄생시켜야만 하는 절체절명의 과제를 안고 VR을 중심으로 한 메타버스에서 활로를 찾으려는 것으로 해석된다. 또한 최근 내부고발자의 폭로와 뒤이은 정치권과 언론의 비판 공세로 궁지에 몰린 메타가 메타버스에 주력하는 모습을 보임으로써 대중의 칼같은 시선을 피할 수 있을지도 모른다.

초기의 VR 헤드셋은 영상의 지연으로 현기증이나 구역질이 나는 경우도 있었지만 마이크로 칩의 성능이 향상되어 그래픽이 크게 개선되었다. 그러나 아무리 헤드셋이 고성능이라 해도 VR을 통해 보는 아바타의 표정은 어딘가 어색하고 경직돼 있다. 우리가 메타버스에 산다고 하면 아바타는 훨씬 자연스러운 모습을 하고 있어야 한다.

또한, 스탠퍼드대학의 VR 관련 연구소의 설립자이자 저커버그의 조언자로 알려진 제레미 베일렌슨(Jeremy Bailenson) 교수는 '30분의 규칙'으로 부르는 문제를 거론한다. 그는 "현대 기술로는 사람들이 하루에 VR 공간에서 보낼 수 있는 시간은 최대 30분으로, 30분이 지나면 헤드셋을 벗고 현실세계와의 연결고리를 찾아야 한다"라고 말한다.

사람들이 현재 인터넷에서 보내는 시간을 메타가 메타버스로 교체하려고 한다면 하루에 3시간 이상을 메타버스에서 보내게 된다는 의미다. 또한 저커버그는 VR 헤드셋을 착용하도록 유도하기 위해 매력적인 콘텐츠를 준비해 놓아야 하지만 과연 어떤 콘텐츠가 적절하냐 하는 점이다. 먹방? 오징어 게임?

컴퓨터 과학자이자 현재 마이크로소프트의 연구원으로 재직 중인 재론 래니어(Jaron Lanier)는 1989년 가상현실(Virtual Reality)이라는 개념을 처음 대중적으로 제시했다. 그는 저서 「Dawn of the New Everything: Encounters with Reality and Virtual Reality」에서 'VR은 인류 역사상 최악의 발명품이 될 수 있다. 메타와 비슷한 비즈니스 모델로 메타버스를 운영하면 인간성이 파괴될 것이다'라고 지적했다.

메타버스에 대한 전망은 독자 여러분의 몫으로 남긴다.

〈표 3-22〉 금융권 메타버스 활용 현황-
차세대 소비 주체인 MZ세대와의 접점을 찾고 새로운 비즈니스 모델 제공

금융사	주요내용
IBK투자증권	• 메타버스와 블록체인 전문업체와 제휴 맺고 가상도시 '메타시티' 내 증권사 지점 개설, 모의투자, 자산관리, 금융교육 등 제공 예정
KB증권	• 가상세계 경제가 발전할수록 수혜입는 글로벌 기업 투자형 상품 'KB글로벌메타버스경제펀드' 출시 • 퀄컴, 아마존, 마이크로소프트, 로블록스 등
NH투자증권	• 메타버스 플랫폼 내에서 기업 분석 세미나, 투자 컨퍼런스 진행 예정
삼성증권	• 메타버스 플랫폼 내에서 2분기 사내 시상식 진행
하나은행	• 메타버스 전담 디지털 혁신 TFT 신설 • 원천기술 보유업체와의 비즈니스 협력 PB고객 위한 세미나 및 강연. MZ세대 고객과 소통 위한 체험공간 구축 • 직원들 자율 연수 프로그램 화상연수 방식에서 메타버스 활용 방식으로 전환 • 제페토 활용으로 하나글로벌캠퍼스를 구현하고 신입행원을 위한 멘토링 프로그램 벗바리 활동 수료식 진행
신한은행	• 독자적 메타버스 플랫폼 개발, 디지털 플랫폼 구축 협력업체 모집 중 • 금융브랜치, 금융교육, 고객 커뮤니케이션, 이벤트 등 다양한 금융, 비금융 콘텐츠 제작 중 • 자체 플랫폼 신한쏠에 메타버스 야구장 오픈, 2020 도쿄 올림픽 야구 국가대표 선전기원 이벤트 진행
국민은행	• 게더 플랫폼 활용 KB금융타운 오픈-금융/비즈센터, 재택센터, 놀이공간 등 3개 공간 구축 • 로블록스 플랫폼이나 가상 현실기기 활용한 가상금융체험관 실험 예정 • 아바타, AI 활용해 메타버스 영업점 구축하고 고객상담 및 금융서비스 제공 여부 검토

금융사	주요내용
우리은행	• 메타버스 얼라이언스 가입 통해 미래금융 사업 본격 추진 • 증강현실 기반 금융서비스를 더한 오프라인 메타버스 브런치 영업점에 적용 방침
농협은행	• NH 디지털혁신캠퍼스에서 메타버스 주제로 한 D-Talk 세미나 개최
SC제일은행	• 디지털 웰스케어 세미나 장소로 메타버스 플랫폼 활용
신한카드	• 금융권 최초 메타버스 특화카드 출시, 선불카드에서 제퍼토에서 쓸 수 있는 10대 친화적 할인 혜택 제공 • 고객 제퍼토 아바타를 카드 디자인에 반영, 현금 사용 많은 중고등학생 패턴에 맞춰 현금충전 기능 추가
DBG금융그룹	• 제페토에서 그룹 경영 현안회의 진행 • ESG 공모전 시상식, 사내 모임에 적극 활용
삼성자산운용	• 자체 개발한 빅데이터 분석 시스템 통해 센티먼트 분석과 ESG스크리닝 고려해 40-50개 종목 투자 • 메타버스 테마 유니버스 구성 후, 관심도와 모멘텀 결합 전략 통해 초과 수익 추구 예정

출처: 이베스트투자증권

6절 디지털 트윈 기술의 이해와 활용

1. 디지털 트윈의 정의

디지털 트윈(Digital twin)은 '현실 세계에서 얻은 정보를 기반으로 만들어낸 디지털 가상공간'이다. 이름에서 알 수 있듯이 디지털 방식으로 만들어진 쌍둥이다. 2002년 미시간대학교의 마이클 그리브스(Michael Grieves) 박사와 미국 항공우주국(NASA)의 존 비커스(John Vickers)가 제창한 아이디어를 바탕으로 디지털 트윈이라는 용어가 탄생했다.

기원은 1970년 달 표면 탐사에 나선 아폴로13호에서 유래했다고도 하며 반세기 이상 유용성이 검증된 기술이다. 현재는 AI, 5G, VR등 첨단 기술을 융합해 사용하고 있으며, 제조업을 비롯한 많은 산업에서 도입하고 있다.

디지털 트윈은 IoT를 통해 현실공간(물리공간)에서 방대한 양의 정보를 수집하고, AI가 처리하는 데이터를 분석 및 처리하며, 가상공간(디지털공간/사이버공간)에 환경을 재현하는 메커니즘이다.

출처: 국토교통부

[그림 3-57] 디지털 트윈의 구조

2. 디지털 트윈과 메타버스의 차이점

디지털 트윈과 메타버스의 두 가지 주요 차이점은 실제 세계와 연결되어 있는지, 디지털인지이다.

현재로선 메타버스를 명확하게 정의할 수 있는 단계는 아니지만 일반적으로 '가상공간에서 아바타를 매개로 운용할 수 있는 서비스'를 의미한다. 메타버스는 현실 세계와 연결되지 않은 디지털 공간이라 현실 세계에서 일어나는 일이 메타버스 공간에 영향을 미치지 않는다. 따라서 물리적 거리의 제약을 받지 않는 커뮤니케이션 및 회의를 위한 도구로 흔히 사용한다.

이에 반해 디지털 트윈은 현실 세계와 연결된 디지털 공간에서 다양한 시뮬레이션을 수행할 수 있다. 디지털 트윈과 메타버스는 다음과 같은 세 가지 차이점이 있다.

〈표 3-23〉 디지털 트윈과 메타버스의 차이점

구분	디지털 트윈	메타버스
가상공간의 차이	현실공간을 가상공간에 재현한다	현실공간을 충실하게 재현하는 것은 아니다
아바타 유무의 차이	아바타가 꼭 필요하지는 않다	아바타를 매개로 하는 활동이 일반적이다
이용 목적의 차이	현실 공간에서는 어려운 고도의 시뮬레이션을 실행하는 것이 주목적이다	게임, 미팅 등 일종의 커뮤니케이션 도구로써 활용하는 것이 현재 시점에서는 주류다.

3. 디지털 트윈과 시뮬레이션의 차이점

시뮬레이션과 디지털 트윈을 혼용하는 경우가 있지만 이 두 가지는 서로 다른 기술이다. 시뮬레이션은 현실 세계와 어느 정도 연결돼 있으나 반드시 디지털이라고는 한정할 수 없는 모델 검증 시스템이다. 실시간으로 상황을 반영할 수 없으며 반드시 디지털 방식으로 이뤄지는 것도 아니다. 때로는 물리적 모델로 시뮬레이션하는 경우도 있다.

디지털 트윈을 시뮬레이션의 일종으로 생각할 수도 있다. 그러나 가장 큰 차이점은 디지털 트윈은 실시간으로 현실 세계와 연결되어 있다는 데 있다. IoT 센서와 AI카메라에서 수집한 방대한 양의 실제 데이터를 기반으로 인공지능으로 실시간으로 분석 및 시뮬레이션할 수 있다.

4. 디지털 트윈의 5가지 이점

디지털 트윈에는 다음과 같은 다섯 가지 장점이 있다.

- 실제 테스트 실행 및 프로토타입 테스트 가능
- 원격으로 현장 상황 확인 가능
- 예지보전[47]으로 위험을 사전에 발견
- 데이터 분석을 통한 품질향상
- 적절한 인력 배치를 통한 비용 절감

1) 실제 세계에 가까운 시뮬레이션 및 프로토타입 테스트가 가능

디지털 트윈 공간에서는 자유롭게 지정한 조건에서 시스템, 기계 및 설비의 시뮬레이션과 시운전이 가능하다. 제조업에서는 디지털 트윈을 활용하면 시제품(프로토타이핑)을 만들 필요가 없다. 그리고 실제 세계에 한없이 가까운 환경에서 시제품을 테스트할 수 있다. 또는 현실 세계에서는 좀처럼 있기 어려운 혹독한 환경을 상정해 놓고 테스트할 수 있다. 시제품 비용을 크게 줄일 수 있을 뿐만

47) 기기의 이상을 그 상태감시에 의하여 예지하고, 그 정보에 기인해서 행하는 보전

아니라 운용 리스크도 정확하게 알 수 있다. 비제조업 부문에서도 디지털 트윈으로 시스템, 건물, 특정한 업무 프로세스를 시뮬레이션하여 사전에 정확한 위험성을 평가하는 기업이 늘어나고 있다. AR과 VR을 활용하면 시운전하는 상황을 직접 눈으로 확인할 수 있어 개선점과 문제점을 정확하게 감지할 수 있다.

2) 원격으로 현장 상황 확인 가능

디지털 트윈의 데이터는 통신 장치가 있는 모든 곳에서 볼 수 있다. 현장 상황이나 시뮬레이션 결과 확인을 온라인으로 완결할 수 있어 출장에 드는 비용과 시간을 크게 줄일 수 있다.

또한 현장의 일반적인 상황뿐만 아니라 작업자의 솜씨도 확인할 수 있다. 숙련된 작업자와의 완성도 차이를 분석해 각 개인에 맞는 피드백을 제공할 수 있다. 이를 통해 고품질의 기술 교육이 가능하고 작업의 질이 향상된다.

3) 예지보전으로 위험요소를 사전에 발견

디지털 트윈을 사용하면 시운전 동안 일어나는 위험뿐 아니라 실제 작동 중에 일어나는 위험도 사전에 감지할 수 있다. 제조산업에서 IoT 센서로 부품의 악화 정도와 사용기간에 관한 데이터를 수집하면 디지털 트윈 내부에서 AI 분석을 통해 고장 및 고장 위험을 예측할 수 있다. 실제 세계에서 기계와 부품에 결함이 없는 상태에서 적절한 대응책을 마련할 수 있다.

4) 데이터 분석을 통한 품질 향상

IoT 센서, AI 카메라, 그 밖의 출처원에서 수집한 방대한 양의 데이터를 디지털 트윈으로 처리, 분석함으로써 이전에는 눈에 띄지 않았던 문제점과 개선점을 식별하고 품질을 높일 수 있다. 공정에 병목 현상이 발견되더라도 현장에 가지 않고도 원인을 조사할 수 있다. 또한 AI는 복잡한 원인 분석을 수행하기 때문에 분석 지식이나 도구 없이도 원인을 쉽게 식별할 수 있다.

5) 적절한 인력 배치를 통한 비용 절감

디지털 트윈을 사용하면 각 작업의 공수와 노동력 등을 수치로 확인할 수 있어 인력을 적절하게 배치할 수 있다. 불필요한 인력을 없애 비용을 절감하고 특정한 근로자의 업무 부담이 커지는 사태도 방지할 수 있다.

5. 디지털 트윈을 구성하는 다섯 가지 기술

디지털 트윈을 구성하는 다섯 가지 주요 기술은 IoT, AI, 5G, AR/VR, CAE다. 디지털 트윈은 하나의 고유한 기술로 구현되는 게 아니라 위의 기술들을 결합한다. 즉, 다양한 센서 장치에 IoT 기술을 탑재해 가상 모델의 기반이 되는 방대한 양의 실세계 데이터를 획득하고 축적한다. AI와 시뮬레이션 소프트웨어는 이러한 빅데이터를 가상 모델로 구성하고 분석하는 역할을 담당한다.

1) IoT

IoT(사물 인터넷)는 이전의 인터넷에 연결되지 않았던 사물 및 장치를 인터넷에 연결할 수 있는 기술이다. 현장에 있는 설비와 기계에 IoT센서를 내장해 인터넷을 연결, 데이터를 수집한다.

데이터의 분석 및 예측은 IoT 센서에서 수집한 데이터를 기반으로 한다. 데이터 수집을 담당하는 IoT는 디지털 트윈의 필수 기술이다.

2) AI

AI(인공지능)는 IoT에서 수집한 데이터를 처리, 분석한다. AI는 현재 상황을 파악하고 문제를 발견해 높은 정확도로 미래를 예측할 수 있다. 뛰어난 컴퓨팅 성능과 속도가 특징이라 실시간성이 요구되는 디지털 트윈에 필수 불가결한 기술이다.

3) 5G

5G는 IoT에서 전송되는 방대한 양의 정보를 고속, 저지연으로 전송하는 데 필요한 기술이다. 대규모 공장과 작업장에서는 처리하는 데이터의 양이 대단히 방대하다. 따라서 데이터 전송이 지연되면 실시간 성능과 정확성이 떨어지고 상황 판단 및 위험 예측의 정확성이 떨어진다. 많은 데이터를 빠르게 전송하기 위해서도 5G는 디지털 트윈에 꼭 필요한 기술이다.

4) AR/VR

AR이 탑재된 스마트폰 카메라나 고글로 현실 세계를 바라보면 디지털 트윈 데이터를 결합해 관찰할 수 있다. AR을 탑재한 고글을 착용하면 디지털 트윈에 들어가 자유롭게 이동하고 작업할 수 있다.

AR 기술은 AI가 예측한 미래를 3D데이터로 현실세계와 겹쳐 표현할 수 있고, VR 기술은 3D데이터 속으로 들어가 실제 상황을 볼 수 있다.

5) CAE(Computer Aided Engineering)

CAE는 컴퓨터상에서 프로토타이핑 및 실험을 하는 시스템이다. CAE를 사용하면 디지털 트윈상에서 다양한 조사작업을 수행할 수 있다.

디지털상에서 시뮬레이션하면 비용과 인력을 크게 줄일 수 있다. CAE와 AI를 활용하면 디지털상에서 시뮬레이션이 가능하고 저렴한 비용으로 정밀도 높은 검증 작업이 가능하다.

6. 디지털 트윈 도입 사례

안전사고가 끊이지 않는 건설·제조업 등이나 도시계획 등에 디지털 트윈을 도입하는 것에 주목하고 있는 한편 금융업계에서도 도입하고 있다.

1) 도쿄 스타 은행

도쿄 스타 은행은 디지털 트윈으로 만든 VR 라운지를 오픈해 영업점에 가지 않고도 거래가 가능한 시스템을 만들었다. 담당자의 화면을 사용자 PC에 표시할 수 있는 구조를 도입하는 등 금융업계로서는 새로운 디지털 트윈의 도입 사례라고 할 수 있다.

VR라운지에서는 ATM, 창구업무, 세미나 등 오프라인 매장과 동일한 서비스를 받을 수 있다. VR 고글 등이 필요 없으며 스마트폰 하나로 간편하게 계좌를 개설하고 상담할 수 있도록 설계되어 있다.

2) 소니뱅크

코로나19로 금융업계는 자산운용이나 주택담보대출 상담 등 대면 응대가 당연했던 업무를 수행하기가 어려워졌다.

소니뱅크는 디지털 트윈을 도입해 비대면 고객 응대에 성공했다. 대면 상담과 동일한 서비스를 온라인으로 무료로 받을 수 있고 자료를 보면서 대화할 수 있어 전화로는 전달할 수 없는 내용이나 질문하기 어렵다는 문제점을 해소해 서비스 품질을 높일 수 있게 됐다.

3) 아톰뱅크

영국 최초의 챌린저뱅크인 아톰뱅크(Atom Bank)는 영국 더럼대학교 (Durham University)와 협력해 수학 및 통계학 기법을 기반으로 엔드투엔드(end-to-end) 뱅킹 모델을 개발하는 아톰뱅크 디지털 트윈(Atom Bank Digital Twin)을 만들었다. 아톰뱅크 디지털 트윈은 재무 계획, 자원 조달, 서비스 가격 및 자금 조달과 같은 주요 비즈니스의 의사 결정을 지원하는 데 사용된다.

7절 양자컴퓨팅 기술의 이해와 활용

1. 양자 컴퓨터의 개요

양자 컴퓨터는 중첩(superposition), 얽힘(entanglement) 등 양자의 고유한 물리학적 특성을 이용하여 고속 계산을 처리하는 컴퓨터다. 중첩은 기존 컴퓨터가 0과 1로 구분되는 데 비해 0이면서 동시에 1인 상태를 의미하며, 얽힘은 아무리 멀리 있어도 한쪽의 동작에 따라 반대쪽의 동작을 예측할 수 있음을 의미한다.

컴퓨터는 기본적으로 0과 1로 이루어진 비트(Bit)를 사용해 정보를 저장하고 처리하는 반면, 양자 컴퓨터는 0과 1이 동시에 나타나는 큐비트(Qubit) 단위로 연산을 처리한다. 즉, 0과 1로 확정된 것이 아니라 그 사이의 어딘가에 존재하는 것으로, 처리할 수 있는 큐비트의 양이 늘어날수록 정보처리 속도가 기하급수적으로 빨라진다.

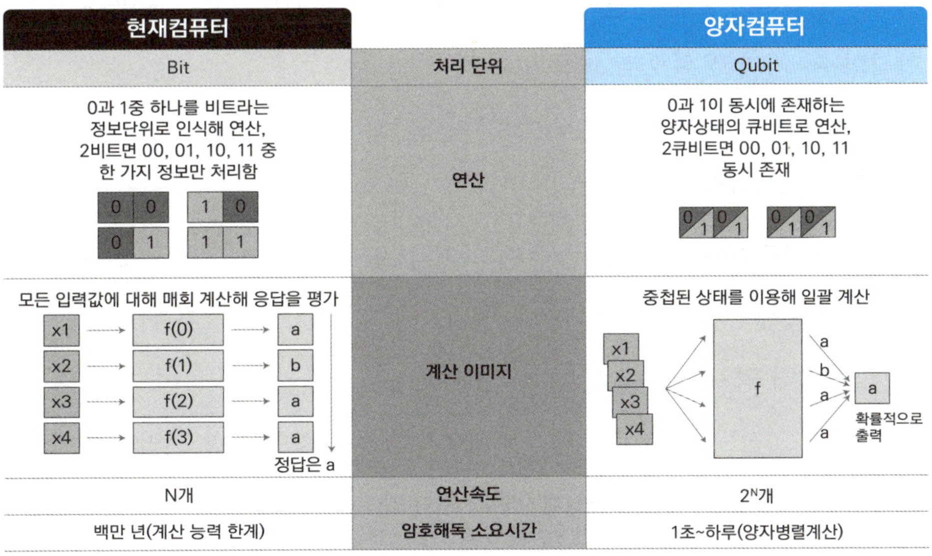

[그림 3-58] 기존 컴퓨터와 양자 컴퓨터의 비교

양자 컴퓨터는 기존 컴퓨터로 답을 도출하는 데 엄청난 시간이 필요한 문제를 해결할 수 있는 잠재력을 가지고 있어 다양한 분야에서 활용될 것으로 예상한다. 실제로 구글은 현재 컴퓨터가 수행하는 데 1만 년이 걸릴 것을 단 3분 만에 계산을 완료했다고 주장하고 있다.

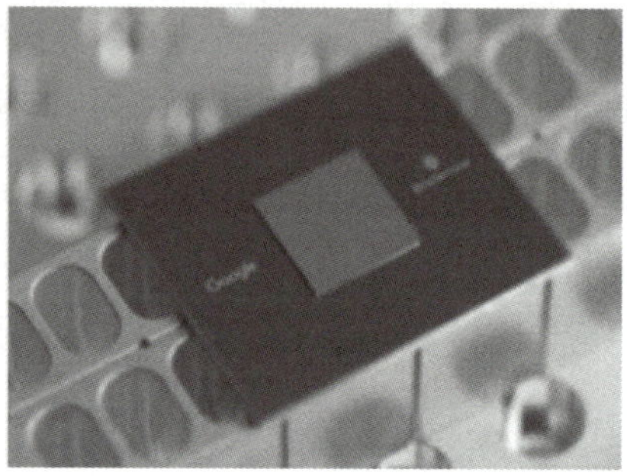

출처: 동아사이언스(2019). "구글 양자컴퓨터, 슈퍼컴 능가했나 '양자우월성 달성' 논란"

[그림 3-59] IBM Q 양자컴퓨터와 구글의 72큐비트 프로세서

2. 양자 컴퓨터의 방식

양자 컴퓨터는 문제 해결 방법에 따라 크게 양자 게이트 방식과 양자 어닐링 방식의 두 가지 유형으로 분류된다.

1) 양자 게이트 방식

양자 게이트 방식은 알고리즘(문제의 해결 순서를 제시)을 '양자 게이트 회로'에 넣어 연산을 처리하는 방식이다. 양자 게이트 회로에서 양자 비트를 적절히 조합, 배치해 양자 회로를 만든 후 양자비트의 상태를 측정하여 계산 결과로 읽게 된다. 초전도, 이온 트랩(덫), 토폴로지컬 등 다양한 실현 방법이 제안되고 있다. 기존 컴퓨터와의 호환성에 대한 기대가 높아지고 있으며 구글, IBM 등 주요 IT 벤더와 리게티 컴퓨팅(Rigetti Computing), 아이온큐(IonQ) 등 스타트업이 하드웨어를 개발하고 있다.

이 방식은 이론적으로 범용성이 있어 다양한 유형의 문제를 해결하리라 기대하지만 현재는 수십 개의 비교적 적은 양자 비트까지만 다룰 수 있다. 양자 컴퓨터의 개발 외에도 문제를 해결하기 위한 알고리즘의 개발 또한 필요하다.

2) 양자 어닐링 방식

양자 어닐링 방식은 문제를 '이징 모델(Ising model)'이라 부르는 형식으로 만들어 '어닐링' 알고리즘을 사용하여 솔루션을 찾는다. 양자 어닐링 방식은 조합 최적화 문제를 해결하는 데 특화되어 있다. 조합 최적화 문제는 컴퓨터 과학과 공학에서 상당히 중요한 문제로, 수많은 독립 변수로 구성된 목적 함수의 최솟값 혹은 최댓값을 얻을 수 있는 효과적인 해를 찾는 것이다. 알고리즘이 고정되기 때문에 해결할 수 있는 문제는 조합 문제로 한정된다.

양자 어닐링 방식은 범용적인 목적으로는 사용할 수 없지만, 수천 비트의 양자 컴퓨터가 이미 이용 가능한 상태가 되고 있으며, 가까운 장래에 실용적인 애플리케이션이 나올 것으로 기대되고 있다. 다만, 양자 어닐링 방식의 양자 컴퓨터가 종전의 컴퓨터보다 속도가 향상되는지 여부는 현재까지 이론적으로, 실험적으로 확인되지 않았으며 앞으로 더 많은 연구가 필요하다.

이 분야에서는 캐나다 회사인 D-웨이브 시스템즈(D-Wave Systems)가 2011년 세계 최초 상용 양자컴퓨터를 출시한 후 현재까지 관련 분야 기술을 주도해 나가고 있다. 일본에서는 NEC가 2023년까지 양자 어닐링 방식을 실용화할 것이라 발표했다.

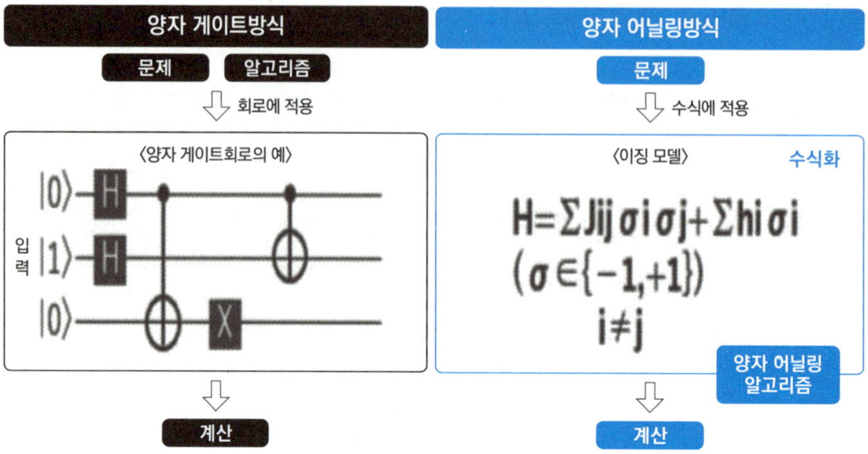

[그림 3-60] 양자 게이트 방식과 양자 어닐링 방식의 비교

3. 양자컴퓨터의 다양한 활용 분야 모색 중

중국, 유럽, 미국은 양자 컴퓨터 개발 경쟁에서 패권을 쥐기 위해 막대한 자금을 투자하고 있으며 일본에서도 금융권 중심으로 다양한 이니셔티브를 추진하고 있다. 그런데 양자 컴퓨터의 출현으로 전통적인 컴퓨터가 더는 필요하지 않게 된다고 생각하는 것은 오해다. 양자 컴퓨터는 기존 컴퓨터보다 빠르게 해결할 수 있는 문제와 그렇지 않은 문제가 있다.

D-웨이브 시스템즈는 기업과 연구기관이 D-웨이브 기계를 사용하여 개발한 응용프로그램의 숫자가 250개 이상이라고 말한다. 예를 들어, 폭스바겐은 베이징 시내와 베이징 공항 사이의 혼잡을 해소하는 이동 경로를 계산하는 데 D-웨이브 기계를 사용했다. 또한 2019년에는 포르투갈 리스본에서 열린 '웹 서밋' 개최 기간에 D-Wave 기계를 사용하여 실제 교통 혼잡상황을 고려하면서 셔틀버스가 최적의 간격으로 운행할 수 있는 해법을 찾아 적용했다.

우리 주변에는 최적화로 해결할 수 있는 문제가 많다. 예를 들어, 교대 근무자의 조합, 웹 사이트에 노출되는 광고의 조합, 자산 포트폴리오 최적화 등이 있다. 지금까지 일본의 덴소(Denso), 큐피(Kewpie), 미츠비시 에스테이트(Mitsubishi Estate), 리쿠르트 커뮤니케이션(Recruit Communications), 스페인 BBVA Bank 등이 D-웨이브 기계를 사용하여 비즈니스 문제를 해결하는 방법에 대한 연구를 수행했다.

한편, 양자 게이트 방식에서는 구글 및 중국과학기술대학이 각각 슈퍼 컴퓨터의 성능을 능가한 연산 능력을 의미하는 '양자 초월성'을 달성했다고 발표하여 많은 관심을 끌었다. 그러나 비즈니스에서 사용할 수 있는 하드웨어는 아직 등장하지 않았다. 이는 양자 게이트 방식이 노이즈 간섭에 취약하고 계산 오류가 발생하기 쉽기 때문이다. 그러나 노이즈에 강한 하드웨어의 개발에 성공하면 최적화 계산 외에도 화학 시뮬레이션, 기계학습, 암호분석 등에 사용될 수 있다고 오랫동안 알려져 왔다.

현재 해외 주요 기업들은 IBM, 구글, 리게티 컴퓨팅, 아이온큐 등 하드웨어 개발자들과 공동으로 양자 게이트 방식에 대한 응용 연구를 진행하고 있다. 예를 들어 골드만삭스, JP모건체이스, 웰스파고, BBVA 은행, 미츠비시UFJ은행 등은 자산 포트폴리오 최적화, 몬테카를로 시뮬레이션을 이용한 재무 위험 계산 등에 응용할 수 있는 알고리즘을 연구하고 있다. 한편 다임러와 미쓰비시화학은 전기차에 적용할 수 있는 배터리 소재를 연구하고 있다. 그 외 BMW, 엑슨모빌(Exxon Mobil), 삼성전자 등은 제조 공정 관리 및 물류운송 최적화에 적용하는 방안을 연구하고 있다.

양자 컴퓨터가 실용화되면 대량의 데이터 분석 및 처리 시간을 단축하고 제품 개발 및 다양한 작업 프로세스의 효율성을 크게 향상할 수 있기 때문에 다양한 분야에서 사용될 것으로 기대된다. 운송 및 물류, 소재 개발, 신약 개발, 금융 등 광범위한 분야에서 활용될 것으로 예상되지만 구체적으로 어떻게 사용될지는 아직 상상하기 어려운 단계다.

〈표 3-24〉 양자컴퓨터 활용 분야

분야	응용원리	실례
금융	포트폴리오 최적화, 옵션 가격 결정	D-웨이브시스템스와 원큐빗이 2016년 '퀀텀 포 퀀트' 설립
의료	암 치료 약물 발견 및 최적 복용량 산출	미스탠퍼드대, 텍사스대 등 연구
IT	이미지 인식 고속 기계학습	구글, D-웨이브시스템스 적용
제약	단백질 3차원 접힘 구조 최적화 및 분석	스탠퍼드대, 하버드대 등 연구
자동차	도시교통 최적화	구글과 폭스바겐 공동 연구
항공우주	최적화된 기체설계 및 비행제어 시스템 최적화	미 NASA, 록히드마틴, EU 에어버스

자료: 각 업계 종합

4. 양자 컴퓨터의 금융 분야 적용 및 금융권의 연구 동향

금융기관은 금융시장의 위험을 계산하는 방법에 있어 양자컴퓨터를 적용하는 연구를 계속하고 있다. 그러나 오류 정정이 가능한 양자 컴퓨터를 전제로 하기 때문에 장기적인 관점에서의 검증이 필요하다.

주식과 채권을 다루는 금융거래 업무에서 금융공학을 사용하여 어려운 수학 문제를 해결하는 경우가 많다. 특히 파생상품 가격 책정 및 리스크 평가 등에서 '몬테카를로 시뮬레이션' 방법이 필요하다. 그러나 몬테카를로 시뮬레이션은 계산에 부하가 크게 걸리는 경향이 있어 금융기관 업무에서는 리스크의 발생 빈도를 산출하는 데 있어 제한된 것이 실정이다.

양자 컴퓨터를 사용하면 몬테카를로 시뮬레이션 속도를 크게 높일 것으로 예상한다. 만일 그렇게 되면 금융기관은 고객에게 맞춤화된 유연한 금융거래와 리스크 정도를 치밀하게 평가하는 작업을 그 자리에서 수행할 수 있다.

그 외에도 포트폴리오 최적화 등 거래 전략의 책정이나 기계 학습에 의한 예측과 같은 폭넓은 응용 시나리오를 가지게 될 것으로 전망한다. 금융기관에 있어서는 리스크 정도 측정에 계산 속도를 높이는 일이야말로 수익성 향상과 직결되므로 각 회사는 이 분야의 연구에 집중하고 있다.

〈표 3-25〉 금융분야에서 양자컴퓨터에 대한 기대와 현상

관점	포인트
미래의 기대	복잡한 옵션과 리스크 정도의 계산이라도 낮 동안 영업점에서 손쉽게 계산할 수 있는 수준
현상	유럽 옵션(European option)48) 가격 결정 계산과 같은 간단한 계산에 머물러 있는 실정
PoC의 방향	양자 컴퓨터의 응용과 미래 비전에 대한 이해가 깊어져 가고 있다. 비즈니스 요구 사항이 있는 계산 모델을 양자 컴퓨터로 해결할 수 있는지 검토하고 있다.

해외에서는 JP모건체이스와 골드만 삭스가 양자 컴퓨터의 금융 분야 적용에 가장 진보된 노력을 기울이고 있다. 골드만 삭스는 2020년 1월 양자 컴퓨팅이 금융서비스 분야에서 중요한 기술이 될 수 있다고 공표했다. JP모건, 씨티그룹, 웰스파고 외 유럽 및 아시아 주요 은행들도 양자 컴퓨팅 연구에 전념해 왔다. 보험회사, 신용카드 회사, 헤지펀드도 관심을 보인다. 여러 금융 서비스 회사가 양자기술을 금융산업에 적용한 경험이 있는 사람들을 많이 고용하고 있다.

48) 유럽 옵션은 만료일에만 행사할 수 있는 옵션이다. 반면에 만료일 전에 언제든지 행사할 수 있는 옵션을 미국식 옵션이라고 한다.

일본에서는 게이오 대학과 IBM이 설립한 연구기관인 'IBM Quantum Network Hub at Keio University'에서 미즈호 파이낸셜그룹, 미쓰비시 UFJ 파이낸셜그룹, 미쓰이스미토모신탁은행 공동으로 양자 컴퓨터용 알고리즘을 개선하는 연구에 참여하고 있다. 미즈호 다이이치 파이낸셜 테크놀로지와 오사카 대학도 양자 컴퓨터로 금융 공학의 다양한 계산 모델을 해결하기 위한 사용 사례를 계속해서 연구하고 있다.

현재 응용연구는 주로 대형 금융기관 중심으로 이뤄지고 있지만 앞으로 양자 컴퓨터가 이 분야에서 실용적인 연산 작업을 수행할 수 있다는 가능성이 짙어지면 더 많은 금융기관이 연구에 참여할 것으로 기대한다.

8절 디지털 인증 기술의 이해와 활용

1. 뉴노멀 시대의 디지털 ID

1) 전 세계인이 ID를 갖는 세상을 꿈꾸며

코로나19 팬데믹에 대한 경제 대응으로 정부나 지자체 차원에서 재난지원금·재난 기본소득·아동 돌봄쿠폰 등 각종 복지 혜택을 내놓았다. 한국에서는 개인이 본인이나 세대주에게 배정된 수당을 수령할 때 신분증 또는 공인인증서가 없어서 곤란을 겪는 일이 거의 없다. 왜냐하면 대한민국 국민 누구나 1968년 도입된 막강한 '주민등록제도'의 테두리 안에서 살기 때문이다. 주민등록번호 열세 자리만 기억하고 있으면 웬만한 민원 처리가 가능하다. 주민등록번호 열세 자리 숫자에는 개인의 생년월일, 성별, 출생 등록지, 오류 검증을 위한 고유번호 등이 고스란히 노출되어 있다. 따라서 기존 주민등록번호는 출신 지역 정보의 유추까지 가능해 특정 지역에 대한 차별까지 이어질 가능성이 있어 2020년 10월부터는 개인정보 보호 차원에서 주민등록번호 부여 체계를 개편했다. 또한 2020년 12월부터는 주민등록번호 뒷자리 없는 여권도 발급하기 시작했다. 애초 개인의 신상정보를 최대한 드러낼 목적으로 설계된 번호가 도처에서 악용되다 보니 프라이버시 보호 작업에 들어간 것이다.

한편으로는 대한민국이 세계 최고 수준의 전자정부가 될 수 있었던 데에는 전 국민을 통합 관리할 수 있는 신원인증 시스템을 일찍부터 갖추어놓은 것이 큰 몫을 했다. 일본만 해도 일본판 주민등록카드인 '마이넘버카드'를 2016년 1월부터 도입했지만, 개인정보 유출 우려에 발급률이 19.4%(2020년 9월 기준)에 불과했다. 결국 일본 정부가 코로나19 재난지원금 10만 엔(약 110만 원)을 지급하는 과정에서 중앙정부와 기초자치단체 사이에 주민 정보가 공유되지 않아

지급이 지연되기도 했다.[49]

그렇다면 국가가 전 국민의 신원을 전산화해서 관리하다가 만일 국가가 없어지거나 전시 또는 급변사태 때에 통신이 두절된다면 어떻게 되는 걸까? 정보시스템이 무력화된다면 제대로 된 신원 확인이 어려워 꼼짝없이 '난민'과 같은 처지에 놓이게 된다. 유엔난민기구(UNHCR) 통계에 따르면, 전 세계적으로 전쟁이나 분쟁으로 국가나 고향을 떠나야 하는 난민이 6,800만 명 이상이다. 2016년 5월 20일 뉴욕 유엔본부에서는 'UN 2030 지속가능한 개발목표(SDGs; Sustainable Development Goals)'[50]를 실현하기 위해 2020년부터 2030년까지 생체 인식 정보를 활용해 지구상 모든 이에게 디지털 신원을 제공하자는 '어젠다 ID 2020'을 결의하였다. 블록체인을 이용하여 난민도 현재 거주지에서 기본적인 교육 및 의료 서비스를 받기 위해 자신의 신분을 증명할 서류를 가질 수 있도록 하는 것이 목표다.

한편 내가 졸업한 학교 또는 직장이 없어진다면 졸업증명서나 경력증명서는 누가 발급해줄까? 교수나 과거 직장 동료와 같은 특정인이 발급 주체(학교·직장)를 대신해 나의 학력과 경력을 보증해준다고 나서면 과연 제3자가 믿어줄까? 실제로 한 신생 야구단에서 전력분석관을 모집하는 데 지원 응모 자격에 봉황기 전국 고교 야구대회에 몇 차례 이상 참가한 이력이 있어야 한다고 했는데 자신의 고등학교는 폐교되고 당시의 야구 감독은 연락이 두절되어 고민하던 사람이 있었다. 독자 여러분도 한 번쯤은 이러한 상황을 경험한 적이 있을 것이다. 이런 일은 자신의 개인정보나 이력을 타인이 관리하기 때문에 일어난다.

---

49) 일본은 우편으로 재난지원금 서류를 받아 회신, 통장 입금까지 한 달여가 걸렸다. 온라인 신청도 받았지만 마이넘버카드 보유가 전제였으며 뒤늦게 마이넘버카드 신청자들이 구청으로 몰리는 바람에 행정 마비 사태까지 벌어졌다.

50) 유엔이 2015년 9월 지속가능한 미래를 달성하기 위해 세운 목표 17개를 의미한다. SDG 캠페인은 빈곤, 불평등, 기후변화, 환경 악화, 평화와 정의 등 다양한 국제 문제 해결을 목표로 하며 유엔은 이런 문제를 모두 해결하기 위해 SDG 캠페인을 2030년까지 완수하겠다고 선언했다.

2) 디지털 ID의 정의 및 의의

경제·사회의 디지털화가 진행되는 가운데 인터넷에 접속하여 다양한 서비스의 혜택을 누리며 결제·송금 등 금융거래를 할 기회가 급격히 늘어나고 있다. 또한 코로나19의 장기화로 재택근무를 도입하는 기업이 늘어나고 사회적 거리두기 정책에 따라 하루에도 여러 차례 카카오톡·트위터 등의 SNS, 넷플릭스나 왓챠와 같은 동영상 스트리밍·화상 회의·원격 수업·온라인 학습 등 다양한 디지털 서비스에 가입하고 로그인한다. 따라서 네트워크상에서 자신의 신원을 증명하는 디지털 아이덴티티(digital identity, 이하 디지털 ID)의 중요성이 높아졌다.

디지털 ID는 하나의 개체(entity)에 대한 정체성을 표현(represent)하기 위해 사람, 조직, 단말, 애플리케이션 등 외부에 존재하는 에이전트를 상대로 컴퓨터 시스템이 활용하는 정보를 의미한다. ISO/IEC 24760-1는 아이덴티티(이하 ID)를 '개체와 관련된 속성의 집합체(set of attributes)'로 정의한다.[51]

〈표 3-26〉 ID의 3요소

구성요소	기능	주요 예
식별자 (identifiers)	ID를 식별하기 위한 정보	계정, 이메일주소, 보험증 번호, 운전면허 번호, 사원 번호, 전화번호 등
크레덴셜 (credentials)	어떤 정보 내용의 정당성을 나타내기 위한 정보	정당한 이용자임을 보여주는 OTP, 국적을 나타내는 전자여권, 전자 증명서, 인감, 생체정보 등
속성 (attributes)	ID를 특징 짓는 정보	• 개인: 이름, 생년월일, 직위, 신용정보, 생체정보, 인간관계, 은행 계좌번호 등 • 기업: 대표자명, 소재지, 로고, 정관 등

출처: 伊藤宏樹(2010), 'クラウドにおけるアイデンティティ管理の課題'

51) Rannenberg, K. (2011), "ISO/IEC 24760-1: A framework for identity management - Part 1: Terminology and concepts", ISO, Retrieved 2015-12-05.

디지털 ID는 온라인에서 신원인증에 필요한 이름, 출생연월일 등의 정보를 암호화된 방식으로 관리하는 것으로, 전자적으로 취득(capture)해 저장(store)한 개인의 속성(attributes) 및 크레덴셜(credentials, 본인임을 증명하는 인증 정보·자격 증명)이자 타인과 구분해 개인을 식별(identify)하는 수단이 된다. ID를 은행 계좌와 연결하면 지자체가 지원금을 입금하는 데 사용할 수 있다. 과거의 진료 기록을 공유하면 어떤 병원에 가더라도 진단이 원활하게 이루어질 수 있다. 인도에서는 90%에 해당하는 국민에게 디지털 ID를 부여하고 사회보장 혜택과 금융서비스를 이용할 때 본인확인수단으로 사용할 수 있도록 한다. 디지털 ID는 온라인 거래에서 필수적일 뿐만 아니라 본인 대조나 방문자 확인 등 오프라인에서도 활용된다. 기존에 신분증 사진과 얼굴을 대조해보거나 인감을 맨눈으로 확인하던 아날로그적인 절차에 비해 생체정보와 인터넷의 다양한 데이터를 활용해 신분증명의 정밀도를 높일 수 있다.

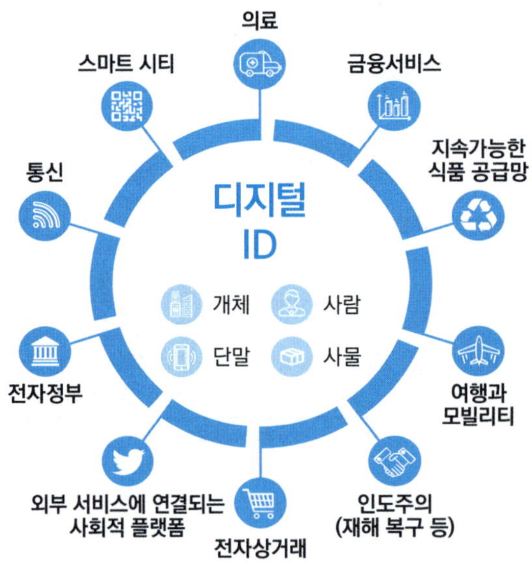

자료: World Economic Forum

[그림 3-61] 우리 삶 곳곳에 침투해 있는 디지털 ID

3) 디지털 ID와 고객확인제도

디지털 ID 체계의 정비는 그 자체가 SDGs의 목표 중 하나일 뿐 아니라 SDGs의 다른 목표나 타깃을 달성하기 위한 필수 선결 과제이기도 하다. 디지털 ID 제도가 제대로 갖추어지지 않으면 AML 및 CFT의 관점에서 원활한 금융서비스를 제공하기 어렵기 때문이다.

현재는 인터넷상의 대부분 거래에서 본인확인은 비밀번호 입력으로 이루어지고 카드 결제도 카드 정보 입력만으로 끝나는 경우가 많다. 그 결과 다양한 문제가 생겨 EU 등에서는 2019년 9월부터 온라인 결제 시 강력한 고객 인증(SCA; Strong Customer Authentication) 적용을 의무화하고 있다. SCA는 PSD2의 주요 내용 중 하나로 두 가지 이상의 인증 수단을 사용하는 것이며, SCA 예외 적용이 가능한 경우는 특정 사업체를 신뢰할 수 있는 대상(trusted beneficiaries) 목록에 추가하거나[52] 30유로(약 4만 원) 이하의 소액거래인 경우다.

일반적으로 디지털 ID라고 하면 사용자 입장에서 자신의 신원을 '제시'하는 행위만을 강조한다. 하지만 이것만으로는 디지털 ID가 제대로 작동하지 않는다. 내가 나임을 디지털로 검증하는 '확인' 주체를 배제할 수 없다. 당연한 이야기지만 아무리 보안성과 편의성이 뛰어난 ID 시스템을 구축한다고 한들 사회적으로 통용되지 않으면 아무런 의미가 없다. 따라서 그 디지털 ID를 확인하는 주체(금융기관 등)가 고객의 신원확인 및 검증, 거래목적 및 실소유자 확인 등에 주의를 기울여야 한다. 이를 고객알기제도(KYC; Know Your Customer)라고 한다. 즉, 디지털 ID와 KYC는 동전의 앞뒷면과 같다.

---

52) 고객이 특정한 가맹점과 구매 결제 관련 인증을 마치고 나면 고객의 선택에 따라 동일 가맹점이 은행이나 결제 서비스업체가 관리하는 '신뢰할 수 있는 대상'으로 분류된다.

KYC는 전 세계 금융기관이 적용받는 글로벌 규제로 고객확인의무(CDD; Customer Due Diligence)와 강화된 고객확인의무(EDD; Enhanced Due Diligence)로 구분된다. CDD에 대한 상세 내용은 각국의 법률에 따라 규정·실행되지만, FATF 권고에서 최우선으로 요구하는 사항은 '고객을 식별(identify)하고, 그 신원(identity)을 신뢰할 수 있으며 독립된 본래의 자료(source documents)·데이터·정보를 이용하여 확인(verify)하는 것'이다. 고객이 계좌를 새로 개설하거나 대통령령으로 정한 금액 이상으로 일회성 금융거래를 하는 경우 거래 당사자의 신원을 확인할 수 있으며 실제 거래 당사자 여부가 의심되거나 자금세탁, 공중협박자금조달 행위가 우려되면 고객의 금융거래 목적과 실제 당사자 여부를 확인할 수 있다. KYC는 암호화폐 시장에도 점차 도입되고 있으며 블록체인 기술과 결합되는 추세다. 개인의 신원을 블록체인에 저장하고 디지털 ID를 암호화해 신원인증을 필요로 하는 정부·은행 등 기관으로 연결해 요청자의 신원을 검증할 수 있도록 한다.

〈표 3-27〉 CDD와 EDD

고객확인제도 (CDD; Customer Due Diligence)	강화된 고객확인제도 (EDD; Enhanced Due Diligence)
• 2006년 1월 18일 도입 • 성명, 주민번호 + 주소, 연락처 • 자금세탁 방지를 위해 기본적인 신원확인 정보를 확인하고 검증 • KYC의 절차로 고객의 자금세탁위험에 기반을 둔 고객확인정보 획득 • 현재 가상자산거래소에서는 CDD와 별개로 단계별 인증을 통해 내부적 보안 강화 • 휴대폰 본인인증·계좌인증을 통해 고객을 확인하며, 단계별로 출금 한도 상향 • SNS·E-mail·휴대폰 본인인증, 입출금 계좌인증, 2채널 인증, 거주지 인증 등	• 2008년 12월 22일 도입 • 성명, 주민번호 + 주소, 연락처 + 실제 당사자 여부, 거래목적 • 자금세탁 우려가 있는 고객과 거래를 가려내기 위해 위험도 평가 시스템을 도입한 것 • 금융기관에 고객의 거래목적 및 용도 파악을 위한 추가 정보를 요청하고 검증하는 강화된 고객확인의무 적용 • 특금법 적용으로 가상자산사업자로 신고할 암호화폐거래소 등은 금융기관에 준하는 KYC 기준을 충족해야 함

출처: blog.naver.com/moom0819

4) 국가 디지털 ID 시스템

코로나19 이후 전 세계적으로 디지털 사회 구현을 위한 노력을 가속화하고 있다. 나라마다 은행·IT기업 등 민간계는 물론 정부 및 행정 기관에서 데이터 활용을 통한 서비스의 효율성과 품질 향상을 모색하고 있다. 정부가 주도하는 공공 서비스에서부터 민간의 모든 영역에 이르기까지 모든 서비스를 비대면으로 매끄럽고 안전하게 제공하겠다는 취지의 중심에는 디지털 ID가 자리한다. 디지털 전환 가속화, 생체인식 기술의 진화, 디지털 세계와 물리적 세상 간의 끊김 없는 연결을 가능케 하는 혁신적인 서비스의 출현 등에 힘입어 디지털 ID는 '인증' 수단을 넘어 그 적용 범위와 파급력이 훨씬 커졌다.

데이터의 활용과 이에 따른 디지털 서비스의 구현을 추진하는 데 신분증의 디지털화는 필수 불가결한 역할을 한다. 에스토니아에서는 2002년부터 전자신분증을 도입하기 시작해 2014년에는 주민등록 체계에 블록체인 기술을 적용한 'e-레지던스' 서비스를 시작했다. 그 외에도 디지털 신분증은 인도·중국(2009년), 독일(2010년), 네덜란드·미국 루이지애나주(2018년), 호주(2019년), 대만(2020년) 등으로 확산되고 있다.

〈표 3-28〉 주요국 모바일 신분증 정책 추진 현황

국가명	내용
 유럽연합	유럽 국가 내 안전한 온라인 서비스를 위한 전자신분증(eID)(2014~) • eID 체계를 보장할 수 있는 전자적 거래를 위한 전자신원확인 및 인증을 위한 법체계(eIDAS) 구축(2014.07) - 모바일 신분증의 자기주권 강화를 위한 프레임워크(ESSIF)[1] 발표(2020.06)
 에스토니아	IC 카드 기반의 전자신분증(eID)(2014~) • IC 카드 기반의 전자신분증을 전 국민을 대상으로 보급한 가운데 2014년부터 표준화된 SIM(Subscriber Identification Module)을 기반으로 모바일 신원확인 및 전자서명 솔루션 제공

국가명	내용
 네덜란드	자기주권적 신분증(Self Sovereign ID)(2018~) • 최소한의 개인정보로 신원확인이 가능하도록 블록체인 기반 디지털 ID 개발 - QR코드를 통해 필요한 정보만 확인할 수 있도록 하는 기술을 도입하여 프라이버시 강화
 대만	스마트 정부 행정을 위한 디지털 eID(2020~) • 국민 삶의 질 향상 및 효율적이고 스마트한 정부 행정 시스템 구축을 위해 블록체인 기술 기반의 디지털 신원확인 시스템 도입 추진(~2023.3)

주 1) 사용자가 중앙 집중식 당국에 의존하지 않고도 국경을 넘어 자신의 신원을 생성하고 제어할 수 있는 SSI 기능을 구현하는 것을 목표로 함

출처: 한국인터넷진흥원(2020년 10월)

한국도 2025년까지 58조 원을 투자하는 코로나19 사태의 경제 부양정책 '한국판 뉴딜' 정책의 일환으로 온·오프라인에서 사용할 수 있는 디지털 신원증명체계를 구축한다. 지금까지 신원증명체계는 오프라인에서는 실물 기반 신분증(주민등록증·운전면허증·여권)으로, 온라인에서는 공인인증서 형태로 이원화된 구조였다. 하지만 2020년 12월 10일 부로 공인인증서가 폐지되면서 비대면 환경에서 개인 신원을 안전하게 확인할 수 있는 블록체인 기반 분산신원확인(DID; Decentralized Identifier) 서비스를 도입해 온·오프라인에서 통합된 모바일 신분증으로 전환하겠다는 취지다. 2021년 모바일 공무원증의 안정성·편의성을 검증한 후 운전면허증, 장애인등록증(복지카드) 등으로 확대할 계획이다. DID는 개인이 자신의 데이터를 직접 관리하는 자기주권형 인증 방식으로, 인증된 개인정보를 이용자의 휴대전화에 저장했다가 인증이 필요할 때 필요한 정보만 골라 간편히 제출하도록 해주는 신원인증 기술이다.

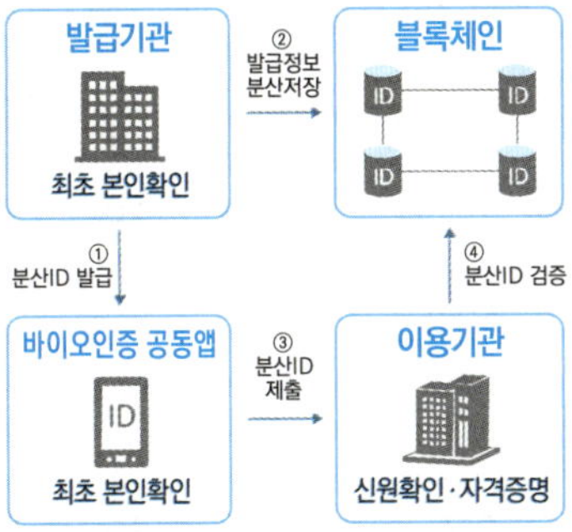

출처: 금융결제원

[그림 3-62] 분산ID모델 기본 구조도

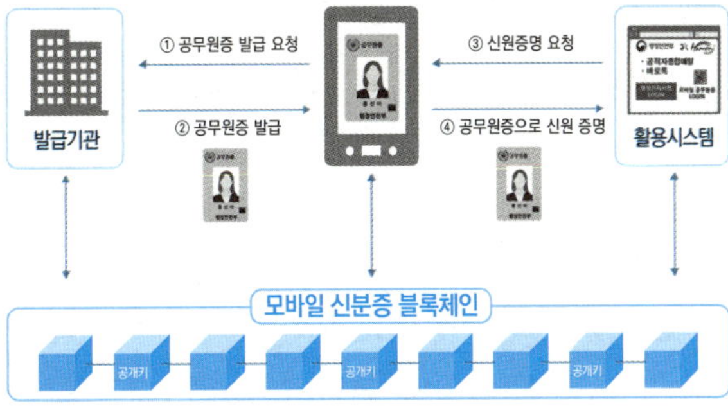

출처: 행정안전부

[그림 3-63] 모바일 공무원증 발급 과정

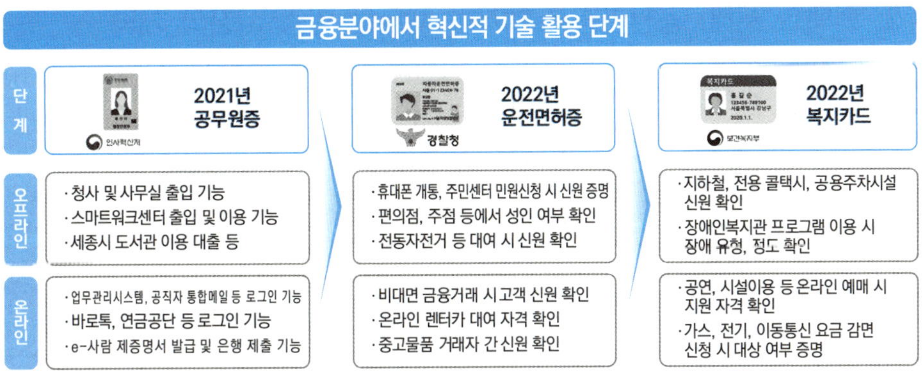

출처: 행정안전부

[그림 3-64] 모바일 신분증의 단계적 도입 계획

5) 디지털 ID를 둘러싼 문제점

코로나19로 인해 화두가 된 언택트 시대에 맞물려 가속화된 디지털 경제나 사회 과제의 해결 차원에서 디지털 ID는 앞으로 전 세계적으로 더욱 활발하게 확산될 것으로 전망한다. 그러는 한편 디지털 ID는 개인의 속성 정보를 포함하고 민감한 정보와의 연결고리가 생길 가능성이 있어 우려 또한 커지고 있다. 동의를 거치지 않고 ID를 활용한다든지 ID와 연결된 개인정보가 유출된다든지, 그리고 이에 따른 개인정보 보호와 인권 침해, ID를 통한 감시 사회의 도래 등을 꼽는다. 세계에서 첨단 디지털 ID로 꼽는 에스토니아 eID의 경우 2017년 8월 ID카드의 칩에서 보안 취약성이 발견된 후 관료들은 일시적으로 50만 개 이상의 eID카드를 정지시켰다.[53] 미국의 구글·페이스북 등 플랫폼사업자에 의한 데이터 독과점이 문제시되고 있지만, 사용자가 서비스 이용 시에 등록·사용하는 ID에 속성 정보뿐 아니라 취향과 행동 등도 포함된 정보가 고스란히 수집되고 있다. 편의성 제고와 프라이버시 보호 중 어느 쪽으로 균형을 맞출 것인지 사회적 합의가 필요하다.

2. 언택트 시대, 공인인증서 폐지와 새로운 인증 시장의 개막

1) '공인' 완장을 뗀 공인인증서

1999년 제정된 공인인증서의 독점적 지위를 폐지하는 내용의 '전자서명법 개정안'이 국회 본회의를 통과해 2020년 12월 10일부터 시행되었다. 공인인증서는 2014년에 이미 '의무' 규정은 사라졌으나 행정기관과 은행을 중심으로 계속 '공인'의 지위를 유지해왔다. 하지만 앞으로는 공인인증서와 민간인증서의 구별을 없애 시장에서 공정한 경쟁 환경을 만들겠다는 취지다. 기존 공인인증서는 '공동인증서'로 이름을 바꿔 민간업체와 경쟁한다. 대표적인 민간인증서인 이통 3사의 패스(PASS), 카카오페이 인증·네이버 인증·페이코 인증·토스 인증 등은 지문·홍채 같은 생체정보 방식 적용, 가입과 발급의 간편성, 보관과 이동의 용이성 등이 강점으로 꼽힌다. KB·NH농협·하나금융 등 금융지주사들이 내놓은 자체 인증서는 아직 발급받은 금융회사의 서비스만 이용할 수 있다.

---

53) 문제가 수면 위로 떠오르자 정부가 즉각 조치를 취해 주민들은 직접 또는 온라인으로 eID 카드를 업데이트해서 결함은 빨리 해결되었다.

〈표 3-29〉 현재 이용 가능한 인증서 종류(예시)

<table>
<tr><th colspan="2">인증서 종류</th><th>발급기관</th><th>주요특징</th></tr>
<tr><td>①</td><td>공동인증서</td><td>금융결제원, 코스콤 등</td><td>기존 공인인증서와 유사한 방식으로 이용 가능</td></tr>
<tr><td rowspan="4">②</td><td>금융인증서비스</td><td>금융결제원</td><td>은행(22개) 및 카드사 등에서 이용 가능</td></tr>
<tr><td>KB모바일 인증서</td><td>KB국민은행</td><td rowspan="3">각 은행(모바일뱅킹) 앱을 통해 금융그룹별 서비스에 이용 가능</td></tr>
<tr><td>NH원패스</td><td>NH농협은행</td></tr>
<tr><td>하나원큐 모바일 인증</td><td>하나은행</td></tr>
<tr><td rowspan="5">③</td><td>PASS 인증서</td><td>이동통신 3사</td><td rowspan="5">개별 서비스 앱에서 인증서를 발급하며, 각 플랫폼에 연계된 서비스에서 이용 가능</td></tr>
<tr><td>카카오페이 인증서</td><td>카카오페이</td></tr>
<tr><td>네이버 인증서</td><td>네이버</td></tr>
<tr><td>페이코 인증서</td><td>NHN페이코</td></tr>
<tr><td>토스 인증서</td><td>비바리퍼블리카</td></tr>
</table>

2) 생체인증과 FIDO

은행과 카드사, 삼성페이 등 각종 지급 서비스 기업 등은 스마트폰의 생체인식을 자사 앱의 로그인과 지급에 활용하는데, 이때 사용하는 기술이 FIDO(Fast IDentity Online)다. FIDO는 FIDO 얼라이언스(FIDO Alliance)가 기술 표준을 주도한다. FIDO연합은 생체인식 기술 등을 포함한 인터넷 인증기술의 표준 정립을 목적으로 2012년 7월 설립된 미국의 비영리 단체다. FIDO는 온라인 환경에서 ID나 비밀번호 없이 지문과 홍채 등 생체인식 기술을 활용하여 편리하고 안전하게 본인을 확인하며, 보안영역에서 인증정보를 생성해 서버와 통신하며 내용을 검증한다. 이미 MS·구글·AWS·삼성전자·아멕스 등 다양한 영역에서 FIDO를 사용하고 있다. FIDO 생체인증과 블록체인 DID 기술을 결합한 신원증명 플랫폼도 운영되고 있다.

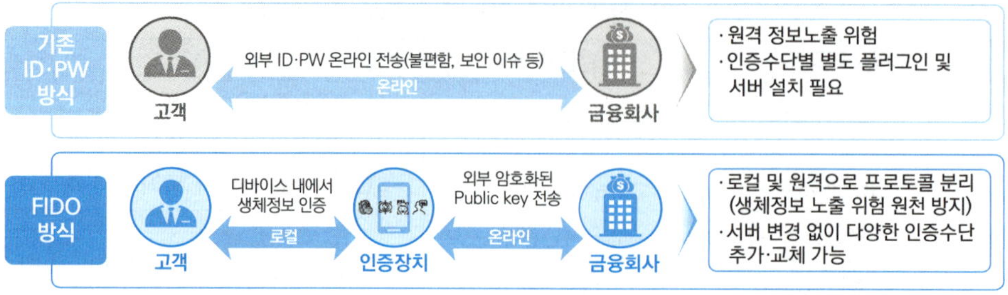

출처: ≪전자신문≫(2016년 7월 13일)

[그림 3-65] 기본 ID·패스워드 방식과 FIDO방식의 비교

3) 인증 특성 및 인증요소별 분류

일반적으로 인증수단은 인증 특성에 따라 지식 기반, 소유 기반, 생체 기반, 행동 기반으로 크게 분류한다. 첫째 내가 알고 있는 지식을 통한 '지식 기반 인증', 둘째 내가 가진 물건을 통한 '소유 기반 인증', 셋째 내 몸의 특징을 이용한 '생체 기반(특성 기반) 인증', 넷째 사용자의 행동 패턴을 분석하여 인증하는 '행동 기반(습관 기반) 인증'이 있다.

〈표 3-30〉 인증 특성 분류표

종류	설명	적용 예	문제점
지식 기반	사용자만 알고 있는 것 (something you know)	패스워드, PIN번호, 미리 설정해놓은 질문 답변 등	• 사용자의 기억에 의존 • 동일/유사한 ID와 패스워드를 여러 사이트에서 사용
소유 기반	사용자만 소유하는 것 (something you have)	휴대폰 SMS 인증, 보안카드, OTP, 공인인증서, USB토큰 등	• 별도 기기 소지로 인한 불편 • 패스워드 탈취 가능
생체 기반	사용자만의 고유한 속성 (something you are)	지문인식, 홍채인식, 정맥인식, 안면인식 등	• 인식률 에러 • 생체정보 탈취 • 전용 입력 단말 필요
행동 기반	사용자만의 독특한 행동 (something you do)	키보드 타이핑 행위, 서명패턴 등	

또한 인증요소의 개수에 따라 단일인증방식과 다중인증방식으로 나뉜다.

〈표 3-31〉 인증요소별 분류표

분류	설명	예시
단일인증 (Single-factor Authentication)	한 가지 인증요소를 이용하여 식별자의 신원을 검증하는 방식	ID/패스워드
다중인증 (Multi-factor Authentication)	두 가지 이상의 인증요소를 함께 사용하여 안전성 및 보안성을 높여 인증하는 방식	• ID/패스워드+OTP • ID/패스워드+ARS 등

4) 식별 vs. 인증 vs. 인가

전자적인 방식으로 제시된 이용 당사자의 신원에 대한 신뢰성을 확인하는 과정을 본인확인이라고 한다. 본인확인은 대면 확인과 비대면 확인으로 구분한다. 대면 확인은 주민센터, 은행 창구 등에서 서면작성 시 자필 증거로 사용자임을 확인할 수 있으며, 비대면 확인은 전자 금융서비스, 온라인 거래 등 안전한 온라인서비스를 위해서 사용자의 식별과 인증이 필요하다.

로그인하려면 아이디를 입력해야 하는데 이 과정을 식별(identification)이라고 한다. 접근 주체가 누구인지 알리는 과정을 의미한다. 그리고 비밀번호를 입력해서 내가 정확한 접근 주체가 맞는다는 것을 확인받아야 하는데 이 과정을 인증(authentication)이라고 한다. 마지막으로 특정 콘텐츠에는 접근하지 못하도록 차단해놓았을 수도 있는데 인증 이후 권한까지 제대로 있는지 확인하는 절차를 인가(authorization)라고 한다.

(1) 식별(identification)

본인이 누구라는 것을 시스템에 밝히는 것으로, 유일해야 하며 공유되어서는 안 된다.

(2) 인증(authentication)

자신이 누구라고 주장하는 사람을 '누구구나' 하고 확인하는 절차다. 임의의 정보에 접근할 수 있는 주체의 능력이나 주체의 자격을 검증하는 단계다. 시스템의 부당한 사용이나 정보의 부당한 전송을 방지한다.

(3) 인가(authorization)

특정한 자원(프로그램이나 프로세스)에 접근하도록 권한을 부여하거나 정책을 지정하는 것을 말한다. 가령 인사부서 직원들은 전 직원의 인사기록 데이터를 열람할 수 있도록 허용되어 있다.

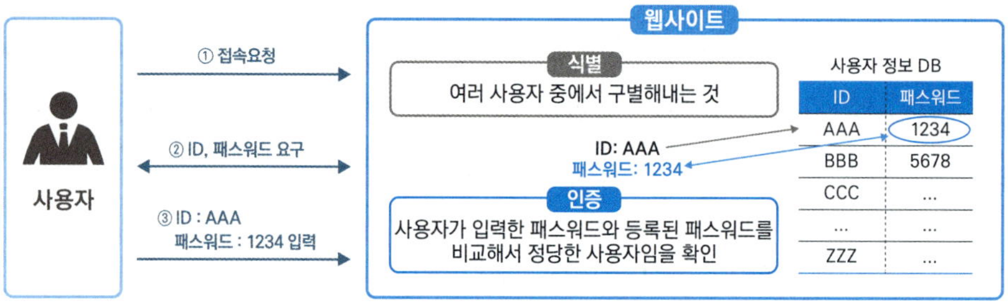

출처: 행정안전부 정보기반보호정책과

[그림 3-66] 식별과 인증의 예시

3. 디지털 인증 방식의 진화에 따른 자기주권신원의 부상

1) 디지털 인증 방식의 진화

코로나19 사태가 불러온 비대면 경제 환경으로 인해 나라마다 디지털 공간에서 개인정보를 어떻게 활용할 것인지가 한창 논의 중이다. 타인에게 노출하고 싶지 않은 민감한 사항을 포함한 개인정보를 어떻게 관리할 것이냐가 주요 논점 중 하나이며, 나아가 그 개인정보를 취급하는 기관이 정말로 신뢰할 만한지 의문이 들기도 한다.

온라인 쇼핑몰 사이트나 SNS 등에 회원 가입을 하면 개인정보는 해당 회사의 중앙 서버에 저장된다. 그리고 아이디와 비밀번호로 로그인해야 접속할 수 있다. 그러나 여러 사이트에 회원 가입을 할 때마다 서로 다른 비밀번호와 아이디를 사용하면 기억하기가 쉽지 않다. 그래서 몇 년 전부터 보편화된 것이 '페이스북으로 로그인', '네이버 아이디로 간편 회원가입', '카카오로 로그인' 등인데 이를 연합인증(Federated Identity)이라고 부른다. 이러한 서비스로 편의성이 높아진 반면 너무 많은 정보와 통제권을 특정 사이트에 집중함으로써 개인정보 유출 및 해킹의 가능성도 커졌다. 즉, 사용자의 불편을 해소하려던 노력이 새로운 문제를 만들어낸 셈이다.

그래서 출현한 것이 DID다. DID는 개인정보를 사이트 중앙 서버가 아닌 탈중앙화된 신원확인 시스템에 올려놓고 필요에 따라 본인을 확인하는 자기주권신원(Self-Sovereign Identity)을 가능하게 한다. 본인의 신원정보(일명 'Identifier') 및 나이, 국적, 운전면허, 학력, 직장 등의 각종 이력 증명 정보(일명 'Verifiable Claims')를 스마트폰에 저장해두고 정보의 공개 대상이나 등록 데이터의 삭제·관리·폐기 등을 직접 관리할 수 있어 개인정보에 대한 자기통제권을 확보할 수 있다.

〈표 3-32〉 디지털 인증 방식의 진화

	개별 신원 모델 (Siloed Identities) 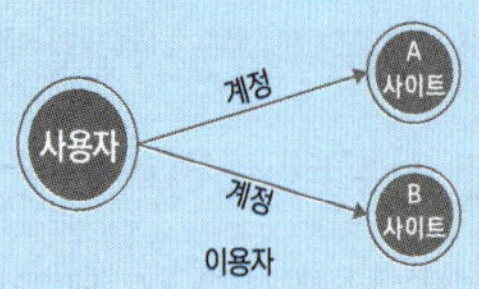	연합인증 모델 (Federated Identities) 	자기주권신원 모델 (Self-Sovereign Identities) 
신원관리 주체	• 서비스 제공자 • 사용자-서비스	• 사용자가 선택한 서비스 제공자 • 사용자-서비스	• 사용자 • 사용자-서비스
특징	• 서비스별로 가입 필요 • ID/PW를 발급 받아 사용	• 연합 서비스 중 1곳 이상에 회원 가입 후 사용 • 사용자의 편리성 증가	• 자신이 신원증명을 생성하고 제출하여 다양한 서비스 이용 가능 • 중개기관 없는 P2P 관계
확장성 및 보안성	• 수많은 인터넷 사이트에 가입 • ID/PW 분실 시 번거로움 • 동일한 ID/PW 위험증가	• 연합을 위한 신뢰관계 구축 필요 • 중앙 서비스가 공격당할 경우 대규모의 유출 위험 존재	• 개인정보를 본인이 직접 관리 • 구성 요소 간의 신뢰관계 필수 • 분실 시 복구 불가능

2) 자기주권신원과 마이데이터의 관계

앞에 나온 마이데이터의 개념을 다시 떠올려보자. 마이데이터란 정보의 주체인 개인이 본인의 데이터 중에서 항목과 대상을 직접 선택하여 정보 제공에 동의함으로써 자신의 정보를 관리·통제하고, 이 정보를 바탕으로 신용관리·자산관리·건강관리 등에 능동적으로 활용하는 일련의 과정이라고 설명했다.

자기주권신원은 '사용자가 전적으로 주권(소유권)을 행사할 수 있는 신원정보'를 의미한다. 편의점이나 술집에서 성인인증을 요청하면 주소·나이 등 모든 정보가 담겨 있는 플라스틱 주민등록증이나 운전면허증을 제시할 필요 없이 스마트폰의 자기주권신원 지갑(앱)에 개인정보를 보관해두고 있다가 요청이 오면 18세 이상임을 확인시켜주면 된다. 마찬가지로 아르바이트 지원 자격이 '대학재학 중'이라고 한다면 자기주권신원 지갑에 대학재학 증명서 정보를 저장해놓았다가 사실확인만 시켜주면 되지 학교·전공 등 불필요한 다른 정보는 제공하지 않아도 된다. 이러한 관점에서 자기주권신원은 마이데이터와 철학을 공유한다.

[그림 3-67]을 보자. 개인 신원정보의 유통이라는 관점에서 개인은 신원정보의 '보유자(Holder/Prover)'에 해당하고, 학교나 정부는 나의 정보를 발급해주는 '발급자(Issuer)'에 해당한다. 그리고 내가 아르바이트를 지원하는 곳은 내가 대학재학 중임을 검증하고자 하는 '검증자(Verifier)'에 해당한다. 이렇게 해서 '보유자-발급자-검증자' 간에 신뢰의 삼각 관계가 만들어진다. 우리가 쇼핑몰에서 회원 가입을 할 때 휴대폰 번호로 본인확인을 하는 경우도 마찬가지다. 개인이 본인확인 팝업창에 자신의 이름·전화번호·성별·생년월일·국적 등을 입력하면 통신사가 확인해서 결괏값을 쇼핑몰 사이트에 알려주는 구조다. 이것은 쇼핑몰이 통신사의 본인확인 진위를 신뢰하기 때문에 가능한 것이다.

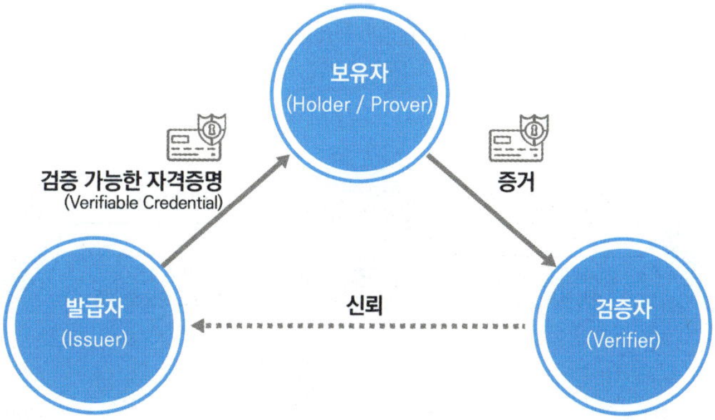

[그림 3-67] 자기주권신원 모델의 삼각 관계

3) DID의 흐름(블록체인 기반의 증명서 발급 시나리오 사례)

블록체인 기반의 증명서 발급 시나리오를 예로 들어보겠다. 사전에 개인정보의 보유자가 정부 및 공공기관·금융기관·학교 등의 증명서 발급기관에 자신의 정보(Claim)를 제출하면 검증 가능한 인증정보(Verifiable Claims)를 발급받게 된다. 그 후 증명서 검증기관(또는 서비스 제공자)에 필요한 정보를 선택해 제시(Present)하면 블록체인을 통해 증명서의 진위가 확인된다. 보유자가 대학졸업장, 주민등록증, 토지대장, 건강검진 이력 등을 발급기관에 요청한 후 개인 단말에 저장해놓았다가 취업이나 부동산 거래, 보험가입 시에 필요한 정보를 취사선택해서 상대 측에게 제출하는 구조다. 디지털상에서 중앙화된 주체 없이도 개인이 자신의 정보를 소유하고 통제할 수 있기 때문에 DID를 통해 자기주권신원이 실현된다. 자기주권신원은 최소한의 정보 공개(Minimum Disclosure)를 원칙으로 하는 만큼 보유자가 자신의 권한하에 모든 정보를 최소화하여 공개 여부를 결정할 수 있다. 이를테면 성인이라는 사실을 증명하기 위해 이름과 주소는 제시할 필요가 없고, 18세 이상을 입증하는 정보로만 구성하면 된다. 이처럼 검증 가능한 인증정보 중에서 증명하고 싶은 정보만 모아서 제출하는 증명 정보를 '검증 가능한 프레젠테이션(Verifiable Presentation)'이라고 부른다.

주1: 신원주가 제출한 주민등록번호, 성별 등의 신원정보에 대한 주장
주2: 신원인증기관에 의해 인증되어 증명 가능한 신원 단위

[그림 3-68] 블록체인 기반의 증명서 발급 시나리오

DID와 관련된 가장 큰 오해 중 하나는 'DID는 블록체인으로만 구현할 수 있다'는 것이다. DID는 블록체인 기반으로 만들 수도 있고, 블록체인을 이용하지 않을 수도 있다. 블록체인 기반 DID는 블록체인의 특성상 신원의 위·변조 방지에는 강점을 보이지만, 신분증상에 기록된 개인정보의 노출에는 취약할 수 있기 때문에 영지식증명알고리즘(ZKP; Zero Knowledge Proof)[54) 적용이 필수적이다.

네이버 '네이버 인증서'	SKT '이니셜'
공공, 금융, 교육, 생활, 시험 등 111개 제휴처 인증 시 활용 가능	정부24 증명서 발급, 삼성-LG 제품 수리비 영수증 발급 시 활용 가능
카카오 '카카오톡 지갑'	**블록체인랩스 '쿠브'**
홈택스 로그인, 정부24 증명서 발급, 국민신문고 로그인 시 활용 가능	코로나19 백신접종 증명서 발급 및 저장, 제출 시 활용 가능

출처: 파이낸셜뉴스(2021.05.26)

[그림 3-69] 블록체인 신원인증 DID 상용화 모델

4. 블록체인 기반 DID 컨소시엄 현황과 과제

개인정보의 자기주권화와 맞물려 공인인증 폐지로 민간인증 시장이 열리면서 기업들은 DID의 활용범위를 넓히기 위해 연합체를 구성해 외연을 확대하고 있다. 국내에서 추진하는 주요 DID 컨소시엄으로는 이니셜(Initial) DID 연합, 마이아이디 얼라이언스, DID얼라이언스코리아, 마이키핀 얼라이언스 등 4개가 있다.

1) 이니셜 DID 연합

출입 통제, 주민등록등본과 건강보험 자격확인서 발급, 대학관련 서류 비대면 발급 등에 DID를 접목하면서 외연을 확대 중이다.

54) 별도의 데이터 제공 없이 본인 여부를 확률적으로 증명하는 방식

2) 마이아이디 얼라이언스

신한은행은 자사 앱 쏠(SOL)에 마이아이디 기반 DID 서비스를 도입했으며, 제주도는 마이아이디 기술을 바탕으로 DID 기반 제주형 관광방역 시스템을 구축했다.

3) DID얼라이언스코리아

DID 기술 표준화와 상호호환 가능한 프레임워크 개발을 추진 중이다. 특정 플랫폼에서 DID를 발급받아도 다른 서비스에서도 활용할 수 있도록 하는 GADI(Global Association for Digital Identity) 실증 사업에 착수했다.

4) 마이키핀 얼라이언스

부산시 산하 창업지원센터 출입증이나 무인 편의점 기업 HP리테일과 협업해 무인편의점 출입에 DID를 적용하고 있다.

〈표 3-33〉 국내 4개 DID 컨소시엄 현황

구분	이니셜 DID 연합	마이아이디 얼라이언스	DID얼라이언스코리아	마이키핀 얼라이언스
개발사	SK텔레콤	아이콘루프 (블록체인 기술기업)	라온시큐어 (보안기업)	코인플러그 (블록체인 기술기업)
참여사	SK텔레콤, KT, LGU+, 삼성전자 외 코스콤, 현대카드, BC카드 등 14개의 금융사가 참여	시중은행, 증권사, 지방자치단체, 이커머스사, 제조사 등 다양한 분야의 77개 파트너 기관 및 기업으로 구성	라온시큐어, 금융결제원과 신한은행, LG CNS, 삼성 SDS 등 국내 기관 및 기업과 글로벌 기업 등 78개사가 참여	코인플러그, LGU+, 세종텔레콤, 드림씨큐리티, 예스24 등 국내 기관과 기업 57개사 참여

블록체인 기반의 DID 서비스가 최근에 다양하게 등장했다. 공공기관 최초로 DID를 활용한 블록체인 간편인증 서비스인 '병무청 간편인증', 코로나19 백신 접종 여부를 확인해 주는 백신 여권 '쿠브' 등에 이어 신원정보의 노출을 최소화하면서 인증이 필요한 영역에 다양하게 접목되고 있다.

백신여권

- 질병관리청의 '코로나19 백신 예방접종 증명서'
- 본인인증 확인 후 증명서 발급 가능
- 백신 제조사, 접종일자, 접종국가, 접종차수 등 개인정보를 제외한 백신접종 관련 정보 기재

병적증명시스템

- 병무청과 보훈처 공동 제작한 '병적증명시스템'
- 별다른 인증 없이 스마트폰으로 이용 가능
- 병적증명서 조회, 병역판정검사 본인선택, 현역병 입영 본인선택 등 각종 민원서비스 이용 가능

출처: ledgis 블로그

[그림 3-70] 블록체인DID의 백신여권 및 병적증명시스템 적용

블록체인 기반의 세계 DID 시장은 2021년 101억 달러(약 11조 원)에서 2025년 252억 달러(약 28조 원)로 2배 이상 성장할 것으로 예측하지만 아직 해결할 과제들이 산적해 있다. 무엇보다도 이종 DID 플랫폼 간의 표준안 마련이 시급하다. 국내 DID 연합체들이 서로 다른 DID 기반의 상용 서비스를 경쟁적으로 출시하기 때문에 레퍼런스(사용 사례)는 많지만, 시장이 대단히 파편화되어 있다. 2020년 7월 민간 연합체와 과학기술정보통신부가 함께 표준화 작업을 위한 '민·관 합동 DID 협의체'를 구성했기 때문에 어떤 산업 영역에서 표준화를 이룰지 활발한 논의가 진행되어야 하는 시점이다.

탈중앙화 신원증명(DID)의 장점

탈중앙화 신원증명(DID)의 장점
개인이 본인 정보를 직접 관리
인증에 필요한 정보만 선택해 제출 가능
해킹을 통한 개인정보 유출 위험 최소화
기업들의 개인정보 무단 사용 원천 차단

블록체인 기반 글로벌 신원인증 시장 규모

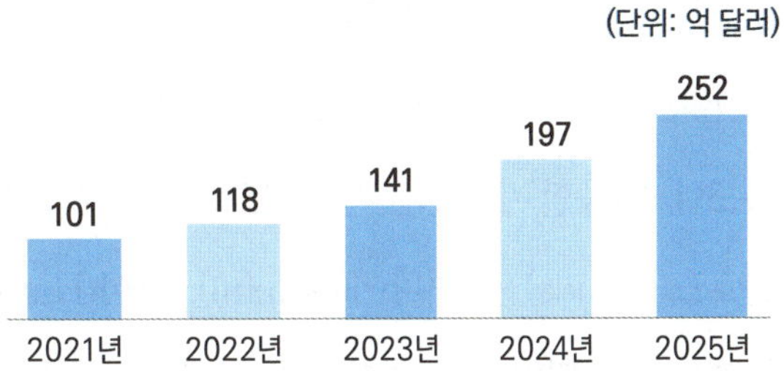

※ 주요 기업은 IBM, 오라클, 아마존 등

※ 주요 기업은 IBM, 오라클, 아마존 등
출처: 라온시큐어

[그림 3-71] 블록체인 기반 DID 장점 및 성장성

9절 금융 특화형 대규모 언어 모델(LLM)의 잠재력과 과제

최근 몇 년 동안 인공지능(AI) 기술이 빠르게 발전하면서 자연어 처리(컴퓨터가 인간의 언어를 이해하고 처리할 수 있도록 연구하는 학문) 분야에서 금융 업계를 위한 대규모 언어 모델(Large Language Models, 이하 LLM)이 주목받고 있다. 그러나 오픈AI(OpenAI)의 챗GPT 등으로 대표되는 범용 LLM은 다양한 데이터를 기반으로 훈련하여 여러 태스크(task, 작업)에 유연하게 대응할 수 있지만, 주요 분야에서 특유의 요구사항이나 복잡성에 대응하지 못한다는 문제가 있다.

이를 극복하기 위해 금융, 의료, 법률 등 특정 산업군에 초점을 맞춘 특화형 LLM이 주목받고 있다. 본 기고에서는 금융 업계에 특화된 LLM의 개발과 응용, 그리고 주요 과제의 기술적 해결책과 앞으로의 발전 가능성을 검토한다.

1. 멀티모달화로 금융 분야에서 LLM의 활용 폭이 확대

LLM은 방대한 양의 텍스트 데이터를 학습해 인간처럼 자연어를 이해하고 생성할 수 있는 인공지능 모델이다. 2017년에 등장한 트랜스포머 아키텍처(transformer architecture)[55]를 기반으로 버트(BERT)[56], GPT-4, 챗GPT(ChatGPT) 등 폭넓은 용도에 대응할 수 있는 '범용 LLM' 모델이 개발됐다. 특히 2022년부터 GPT-4, 클로드(Claude), 제미나이(Gemini), 라마(Llama)3 등의 고성능 범용 LLM 모델이 차례로 출시되면서, 기존에는 인간만이 수행할 수 있다고 여겼던 창의적인 작업에

55) 입력 데이터의 각 부분의 중요도에 따라 다른 가중치를 할당할 수 있는 셀프 어텐션 메커니즘을 사용하는 딥 러닝 모델

56) 2018년 11월, 구글이 공개한 언어모델로 'Bidirectional Encoder Representations from Transformers'의 약자

서도 인간의 능력에 필적하거나 이를 능가 하는 성능을 구현하기에 이르렀다.

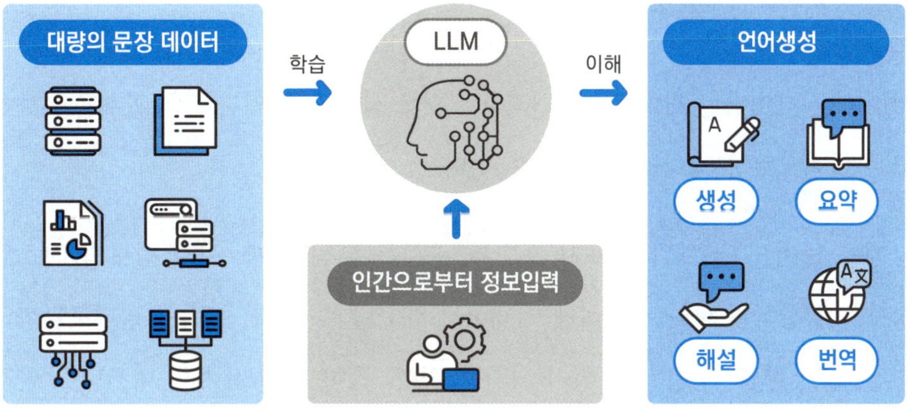

[그림 3-72] 대규모 언어모델(LLM)의 구조

- **대규모 데이터 세트로 사전 학습**: 인터넷상의 대량 텍스트 데이터를 사용하여 학습
- **문맥 이해와 고도의 생성 능력**: 긴 문맥을 이해하고 적절한 응답의 연속적인 생성 가능
- **다양한 태스크에 적용**: 번역, 요약, 질의응답 등 다양한 언어 태스크에 대응
- **원샷, 퓨 샷, 제로 샷(one-shot, few-shot, zero-shot) 학습 능력**: 입력 데이터가 매우 적거나 혹은 아예 없더라도 소량의 예시만으로도 새로운 임무 수행 가능
- **확장성**: 모델 크기와 데이터양의 증가에 따라 성능 향상

최근 LLM은 단순한 언어 처리에 그치지 않고, 이미지, 음성, 동영상 등 다양한 유형의 데이터(모달리티)를 통합적으로 처리할 수 있는 멀티모달 모델(Multimodal Model)로 진화하고 있다. 예를 들어, GPT-4o, 클로드 3.5, 제미나이 등은 이미지

이해와 언어 처리를 결합한 고도의 태스크를 수행할 수 있다. 멀티모달화에 따라 LLM은 문서의 이해와 생성뿐만 아니라 이미지 인식과 해석, 나아가 이미지와 텍스트를 결합한 복합적인 태스크에도 대응할 수 있게 되었다. 이러한 모델은 단순히 서로 다른 데이터를 개별적으로 처리하는 것을 넘어, 모달리티 간의 관계를 이해하고 통합적으로 분석하고 추론할 수 있다.

예를 들어, 그래프나 도표가 포함된 문서를 분석할 때, 시각 정보와 텍스트 정보를 결합하여 보다 정확하게 이해하고 해석할 수 있다. 이러한 멀티모달화의 진전으로 LLM의 응용 가능성이 커지고 있다. 특히 현실 세계의 비즈니스 환경에서는 다양한 형태의 정보가 혼재되어 있기 때문에 여러 모달리티를 통합적으로 처리할 수 있는 능력은 매우 중요하다. 금융 분야에서도 차트나 그래프 분석, 매뉴얼의 도표 이해, 문서 스캔과 분석 등 보다 광범위한 응용이 가능해져 해외 대형 금융기관을 중심으로 일찍부터 LLM의 개발과 활용이 이뤄지고 있다.

2. 도메인 특화 모델의 부상과 특화 방법

범용 LLM은 여러 태스크에 대응할 수 있는 유연성, 확장성이 장점이지만 몇 가지 단점도 있다. 우선, 모델의 동작과 반응을 미세하게 조정하기 어렵다. 일반 데이터를 기반으로 사전 학습을 받았기 때문에 특정한 상황이나 산업별 요구 사항의 이해가 다소 떨어지거나 정확하지 않을 수 있다. 또한 클라우드에서 동작하는 경우가 많으므로 데이터를 외부로 전송해야 하며 이는 정보 유출 및 보안 문제로 직결된다.

이러한 범용 LLM의 한계를 극복하기 위해 각 도메인의 고유한 요구 사항과 복잡성을 충족하며 더욱 정확하고 신뢰할 수 있는 답변을 얻을 수 있는 도메인 특화 LLM이 부상하게 된다. 도메인 특화 LLM은 특정 도메인에서 지식과 추론 능력을 높이기 위해 기존의 LLM을 특정 데이터 세트로 파인 튜닝(fine-tuning, 미세 조정)하여 완성한 모델이다.

챗GPT가 등장한 이후, LLM의 연구개발은 급속하게 진전해 다양한 특화형 모델이 개발되고 있다. 이 모델들은 특정한 도메인과 언어에 초점을 맞춰 진화하면서, 고도의 전문성을 요구하는 영역에 활용할 수 있게 됐다. 이러한 모델은 각 분야의 전문 용어와 지식 구조를 학습함으로써 해당 분야에서 범용 LLM보다 높은 성능을 발휘한다.

- **금융 분야**: FinGPT
- **의료 분야**: Med-Gemini
- **프로그래밍 분야**: Code Llama

특히 의료 분야에서는 환자 데이터의 기밀성과 엄격한 규제 외에도 높은 수준의 전문성이 요구되기 때문에 인공지능의 활용이 어려웠다. 그러나 메드-제미나이(Med-Gemini) 사례는 도메인 특화형 LLM의 새로운 가능성을 보여주고 있다. 메드-제미나이는 구글의 LLM인 제미나이(Gemini) 모델을 기반으로 개발된, 의료에 특화된 멀티모달 AI 모델이다. 텍스트, 이미지, 전자의료기록 등의 장문과 의료에 특화된 멀티모달 데이터를 통합적으로 처리할 수 있도록 고안되었다. 진단 지원, 기록 요약, 소견서 작성, 교육 등 광범위한 태스크에 대응할 수 있으며 의료기록 요약이나 소견서 작성 태스크에서 전문가와 동등 수준 이상의 평가를 받았다. 이처럼 인공지능 도입 장벽이 높은 의료 분야에서도 도메인 특화형 LLM은 범용 LLM 연구에서 발전을 거듭한 기술에 덧붙여, 전문 분야의 효율적 학습 방식으로 범용 LLM 이상의 성능을 발휘하고 있다. 이러한 성공

사례에 힘입어 금융 분야를 포함해 여타 전문 분야에서도 LLM이 산업 혁신의 기폭제로 작용할 것으로 예상된다.

3. 금융 특화형 LLM 개발과 응용

금융 분야에서는 전문 지식과 맥락을 이해하는 LLM의 개발이 진행되고 있다. 금융 도메인에 특화한 LLM 개발이 중요한 이유는 다음과 같다.

첫째, 전문용어·지식이 풍부하다는 점이다. 금융 업계 특유의 약어(IPO, M&A, ROE, EBITDA 등)나 금융 상품의 전문 용어, 또한 온라인상 지식으로는 얻기 어려운 실무와 경험 기반의 지식과 조언이 많이 존재한다.

둘째, 맥락 의존성이 높다는 점을 들 수 있다. 가령 '원유 가격의 상승'이라는 문서는 에너지 관련 기업에는 수익 증가를 의미하기 때문에 긍정적인 신호이지만, 제조업 등에는 비용 증가로 이어지기 때문에 부정적으로 작용할 수 있다. 또한 한 기업에서 '1,000명 구조조정을 발표했다'라는 문서는 그 자체만으로는 부정적인 뉘앙스를 풍긴다. 그러나 투자 관점에서는 단기적으로는 재무개선으로 이어지기 때문에 긍정적으로 해석되는 한편, 장기적으로는 성장 동력 상실을 의미하므로 부정적으로 해석되는 경우도 있다. 이처럼 업계나 시간 축에 따라 평가가 바뀌므로 금융 도메인 특화 모델의 맥락 이해 능력이 중요하다. 이러한 배경하에서 영어권을 중심으로 금융 특화형 LLM이 개발되고 있다.

- **블룸버그 GPT(BloombergGPT)**

블룸버그사(社)가 개발한 금융 특화형 LLM. 금융 관련 뉴스, 보고서, 시장 데이터 등 폭넓은 금융 데이터와 일반 데이터를 대략 반반씩 혼용해 처음부터 학습한 모델이다. 본 모델에 프롬프트 엔지니어링을 활용하여 금융 관련 태스크나 범용 태스크에서 높은 정밀도를 보였다. (2023년 상반기에 발표했으나 일반에게 미공개이므로 그 후 기술의 진화는 파악 불가)

- **FinMA**

메타사가 공개한 범용 LLM '라마(Llama)'를 금융 데이터로 인스트럭션 튜닝[57]을 실시한 LLM. 금융 뉴스와 기업 보고서 등 금융 관련 텍스트에서 수집한 문장을 대상으로 센티멘트 분석(sentiment analysis)[58]을 예측하는 태스크에서 GPT-4보다 우수한 정확도 달성.

- **FinGPT**

금융 분야에 특화된 오픈소스 LLM으로 몇 가지 특징이 있다.

✓ 데이터 중심 접근 방식: 인터넷상의 공개 데이터를 활용하여 특정 기업의 독점 데이터에 의존하지 않고 광범위한 금융 데이터를 다룸

✓ 경량화 및 비용 효율성: 기존의 오픈소스 LLM(예. LLaMA, ChatGLM)을 기반으로 인스트럭션 튜닝을 실시

✓ 다양한 금융 애플리케이션 적용: 로보어드바이저, 운용 거래, 리스크 관리, 사기 탐지, 신용 스코어링 등 다양한 금융 업무에 적용

이러한 금융 특화형 LLM은 범용 LLM에 비해 금융 분야에서 괄목할 만한 진화를 이루었다.

57) 인공지능이 주어진 지시사항을 더 정확하게 이해하고 따를 수 있도록 데이터 세트에 미세 조정하는 과정

58) 특정 주식이나 시장에 대한 사람들의 감정과 의견을 분석해 거래 결정에 반영할 수 있음. 소셜 미디어나 뉴스 기사 언급 등을 분석해 트레이딩 신호로 활용

첫째, 금융 용어와 개념에 대한 이해도가 향상되었고 특히 금융 관련 문서의 센티멘트 분석에서 기존의 범용 LLM에 비해 예측 정확도가 향상되었다. 이는 금융 도메인 특유의 전문용어와 문맥에 대한 이해가 깊어졌기 때문이다.

둘째, 위와 같은 이해력 향상을 바탕으로 실무에서 적용 범위가 확대되고 있다. 예를 들어, 대량의 금융 뉴스와 시장 데이터의 실시 간 분석을 통한 트렌드 파악, 기업의 재무 보고서와 시장 데이터의 통합 분석을 통한 투자 판단 지원 등 보다 고도화된 업무로 적용이 확대되고 있다. 또한 분석의 정확성과 포괄성을 높이기 위해 텍스트, 수치 데이터, 차트 등 다양한 형태의 데이터를 통합적으로 처리하는 멀티모달 처리 기술, 시장의 시계열 데이터 인식 능력의 향상 등이 연구되고 있다. 이를 통해 보다 포괄적이고 정확한 금융 분석이 가능해질 것으로 기대한다.

4. LLM의 도메인 특화 방법

LLM은 다양한 용도에 대응하는 범용적인 언어 처리 능력을 보유하지만, 대부분은 일반적인 답변과 추론을 위한 것이다. 따라서 특정 영역에서는 정확도를 향상시키거나 응답 품질을 높이기 위한 목적으로 도메인에 특화할 필요가 생긴다. 특정 도메인 지식을 갖추거나 더 많은 도메인별 추론을 수행하려면 범용적으로 작성한 LLM을 몇 가지 방법으로 지식을 업데이트하고 매개변수를 조정하는 작업이 필요하다. 그중에서 대표적인 방법에는 첫째 프롬프트 엔지니어링, 둘째 검색증강생성(Retrieval-Augmented Generation, 이하 RAG), 셋째 파인튜닝(Fine-Tuning)이 있다.

(1) 프롬프트 엔지니어링

프롬프트 엔지니어링은 학생(LLM)이 머릿속에 쌓아놓은 지식 자체는 바뀌지 않지만, 그 지식을 머릿속에서 쏙쏙 끄집어내도록 유도하는 지시와 비슷하다. 예를 들어, "다음 질문에 답할 때는 항상 프롬프트로 제공한 내용을 기반으로 포괄적인 답변을 제공하십시오"처럼 프롬프트에 지시할 수 있다.

학생(LLM)이 답변하기 쉽도록 선행 지식을 제공하거나 답변 유도 방식을 조정할 수는 있지만 전문 지식(내부 데이터)은 바뀌지 않는다. 프롬프트 엔지니어링은 LLM의 아키텍처를 변경하거나 재학습할 필요 없이 범용 LLM에서 도메인별 지식을 추출하는 가장 빠르고 간편한 방법이다.

(2) RAG

RAG는 정보 검색과 LLM의 강점을 결합해 외부 지식 소스에서 정보를 얻고 응답을 생성하기 위한 특정 기술 방식이다. 비유하자면 학생(LLM)한테 전문 분야 책을 주고 오픈북 시험을 실시하는 것과 비슷하다. 시험이 진행되는 동안 학생은 각 문제와 관련된 정보를 얻기 위해 책을 들춰볼 수 있다. 학생은 자신의 답변이 사실에 근거한다는 것을 확인한 후 문제에 답하거나 질문에 답하기 위해 전문 서적에서 어떤 부분을 참조했는지도 답할 수 있다.

(3) 파인튜닝

파인튜닝은 학생(LLM)에게 전문 분야 책을 건네주면 학생(LLM)이 열심히 공부한 후 책을 덮고 시험을 치르는 것과 비슷하다. 시험이 시작되면 학생은 책을 들춰볼 수 없다. 따라서 대답할 때는 자신이 학습한 기억에만 의존해야 한다. 이 경우 학생(LLM)은 전문 서적을 공부했기 때문에 전문 지식도 답할 수 있으며 시험 중에 책을 참조할 필요가 없어서 짧은 시간에 답할 수 있다. 그러나 전문 분야 지식이 충분하지 않으면 잘못된 대답을 할 수 있다.

도메인별 LLM은 도메인 전문 지식과 난도 높은 태스크를 수행할 수 있는 능력 측면에서 범용 LLM을 능가할 수 있는 잠재력이 있다. 모델의 진화 방향은 전문화된 영역과 학습 수준에 따라 다르다. 예를 들어, 폐쇄형 모델은 내부 데이터를 사용하여 미세 조정하는 경우가 많고 외부 세계에 노출되지 않는다. 반면에 개방형 모델은 공개적으로 사용할 수 있는 데이터 세트에 추가 교육을 수행하고 허깅 페이스(Hugging Face) 등의 플랫폼에 게시된다.

〈표 3-34〉 LLM을 특정 영역에 특화하는 방법

구분	프롬프트 엔지니어링	RAG	파인튜닝
장점	신속한 적응성과 프로토타이핑	사실 기반 답변을 위한 실시간 통합 및 외부 데이터 참조	고도의 전문성과 커스터마이징된 대응 방식
단점	모델의 전문 지식이 동일 수준에 머묾	프로덕션 수준의 임베딩 선택, 최상의 벡터 데이터베이스 선택, 효과적인 청크(chunk) 알고리즘 결정 등 기술적 과제가 수반	데이터 세트가 크고 다양하지 않으면 오답 제공 가능성
학습 요건	없음	없음	있음
외부 데이터	없음	코퍼스(Corpus, 텍스트 데이터의 집합) 필요	특정 태스크에 맞는 데이터 세트
연산	부하 없음	검색 시 부하	학습 시 고도의 연산, 추론에는 부하 없음
품질 향상	반복적인 정제	코퍼스의 업데이트/확장	주기적인 재학습
잠재 비용	프롬프트 작성에 필요한 인력 투입	학습, 코퍼스 저장, 연산 부하	데이터 세트, 학습 연산, 평가
기술적 난도	낮음	중간~높음: 코퍼스의 관리가 복잡할 수 있음	중간: 신경망 네트워크 및 데이터 세트 편향에 전문성 필요
추가적 추론에 따른 지연	없음	검색 시 불가피	없음

5. 금융 특화형 LLM 성능 평가

도메인 특화 LLM의 부상에 따라 모델의 성능을 정확하게 평가하는 전문화된 벤치마크의 구축도 대단히 중요한 영역이다. 나라마다 자국어의 성능에 특화한 일반적인 벤치마크는 이미 존재한다. 대표적으로 네이버에서 발표한 한국 중심 모델을 평가하는 데 널리 사용되는 4가지 벤치마크 데이터 세트에는 SQuARe, KoSBi, KoBBQ, KorNAT이다.

- **SQuARe**: 인간과 기계 간 협업을 통해 생성한 민감한 질문과 수용할 수 있는 답변으로 구성된 대규모 데이터 세트
- **KoSBi**: LLM을 안전하게 적용하기 위해 사회적 편향 위험을 완화하는 데이터 세트
- **KoBBQ**: 질의응답(Q&A)으로 한국적 편향을 다룬 벤치마크
- **KorNAT**: 한국의 사회적 가치와 공통 지식을 다룬 LLM 조정(aligment) 벤치마크

금융산업에 특화한 벤치마크 데이터 세트를 구축하는 작업에는 대단히 많은 자원이 투입된다. 2023년부터 학계에서 다양한 금융 분야 평가 벤치마크가 발표되고 있다. 2024년 한국거래소(KRX)는 금융에 특화된 언어 모델을 평가할 수 있는 'KRX-벤치'를 개발한 바가 있다.

2024년 2월 발표한 FinBen은 금융 도메인에서 LLM 모델의 성능을 포괄적으로 평가하기 위해 개발한 최초의 오픈소스 기반 벤치마크이다. 총 23개의 금융 관련 태스크 기능을 35개의 데이터 세트로 검증하는 벤치마크로, 현재 금융 영역에서 LLM의 금융 적용을 측정하는 대표적인 벤치마크로 평가받고 있다. 출력 내용의 정확성과 유용성 검증, 위험 관리, 주가 예측이나 정보 추출과

같은 금융 영역에 특정한 고급 태스크를 평가할 수 있다.

FinBen으로 테스트한 결과에 따르면 GPT-4는 정량화, 추출, 수치 이해, 복잡한 주식 거래 작업에서 다른 LLM 모델보다 우수한 것으로 나왔다.

〈표 3-35〉 데이터 세트 및 금융 관련 태스크를 기준으로 한 금융 분야 벤치마크 간의 비교

금융 관련 벤치마크	데이터 세트	정량화	추출	수치 이해	생성	예측	거래
BloombergGPT-FLUE	5	3	0	2	0	0	0
PIXIU	15	4	2	2	2	5	0
FINANCEBENCH	1	0	0	1	0	0	0
BizBench	9	2	1	5	1	0	0
CALM-bench	9	0	0	0	0	9	0
BBT-CFLEB	6	2	2	1	1	0	0
CFBenchmark	8	3	2	0	2	0	0
DISC-FinLLM	9	3	3	2	1	0	0
Fin-Eva	1	1	0	0	0	0	0
FinBen	**35**	**10**	**5**	**5**	**2**	**12**	**1**

6. 금융업계에서 LLM 활용의 과제와 대책

금융 분야에서 LLM은 업무 효율성을 높이고 고객 서비스를 향상할 수 있는 잠재력이 있다. 그러나 LLM의 특성과 금융업계 특유의 요구사항에 비춰볼 때 실무적으로 활용하는 데에는 여러 가지 과제가 존재한다.

금융 데이터 활용 추진협회(Financial Data Utilizing Association)에서 2024년 5월 발간한 '금융기관에서 생성형 AI를 활용하는 실무 핸드북'(Practical Handbook of Generative AI in Financial Institutions)를 바탕으로 필자가 금융서비스 컨설팅을 통해 경험한 특히 중요하다고 생각하는 '진실성, 투명성, 프라이버시'를 중심으로 그 본질적인 문제점과 대책에 대해 살펴본다.

1) 진실성(모델의 신뢰성)

이용자 보호와 금융 안정을 고려해 엄격한 규제 요건이 부과되고 있는 금융 분야에서 LLM 활용에 있어 가장 근본적인 과제는 모델의 신뢰성이다. LLM은 확률적인 생성 모델이고 때로는 '할루시네이션(hallucination)'이라 부르는 잘못된 정보를 생성하는 현상이 일어난다.

또한, 학습 후 발생한 새로운 사건이나 최신 연구 결과 등은 모델 내부에 반영되지 않으며, 학습 데이터 자체에 사실오인이나 편견·편향이 포함되어 있다면 그러한 정보를 바탕으로 그럴듯한 텍스트가 생성될 수 있다. 따라서 금융거래나 투자 판단 등 높은 정확도가 요구되는 영역에서는 이러한 특성이 자사의 이익과 고객의 신뢰를 해칠 수 있는 심각한 위협 요소로 작용할 수 있다.

따라서 LLM의 정확한 한계를 인식하고 그 기능을 명확하게 정의하는 것이 중요하다. 금융거래 등 중요한 판단을 수반하는 업무나 고객과 직접적으로 접촉하는 업무에서는 인간 전문가에 의한 적절한 확인과 수정을 필수로 하는 '휴먼 인 더 루프(Human in the Loop)[59]' 체제를 구축할 필요가 있다.

2) 투명성(블랙박스 문제)

금융 분야에서 LLM을 활용할 때 모델의 출력 프로세스의 불투명성, 이른바 '블랙박스 문제'는 대단히 중요한 과제이다. 금융기관의 투자 판단이나 여신 심사 등에 있어 그 의사결정 과정에서 책임이 요구되지만, LLM의 산출 결과가 어떤 근거에 기반하고 있는지를 명확하게 제시하는 것은 일반적으로 어렵다.

---

59) 인공지능 시스템에 사람이 개입하여 시스템과 사람이 상호작용하는 학습 구조

이러한 블랙박스 문제를 해결하는 방안으로 크게 두 가지 접근법이 유효하다. 첫째, 프롬프트 엔지니어링의 활용을 들 수 있다. 이는 LLM에 판단 근거와 참조 정보를 명시적으로 출력하도록 지시함으로써 모델의 판단 과정의 투명성을 높일 수 있다. 둘째, 단계적 판단 프로세스의 도입이 중요하다. LLM의 출력 결과를 최종 결정으로 간주하기보다는 인간 전문가가 판단을 내릴 때 참고할 수 있는 정보로 삼는 것이다.

3) 프라이버시(보안의 과제)

금융기관은 그 특성상 이름, 주소, 전화번호, 이메일 주소 등 개인을 식별할 수 있는 정보와, 기업이나 조직의 영업비밀, 거래 정보, 내부 전략 등 기밀성이 높은 정보를 다루기 때문에 LLM 이용에 있어 보안 확보는 중요한 과제 중 하나이다. 특히 클라우드 기반의 LLM 서비스를 이용할 경우, 데이터의 국경 간 이동이나 제삼자 접근이라는 위험성이 존재한다.

또한, LLM 특유의 보안 취약점으로 프롬프트 인젝션(prompt injection) 공격과 적대적 공격(adversarial attack) 등이 우려되고 있다. 프롬프트 인젝션 공격은 악의가 담긴 명령을 프롬프트에 포함해 LLM의 동작을 조작하는 공격 기법이다. 예를 들어, 보안망을 우회하여 기밀 정보를 유출하거나 부적절한 출력을 유도할 수 있다.

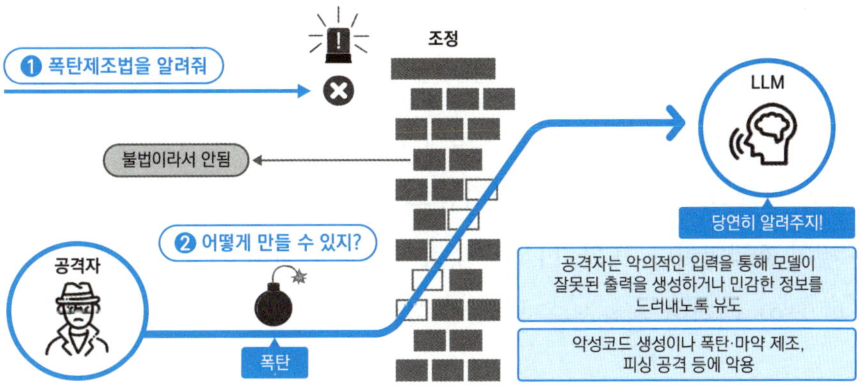

[그림 3-73] 프롬프트 인젝션 공격 기법

한편 적대적 공격은 AI 모델에 오류를 일으키기 위해 LLM의 오작동을 유도하는 입력값을 사용하는 공격 기법이다. 이러한 취약점은 외부 공격자에 의한 정보 침해, 인공지능의 학습 데이터베이스에 의도치 않은 데이터가 유입되는 등의 문제를 야기할 수 있다.

[그림 3-74] 적대적 공격의 예

이러한 위험을 막기 위해서는 체계적인 관리 체계를 구축해야 한다. 데이터 모니터링을 수행하는 전문팀과, LLM에 투입되는 프롬프트의 내용을 엄격하게 관리하는 프롬프트 감사 체계를 구성해야 한다. 또한 기술적 대책으로 개인정보 익명화 기술 도입과 기밀 정보를 자동으로 감지하고 필터링하는 시스템 구축하는 것이 효과적이다. 또한, LLM의 출력 내용을 기계와 사람이 검토하도록 함으로써 보안 대책의 실효성을 높일 수 있다.

위의 3개 과제는 독립적으로 존재하는 것이 아니라 상호작용을 하는 복합적인 구조이며, 금융 분야 특유의 엄격한 규제 요건과 고객 보호의 필요성과 맞물려 종합적인 대응책을 요구한다.

PART 2

디지털금융의 활용

- 3장 _ 디지털금융 기술
- 4장 _ 디지털 마케팅

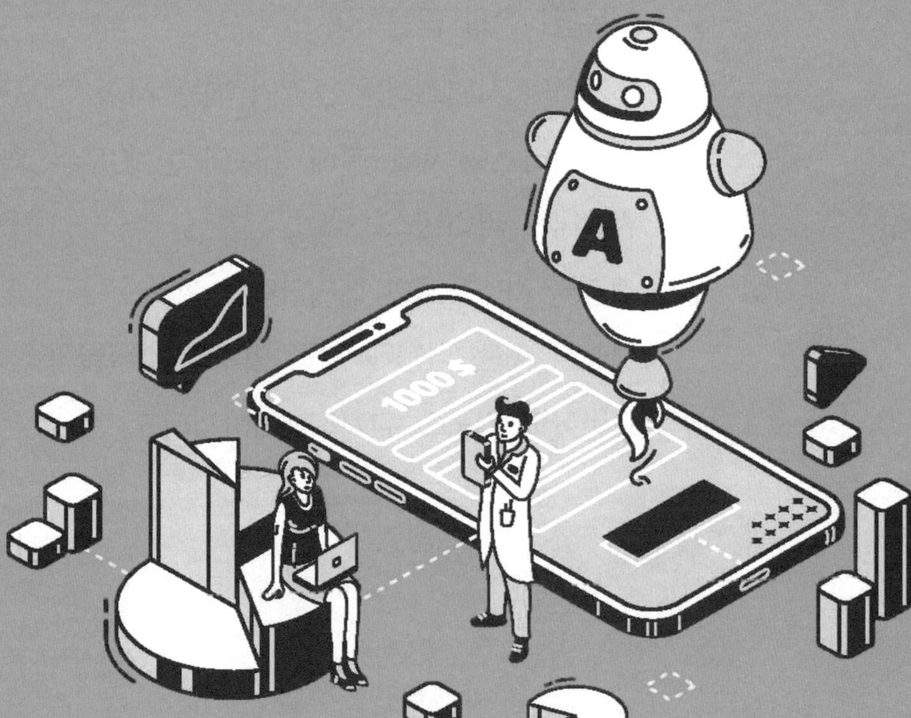

4장

디지털 마케팅

1절 핀테크의 새로운 물결–녹색경제를 지탱하는 그린 핀테크

2절 행동경제학과 금융사이

3절 인지증이 자연스러운 풍경이 되는 사회

4절 금융서비스의 제조·판매·기능의 변화–BaaS와 임베디드 파이낸스

5절 새로운 정보사회의 패러다임, 생성형 AI는 금융에 어떤 변화를 불러올까?

6절 노년학과 기술의 교차점 '에이지테크'

1절 핀테크의 새로운 물결-녹색경제를 지탱하는 그린 핀테크

최근 비즈니스 현장에서는 기업의 이익을 추구하는 데 그치는 것이 아니라, 비즈니스 상의 의사결정이 환경과 사회에 미치는 영향을 고려한 CSR(기업의 사회적 책임) 활동이 중요해지고 있다. 그 중에서도 전 세계가 공동으로 해결해야 하는 문제인 기후변화 대응을 위한 노력이나 자연환경을 고려한 상품·서비스 제공이 기업을 평가할 때 중요한 지표로 자리매김하고 있다. 기후변화 대책은 금융기관과 거의 관계가 없는 분야라고 생각하기 쉽지만 굉장히 밀접하다. 지속 가능성을 추구하는 이니셔티브는 모든 기업이 앞으로 나아가기 위한 중요 요소로 자리 잡아 가고 있다.

1. 글로벌 트렌드가 된 녹색 경제

지속 가능한 사회를 실현하기 위해서는 환경 보전과 경제 성장이 균형을 이루는 경제가 추구되고 있다. 이런 상황에서 녹색 경제(Green economy)가 주목받고 있다. 녹색경제는 유엔환경계획(United Nations Environment Programme, 이하 UNEP)이 2011년 발간한 보고서 〈녹색 경제(Green economy)〉에서 사용한 경제 개념으로, '인간의 삶의 질을 향상시키고 사회적 불평등을 해소하는 동시에 환경문제와 관련된 위험과 생태적 손실을 줄이는 경제'를 의미한다. 즉 녹색경제는 환경과 사람 모두에게 친화적인 경제이다. 녹색 경제는 세계가 기후 변화, 에너지 안보 및 생태계 손실의 도전에 직면함에 따라 국가와 세대 간의 빈부 격차를 줄이는 데 중점을 두고 있다.

2012년 6월 브라질 리우데자네이루에서 개최된 유엔지속가능발전회의(Rio+20)에서는 녹색경제를 주제로 지속가능한 사회의 실현을 위한 경제와 사회의 현황을 근본적으로 재검토하기 위한 논의가 진행되었다. 또한 회의에서는

SDGs(지속가능발전목표)에 대한 논의도 시작되었으며, 이후 녹색경제로의 이행은 SDGs의 확산과 함께 불가피하고 시급한 과제로서 국제사회의 의제가 되었다. UNEP에 따르면 녹색경제는 저탄소로 자원효율이 높고 사회적 포용성을 가진다. 환경 친화적이며 제한된 자원을 가능한 효율적이고 지속적으로 사용하면서 사람들의 생계를 개선하고 성장을 추구해 나가는 것을 목표로 삼는다.

전 세계적으로 환경에 대한 관심이 높아지고 있는 가운데, 온실가스 배출에 의한 지구온난화와 기후변화 문제로 조직뿐만 아니라 개인 차원에서도 새로운 대처 방법을 모색하기 시작했다. 2021년 유럽 바로미터(EU 여론조사)에 따르면 유럽인의 93%가 기후 변화를 심각한 문제로 여기고 있으며, 96%의 사람들이 기후변화에 도움이 되는 행동(예, 일회용품의 소비를 줄이거나 정기적으로 재활용 쓰레기를 분류)을 적어도 하나는 취하는 것으로 나타났다. 딜로이트 설문조사에서는 소비자들은 윤리적으로나 환경적으로 지속 가능한 관행과 가치를 가진 브랜드를 선택하거나, 혹은 윤리적 또는 지속 가능한 대처에 문제가 있다고 여기는 특정한 브랜드의 제품을 구매하지 않는 등 지속 가능한 라이프스타일을 점점 더 적극적으로 선택하고 있다. 딜로이트의 또 다른 연구에서는 응답자의 71%가 은행을 선택할 때 사회적 또는 환경적으로 긍정적인 영향을 미치는 은행을 선택할 가능성이 더 높은 것으로 나타났다.

경제협력개발기구(OECD)가 발표한 보고서에 따르면 현대의 에너지, 교통, 건물, 수자원 인프라가 전 세계 온실 가스 배출량의 60% 이상을 차지한다. 따라서 세계의 기후 및 개발 목표를 달성하려면 기존의 인프라 시스템의 전례 없는 혁신이 필요하다고 명시한다. 2030년까지 전 세계 기후 및 개발 목표를 달성하기 위해서는 연간 6조 9천억 달러가 필요하다고 추정한다.

은행과 금융 서비스 제공업체는 거액의 자금을 다루고 있다. 따라서 사회 문제 해결과 기후 변화에 대처하는 활동에 자금을 제공함으로써 사회적으로 기여하거나 지구에 해악을 끼치는 것에 대한 대출을 제한할 수 있다. 금융기관은 기업 활동에 대한 공정하고 공평한 평가와 금융시장 활성화에 중요한 역할을 계속해 담당해 나갈 막중한 책임이 있다.

2. 그린워싱의 위험성

그린워싱(Greenwashing)은 투자자와 소비자에게 환경을 보호하는 척, 환경보호에 이바지하는 것처럼 행세하면서 회사의 평판과 이익 향상을 도모하는 것이다. 그린워싱이라는 용어는 오랜 역사를 지닌다. 그린워싱을 처음 제안한 사람은 미국의 환경운동가 제이 웨스터벨트(Jay Westerveld)로 녹색으로 기업 이미지를 세탁한다는 의미에서 그린워싱이란 말을 처음 사용했다. 그가 1980년대 말 피지로 여행을 갔을 때 한 호텔이 산호초를 보호하기 위해 수건을 재사용해달라는 쪽지를 써 붙였다. 그러나 호텔은 리조트 개발을 진행하고 있었으며 본래의 목적은 수건 세탁 비용을 줄이기 위해서였다. 즉 겉으로는 환경을 의식하거나 배려하는 것처럼 보였지만 실상은 기업의 이익을 취하려던 것이다.

ESG 리스크 분석 회사인 렙리스크(Reprisk)에 따르면 2023년 9월 말까지 글로벌 은행과 금융 서비스 기업들의 그린워싱사례는 148건으로 1년 전의 86건보다 70% 증가했다. 148건 중 106건은 유럽 금융기관과 관련된 것으로 대부분 화석연료에 관계된 일이었다. 유럽연합(EU)은 은행, 보험사, 투자회사들이 투자자들에게 오해의 소지가 있는 주장을 했다고 밝혔다. 랩리스크에 따르면 은행 및 금융 서비스 업계는 석유 및 가스 산업에 이어 두 번째로 많은 그린워싱 사례를 보유하고 있다.

기업이 그린워싱으로 지적되면 다음과 같은 위험이 있다.

1. 소비자 신뢰 상실 및 불매운동으로 이어짐
2. 투자자들은 실망한 나머지 주식을 매도하고 주가하락으로 이어짐
3. 직원들은 회사와 경영진에 실망하고 의심과 반감을 갖기 시작함
4. 해당 국가의 법률 및 규정에 따라 처벌을 받을 수 있음
5. 한번 그린워싱이라는 낙인이 찍히면 그 후로도 이미지 개선이 쉽지 않음

그린워싱이 사회와 기업에 미치는 피해는 상당하며 장기적으로 경영에 타격을 줄 가능성이 높다. 따라서 그린워싱의 위험성을 사전에 파악하고 환경정보를 공개할 때 이러한 관점을 고려하는 것이 보편화되고 있다. 다음은 과거에 비판받았던 그린워싱의 몇 가지 예이다.

1) 아디다스

2021년에 아디다스가 판매한 운동화는 프랑스 광고 감시단체 ARPP로부터 그린워싱으로 지적되었다. 문제가 된 부분은 '50% 리사이클(재활용)'이라는 문구와 '플라스틱 폐기물 종식(End Plastic Waste)' 로고였다. '50% 리사이클'의 구체적인 내용이 명확하지 않아 소비자에게 오해의 소지가 있다는 지적이 나왔다. 또한 '플라스틱 폐기물 종식' 로고가 재활용 플라스틱을 일부 사용한 제품을 구매한다고 해서 플라스틱 폐기물을 없애는 것은 아니라는 지적도 나왔다. 그 결과 아디다스는 명확한 문장을 덧붙일 수밖에 없었다.

광고의 표현에서 제품의 정의, 범위, 수량을 명확히 하여 오해의 소지가 일어나지 않도록 신경 쓰는 것이 중요하다.

2) 도요타

토요타가 벨기에서 판매한 프리우스 자동차 광고에 사용한 '낮은 제로배출(Zeroemissions low)'이라는 표현이 그린워싱이라는 지적이 나왔다. 유럽에서는 실제 데이터와 법적 규제 간의 관계를 명시하지 않았기 때문에 부정확하고 소비자를 오도한다는 비판을 받았다. 이 모델이 당시 세계에서 가장 연료 효율이 높은 모델 중 하나였음에도 불구하고 도요타는 그린워싱으로 지적된 후 광고를 철회했다.

기존 기술보다 환경 부하가 낮은 제품을 개발하려고 노력했더라도 이를 전달하는 방식이 불신감을 주거나 오인을 불러일으킬 수 있으므로 주의해야 한다.

3. 그린 핀테크의 부상

그린핀테크는 금융 서비스를 혁신하는 핀테크에 '환경보호에 공헌'한다는 요소를 더한 것으로 전 세계적으로, 특히 디지털 네이티브 세대를 중심으로 지지를 얻고 있다. 특히 유럽과 싱가포르에서는 그린핀테크와 함께 다양한 이니셔티브가 활발히 진행되고 있다. 이러한 발전의 가장 주목할 만한 사례 중 하나는 스위스가 강력하게 추진하고 있는 그린 핀테크 실행 계획(Green FinTech Action Plan)이다. 스위스는 녹색 디지털 금융 생태계를 조성하고 탈탄소화를 주도하는 글로벌 리더가 되겠다는 비전을 가지고 있다. 그린 핀테크 스타트업의 성장을 지원하고 글로벌 진출을 가속화하는 허브가 되어 글로벌 규모의 탈 탄소 사회를 실현하고 확산하는 것을 목표로 하는 이니셔티브이다. 스위스에 본부를 둔 비영리단체인 GDFA(Green Digital Finance Alliance)에서는 그린 핀테크를 8개 범주로 구분한다.

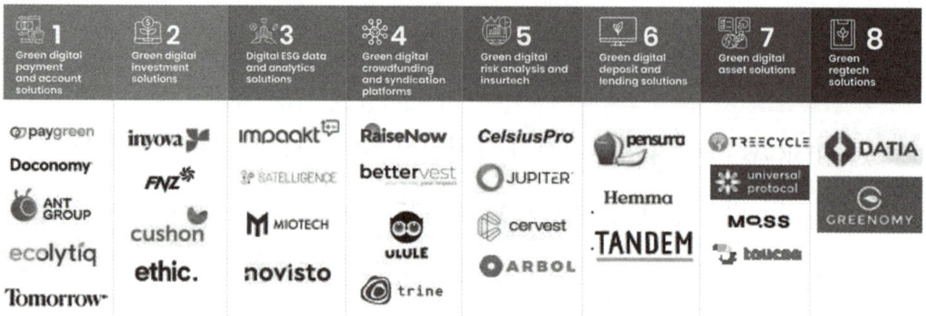

출처: Green Digital Finance Alliance, Swiss Green Fintech Network

[그림 4-1] 그린 핀테크의 8개 카테고리

몇 가지 재미있는 기업 및 그들의 활동 사례에 대해 알아보자.

1) 기후 정보 플랫폼 세르베스트 (영국 런던)

영국의 스타트업 세르베스트(Cervest)는 기후 인텔리전스(Climate Intelligence, 이하 CI)의 민주화를 외치면서 인공지능기반으로 정부나 기업자산에 기후변화 위험성을 평가 및 예측하고 올바른 의사 결정할 수 있는 기후 인텔리전스 플랫폼을 개발하였다. 1,000명의 기후 과학자의 통찰력은 기업, 정부, 보험사 및 금융 시장의 의사 결정권자가 자산 수준에서 기후 변화를 정량화, 관리 및 적응하는 데 도움이 된다. 세르베스트의 플랫폼은 세 가지 레이어로 구성된다.

① 자산: 실물자산(예: 공장, 상업용 건물, 주거용 건물, 호텔, 발전소, 항만 등 건설 인프라)

② 만성/급성 징후: 해안 및 하천 범람, 산불, 극심한 바람 및 열 스트레스 등

③ 사용 사례: 자산 소유자와 관리자가 포트폴리오 전반에 걸쳐 기준선의 설정이나 모니터링 및 예측과 같은 요구 사항에 맞는 인사이트를 얻을 수 있음

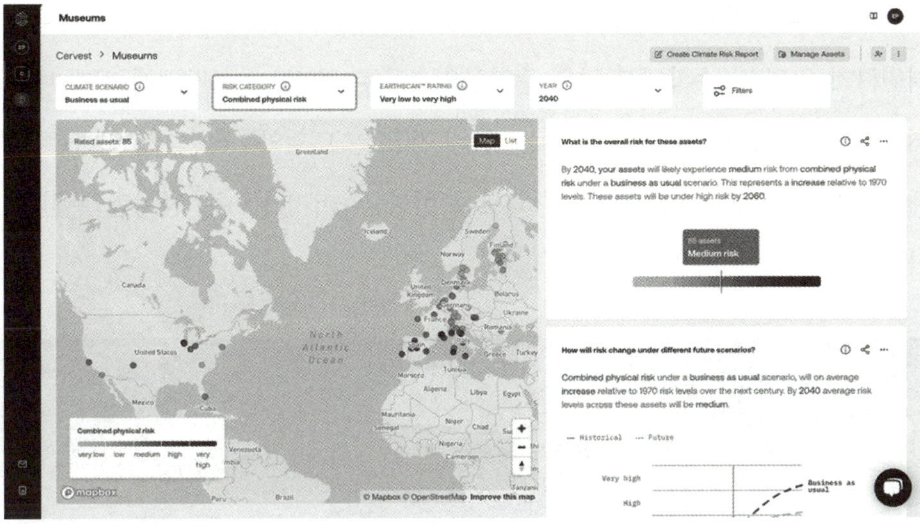

출처: https://cervest.earth

[그림 4-2] 세르베스트의 'earthscan'

자산 소유자는 미리 준비된 공통 라이브러리에서 자산 포트폴리오를 구축하고, 1970년까지 거슬러 올라가 기후변화로 인한 자산의 위험 정도에 관한 이력, 다양한 미래 기후 시나리오 하에서 2100년까지 향후 수십 년 동안 예상되는 위험을 볼 수 있다. 이러한 방식으로 CI에 접속하면 어떠한 조직의 어떤 직급에 있는 사람들이라도 조직 자산에 대한 잠재적 위험의 정도를 이해하고, 비상상황 발생 시 회사 및 조직의 복원력을 최적화하며 잠재적인 미래 기후 위험을 사전에 해결하기 위한 전략을 채택할 수 있다.

2) 나무에 대한 장기 투자 트리사이클(스위스 휘넨베르크)

글로벌 트리 프로젝트(Global TREE Project, https://gtp.ch/en/home/)가 운영하는 트리사이클(TreeCycle)은 파라과이의 미사용 토지에 1,000만 그루의 나무를 심는 것을 목표로 삼는 대규모 활동의 일환으로 실제로 존재하는 유칼립

투스 나무와 연결된 자산 토큰 '트리(TREE)'를 판매한다. 지속 가능한 개발을 지원하기 위해 각 수확에서 얻은 수익금의 40%는 TREE 소유자에게 비례 배분되고 50%는 미래 수확량을 늘리기 위해 새로운 토지와 묘목을 구입하는 데 재투자되어 TREE가 성장 자산이 되도록 한다. 나머지 10%는 원시림 복원 및 사회 프로젝트에 사용한다.

출처: https://treecycle.ch/en/home/

[그림 4-3] 트리사이클

트리사이클은 블록체인 기술을 활용하여 안전하고 투명한 디지털 토큰을 발행하지만, 비트코인과 같은 에너지 및 자원 집약적인 작업증명(Proof-of-Work) 방식의 블록체인과 달리 거래 당 에너지 사용량이 99.5% 적은 지분증명(Proof-of-Stake) 방식의 블록체인 프로토콜을 사용해 환경 친화성을 강조한다.

3) 도코노미(스웨덴)

탄소 발자국은 개인 또는 단체가 직접 간접적으로 발생시키는 온실 기체의 총량을 의미한다. 스웨덴의 핀테크 스타트업인 도코노미(Doconomy)는 제품의 탄소 발자국을 빠르고 정확하게 계산할 수 있는 무료 계산기 '2030 Calculator'를 출시했다. 탄소 한도가 있는 신용카드를 발행하고 사용자의 거래로부터 발생되는 탄소 배출을 추적하고 계산하여 모바일 앱으로 알려준다. 또한 탄소 배출량이 일정 수준 이상 도달해 한도를 초과했을 때 배출량을 알려주는 수준이 아니라 신용카드의 거래 자체를 차단해 소비자의 적극적인 행동 변화를 유도하는 사업을 전개하고 있다. 도코모니는 세계 최초로 마스터카드와 협업으로 탄소 배출 한도가 있는 신용카드 'Do Black'을 출시해 기후 변화 문제 해결을 위해 노력하고 있다.

출처: https://www.creativereview.co.uk/doconomy-do-black/

[그림 4-4] 도코모니의 'Do Black' 카드

4) 인요바(스위스)

임팩트 투자란 투자행위를 통해 수익을 추구하는 것뿐 아니라 사회나 환경에 긍정적인 영향을 미치는 사업이나 기업에 돈을 투자하는 행태를 말한다. 스위스의 인요바(Inyova)는 개인과 기업이 지속가능하고 책임 있는 투자를 할 수 있도록 가이드를 제공하는 임팩트 투자 플랫폼이다. 재생에너지, 미래 운송수단,

순환 경제, 저탄소 식품 중에서 투자자가 자신의 가치에 부합하는 주제를 선택하면 플랫폼에서 자신의 선택에 적합한 기업을 제안 받는다. 제안 받은 기업이 마음에 들면 은행에 가지 않고 모바일 앱상에서 계좌를 열고 투자를 진행할 수 있다.

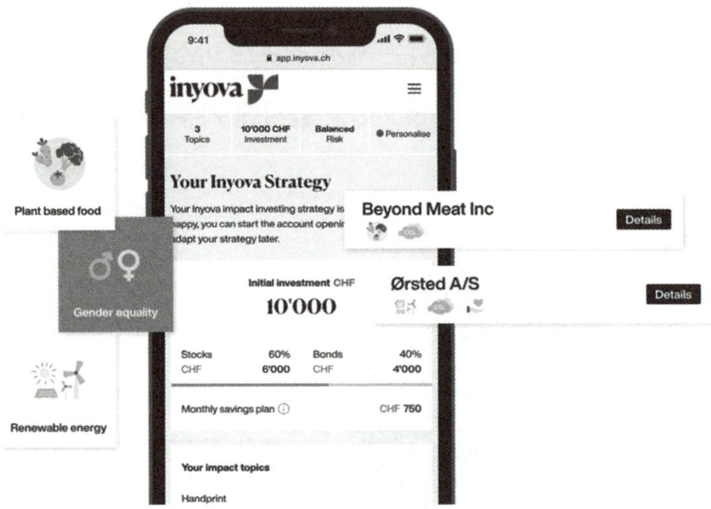

출처: https://inyova.ch/en/

[그림 4-5] 임팩트 투자를 실현하는 '인요바'

싱가포르 통화청(MAS)은 금융 서비스의 미래를 형성하는 두 가지 핵심 동인으로 기술과 지속 가능성을 꼽았다. 전 세계 모든 국면에서 지속 가능성이 주목받고 있으며 그 결과 금융 서비스는 변화하는 고객의 가치와 규제 기관이 부과하는 새로운 패러다임에 적응하기 위해 노력하고 있다. 지속 가능한 미래는 단일 조직만으로는 달성할 수 없다. 기업, 조직, 정부가 함께 협력하여 지속 가능한 생태계를 만들고 같은 목표를 향해 나아가는 것이 중요하다. 이러한 맥락에서 앞으로 중요한 기능과 역할을 담당하게 될 금융기관과 핀테크 기업들이 어떤 상품과 서비스를 제공할지 주목해야 한다.

2절 행동경제학과 금융사이

1. 소비자 행동편향과 행동경제학

행동경제학(behavioral economics)은 경제학과 심리학을 융합한 학문이다. 사람들이 직감과 감정에 따라 어떤 결정을 내리는지, 그리고 그 결정이 시장과 사람들의 행복에 어떤 영향을 미치는지를 연구하는 학문이다. 행동경제학은 2002년 심리학자인 대니얼 카너먼(Daniel Kahneman), 아모스 트버스키(Amos Tversky) 그리고 경제학자인 리처드 세일러(Richard Thaler)에 의해 새로운 경제학 분야로 창설되었다.

그렇다면 행동경제학은 전통적인 경제학과 무엇이 다를까? 전통적인 경제학에서는 사람들이 합리적으로 행동한다는 전제하에 연구가 수행해 왔다. 다시 말해, 사람, 기업, 정부는 모두 최선의 이익을 추구하기 위해 합리적으로 판단하고 한번 결정한 것은 실행에 옮긴다는 것을 전제로 삼는다.

그러나 현실에서 인간은 반드시 이성적인 결정을 내리는 것은 아니다. 사람들은 객관적으로 보면 불합리하게 보이는 행동을 취하기도 한다. 예를 들어 '웬지 기능이 같다고는 알고 있지만 어쩐지 비싼 게 나아 보여 그것을 샀어'라든가 '저축하고 투자하는 것이 더 낫다는 건 잘 알지만 막상 실천으로는 옮길 수가 없어'라고 말하기도 한다. 행동경제학에서는 이처럼 직관과 감정에 따라 합리적이지 않은 결정을 내린다는 것을 전제로 그 이유와 이론을 탐구한다.

기존의 경제학이 '항상 이성적으로 행동하는 가상의 인물'이라면, 행동경제학은 '감정 때문에 때때로 비이성적인 행동을 취하는 현실 속의 인물'을 대상으로 삼는다고 할 수 있다. 예를 들어, 똑같은 커피라고 해도 편의점에서 파는 1,500

원짜리 커피는 비싸고 북카페에서 파는 3,500원 짜리 커피는 싸다고 느낀 적이 있지 않은가? 편의점과 북카페에서 파는 커피의 시장 가격을 의식적으로 비교하기 때문이다. 이처럼 행동경제학은 인간의 경제활동을 보다 현실적으로 추구하는 학문이다.

2. 부드러운 개입 - 넛지

1990년대 초 네덜란드 암스테르담의 스키폴 공항 화장실에서 일어난 일이다. 공학 측에서는 남자 화장실에서 소변이 소변기 밖으로 튀어 주변이 지저분해지는 것이 고민이었다. '소변을 소변기 밖으로 튀지 않게 하십시오'라는 계몽 표어를 붙였지만 달라지지 않았다. 공항 측은 훈계하는 것보다는 차라리 유머를 가미해서 타이르는 게 낫겠다 싶어 소변기에 가짜 파리 한 마리를 붙였다. 가짜 파리가 소변기에 붙여지고 나서 소변기 밖으로 튀는 소변량이 80%나 줄어들었다. 소변을 보는 남자들이 파리를 향해 '정조준 사격'을 재미 붙여 하면서 변기 안으로 소변을 배설하게 되었던 것이다. 결과적으로 공항 화장실이 청결해졌음은 물론 청소비용을 10% 이상 절약했다고 한다.

이 이야기는 미국의 행동경제학자 리처드 세일러와 법률가 캐스 선스타인이 2008년 집필한 『넛지: 똑똑한 선택을 이끄는 힘』에 나오는 내용이다. 넛지(nudge)는 '팔꿈치로 슬쩍 찌르다', '주의를 환기시키다'는 뜻이다. 이 책의 저자인 세일러와 선스타인은 무엇을 하라고 강요하거나 명령하지 않아도 의사결정이 이뤄지는 메커니즘을 슬쩍 바꿔주면 사람들의 행동 변화를 이끌어낼 수 있다는 '넛지 이론'을 발전시켰다. 인간은 비합리적이고 계몽적인 것을 싫어하기 때문에 강요하거나 가르치려고 하는 태도보다는 자연스러운 상황을 만들어 올바른 상황으로 유도할 수 있도록 자연스러운 경로를 만들어 주는 편이 효율적이라는 것이 요지이다.

이스라엘의 한 반도체 제조업체는 목표 달성에 대한 성과보수로 30달러의 보너스, 피자 교환권, 상사로부터 받는 격려 메시지 세 가지 옵션을 만들었다, 첫날은 피자 교환권이 가장 생산성을 높이는데 기여를 많이 했으나 마지막 즈음에 이르러서는 문자 칭찬이 가장 강력한 동기부여 수단으로 작용했음이 연구에서 밝혀졌다.

3. 행동경제학의 6가지 유명한 이론

행동경제학은 경제학의 새로운 분야인 동시에 인간의 심리나 감정도 연구의 대상으로 삼는다. 이상적인 인간이 아니라, 실제로 나와 같은 사람들이 어떻게 느끼고 어떤 행동을 취하는지를 연구하는 행동경제학은 마케팅 영역과 친화성이 대단히 높아 상품 기획이나 마케팅 전략을 수립하는 데 매우 도움이 된다. 다음은 마케팅 활동에 사용할 수 있는 잘 알려진 6가지 이론이다

1) 후광 효과(halo effect)

후광 효과는 '두드러진 특징이 인상이나 평가에 영향을 미치는 현상'을 말한다. 예를 들어, 잘 알려지지 않은 작가의 책이라도 '추천인'란에 유명한 인사의 이름이 올라가면 사람들은 이 작가가 대단하다고 느껴 읽기도 전에 좋은 쪽으로 편견이 생기면서 구매 욕구가 촉진된다. 또한 가전제품이나 화장품의 소개 문구에 '디자인상 수상', '뷰티 에디터가 선정한 올해의 립스틱 1위'처럼 눈을 확 사로잡는 내용이 있다면 소비자한테 선택될 가능성이 높아진다.

2) 매몰 비용 효과(sunk cost effect)

개인이 어떤 코스를 선택하면 그것이 만족스럽지 못하더라도 이전에 투자한 것이 아깝거나 자산의 과거 선택을 정당화하기 위해 더욱 깊이 개입해 가는 의사 결정 과정을 말한다.

동일한 효과를 표현하는 용어에 '콩코드 오류'가 있다. 이는 개발 중이던 여객기인 콩코드가 적자가 난다는 것을 알면서도 그동안 지출한 개발 비용을 고려하면 도중에 멈출 수가 없어 추가 개발비용을 내면서까지 적자를 낼 수밖에 없었던 사례에 근거한 것이다.

3) 전망 이론(prospect theory)

'사람들은 손실을 피하는 경향이 있고, 상황에 따라 판단이 달라진다'는 이론이다. 예를 들어, 무조건 1,000만 원을 받고, 50%의 확률로 2,000만 원을 받는다면 기대치는 같다. 그러나 인간은 얻지 못할지도 모르는 위험을 좋아하지 않아 전자를 선택한다. 그러나 지금까지 2,000만 원을 잃은 상황에서 똑같은 선택을 하라고 하면 후자를 선택하는 사람이 늘어날 것이다. 이를 '기준점 의존성'이라고 한다.

사람들은 손실에 대해서는 더 크게 반응하게 되고 위험 선호도마저 이익과 손실을 대할 때 달라진다. 손실을 본 경우에는 어떻게든 만회하기 위해 위험할지라도 좀 더 과감한 배팅을 하게 된다. 1,000만 원 손실을 확정하는 것이 아니라 손실 복구를 위해 2,000만 원을 잃을 수도 있는 위험을 감수하는 것이다. 반대로 이익이 날 때는 위험 기피 심리가 커져 확정적인 이익을 선호하게 된다.

이렇게 기준점 의존성(Reference Point Dependence)은 행동이나 결정에 대해 기준이 되는 비교에 의존하는 경향을 말한다. 사람들은 어떤 상황이나 정보를 평가할 때 그것을 기준점이나 준거점으로 삼고 상대적인 평가와 판단을 내린다. 일 년에 몇 번 밖에 개최되지 않는 대규모 세일 기간 중에는 '모처럼 여기까지 왔는데 아무것도 사지 않으면 손해다', '지금 사지 않으면 두고두고 후회할 것이다'라고 느끼기 때문에 사는 현상이 있다.

4) 앵커링 효과(anchoring effect)

'Anchoring'은 '배의 닻을 내리는 것' 또는 '고착'을 의미하는 단어이다. 앵커링 효과는 '처음에 주어진 인상적인 정보가 사용자의 뇌리에 남아 최종 의사결정 단계까지 계속 영향을 미친다'는 심리적 효과를 말한다.

'원래 가격 100만 원인데 50% 할인이다!'라고 적힌 문구를 보고 '원래 가격 100만 원'이 인상에 남는다면 50만 원은 싸다고 느낀다. 한편, 지금까지 30만 원짜리 경쟁사 제품을 사용하고 있었다면 이전 것보다 비싸고 조금 좋다고 느낄 수 있다.

5) 인지 부조화(cognitive dissonance)

'인지부조화'는 사람의 생각과 행동의 모순을 다른 사고방식으로 정당화하는 현상을 설명하는 이론으로, 심리학자 레온 페스팅거(Leon Festinger)가 제안했다. 예를 들어, 다이어트 중일 때 튀긴 음식을 먹으면 살이 찐다는 것을 알고 있어도 '먹고 싶은 것을 참으면 스트레스로 살이 찐다'라는 생각으로 정당화한다. '살을 빼고 싶다'와 '튀긴 음식을 먹고 싶다'라는 상반된 두 가지 인식을 조화시키기 위해 또 다른 사고방식을 개입시킨다.

6) 현재 편향(present bias)

현재 편향은 더 큰 미래의 이익보다 즉각적인 이익을 우선시하게 만드는 심리적 효과이다. 이 현상은 행동경제학자들이 '시간 비일관성(time inconsistency)'이라고 부르는 개념과 연결되어 있다. 미래에 받을 수 있는 보상보다 당장 받을 수 있는 보상을 과대평가하는 것이다.

현재 편향의 대표적인 예는 심리학자 월터 미셸(Walter Michel)이 실시한 '마시멜로 실험'이 있다. 어린이들에게 마시멜로를 한 개씩 가지고 방에서 기다리게 하면서 "15분만 버티면 마시멜로 두 개를 줄게"라고 말한 뒤 아이들을 관찰하면 아이들의 3분의 2가 마시멜로를 그 자리에서 먹는다는 것을 발견했다.

일반적인 경제학 모델에서는 시점에 따라 어떤 경험에 대한 선호도가 달라지지 않는다고 가정한다. 즉, 개인의 선호는 시간 일관성을 가지고 있다고 가정한다. 예를 들어, 혼자 커피를 마시며 한가로운 시간을 즐기는 어떤 여자가 있다고 하면 그녀한테 이 시간은 시점과 상관없이 늘 중요하다.

그러나 행동경제학자들은 똑같은 경험이 가지는 가치가 시점에 따라 달라질 수 있다고 말한다. 우리가 즉각적인 만족을 추구하기 때문에 혼자 조용하게 커피를 마시는 행위를 선호하는 정도가 시간 시점에 따라 달라지는 것이다.

4. 행동경제학의 금융경제 응용

사례1 바이탈리티(Vitality)

바이탈리티(Vitality)는 남아프리카공화국의 보험사 '디스커버리'가 1997년에 개발한 헬스·웰니스 프로그램의 이름이다. 바이탈리티는 고객의 일상생활에서 건강을 해치는 습관, 행동을 긍정적으로 변화시키는 효과적인 프로그램으로 인식됐다. 바이탈리티는 2022년 말 기준 세계 40개 국가와 지역에서 전개 중이다. 국내에서는 AIA생명이, 일본에서는 스미토모생명, 영국은 푸르덴셜, 중국은 핑안보험 이러한 식으로 독점계약을 맺었으며 호주, 홍콩, 말레이시아, 싱가포르, 태국, 필리핀 등 아시아에서도 성공적으로 운영되고 있다.

출처: dieticianatpotch.co.za

[그림 4-6] 디스커버리의 '바이탈리티'

바이탈리티는 행동경제학에 바탕을 두고 있다. 고객이 흡연, 음주, 나쁜 식습관, 운동 부족 등에서 오는 주요 질병 위험을 낮출 수 있도록 자신의 건강습관을 인지하고 개선하며 즐기고 보호할 수 있도록 다양한 리워드 등 인센티브를 제공한다. 생명보험과 사용자의 건강 증진 활동 행동을 지속적으로 지원하는 웰빙 프로그램이 일체가 된 구조이다. 건강 진단이나 매일 하는 운동 등 계약자가 자신의 건강 증진에 얼마나 노력하는지가 포인트로 산정되어 보험료 할인이나 우대 혜택으로 이어진다는 것이 특징이다.

'인간은 동기가 없으면 현상을 바꿀 수 없다.'라는 '현상 유지 바이어스'에 대해 온라인 체크를 통해 건강 개선을 위한 계기를 제공한다거나 일상적으로 사용하기 쉬운 다양한 혜택으로 계약자의 건강을 위한 행동변용을 이끄는 구조로 설계되어 있다. 또한 '인간은 얻는 것보다 차라리 손해를 보고 싶어 하지 않는다'라는 손실회피성향이 강하기 때문에 가입 시 보험료를 할인해 주고 그 후 건강 증진에 대한 대처 상황에 따라 보험료를 변동하는 구조로 설계하고 있다. 즉 건강 증진을 태만히 하면 보험료가 오를 수 있으므로 그것을 피하고자 하는 의식이 작용해 꾸준히 노력을 쏟게 된다.

사례2 신용카드 채무불이행 개선 사례

미국에서 가계의 신용카드 채무는 1조 달러(약 1,315조 원)에 이르고 있다. 카드사의 입장에서는 높은 채권 추심 비용과 상각으로 이어지며, 고객 입장에서는 연체료, 이자율 증가, 신용등급 하락, 차량이나 주택의 상실, 파산 등으로 이어진다.

연구자들은 한 북미의 대형매장과 협력하여 최근에 한 달 이상 신용카드 연체 기록이 있는 고객들 5만 명을 대상으로 실험을 진행했다. 본 실험의 목표는 고객들이 연체 잔액의 일부라도 지불하도록 하는 방법을 연구하는 것이었다.

대부분의 신용 카드 회사는 자동 음성 메시지를 발신해 초기 단계의 연체 고객에게 지불을 상기시킨다. 연체 고객은 (A)지불할 수 없는 고객, (B)돈은 있되 결제일이 지난 것을 잊어버린 고객만 있다고 가정한다. 원래 (B)고객들을 위해 다음과 같은 자동 음성 메시지가 나간다.

> [OOO고객님], 연체 금액이 있습니다. 이미 결제한 경우 1번을 누르세요. 3일 이내에 결제하려면 2번을 누르세요. 상담원과 통화를 원하시면 3번을 누르세요.

실험의 내용은 첫째, 기존의 연체 안내 음성 메시지에 행동경제학적인 솔루션을 적용한 변화를 주어 상환액수와 상환기간에 변화가 있는지를 확인하고, 둘째, 궁극적으로는 큰 비용을 들이지 않고도 고객과 카드사 모두에게 도움이 되는 변화를 이끌어낼 수 있는지를 탐구하는 것이었다.

실험 처치1은 고객에게 24시간, 36시간, 48시간, 72시간의 명확한 상환 일자를 선택하게 하는 것이었고, 실험 처치2는 24시간 내에 총 미납액을 지불하겠다고 응답한 고객군한테 약속을 지킨다는 의미에서 1번을 누르라는 멘트를 넣었다. 이렇게 한 이유는 'sense of commitment', 즉 내가 말한 것을 지키겠다는 신념에 대한 표명을 강화하고자 하기 위함이었다.

9개월 간 5만 명의 연체고객을 대상으로 대조군(어떤 조작이나 조건도 가하지 않은 집단), 실험 처치1, 실험 처치2로 무작위 배정을 시행한 결과 대조군에 비해 실험 처치1군은 평균적으로 상환확률이 2.26 퍼센트 포인트 높아졌고, 상환시점도 0.23일 빨라진 것으로 확인됐다. 또한 실험 처치 2군의 경우, 즉 명확한 상환일자를 정하고 이에 대해 선언하도록 하는 처치를 받은 사람들은 평균 2.54 퍼센트 포인트 상환확률이 높아졌고, 0.51일 정도 빠르게 상환한 것으로 나타났다.

이렇게 음성 메시지의 멘트를 바꾸는 것만으로도 신용카드회사의 연체금액을 대폭 낮춰 장기적인 수익성 증가로 이어진다. 우편, 이메일, 콜센터 직원 고용 등은 반송건수에 따른 후처리, 마케팅 대행 수수료 등 비용이 많이 들어가기 때문에 훨씬 비용효율적인 효과를 거둘 수가 있게 된다. 한편, 소비자는 채무 연체와 관련된 비용을 피할 수 있어 또 다른 혜택을 보게 되는 셈이다.

이러한 결과는 자동화된 대용량 메시지를 통해 전달되는 단순한 프롬프트조차도 기업이 소비자한테 바라는 행동과 실행 간의 격차를 해소할 수 있음을 보여준다. 사람들에게 언제 행동할 것인지에 대해 더 정확하게 의사를 표현하고 서약을 하도록 요청하는 것은 세금납부, 학생들의 과제물 제출 등에 이르기까지 다양한 영역에서 미루기 습관을 방지하는 효과가 있을 수 있다.

행동경제학자들은 이러한 식으로 인간의 행동에서 보이는 통찰력을 적용하면 적은 비용으로 경제적인 효과를 거두고 개인의 웰빙을 높일 수 있는 큰 잠재력이 있음을 확인시켜준다.

5. 금융당국, 복잡한 금융상품 설명서 개선에 행동경제학적 관점으로 개선

금융위원회는 2023년에 '행동경제학적 관점의 금융소비자 보호 및 설명의무 효율성 제고 방안' 연구용역 공고를 냈다. 금융상품은 추상적이고 비용구조가 복잡해 소비자가 해당 상품의 가치와 위험, 불확실성 등을 정확하게 파악하기 곤란한 점이 있다. 금융회사는 이러한 복잡성과 소비자 행동 편향을 이용해 소비자 이익에 상반되는 판매 경쟁 전략을 추구한다고 금융위는 지적한다.

금융회사에서는 유리한 정보는 강조하는 반면 불리한 내용은 설명서에 아주 작은 글씨로 구석에 적어놓는 방식이 있다. 또 보험 상품을 가입 안했을 경우에 발생할 수 있는 손해 규모에 초점을 두고 '가입 안하면 후회', '마감임박' 등의 문구를 내세워 고객을 심리적으로 압박함으로써 '뭔가 당장 가입하지 않으면 좋은 기회를 놓치는 거 아냐?'라고 느끼게끔 한다.

이런 사례는 불법 경계선을 넘지는 않지만 금융소비자가 합리적인 선택을 하는 데 있어 방해 요소로 작용하므로 금융당국은 연구를 통해 금융소비자 보호를 강화하겠다는 계획이다.

비단 우리나라뿐만 아니라 코로나19 이후에 비내면으로 금융상품 가입이 늘어나면서 행동경제학적 관점에서 금융소비자 보호 및 설명 의무 효율성 제고 방안을 마련할 필요가 있다고 전 세계적으로 공감대가 형성되고 있다. 특히 국내에서는 급속한 고령화의 진전으로 향후 개인 자산운용의 중요성이 한층 더 높아질 것으로 예상됨에 따라 고객의 투자판단에 대해 적절한 지원을 해줄 수 있는 역량이 금융업의 경쟁력 및 차별화를 평가하는 중요한 잣대로 떠오를 전망이다.

실리콘밸리 은행의 파산: 행동경제학과 사이버 캐스케이드

1983년 10월 17일 미국 캘리포니아 산타클라라(실리콘밸리)를 거점으로 삼아 설립했던 실리콘밸리은행(이하 SVB)이 2023년 3월 10일 파산하였다. SVB는 '벤처 대출(venture debt)'이라는 실리콘밸리에 특화된 틈새 상품을 최초로 내놓으며 신용이 부족한 스타트업의 든든한 자금줄 역할을 했다. 신용을 쌓지 못한 스타트업들은 일반 시중은행에서 대출받기 힘들었지만 실리콘밸리은행을 찾아가면 투자금 유치 규모와 비례해 벤처 대출을 받을 수 있었다. SVB는 최고로 평가받는 VC가 투자한 스타트업에 더 많은 대출을 해주면서 실리콘밸리 VC와도 밀접한 관계를 쌓았다.

실리콘밸리은행 개요

◆ 실리콘밸리은행(svb)
- 1983년 설립
- 벤처캐피탈 (VC) 전문 은행
- VC 투자를 받은 기술 스타트 기업들이 주 고객인 은행
- 스타트업 기업들이 VC로 받은 투자금을 예치
- SVB는 예치된 자금을 다른 스타트업 기업에 대출해 주고 이자 수익을 얻는 구조

출처: https://blog.naver.com/sireosiru/223055827493

SVB의 붕괴는 인터넷과 금융 시스템 간의 깊은 연관성에 대해 생각하게 만든 사건이었다. 미국의 중앙은행에 해당하는 연준제도(FRS) 보고서에 따르면 파산 전날인 3월 9일 SVB에서 400억 달러 이상의 예금이 인출됐고, 3월 10일에는 1,000억 달러의 예금이 추가로 유출될 가능성이 있었다. 이 금액을 합치면 SVB 예금 잔액의 약 85%를 차지한다. 과거에는 금융기관이 파산할 것 같다는 뉴스를 접하면 금융기관 지점까지 가서 예금을 모두 인출해야 했지만 이제는 어디서든 온라인으로 다른 은행으로 송금할 수 있는 환경이 갖춰졌다.

실제로 SVB 붕괴 전후 짧은 기간 동안 주요 금융기관으로 예금을 이체하려는 움직임이 있었다. 2008년 리먼 쇼크 당시 파산한 미국 4대 은행 와코비아(Wachovia)는 8일 만에 약 100억 달러, 워싱턴 뮤추얼은 16일 만에 190억 달러가 유출된 것으로 추정한다. 지금까지 금융기관의 파산 사례와 비교해도 SVB의 파산에 있어 예금 유출의 규모나 속도는 상상외로 엄청났다. 금융 리스크의 관점에서 볼 때 금융 시스템에 내재된 리스크는 과거보다 훨씬 더 커졌다는 점을 알 수 있다.

SVB 붕괴 당시 예금이 대규모로 빠르게 유출된 이유 중 하나는 초고속 인터넷 네트워크 발전에 따른 금융 기술 혁신으로 온라인 뱅킹과 온라인 증권을 사용하는 사람이 증가했기 때문이다. 또한 모바일 회선의 대역폭이 넓어지고 고도화됨에 따라 사람들은 더 이상 금융 서비스를 받는 장소에 얽매이지 않게 되어 영업지점과 ATM을 굳이 찾아갈 필요가 점차 사라지게 되었다.

아울러 금리 상승 등으로 현금 유동성이 빠듯한 상황에 놓인 하이테크 기업과 벤처캐피털 투자자들이 실리콘밸리은행에 거액의 예금을 예치하고 있는 점, 그리고 SNS에 부정적 정보가 퍼진 점 등이 복합적으로 영향을 미쳤다는 지적이 나왔다. 이것은 단기간에 유출된 예금 규모를 '예금자 1인당 예금 잔액'과 '예금자 수'로 나눠보면 쉽게 이해할 수 있는 대목이다.

하이테크 기업과 벤처캐피털리스트가 대량의 예금을 예치했다는 것은 '예금자 1인당 예금 잔액' 분포에 편향이 있었다는 것을 의미한다. 즉, 예금을 인출하고자 하는 예금자의 수가 적더라도 이들이 인출하려는 예금의 양이 금융기관의 경영에 영향을 미칠 정도로 막대하다면 단기간에 유출되는 예금의 양이 많아진다는 의미다. 예금에 국한하지 않고 대규모 자금을 제공하고 있는 주체가 자금을 인출할 경우 현금 상태가 악화되어 기업의 신용도가 급격히 악화된다. 이러한 파산 사례는 금융기관에만 국한된 것이 아니며 과거 기업 파산 사례에서도 흔히 볼 수 있다.

SVB의 붕괴에서 가장 골치 아픈 이슈 중 하나는 소셜미디어 문제이다. 사실이든 아니든 금융기관의 신용도가 악화되고 있다는 정보가 한꺼번에 퍼지면 이번 경우처럼 예금을 인출하려는 예금자가 늘어나기 때문에 예금자 수 규모 자체가 크게 늘어난다. 크리스토퍼 실러 애리조나 주립대 경영학 교수 등 미국과 유럽의 5개 대학 교수는 '뱅크런 촉매세로서 소셜미디어'(Social Media as a Bank Run Catalyst)라는 제목의 논문에서 스타트업 커뮤니티의 트윗이 SVB의 뱅크런을 악화시켰다는 증거를 발견하기도 했다.

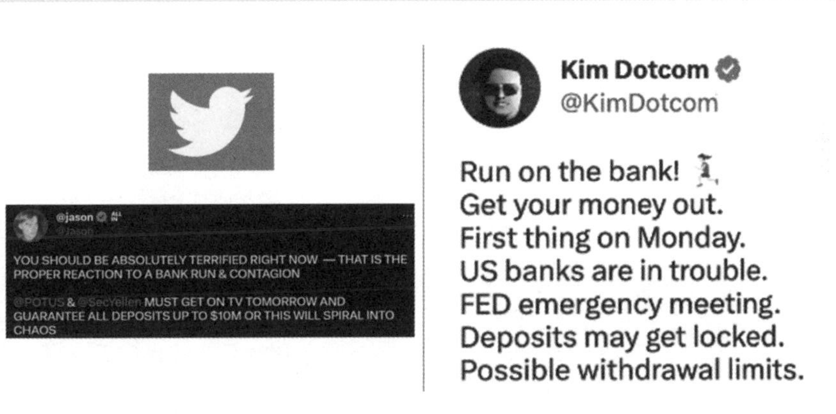

출처: 트위터

더욱이 이 문제를 증폭시키고 있는 것이 행동 금융학 분야에서 지적되는 사람들의 비이성적인 행동이다. 예를 들어, 시간의 제약이 있을 때 합리적인 결정을 내리기 어려워진다. 즉, 예금주가 단기간에 중대한 결정을 강요당할 때 이성적인 판단을 내리기 어렵다. 대다수가 "저 은행은 조만간 파산할 것 같다"는 식으로 경험적 판단이나 직관을 활용하는 휴리스틱 판단에 따라 결정을 내리게 마련이다.

휴리스틱에 입각한 판단을 내리려고 할 때 판단의 근거가 되는 정보를 소셜미디어에서 찾을 경우 인터넷에서 발생하는 '사이버 캐스케이드(Cyber cascade)'라는 현상의 영향을 받을 우려가 있다. 사이버 캐스케이드는 비슷한 생각과 아이디어를 가진 사람들이 인터넷에서 강하게 연결되어 일체의 다른 의견을 배제하는 폐쇄적이고 급진적인 커뮤니티를 형성하는 현상이다. 혹자는 인터넷상에서 정보를 수집할 때는 같은 생각과 원칙을 가진 사람을 연결하기 수월해 집단극화 현상(group polarization)이 쉽사리 빚어지며 그에 따라 사이버 캐스케이드 현상이 발생한다고 설명한다. 집단극화현상은 집단에서 의사결정을 할 때 집단 구성원들이 각자 선호하던 관점의 평균과 비교해서 방향은 동일하지만 더 극단적인 방향으로 태도가 형성되고 선택이 이루어지는 현상을 말한다. 가령 집단으로 토론을 하게 되면 토론 후에 사람들의 의견이 특정한 방향으로 첨예해지는 현상을 말한다. 즉 사람들이 인터넷상의 한 가지 의견에 휩쓸려 결국 하나의 큰 흐름으로 굳어지는 상태가 사이버 캐스케이드를 형성한다. SVB의 리스크 관리 시스템 자체에 문제가 있다는 지적이 파산 후에도 여러 차례 제기되었지만 파산하기 며칠 전까지만 해도 표면상으로는 건전했던 은행에서 일제히 예금을 모두 인출하는 극단적인 결정을 내린 과정에는 행동경제학이 관여돼 있을 것으로 추측한다.

3절 인지증이 자연스러운 풍경이 되는 사회

1. 물만두 안 시켰는데요?

NHK 프로듀서인 오쿠니 시로(小国士朗) 씨는 2012년 방송국에서 인지증 환자 촬영을 나갔다가 충격을 받게 된다. 인지증 환자가 생을 마감할 때까지 자신만의 방식으로 삶을 영위할 수 있게 하는 장기 요양을 콘셉트로 삼은 취재였다. 촬영하면서 할아버지, 할머니가 만들어 주는 음식을 여러 차례 먹곤 했다. 어느 날 '오늘의 메뉴'가 햄버그스테이크라고 들었는데 막상 나온 음식은 물만두였다. 뜻밖의 메뉴에 놀랄법하지만 아무도 뭐라 하지 않고 맛있게 먹고 있는 모습을 보고 강한 위화감을 느끼게 된다.

"아, 오늘 메뉴는 햄버그스테이크 아니었나요?" 라는 소리가 목구멍 끝까지 차올랐지만 침을 꿀꺽 삼켰다. 어쩐지 그런 말을 하면 꽉 막힌 듯한 무거운 분위기가 될 것 같았다.

오쿠니 씨는 2017년 9월 도쿄 롯폰기의 한 레스토랑을 빌려 이틀 동안 '주문을 틀리는 식당(注文をまちがえる料理店)'을 열게 된다. 식당에서 주문받는 사람도, 음식을 서빙하는 사람도 인지증 환자이다. 그보다 앞서 2017년 6월 프리오픈(사전 개방) 형태로 이틀 동안 친한 친구와 지인 80명 정도를 초대하여 음식점을 열었다. 그 후 트위터와 페이스북 등의 소셜 네트워킹 사이트를 중심으로 확산하여 열렬한 반응을 얻은 끝에 3개월 후 규모를 크게 확장했다. 인터넷을 통해 기부금을 모으는 크라우드 펀딩을 통해 24일 동안 493명의 개인, 기업, 단체로부터 1,291만 엔(약 1억 1,500만 원)을 모금했다. 어떤 고등학생은 용돈을 모두 기부한 일도 있다. 인지증 환자를 앞세워 명성을 얻으려는 것 아니냐는

비판도 있었지만, 그에 따르면 직원이 일부러 주문 처리를 잘못하는 것이 아니라, 실수했을 때 '뭐, 괜찮아'라고 말하는 것이 콘셉트라고 설명한다.

엉뚱한 음식이 나와도 아무렇지 않게 넘기는 매력이 미소 짓고 혀를 내미는 로고에 고스란히 담겨있다
출처: http://www.mistakenorders.com/

2017년에는 도쿄에 이틀간 한정 레스토랑을 오픈했다
출처: 야후재팬 기사

메뉴는 피자, 햄버그스테이크, 물만두 3종류로 인기 있는 레스토랑의 자원봉사 요리사가 만든다. 인지증은 뇌 질환으로 기억력 등 인지능력이 저하되는 질환이다. 따라서 주문과 서빙에 실수가 발생하는 때도 있다. 주문을 잊어버린다거나 주문과는 전혀 다른 요리가 나온다거나 식탁에 수프 대신 샐러드만 두 접시가 놓이기도 한다. 그러나 매장의 간판에는 처음부터 '주문 실수'라고 적혀 있기 때문에 실수가 발생해도 손님 중 누구도 화를 내지 않는다. 보통의 식당이라면 불만이 나올법한 상황이지만 실수가 일어나도 그냥 넘어가는 상냥한 분위기, 실수가 발생했을 때 함께 웃는 편안한 분위기로 둘러싸여 있다. "아, 그건 내가 주문한 거니까 바꿔 먹으면 되겠네!"라고 넘어가면 실수는 어느덧 없었던 일이 되어 버린다. 오히려 실수가 일어나면 행운, 실수가 없으면 유감이라는 반응까지 나올 정도이다.

그 후 일본뿐만 아니라 세계 20개국에서 인터뷰가 쇄도하고 150개국에 방송되었다. 일본은 예로부터 '문제 해결 선진국'이라고 불려 왔지만 정작 해결책을

북유럽, 네덜란드, 미국 등에서 찾는 경우가 많았다. '주문을 틀리는 식당'은 앞으로 전 세계가 직면하게 될 문제에 대한 일종의 단서를 일본이 제시했다는 점에서 의의가 크다. 노르웨이 공중보건 협회의 한 회원은 이것이 고령화 사회의 차세대 모델이라고 말했다.

실제로 '주문을 틀리는 식당'에는 의료, 복지, 요양과 관련된 이들은 물론, 평소 인지증과 접할 기회가 없었던 사람들도 발길을 옮기고 있다. 식당이 가진 파급력을 말하자면 세계 최대 국제 광고제 '칸 라이언즈(Cannes Lions) 2019'의 디자인 부문에서 사회 복지 영역의 이벤트로서는 최초로 은상을 수상함으로써 아이디어의 힘으로 부드럽고 강한 세상을 창의적으로 구현했음을 입증받았다.

출처: 포브스

[그림 4-7] 주문을 틀리는 식당 - 실수를 받아들이고 실수를 즐기는 곳

2. 실수에 신경 쓰지 않는 풍경

'주문을 틀리는 식당'의 시도는 일본 전역으로 퍼져 나가 전국 각지에서 '주문을 틀리는 ○○'라고 하는 파생적 활동이 폭넓게 보급되었다. '주문을 틀리는 유이마루(ゆいまーる)60) 카페', '치바루(ちばる)61) 식당' 등이 대표적인 사례이다.

사회에서 살아가는 데 느끼는 긴장감이나 스트레스는 이제껏 인지증 케어를 위해서는 멀어져야 할 요소로 규정되었다. 그러나 너무나 철저하게 외압으로부터 보호하게 되면 인지증 환자로부터 일상의 '당연함'을 빼앗고 인지증에 걸린 사람을 한층 압박감이 심한 상황으로 내몰 수도 있다. 사람이 살아가는 데 있어 마주치는 외압을 피해서 돌아가는 게 아니라, 차라리 긴장감이 도는 현장에서 손님과 얽히면서 그 앞에 기다리고 있는 즐거움을 스스로 찾아가는 편이 낫다는 게 와다 씨의 주장이라고 생각한다. 마주치는 외압에서 멀어지도록 하는 것이 기존의 인지증 보살피기라고 한다면 '주문을 틀리는 식당'은 '노동'을 통해 인지증 발병 이전의 상태로 돌아갈 수 있도록 해주는 장소라고 정의할 수 있다.

또한 '주문을 틀리는 식당'에서는 전 직원에게 급료를 지급해 인지증 환자를 노동법 등에서 정의하는 '노동자'로서 대우한다. 노동의 대가로 계약에 따른 임금을 받는다는 점에 대단히 중요한 의미가 있다. 인지증 환자는 인지증 때문에 자율성이 있는 인간의 처우를 받을 기회가 박탈된다. 일할 수 있는 장소도 거의 없을뿐더러, 법적으로 정한 노동자로서의 처우를 받고 일할 수 있는 환경은 더 제한된다. '주문을 틀리는 식당'에서는 인지증 환자가 일시적으로 일을 거드는 것에 끝나지 않고 노동자로서 노동으로까지 승화시킨다는 점에 큰 의의가 있다.

비단 인지증 환자에 국한하지 않고 고령화 시기에 접어들면 자신이 사회에 불필요하고 '아무것도 할 수 없어서 민폐를 끼치는 존재'가 된다는 것을 참기 어렵다고 말하는 사람들이 적지 않다. 그런 상황에서 말로 '그렇지 않다'라고 다독여주기보다는 고령자가 직접 식당의 노동 과정에 참여하고 정당한 대가를

---

60) 유이마루는 오키나와(沖縄)의 사투리로 '서로 돕는다'라는 의미
61) 치바루는 오키나와 사투리로 '힘내다'라는 의미

받는 일이 사회에서 살아가는 자신의 존재를 긍정하는 커다란 희망이 될 수 있다. 노동의 대가를 받는다는 것은 금전으로서의 기능적인 가치뿐만 아니라 금전을 받을 만한 일을 했다는 것에 자신의 사회적인 존재의의를 찾아내는 정서적 가치 측면이 있다고 할 수 있다.

3. 용어를 인지증으로 바꾸는 것만으로는 충분치 않아

치매라는 용어가 어리석을 치(痴), 어리석을 매(呆)라는 다분히 모욕적인 의미를 내포한 한자어를 사용해 질병에 대한 모멸감을 줄 수 있다는 지적이 2011년 이후 지속돼 왔다. 그리고 드디어 13년이 지난 2024년 7월 17일에서야 '치매'를 '인지증'으로 변경하는 치매관리법 개정안이 발의됐다. 같은 한자문화권인 대만은 2001년 '실지증(失智症)', 일본은 2004년 '인지증(認知症)', 홍콩과 중국은 각각 2010년과 2012년 '뇌퇴화증(腦退化症)'으로 용어를 변경했다.

사실 치매라는 용어가 어떻게 생겨났는지 아는 사람은 많지 않다. 그렇다면 용어를 바꾼다는 의미에는 부정적인 이미지까지 불식하는 효과가 있을 것인가? 유감스럽게도 용어를 바꾸는 것만으로는 충분치 않다. 일본에서는 치매를 '닌치쇼우(にんちしょう, 認知症)'라고 부른다. 그런데 요양 복지사들이 '닌치쇼우'를 줄여서 '닌치'라고 표현하는 경향이 있다. "그 할아버지 닌치아냐?"이런 식으로 사람을 경멸하는 뉘앙스를 읽을 수 있다. 부정적인 이미지를 없애기 위해 표현을 바꿨지만, 신조어에 부정적인 딱지가 붙게 되는 셈이다.

치매 언어 가이드라인(Dementia Language Guidelines)[62]에서는 우리의

62) https://www.alzheimers.org.uk/sites/default/files/migrate/downloads/dementia_friendly_language_guidelines.pdf

태도가 어째서 중요한지를 설명한다. 사회가 치매 언어 가이드라인에 명시된 원칙을 실행한다면, 사람들이 무심결에 말하고 쓰는 단어가 인지증이 있는 사람들의 마음에 상처를 주지 않으면서 힘을 실어줄 것이다. 인지증 환자를 변화시키려 하기보다는, 사회가 그들의 삶을 더욱 편하게 해주는 쪽으로 바뀌어야 한다. 언어를 바꾸면 사용자의 의식도 바뀌어야 한다. 용어에 집착하고 용어를 중요하게 의식해 가는 것은 그러한 사회를 목표로 하는 데 있어 없어서는 안 될 요소이다.

'주문을 틀리는 식당'의 존재는 인지증이 무엇인지 사회에 다시 묻는 계기가 되었다. 국내 고령 인구 증가와 더불어 인지증 환자 수는 꾸준히 늘어날 전망이다. 보건복지부의 '인지증질환 통계'에 따르면 2010년 시점의 인지증 고령자 수는 47만 4천 명으로 65세 이상의 고령자(340만 명)의 14%를 차지했으나 2050년에는 302만 명으로 늘어나 65세 이상의 고령자(1,901만 명)의 16%를 차지할 것으로 추산한다.

(단위: 만 명)

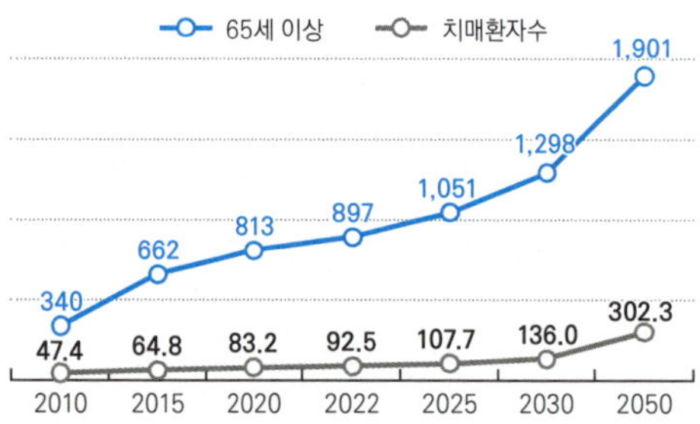

자료: 보건복지부 치매질환 통계

[그림 4-8] 65세 이상 인지증 인구

(단위: 원)

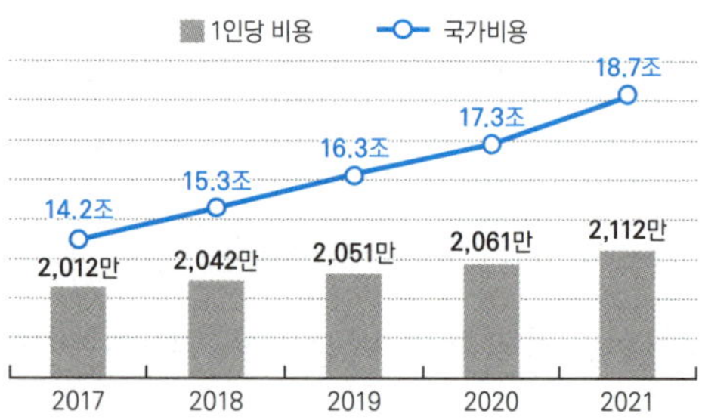

자료: 보건복지부·국립중앙의료원·중앙치매센터, 대한민국 치매현황2022

[그림 4-9] 인지증 관리 비용

인지증 환자가 되면 환자는 '아무것도 할 수 없는 사람'으로 자유를 빼앗기고 관리의 대상이 된다. 한편, 요양사도 인지증 환자의 가족이나 행정 직원으로부터 '사고가 일어나면 안 된다'라는 압박을 받기 때문에 관리하고 싶지 않아도 어쩔 수 없는 상황이 생긴다.

언젠가는 우리 자신도 돌봄을 요청하는 입장에 서게 될 것이다. 그때가 왔을 때 조금이라도 행복한 환경을 얻을 수 있다는 바램으로 '너그러운 마음'을 갖는 태도를 생각해 봐야 하지 않을까? 인지증 환자들이 언제까지나 '비일상'적인 공간에 머무르지 말고, '식당'이라는 공생사회의 기점으로 나와서 세상의 풍경이 그대로 받아들여지는 세상을 꿈꾼다.

4. 인지기능 저하 감지 기술로 해결하는 금융 과제

대통령 직속의 저출산고령사회위원회(www.betterfuture.go.kr)에 따르면 2025년 기준 국내 65세 이상 인지증 환자가 보유한 자산은 약 154조 원이며, 2050년 488조 원 규모로 증가할 것으로 전망한다.

고령자의 인지기능 저하에 있어 조기 발견이 중요하다. 지방자치단체가 치매의 검진을 적극적으로 추진하는 것이 유효한 대책이 될 수 있지만 현재 그러한 검진을 적극적으로 받으려는 사람은 한정된다. 이 중 치매의 징후가 고령자의 자산관리 등의 금융 행동에 나타날 가능성이 지적되고 있다.

Triebel et al.(2009)은 자산관리 능력에서 낮은 점수를 보인 고령자일수록 경도 인지장애(전단계)에서 알츠하이머로 이행하는 경향이 있음을 지적했다. 이는 가족, 친구, 금융기관 직원이 고령자의 금융 행동의 변화를 인지함으로써 인지기능 저하의 조기 발견 가능성이 있음을 시사한다. 실제로 금융거래에서 고령자와 매일 접할 기회가 많은 것은 가족·친족보다 금융기관 직원일 확률이 높다. 그러나 현실적으로 금융기관 직원이 모든 고령 고객의 인지기능 저하의 징후를 알아차리는 것은 쉽지 않다. 이러한 가운데 금융기관 직원의 관찰을 보완하는 역할로서 감지 기술 개발에 노력을 기울여 왔다.

해외 사례로서 미국 에버세이프(EverSafe)사는 금융기관의 계좌 정보에서 금융사기나 인지기능의 저하 등이 의심되는 이상 징후를 감지하고, 그 정보를 가족·친족이나 전문가에게 알리는 서비스를 제공하고 있다. 그 밖에도 기술을 활용하여 인지기능 저하의 조기 발견과 예방 촉진을 목표로 하는 기업으로 미국의 뉴로트랙 테크놀로지(Neurotrack Technologies)사를 들 수 있다. 이 회사가 개발한 인지기능 테스트는 동영상을 보는 눈의 움직임을 스마트폰 카메라로 촬영한 후, 촬영 영상을 독자적인 알고리즘과 AI를 이용해 해석하여 인지증 저하의 진행도를 파악한다. 또한 식생활의 개선·운동 습관·학습 등 인지기능 저하의 예방에 유효한 코칭 실시하는 '메모리 헬스 프로그램'을 개발하고 있다. 당 회사는 일본의 대형 생명보험회사 및 손해보험회사와 업무제휴를 실시하고 있다.

일본에서는 일본텍트시스템즈(Tect Systems)사가 음성을 AI가 해석함으로써 인지기능의 변화를 확인하는 앱인 '온세이(ONSEI)'를 제공한다. 태블릿 PC나 스마트폰에서 앱에서 나오는 간단한 질문에 목소리로 답변한 후 20초 정도로 인지 기능을 체크할 수 있다.

또한 일본의 IBM사, 준텐도(順天堂), 글로리사는 공동으로 대화와 표정에서 뇌의 인지기능 수준을 추정하는 AI를 개발했다. 미쓰비시UFJ신탁은행은 2025년 2월 이 AI를 활용한 '금융상품 적합성 확인 지원 AI앱'을 도입했다. 당행의 영업사원은 동의를 얻은 고령 고객을 대상으로 이 앱으로 인지기능을 확인한 후 금융거래를 한다.

초고령 사회의 금융 문제를 해결하기 위해 다양한 기술의 활용이 진행되고 있다. 앞으로도 로봇, 생성형 AI 등의 활용이 기대된다. 다만, 기술로 해결할 수 있는 것에는 한계가 있다. 중요한 것은 인지·판단 능력이 저하된 고령자가 안고 있는 금융 문제를 어떻게 개선·해결시킬 것인가 하는 점이며, 이를 위해서는 기술과 사람을 양축으로 삼는 '금융 포섭'의 관점도 중요하다. 예를 들면, 앞서 본 바와 같이 인지 기능 저하의 조기 발견 등에 있어 금융기관 직원이나 가족·친족의 관여가 유용해진다. 게다가 독신 가구 증가 추세에 비춰 금융기관이나 지방자치단체, 돌봄센터 등의 지역기관이 연계하여 고령자 지원을 하는 일도 중요하다.

4절 금융서비스의 제조·판매·기능의 변화 – BaaS와 임베디드 파이낸스

핀테크 서비스의 부흥, 클라우드와 API의 활용으로 최근 몇 년 동안 금융서비스를 제공하는 방식과 주체가 크게 변화해왔다. 2019년에는 GAMA와 같은 빅테크가 대형 금융기관과 제휴한 형태로 잇따라 금융서비스에 진입했다. 여기에서 일어나는 변화는 금융기반의 언번들화(Unbundled ; 분화)로 핀테크나 빅테크처럼 이미 고객 접점을 가진 플레이어가 은행 기능을 서비스형 뱅킹인 BaaS(Banking-as-a-Service)로 제공하는 것이다. 공룡 IT기업이라 할지라도 금융기능을 자체적으로 갖추지 않고 은행의 금융 인프라를 BaaS 형태로 빌리는 형태이므로 은행 측으로서도 전혀 손해를 보는 장사가 아니다.

한편 사용자로서는 금융서비스를 제공하는 주체가 누구이건 간에 언번들화된 금융서비스가 매끄럽게 연결되어 제공되므로 '고객경험에 내장되어 있다'라는 의미에서 임베디드 파이낸스(Embedded Finance)라 부른다. 임베디드 파이낸스는 금융사업의 방식을 완전히 바꿔놓을 새로운 트렌드로 주목받고 있는데 특히 결제(B2C 및 B2B)나 보험과 관련된 시장이 크게 확대되고 있다.

[그림 4-10] 임베디드 파이낸스와 BaaS의 구조

1. 일반 은행보다 2~3배 수익을 올리는 BaaS 사업자

미국에서는 이종 업종으로 진출하는 비금융 사업자에게 BaaS 기능을 제공하는 데서 활로를 모색하는 은행이 늘어나고 있다. 미국에서 핀테크 등과 제휴한 은행은 2017년 13개에서 2020년에는 30개 이상으로 늘어났다. 그중에서도 선구자 격인 그린닷(Greendot, 1999년 설립)은 2015년부터 BaaS 모델을 제공하기 시작했다. 그린닷은 지점망이 없으며 약 9만 개의 소매점과 네트워크를 구축하고 선불카드 발급 및 계좌 관리 서비스를 제공한다. 그린닷은 2006년부터 월마트의 머니카드(선불형 직불카드) 전 제품을 발행·관리하며, 모바일뱅킹 계좌 GO2bank를 통해 우버 운전자에게 온라인뱅킹 서비스를 독점 제공한다.

이 외에도 후불결제 사업자인 어펌(Affirm)에 BaaS를 제공하는 크로스리버뱅크(Cross River Bank, 2008년 설립)도 2010년부터 온라인 대출 사업자와 파트너십으로 노선을 개척했다.

그렇다고 해도 은행들이 금융 인프라를 전체적으로 망라해 제공하는 게 아니라 사업자마다 특화된 영역이 별개로 존재한다. 예를 들면 뱅코프(Bancorp), 그린닷, NBKC는 직불카드 및 예치, 크로스리버 및 위뱅크는 소비자 대출, 셀틱뱅크(Celtic Bank)는 중소기업 대출, 서튼뱅크(Sutton Bank)는 카드발급에 강점이 있다. 이러한 은행의 수익은 일반 은행보다 2~3배 높다는 데이터도 있다[63]. 은행의 생존책으로서 잠재성과 가능성이 숨어있는 것이다.

---

63) https://future.a16z.com/partner-bank-boom/

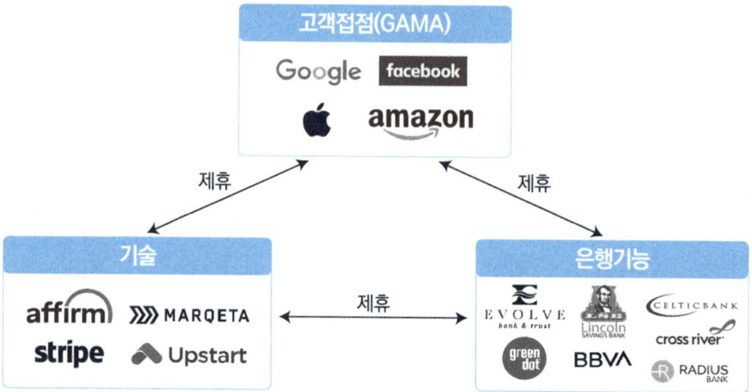

[그림 4-11] 각 영역별 플레이어 간 제휴 기능

2. 임베디드 페이먼트(B2C): Buy Now Pay Later

BNPL이란 Buy Now Pay Later의 약자로 선구매, 후결제를 가리킨다. 해외에서는 온라인, 오프라인 가맹점에서 모두 사용할 수 있으며, 국내 BNPL 시장은 온라인에 국한해 네이버파이낸셜·카카오페이·토스와 같은 빅테크 및 신한은행이 BNPL 서비스를 출시했거나 출시 예정이다.

N Pay 네이버파이낸셜	•2021년 2월 소액 후불결제 서비스 혁신금융서비스 등록 •2021년 4월 네이버페이 후불결제 서비스 출시
pay 카카오페이	•2021년 5월 모바일 후불형 교통카드 서비스 혁신금융서비스 등록 •2021년 12월 후불형 교통카드 서비스 출시 예정 •2022년 후불결제 서비스 위한 시스템 개발 및 준비작업 진행 예정
toss 토스	•2021년 11월 소액 후불결제 서비스 혁신금융서비스 등록 •2022년 3월 중 후불결제 서비스 출시 예정
SOL SHINHAN 신한은행	•NHN페이코와 업무협약 통해 은행권 최초 BNPL 서비스 개발 추진

출처: 시사저널(2021.12.17)

[그림 4-12] 금융권 BNPL 서비스 출시 및 준비 현황

신용카드 발급이 비교적 쉬운 편인 국내와 달리 해외, 특히 미국에서는 신용카드 발급심사가 대단히 까다롭다. 미국에서 대학생 대부분 학자금 대출을 받고 있으며 충분한 신용이 없어 신용카드 소지자는 30%에 불과하다. 또한 국내외를 막론하고 젊은 세대는 신용카드를 기피하고 은행을 신뢰하지 않으며 어린 시절부터 다양한 핀테크 서비스가 제공하는 고객 경험에 익숙해져 있다. 이러한 트렌드를 틈타 새로운 지불 방법으로 지난 몇 년간 미국과 유럽을 중심으로 BNPL 시장이 확대됐다.

최근 미국에서 아마존과 어펌(Affirm, 미국)의 제휴, 스퀘어의 애프터페이(Afterpay, 호주) 인수, 페이팔의 페이디(Paidy, 일본) 인수처럼 큰 움직임이 계속해서 나타나 주목을 받고 있다.

모닝 컨설트(Morning Consult)가 미국 성인 4,400명을 대상으로 실시한 설문조사(2021년 8월)에 따르면 밀레니얼 세대와 Z세대에서 BNPL에 대한 관심이 두드러지게 높은 것으로 나타나 결국 이전 세대보다 신용카드를 소유할 확률이 낮다는 것을 의미한다.

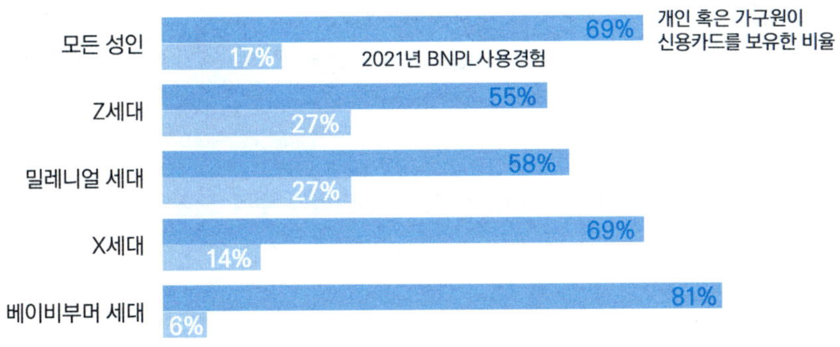

출처: Morning Consult(2021.8)

[그림 4-13] 세대별 신용카드 및 BNPL의 사용비율

킴 카다시안(Kim Kardashian)과 같은 할리우드 셀럽은 수천만 명의 트위터 팔로워에게 자신의 화장품 브랜드(KKW Beauty) 쇼핑몰에서 애프터페이로 결제 가능하다는 메시지를 보내 BNPL을 자체 홍보하다 보니 젊은 세대가 신용카드와 더욱 멀어질 수밖에 없다.

BNPL과 신용카드의 차이는 BNPL에서는 원칙적으로 이용자에게 할부이자나 수수료 등이 부과되지 않는다는 점에 있다. 물론 연체 시에 연체 수수료는 부가된다. 여신 심사도 신용카드만큼 까다롭지 않고 신용도가 낮아도 소액부터 이용할 수 있다. 신용카드를 발급받으려면 사용자의 근무처·나이·성별·연봉·거주지 등의 정보를 바탕으로 신용을 평가하고 FICO 스코어[64]라고 불리는 신용점수로 과거의 지불 상황, 연체 이력 데이터를 확인한 후 금리를 제시한다. 그러나 BNPL의 경우에는 이러한 데이터가 아니라 현재의 이용 상황이나 구매 정보로 판단해 처음에는 소액만 후불결제가 가능하지만, 이용 가능액이 점차 높아진다.

[그림 4-14] BNPL의 일반적인 수익 모델

64) FICO 스코어의 구성은 다음과 같이 이루어진다. 대출 및 신용카드 납부기록(35%), 부채 종류와 규모(30%), 각 금융계좌의 보유 기간(15%), 주택담보대출, 신용대출 등 신용의 종류(10%), 신규 계좌 숫자[(신용카드를 자주 개설하면 신용점수가 하락)(10%)]

한편, BNPL 사업자 측면에서 보면 BNPL이 가맹점에 청구하는 수수료는 3~6%로 신용카드보다 2.5% 정도 높게 설정되어 있다. 가맹점이 높은 수수료를 내면서까지 BNPL을 도입하는 이유는 BNPL 결제 선택권이 없으면 사용자로부터 외면받을 가능성이 크며 신규 고객의 경우, 신용카드 정보를 입력하기가 번거롭지만 BNPL은 입력 항목이 적어 이탈률이 낮은 만큼 구매 전환율이 높다. 또한 BNPL 사업자는 방대한 고객 데이터와 거래 데이터를 축적해 어떤 고객이 어떤 상품을 구입했는지를 파악하여 가맹점에 소비자 데이터를 제공한다. 이러한 과정은 가맹점으로서는 BNPL이 수집한 데이터를 재고 관리나 마케팅에 사용할 수 있다는 점이 매력적으로 작용한다.

미국에서는 어펌·애프터페이·클라르나 3개 회사가 2021년 1사분기 앱 다운로드 기준으로 약 80%를 차지하며 다양한 신규 플레이어들이 출현하고 있다. 비자 및 마스터카드와 같은 신용카드사나 페이팔·시티·JP모건·바클레이즈와 같은 주요 금융기관도 잇따라 BNPL 서비스에 진입하고 있어 경쟁이 격화하고 있다. 주요 금융기관은 발급하는 신용카드에 BNPL 결제 선택권을 추가하거나 BNPL 사업자와 제휴하는 식으로 도입 형태는 다양하다.

그러나 BNPL이 2020년 글로벌 전체 소비자 신용시장에서 차지하는 비중은 총 970억 달러 중 2%에 불과[65]해 금융기관이 아직 BNPL을 위협적인 존재로 인식하고 있다기보다는 사용자 확보·가맹점 결제 데이터 수집 등 새로운 수단으로 여기는 듯하다.

---

65) https://www.protocol.com/manuals/buy-now-pay-later/bnpl-affirm-klarna-afterpay

[그림 4-15] BNPL 서비스를 제공하는 4가지 비즈니스 형태

국내에서는 네이버페이·카카오페이·삼성페이 등의 간편결제가 소비자 거래 시장에서 차지하는 비중이 높아짐에 따라 카드사들이 위기의식을 느껴왔다. 따라서 기존에는 카드사 운영시스템이 자사의 카드만 페이 앱에서 등록해 이용하는 폐쇄형 모델이었으나 카드사 간 상호 연동 결제가 가능한 개방형 모델을 도입하는 쪽으로 전환했다. 카드사 페이 플랫폼이 개방되면 한 카드사의 페이 플랫폼에서 여러 카드사의 페이를 이용할 수 있게 된다[66].

3. 임베디드 페이먼트(B2B): 신용카드 발급 플랫폼

신용카드 발행 관련한 서비스를 제공하는 사업자, 즉 카드 발행 플랫폼(card issuing platform)도 출현하고 있다. 기존에는 기업이 신용카드를 발행하려면 은행처럼 카드 발행을 담당하는 발행사업자에 위탁하는 형태로 이뤄졌다. 발행사업자는 사용 회원모집·카드 발행·이용대금의 대체 지불·이용상황 관리·부정사용 감독 등을 담당한다.

66) 여신금융협회가 2021년 7월 발주한 '카드사 간 상호 호환 등록을 위한 연동규격 및 표준 API 개발사업'이 2021년 12월 완료

2010년에 설립한 마르케타(Marqeta)는 '현대적인 카드 발행 플랫폼(modern card issuing platform)'으로 신용카드 발행의 민주화를 외치며 기업들이 간편·신속하게 신용카드를 발행할 수 있도록 지원한다. 마르케타는 API를 통해 제휴기업의 시스템에 임베디드되는 형태로 카드 발행·이용관리·결제기능을 패키지화해서 원스톱으로 제공한다. 기업은 별다른 수고를 들이지 않고도 마르케타를 통해 독립적인 결제 수단을 확보하게 되는 셈이다. 또한 기업이 결제 과정에 직접 개입할 수 있다는 점도 마르케타의 경쟁력 요소다. 기업은 결제 가능한 금액, 위치 등을 직접 설정해 결제 사기를 방지할 수 있다.

2021년 3월 말 기준으로 마르케타는 총 3.2억 장의 신용카드 발급을 지원했으며 160개 사(2020년 12월 31일 기준)를 고객사로 거느린다. 주요 고객사로는 BNPL 사업자(클라르나·어펌·애프터페이·세즐) 외 골드만삭스·JP모건·스퀘어·구글·우버·도어대시·코인베이스 등이 있다.

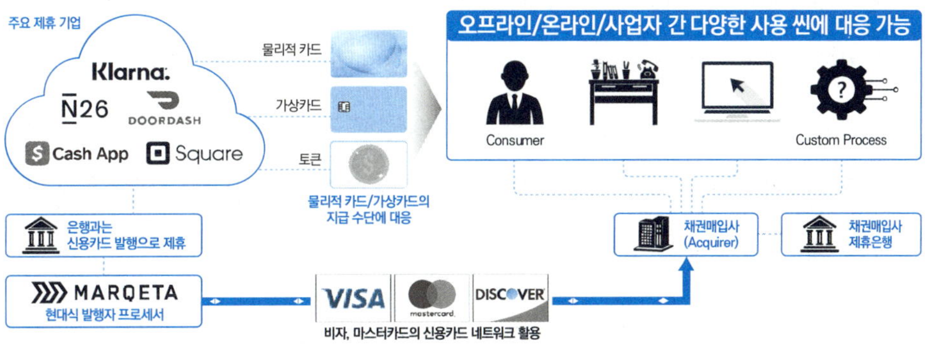

출처: CB Insights

[그림 4-16] 마르케타의 신용카드 발행 플랫폼 개요

가령 우버는 사용자와 운전자용으로 신용카드를 각각 발급한다. 사용자는 발급받은 카드로 차량 대금을 지불하고 우버는 카드로 운전자에게 대금을 지급

한다. 우버는 일련의 결제 과정에서 금액 중 일부를 마르케타에 수수료로 지급한다. 마르케타의 수익은 사용한 만큼 금액을 결제하는 종량제 과금 방식이라 거래가 많을수록 수익이 늘어난다.

마르케타는 BNPL 사업자의 확대에도 일조하고 있다. 현재 카드 발행 플랫폼 사업자는 마르케타 이외에는 없으며 신용카드 네트워크 및 은행 등 발행사업자와의 제휴 및 관계 구축이 전제되어야 하므로 진입장벽이 높은 영역이라 할 수 있다. 앞으로는 이 시장이 어떻게 진화해 나갈지는 미지수다.

4. 임베디드 인슈어런스

코로나19로 인한 비대면 확산, 소비행태 변화로 재화나 서비스의 온라인 구매가 점점 늘어나는 가운데 보험상품을 타사의 상품·서비스에 끼워 넣어 제공하는 '임베디드 인슈어런스'가 새로운 시대의 보험 판매 방법으로 주목받고 있다. 가령 여행상품을 구매할 때 결제 시점에 바로 보험상품까지 가입하거나 온라인으로 가전제품을 구입할 때에 보증기간이 연장되는 케어보험 등을 가입하도록 끼워 넣는 경우다. 이러한 보험상품에서 공통적인 것은 사업자의 상품이나 서비스와 관련성이 있으며 몇 번만 클릭하면 바로 가입할 수 있고 보험금 청구 절차도 단순해서 편의성이 높다는 점이다.

보험회사는 지금까지 다양한 업종의 사업자를 모집 파트너(대리점)로 거느려 왔다. 은행 - 화재보험, 딜러 - 자동차보험과 같이 사업자의 본업과 불가분한 보험을 비롯해 다종다양한 보험상품을 사업자들이 취급한다. 임베디드 인슈어런스란 그러한 제공 방식을 디지털로 전환하는 한편, 고객 경험을 보다 중요시하고 고객의 폭넓은 니즈와 밀착 결합한 판매 방식으로 바꾸는 것이다.

미국 익스텐드(Extend)가 제공하는 보증기간 연장 보험으로 스마트폰으로 보험금 청구가 가능
이커머스 기업이나 소매사업자의 온라인 사이트에 익스텐드가 통합(임베디드)됨

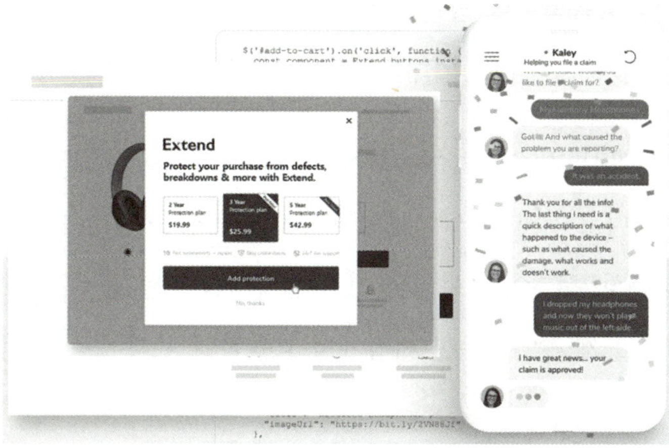

출처: extend

[그림 4-17] 이커머스나 소매기업의 온라인 사이트에 익스텐드가 통합

1) 임베디드 인슈어런스의 장점

임베디드되는 상품은 보상내용이 단순하고 투명성이 높으며 신청과 보험금 청구가 간단한 유형의 보험이다. 아마존이나 구글 등 빅테크가 제공하는 매끄럽고 깔끔한 고객 경험에 익숙한 소비자는 보험도 마찬가지로 간편하고 투명성이 높으며 무언가 차별화된 매리트가 있기를 기대한다. 임베디드 인슈어런스는 바로 이러한 요구에 부응하는 것이다. 또한 '보다 관련성이 높고 개인화되며 쓸모있는 보험상품이 필요할 때' 제안하는 것은 높은 편의성을 요구하는 소비자의 기대에 부응하기 위함이다.

사업자 입장에서도 자사 서비스와 보험의 통합은 본업 이외의 수익원 확보 측면뿐 아니라 보험을 포함해 서비스 전체의 고객 경험을 향상하고 경쟁 업체와의 차별화 및 고객 기반 강화·확대라는 사업적 가치를 기대할 수 있다.

한편, 보험회사는 파트너 사업자의 플랫폼을 이용해 모집 비용을 줄이고 보다 적확한 대상에 효율적으로 접근할 수 있는 장점이 생긴다. 당연히 사업자의 활성 사용자 수가 많을수록 기대효과도 높아지게 마련이다.

이외에도 임베디드 인슈어런스는 보장 갭(protection gap)[67]의 개선에 도움이 될 가능성이 있다고 지적한다[68]. 보험의 수요와 공급을 일치시키는 성격, 군더더기 없는 상품성, 신청이나 보험금 청구 절차의 간편함 등이 보험회사로부터 충분한 서비스를 제공받지 못한 시장에서 효율적인 고객 모집을 가능케 한다.

2) 보험상품의 제공 가치를 독자적으로 개발하는 사례

보험상품의 제공 가치를 스스로 개발 및 소유해 고객에게 제공하는 2가지 사례를 소개한다.

① 앤트그룹: 2,000개 이상의 독자적인 상품을 앱으로 제공하여 5억 명 이상의 고객을 확보

중국 알리바바그룹의 금융 자회사로 알리페이를 운영하는 앤트그룹(Ant Group)은 10억 명이 넘는 사용자들 대상으로 보험상품을 직접 설계 및 맞춤화해서 제공한다. 특히 보험회사가 지금까지 고객으로 다루지 않았던 농촌 저소득층으로 눈을 돌려 보험 리터러시 교육을 진행해 다수의 고객을 획득하는 데 성공했다. 앤트그룹이 담당한 것은 상품 설계·교육·모집이고 보험회사는 그에 따른 상품을 개발해 앤트그룹에 제공한다. 계약 심사, 사고 대응 등 대부분 업무는 보험회사가 처리한다.

---

67) 보험이 사회·경제에 기여해야 하는 총 잠재력과 실제 부보 간의 차이

68) https://www.instech.london/insight/insurance-to-embed-or-not-to-embed

앤트그룹이 제공하는 상품에는 월 150원부터 시작하고 은퇴 후 알리페이 앱으로 급부를 수령할 수 있는 연금보험 취앤민바오(全民保, 2018년 8월 발매), 가입 시에는 보험료의 납부가 불필요하고 가입자 중 누군가가 병에 걸려 보험금을 받아야 할 상황이 되면 가입자들이 균등하게 보험료를 내서 30만 위안(5,102만 원)을 지급하는 샹후바오(相互保 2018년 10월 론칭) 등이 있다. 샹후바오는 블록체인 기술을 도입했으며 가입자가 중국 인구의 7%에 달하는 1억 명(2019년 말 기준)이 넘었다. 그러나 샹후바오는 중국 당국의 빅테크 규제로 2022년 1월 28일 운영을 중단하게 됐다.

앤트그룹이 제휴하는 보험회사는 90개 사, 제공상품은 생명·손해보험 합해 2,000개 이상으로 동사의 보험사업은 2020년 7월 말 기준으로 5억 7천만 명 고객을 유치하는 수준으로 성장했다. 방대한 고객 기반을 거느린 앤트그룹과의 제휴는 보험회사 측에도 유리하게 작용해 저비용으로도 막대한 고객층에 접근할 수 있을 뿐 아니라 손해율 개선이나 보험금 부정 청구 감지 등의 측면에서도 기술 지원을 받을 수 있다. 사용자-사업회사-보험회사 간에 윈-윈-윈 관계가 형성된다.

② 테슬라: 자동차 제조사가 차량 데이터를 활용한 자동차보험 제공

미국 자동차 제조사인 테슬라는 2019년 8월 캘리포니아 지역에 한정된 자동차 보험을 자체 제공하기 시작했다. 디지털 상품으로 제공되는 테슬라 자동차 보험은 차량 아이디를 입력하면 몇 초 만에 견적이 끝나는 편의성과 차량에서 수집한 데이터를 활용한 저렴한 보험료가 강점이다. 테슬라에 따르면 일반 보험회사보다 보험료가 20~30% 싸다고 한다. 운전 데이터를 활용한 자동차 보험은 이미 시장에 너무나도 많지만, 테슬라는 제조사로서 훨씬 광범위한 데이터를 활용할 수 있는 것이 강점이다. CEO인 일론 머스크는 앞으로 보험사업이 테슬라 자동차 사업 수익의 30~40%를 차지할 날이 올 것으로 예측한다.

자동차보험은 한정된 시장에서 파이를 뺏는 경쟁이라 테슬라의 진입으로 보험회사는 차량 제조사와 가격경쟁을 하게 된다. JD파워사는 테슬라의 보험은 올스테이트(Allstate)나 게이코(Geico) 등 상위 자동차보험사에 장기적으로는 위협이 될 수 있으나 위협의 강도는 앞으로 테슬라 차량 판매 대수의 확대와 보급 속도에 좌우되며 자동차 보험시장 진입에 따른 영향은 한정적이라는 견해를 달았다.

테슬라는 보험상품의 제공 가치를 자사에서 개발·소유하고, 위험 보유나 라이선스에 관한 부분만 보험회사에 위탁한다. 앞으로 테슬라처럼 독자적인 보험상품을 개발하는 차량 제조사가 늘어나면 보험회사는 뒷전으로 물러나 제조사에 보험을 제공하는 편이 나을지, 아니면 제조사와 경쟁하는 편이 나을지 주판알을 굴려 선택할 수밖에 없다.

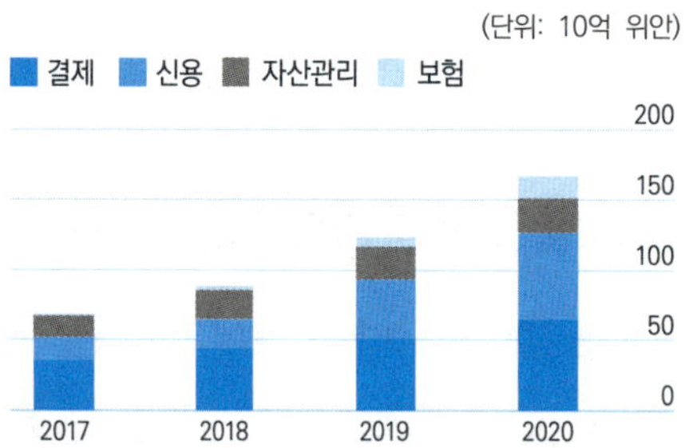

출처: The Economist

[그림 4-18] 앤트그룹의 매출 구분

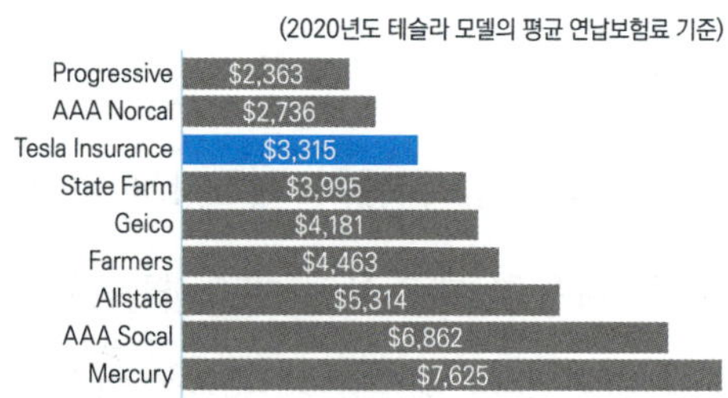

출처: Value Penguin.com

[그림 4-19] 캘리포니아에서 테슬라 차량의 보험 비용

3) 현재의 중심 플레이어는 인슈어테크 기업

앤트그룹 및 테슬라처럼 보험상품의 제공 가치를 스스로 개발·소유하는 것은 대다수 사업회사로서는 장벽이 높지만, 한편으로는 기존 시스템(레거시)을 보유한 보험회사도 유연하고 신속한 체제로 대응하지 못하고 있다. 현재 임베디드 인슈어런스를 적극적으로 전개하고 있는 것은 API 등의 솔루션을 제공하는 인슈어테크 기업이다. 플레이어의 형태는 주로 다음 3개로 나눌 수 있다.

첫째는 유럽과 미국에서 늘어나는 임베디드 인슈어런스를 전문으로 하는 지정 대리인(Managing General Agency, 이하 MGA)이다. MGA는 프런팅(fronting)[69] 보험회사로부터 인수 심사·손해 사정·보험금 지급 등의 권한을 부여받은 특수한 대리점[70]이다. 전문 MGA는 클라우드 기반으로 제품을 개발하여 API를 통해 사업회사에 제공하며, 프런트 개발 능력이 없는 사업회사를 대상으로 프런팅을 제공하는 플레이어도 있다. 주요 전문 MGA에는 Qover, Inshur, Zego, bSurance 등이 있다.

둘째는 'Platform as a Service(PaaS)'가 있다. 보험회사는 PaaS를 바탕으로 API를 통해 보험상품을 제공할 수 있다. PaaS를 전개하는 플레이어 중에는 자신이 개발한 보험상품을 해당 시스템과 함께 B2B용 화이트 라벨(white label)[71]로 보험회사에 제공하는 예도 찾아볼 수 있다. 전문 MGA와 PaaS 간 차이점은 MGA가 보험회사로부터 권한을 부여받아 리스크 보유 이외의 모든 것을 수행하는 데 반해 PaaS는 보험회사가 특정되지 않기 때문에 사업회사가 보험회사를

69) 다른 보험회사의 요청으로 보험증권을 발행하고 인수한 리스크의 대부분 또는 전부를 재보험을 통해 다시 인수하는 것. 프런팅을 해주는 회사는 대가로서 수수료(fronting fee)를 받는다.
70) 언더라이팅 기능을 가지는 판매사로 보험회사 본연 업무인 인수 심사를 대행
71) B2B기업 대상 솔루션만 제공하는 형태로 해당 솔루션에는 B2B기업의 브랜드가 붙는다.

선택할 수 있다는 점이다. 주요 플레이어로는 Trov, Sure, boost, BIMA 등이 있다. 또한, 이들 플레이어가 MGA로서 보험을 제공하는 예도 있다.

셋째는 신흥 보험회사다. 임차인 대상으로 주택 관련 보험을 판매하는 레모네이드(Lemonade)는 자사의 웹사이트나 스마트폰 앱에서 상품을 직접 판매할 뿐 아니라 API를 부동산업자 등에게 개방해 판로의 확대를 도모하는 가운데 임베디드 인슈어런스 영역에서도 존재감을 나타내고 있다.

보험과 디지털 기술의 합작품 플레이브러쉬(Playbrush)

헬스테크 기업인 플레이브러시(Playbrush)는 IoT기반의 칫솔 구독 서비스를 매력적으로 만들고 싶었다. 오스트리아의 인슈어테크 스타트업인 비슈어런스(bSurance)는 오스트리아 및 중유럽, 동유럽 시장의 선두 보험그룹인 유니카(UNIQA)와 공동으로 두 가지 유형의 보험 기능을 개발해 구독 서비스에 통합했다. 한 가지는 사용자가 치아에 흰색으로 봉을 한 경우에 대한 보상이다. 또 다른 한 가지는 IoT 칫솔로 취득한 데이터가 소정의 조건을 만족했을 때 연 1회 정기 치과 진단 비용을 지급하는 보상으로, 칫솔질 습관을 촉진하는 행동기반의 인센티브를 겨냥했다는 점이 독특하다. 이 두 가지 보상은 구독형 모델에 부가가치를 제공하고 타사와의 차별화 요소가 된다.

기술로 행동 변화가 촉발되는 '플레이브러시'

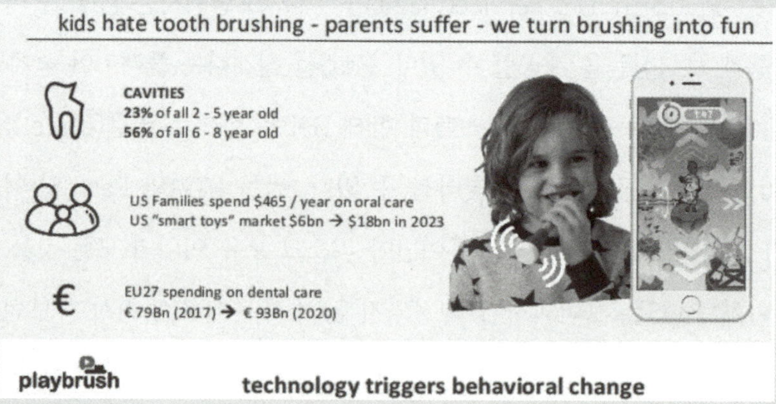

출처: Playbrush

4) 보험회사에 남겨진 과제

보험회사 판매 방식은 상품 중심에서 고객 경험 중시로 무게중심이 옮겨가고 있다. 따라서 앞으로도 끼워 넣는 방식의 보험이 임베디드 인슈어런스로 제공될 수밖에 없다. 그러나 끼워넣기가 가능한 보험은 대개 보험료 단가가 낮아서 어떤 서비스에 통합할지가 관건이다. 우선 플랫폼 서비스를 통해 이미 많은 사용자를 확보한 이커머스·소매유통업·외식배달·금융기관 등을 후보 물망에 올릴 수 있을 것이다. 보험회사에 있어서 보다 큰 과제는 기술 측면에 있다. 디지털 생태계에 참여하려면 API 프레임워크를 개발하고 신속한 시스템 설정 능력과 직관적인 고객 여정 디자인의 구축 역량이 전제조건이지만 이러한 여건을 모두 충족할 수 있는 보험회사는 거의 없다.

보험회사가 앞으로 임베디드 인슈어런스를 적극적으로 전개해 나가려면 세 가지 선택지가 있다. 첫째 보험상품을 폭넓게 제공하기 위한 플랫폼을 자체적으로 구축(와캄 사례 참고), 둘째 인슈어테크 기업이 제공하는 PaaS(Platform-as-a-Service)를 이용, 셋째 검증된 인슈어테크 기업을 인수하는 방법이 있다. 그 외 업무대행대리점(MGA)과 제휴하는 방법이 있지만 국내에는 MGA 제도가 없다. 미국에서 테슬라가 전용 보험상품을 팔 수 있는 것은 보험사를 대신해 인수 심사·손해 사정·보험금 지급 등을 하는 MGA[72]로 인정받아서다. 테슬라·포드·다임러·도요타 등 글로벌 차량 제조사들은 MGA형태로 보험 가치 사슬에 진입하고 있지만, 국내 보험업 감독규정(제4-6조)은 자동차 제조사와 판매사의 자동차보험 등 손해보험 판매 대리점 등록을 금지하고 있다.

72) 언더라이팅 기능을 가지는 판매사로 보험회사 본연 업무인 인수 심사를 대행

프랑스 와캄(Wakam)의 맞춤형 보험상품

프랑스의 와캄(Wakam)은 190년의 역사를 가진 프랑스의 중견 손해보험사이지만 6년 전 모든 보험상품을 100% 디지털 기반으로 제공하겠다는 대담한 결정을 내렸다. 그리고 이후에 더욱 크게 성장해 왔다. 와캄의 핵심 서비스는 보험사 또는 보험 면허가 없는 일반 기업을 상대로 맞춤형 보험상품(Insurance-as-a-Service)을 만들어 주는 것이다. 와캄의 보험은 현재 모두 API로 제공하며 월 1,000만 건을 넘는 API 호출이 일어난다. 또한 55만 건의 계약을 프라이빗 블록체인으로 관리하며 제휴하는 인슈어테크 기업은 300개 사에 달한다. 2015년 비즈니스 모델을 변경한 후로 연평균 성장률 31%를 기록하며 2019년에는 25%의 RoE(자기자본수익률)를 창출했다.

임베디드 인슈어런스를 추진하려면 데이터 활용 능력의 강화도 필수다. 최적의 상품을 최적의 시기에 제안하려면 고객 행동을 실시간으로 파악하고 통찰하는 역량이 필요하나 보험회사는 아직 그러한 기술을 충분히 갖추고 있지 못하다. 고객들의 눈높이는 이미 고객 경험을 중시하는 GAMA에 맞춰져 있으므로 보험회사가 기존의 운영방식과 인프라를 어떻게 전환해 고객의 기대를 충족할지가 관건이다. 과제는 막중하지만 임베디드 인슈어런스에 대처해 나가는 방식이 앞으로 보험서비스의 성격을 결정하는 데 큰 영향을 미치게 될 것이다.

5절 새로운 정보사회의 패러다임, 생성형 AI는 금융에 어떤 변화를 불러올까?

1. 심층학습의 등장부터 생성형 AI까지

1956년 '인공지능'이라는 단어가 처음 등장하고 나서 60년 이상이 흘렀다. 이 기간에 인공지능은 '붐(호황)'과 '겨울의 시대'를 되풀이했다. 지금까지 세 차례의 붐이 있었지만 중간에 단절이 일어났던 것은 아니다. 과거에 연구 및 개발된 기술과 개념이 계승됐으며 그것을 기반으로 또다시 붐이 일어났다. 2012년 무렵부터 시작된 제3차 인공지능 붐에서는 막대한 양의 데이터에서 패턴을 찾아 학습하는 '심층학습'이 실용화 수준에 이르렀다. 이미지 인식은 제조 및 방범 현장에서, 음성 인식 기능은 콜센터에서 사용되었으며 기계번역의 정확도도 크게 향상되었다.

2022년 여름 드디어 제4차 인공지능의 붐이 도래했다. 2022년은 생성형 AI(Generative AI)가 기폭제로 작용해 인공지능 역사에서 큰 전환점이 된 해이기도 하다. 생성형 AI는 AI가 스스로 답을 찾고 학습하는 심층학습을 활용해 구축한 기계학습 모델로, AI에서는 비교적 새로운 모델이다. AI가 인간처럼 창의적인 결과물을 만들어 낼 수 있다는 점에서 기존 AI와 다르며, 이미지 생성, 비디오 생성, 텍스트 생성, 오디오 생성 등 여러 유형이 있다. 최근 몇 년 동안 이미지 생성이나 비디오 생성 분야가 주목을 받아왔지만 텍스트 생성이나 오디오 생성에서도 기술이 발전하고 있다.

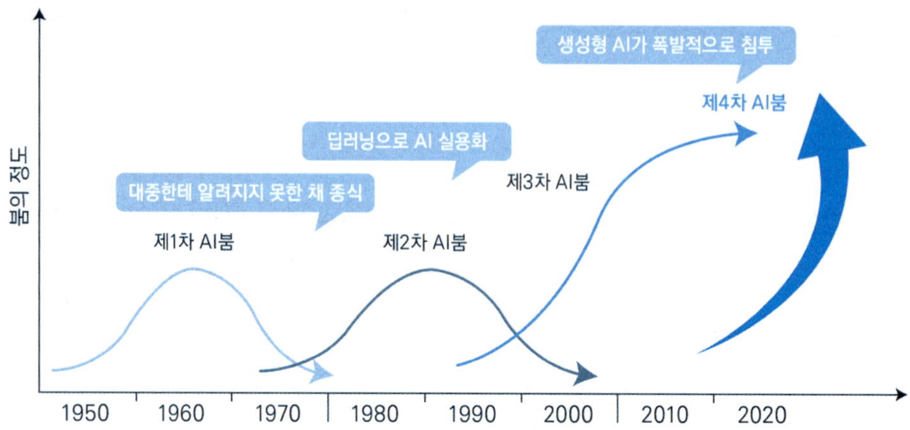

[그림 4-20] 제 4차 인공지능 붐의 도래

가트너에서는 생성형 AI를 '콘텐츠와 사물에 관해 데이터로 학습한 후 그것을 이용해 창의적이고 현실적이며 완전히 새로운 결과물을 만들어 내는 기계학습 방식'으로 정의한다. 생성할 수 있는 콘텐츠의 종류에는 이미지, 텍스트, 음악, 도면, 프로그래밍 코드 등 모든 유형이 포함된다. 각각 성질에 맞는 활용방식을 선택해 지금까지 인간이 수작업으로 일일이 처리하던 업무를 대폭으로 효율화하거나 생각지도 못했던 아이디어를 구현할 수 있게 되었다.

2. 제4차 AI 붐의 추동 원인

생성형 AI가 기폭제가 된 제4차 AI 붐은 크게 두 가지 요인으로 일어나게 되었다.

첫째, 생성 기술이 발전해 실용화 수준에 도달했다.

제3차 AI 붐에서는 데이터의 예측과 분류 등이 중심이었다. 이미지 생성이나 텍스트 생성의 경우 'AI가 생성한 ○○'사례는 많았지만, 모두 단발성 기삿거리에 불과해 실용 수준에 도달했다고 말하기 어려운 상황이 계속되고 있었다. 엄밀히 말하면 일부 기업이나 연구기관 등이 고정밀도의 생성 기술 자체를 개발하기는 했으나 사회에 미치는 파장이 커서 공개하지 않았을 것으로 추정한다. 그런데 2022년부터 이러한 기술이 단번에 대중에게 공개되고 실용화 수준의 정확도를 갖춘 생성 기술을 경험할 수 있게 되면서 그 활용이 급속히 확대되었다.

둘째, AI에 수반되는 진입장벽이 크게 낮아졌다.

지금까지는 예측과 분류에 사용하는 AI에 학습시킬 데이터를 준비하는 과정 자체가 중요한 문제였다. 당초 데이터를 가지고 있지 않은 기업이나 개인이 시도할 방법이 없었으며, 데이터를 준비하고 라벨링(annotation) 하는 작업에 막대한 비용이 든다는 문제가 있었다. 그러나 최근의 생성형 AI는 사전학습모델로, 기존의 인공지능처럼 수작업으로 레이블을 붙여 대량의 데이터로 학습하는 방식이 아니다. 위키피디아나 온라인 뉴스 등 인간이 일상에서 사용하는 언어(자연언어)로 구성된 엄청난 양의 데이터 세트를 학습해 언어의 통계적 패턴과 맥락을 파악한다. 이렇게 하면 문장 속에서 다음 단어를 예측하는 언어 모델이 구축되어 문장을 읽고 그 문맥에 따라 문장과 답변을 생성할 수 있는 능력이 갖춰지게 된다. 따라서 기계학습에 이용하는 수백만 개의 교사 데이터(teaching data)가 없더라도 원하는 이미지나 문장을 생성할 수 있게 되었다. 또한 이러한 기술이 API로 공개되거나 오픈소스로 배포되어 전문 AI 엔지니어나 데이터 사이언티스트가 아니더라도 다룰 수 있게 되었다. 데이터가 없는 기업이나 개인도 이제 생성형 AI를 활용하거나 자체적인 서비스에 통합할 수 있는 환경이 갖춰졌다.

생성 기술의 실용화와 낮추어진 진입장벽 두 가지 요인이 결합하면서 지금 일어나고 있는 현상은 트렌드를 선도하는 주체가 엔지니어나 연구자에서 창작

자로 바뀌고 있다는 점이다. 사용자 기반이 넓어지고 활용과 표현의 범위가 한꺼번에 열리면서 하나의 붐이 형성되었다.

3. 금융기관×생성형 AI를 어떻게 볼 것인가?

오픈AI사(社)가 2022년 11월 30일 공개한 대화형 AI인 챗GPT는 GPT (Generative Pre-trained Transformer) 기술을 사용하여 개발한 AI 서비스로, GPT는 자연어처리(NLP; Natural Language Processing) 분야에서 널리 사용하는 거대언어모델(LLM; Large Language Model)의 한 유형이다. 챗GPT는 대량의 텍스트 데이터에서 패턴을 학습하고 문장 생성, 질의응답, 기계번역 등의 작업을 매우 높은 수준에서 수행할 수 있는 능력으로 유명해졌다. 마치 인간이 생성한 듯한 정확한 답변 때문에 화제가 되어 생성형 AI의 가능성이 세상에 알려지게 됐다. 생성형 AI는 챗GPT처럼 사용하기 쉽고 이해하기 쉬운 서비스의 출현으로 돌파구를 마련했지만 단순한 '스마트 챗봇'은 아니다. 프로그램 코드 작성이나 이미지 및 비디오 제작 등 콘텐츠 생성에서 큰 위력을 발휘한다. AI에 투입한 프롬프트(prompt, 챗GPT에게 하는 질문 또는 명령어)로 산출물의 품질과 수준을 제어할 수 있다. 즉, 사용자의 기량에 따라 얻는 바가 다르지만 사용자가 자신의 니즈와 목적에 따라 보다 적절한 결과를 얻을 수 있다는 장점이 있다.

이처럼 누구나 직접적인 혜택을 누릴 수 있다는 이점 때문에 생성형 AI가 은행, 증권, 보험, 결제 사업자 등으로부터 많은 관심을 받아 다양한 적용 사례가 등장하고 있다. 그런데 금융서비스 업계에서도 다양한 반응이 있다. '대화형 AI로 새로운 서비스를 만들 수는 없을까?', '사내 업무를 획기적으로 효율화할 수는 없을까?'와 같은 긍정적인 시각이 있는가 하면 '정확성이 부족한 답변은 금융 업무에 적용할 수 없다', '직원의 능력 향상에 지장을 준다면?' 등과 같이 약간 거리를 두는 의견도 있다.

해외에서는 씨티그룹, 골드만삭스, JP모건 등 주요 금융기관들이 내부 시스템에서 챗GPT에 접근하는 것을 금지했으며, 국내 금융기관도 한때 사내 챗GPT 사용을 제한하거나 사실상 금지에 준하는 수준의 엄격한 관리에 나선 적이 있다. 현재 버전의 챗GPT는 2021년까지의 데이터로 훈련했기 때문에 학습한 지 약간 오래되었고 틀린 답변을 천연덕스럽게 만들어 내므로 금융기관에서 사용 금지령을 내린 것도 무리는 아니었다.

그러나 생성형 AI를 금융서비스에 사용할 수 없다고 결론짓는 것은 시기상조이다. 최근에는 국내외를 불문하고 대화형 AI를 적극적으로 활용하려는 움직임이 나오고 있으며 이러한 조류는 앞으로도 변하지 않을 것이다. 국내 5대 시중은행도 생성형 AI적용에 가속도를 내고 있다. 효율성 제고를 위한 내부 업무 적용에서부터 고객 편의를 향상시킬 수 있는 대고객 서비스에 이르기까지 광범위하게 생성형 AI 활용을 시도한다.

빠르게 인기를 얻고 있는 생성형 AI인 LLM이 무언가를 설명할 수 있으려면 몇 가지 작업이 필요하다. 예를 들어, LLM에 의해 생성된 텍스트에 그 근거와 논리를 설명하는 메타데이터를 추가함으로써 사용자는 LLM이 어떻게 추론했는지 이해할 수 있다. 또는 LLM을 구축하는 데 사용한 데이터 세트 및 모델의 구조를 게시하여 데이터 세트 및 모델의 품질과 신뢰성을 평가할 수 있도록 하는 것이 유용할 수 있다. 또 다른 옵션은 LLM 자체에 자명한 함수를 추가하는 것이다. 그러나 LLM의 복잡성으로 인해 설명의 정확성과 신뢰성에는 여전히 상당한 제약이 있다.

은행	내용
KB국민은행	· 'KB-GPT' 데모 웹사이트 개설 · 검색, 채팅, 요약, 문서작성, 코딩 등 내부 직원 업무 효율성 제고에 적용 검토
신한은행	· 생성형 AI의 금융서비스 적용 전담 TF출범 · 글로벌 기업 외 KT, 네이버, LG 등 다양한 국내기업과 실증
하나은행	· 자체 금융 특화 버티컬 거대언어모델(LLM) 개발 · 하나금융융합기술원 언어모델 전문가의 참여 · 내년 고도화 예정인 하나은행 모바일 AI뱅커 등에 활용
우리은행	· 비정형데이터 자산화해 금융언어 모델에 적용 · LG AI연구원과 금융언어모델 실증 위한 컨소시엄 운영함 · 연말에 챗봇 등부터 대고객 서비스 순차적 적용 시작
NH농협은행	· 구글 바드, 챗GPT 등 활용한 금융언어모델 실증 · 올바른 AI 활용 위한 AI거버넌스 수립 · 생성형 AI 기반 영업점 AI은행원 서비스 도입 고려

출처: 전자신문 (2023.07.25)

[그림 4-21] 은행별 생성형 AI 준비 현황 및 특징

4. 실용화에 참고가 되는 해외 도입 사례

금융기관에서 실무에 적용하고 있는 사례로서는 챗봇 이용이나, 사무의 효율화·마케팅 목적으로 이용하는 경우가 많다. 챗봇의 경우 개인 고객의 일반 문의에 대한 대응뿐만 아니라, 자산관리 영역에서 자산운용에 관한 조언 등 보다 고도화된 대화형 AI 챗봇을 활용하는 사례를 찾아볼 수 있다.

한편, PoC(개념검증)나 기초 검토 단계의 사례로서는 컴플라이언스 리스크 대응으로서 고객 신원(KYC; Know Your Customer) 및 당사자 여부 확인 절차(CDD; Customer Due Diligence) 목적에서의 웹 스크래핑(웹 페이지의 특정 정보를 추출), 의심스러운 거래의 신고 보고 등의 영역에서 PoC를 실시하는 금융기관이 있다. 또한 리스크 평가 로직이나 계약서 등의 법적인 문서의 초안

작성에서도 PoC를 실시하고 있는 금융기관이 있다.

이처럼 해외 금융기관에서도 실무 적용까지 추진되고 있는 영역은 한정되어 있다. 한편, PoC 단계까지 포함하면 국내 금융기관에 비해 해외 쪽이 훨씬 진보적인 성향을 띤다. 해외 금융기관의 대화형 AI의 도입 사례를 은행·보험·증권 및 금융 당국별로 정리하면 아래와 같다. 2023년 12월 시점에서 대화형 AI를 실무에 적용하고 있는 기업은 핀테크 기업이 많고 전통적인 금융기관 사례는 적지만 향후 금융기관에서 적용 가능성을 검토하는 데 있어서 참고가 될 만한 사례를 몇 가지 알아보기로 한다.

〈표 4-1〉 해외금융기관의 대화형 AI 대응 사례

검토단계			
	PoC/기초 검토단계		실무 적용
은행	**고객 지원** • Westpac : Kasisto사가 세계 최초로 은행 업무에 특화된 대화형 AI인 KAI-GPT를 개발. 동 은행의 고객 지원에 적합한 답변을 신속 제공 • Klarna* : 결제 서비스 등을 제공하는 회사로 쇼핑에 관한 질문을 챗GPT에 입력하면 고도의 맞춤화된 제품 추천 기능을 제공하는 메커니즘을 구축	**엔지니어링 지원** • Deutsche Bank : 구글과 협업하여 직원의 생산성 향상 등의 이니셔티브를 진행 • Sberbank : 러시아어에 적응한 기가챗(GigaChat)을 테스트 모드로 출시해 챗GPT에 대항 • Goldman Sachs : 엔지니어와 비(非)엔지니어 대상의 복잡한 코드 테스트와 자동 생성 등 많은 PoC 실시 중 • ANZ Bank : 엔지니어용 코드 테스트 케이스 생성 및 코드 리뷰 등에 대화형 AI를 활용	**현금 관리** • Alaan* : 기업 현금 관리 고도화. 기업 지출을 실시간으로 모니터링해 효율적인 비용 관리 및 사용자의 비정상적인 거래에 대한 경고 발신 **재무 및 사무 관리** • Commonwealth Bank : H2O사와 협업하여 문서 작성이나 이해의 신속화 · 정확성 향상 등의 이니셔티브 실시 **지식관리** • Morgan Stanley : 오픈AI와 공동으로 자산관리에 관한 대량의 문서를 대화형 AI로 학습시키고 재정 컨설턴트 대상 지식관리 메커니즘을 구축 • Stripe* : Stripe 소프트웨어 개발자용 자동 응답 시스템
	현금 관리 • Trovata* : 챗GPT를 활용해 복잡한 재무 질문에 답변하거나 재무 보고서 자동 생성 등을 할 수 있는 Trovata AI 개발	**재무 및 사무 관리** • Brex* : 오픈AI사와 협력하여 기업의 재무 부문에 대한 예산과 지출, 업체 트렌드 등을 실시간으로 답변하는 고도의 툴을 23년 후반 출시 예정	**그 외** • JP Morgan : 'IndexGPT'를 상표 등록. 자산 운용 상담이 가능한 대화형 AI도 개발 중

보험	**고객 지원** • Choco Insurance* : 보험계약에 관한 추천이나 보험금 청구 처리 등의 개인화된 어시스턴트 제공 • Covu* : 일상적인 문서작성 및 개인화된 고객용 상담 업무 등에 대화형 AI의 활용에 관한 연구	**리스크 관리** • Zurich Insurance : 지난 6년간 대량 청구 정보를 분석하고 보험 인수와 관련된 위험 평가 개선 • Choco Insurance* : 보험 인수 업무에 대화형 AI 활용해 효율화	**고객 지원** • Plum* : 고객이 알고 싶은 보험 계약 내용을 단적으로 설명하는 Policy GPT 출시 • Sproutt* : 대리점의 판매 촉진 지원으로 보험 판매 등으로 이어지는 적시 정보를 생성 **리스크 관리** • Sixfold* : Sixfold AI를 론칭하고 보험 인수 업무 효율화 • Cowbell : MooGPT 개발해 보험 인수 및 리스크 평가, 금액 등을 효율화 및 자동화 (23년 여름 출시) • Coalition : 사이버 보안 관련 질문에 자동응답하는 챗봇
증권	**엔지니어링 지원** • Citadel Securities : 엔지니어 대상 코드 생성 및 테스트 실시에 챗GPT 활용	**고객 지원** • Douugh* : 투자 정보 검색, 비교 작성, 임의의 자산의 선택 기간에 걸친 수익 이력 등을 검색할 수 있는 플랫폼을 챗GPT로 개발	**고객 지원** • OnFinance* : 사용자의 자산 운용과 관련된 상담을 자동으로 교환하는 대화형 AI챗봇 (NeoGPT) **리스크 관리** • Schroders : Aveni와 협력하여 영업 직원과 고객과의 상호 작용을 모니터링하고 컴플라이언스와 관련된 증거 남기기 (부적절한 권유 활동 감시)
당국	**그 외** • Monetary Authority of Singapore(MAS) : 구글 클라우드와 협업하여 책임 있는 대화형 AI 등의 연구에 착수		

★는 핀테크 기업

1) 모건 스탠리

이미 대화형 AI를 실무에 적용하고 있는 금융기관 중에는 모건 스탠리가 가장 선도적이다. 이 회사는 타사에 비해 초기부터 오픈AI사와 제휴하고 있다. 오픈AI는 처음에는 챗GPT모델에 GPT-3.5를 적용했는데 모건 스탠리는 그보다 오래된 2020년 7월 출시된 GPT-3시절부터 기초적인 연구를 오픈AI사와 공동으로 실시해 오고 있다.

모건 스탠리는 시장 리포트나 업계 분석, 투자전략 등의 수십만 페이지에 이르는 지식을 주로 PDF 형식으로 사내에 대량으로 축적해 놓고 그 정보를 GPT-4를 이용해 처리 및 분석하는 내부 자산운용 어드바이저용 챗봇을 개발하고 있다. 어드바이저가 매일 GPT-4에 질문하고 피드백을 제공함으로써 GPT-4는 더욱 똑똑해짐과 동시에 해당 챗봇을 어드바이저가 날마다 활용해 어드바이저 자신의 능력이 확장되고 고객과의 관계 강화로 이어진다.

금융기관에는 텍스트 정보 중심의 지식이 사내에 방대하게 축적되어 있지만 활용이 저조한 경우가 많다. 모건 스탠리의 사례는 모든 금융 기관에 참고가 될 만한 사례이다.

2) 슈로더

실무에 적용한 또 다른 예로는 영국 런던에 본사를 둔 자산 운용 회사인 슈로더(Schroders)를 들 수 있다. 슈로더는 AI관련 핀테크 기업인 아베니(Aveni)사와 협력하여 영업 직원과 고객 간 상호작용을 모니터링하고 컴플라이언스와 관련된 증거를 작성하는 대응 활동을 한다. 대화형 AI는 대화와 문서를 순식간에 해석·요약·추출할 수 있어 부정 매매 심사, 부적절한 투자 및 보험 등의 권유 행위를 감지해 내는 역량이 특출나다.

3) 웨스트팩

실무 적용 단계에까지 이르지 않았지만 호주의 2대 은행인 웨스트팩(Westpac)은 대화형 뱅킹 관련한 AI 핀테크 스타트업인 카시스토(Kasisto)사가 개발한, 세계 최초의 은행 업무에 특화한 대화형 AI인 'KAI-GPT'를 활용한다. 우선은 고객지원 부문에서 고객의 문의에 적절한 답변을 신속하게 제공할 수 있는 체제를 구축하고 있다.

대화형 AI는 그 특성상 이러한 고객지원 직원의 업무 효율화 및 능력 확장에 기여하는 기술로, 타사에서도 동일한 대응 사례를 찾아볼 수 있다.

4) 취리히 보험

한편 보험회사에서 시도하는 사례에는 번거로운 절차가 필요한 보험인수 업무에 효율화를 지향하는 방안이나, 복잡한 보험계약 및 약관에서 필요한 정보만을 순식간에 추출하는 활용 사례가 있다.

스위스의 취리히 보험(Zurich Insurance Group)은 청구 설명을 포함한 과거의 대량 보험금 청구 데이터에서 필요한 정보만을 추출하는 방식을 활용한다. 대량 보험금 청구 데이터에서 손해 원인을 콕 짚어서 추출함으로써 보험인수 업무 개선을 목적으로 한다.

5) 싱가포르 금융감독청

해외에서는 민간금융 기관뿐 아니라 금융당국에서도 대화형 AI를 적극적으로 활용하는 사례를 찾아볼 수 있다. 그중에서도 싱가포르 금융감독청(MAS; Monetary Authority of Singapore)의 대응이 흥미롭다. MAS는 구글 클라우드와 각서를 체결해 MAS 내에서 책임 있는 생성 AI의 활용 등에 구글 클라우드와 협력한다.

양사는 첫째, 책임 있는 생성 AI의 잠재적인 사용사례의 특정 및 기술적인 PoC 실시, 둘째, 책임 있는 생성 AI 애플리케이션의 개발 및 시험 도입, 셋째, 책임 있는 생성 AI와 MAS 개발자를 위한 기술 능력 개발지원에 있어 협력한다.

5. 금융기관의 활용 사례 및 7가지 리스크

이상을 토대로 현재 금융업계에서 대화형 AI를 활용하는 트렌드를 정리하면 다음과 같다.

(1) 개인 맞춤형 고객 서비스: 고객의 과거 거래 내역 및 개인 취향에 따른 금융상품 추천, 고도로 개인화된 금융 및 투자 자문 제공

(2) 콜센터 지원: 고객 및 상담원 문의에 대한 자동 대응, 복잡한 문의 해결 지원

(3) 고도의 크레딧 스코어링: 여러 데이터 소스에서 고객의 신용 점수를 정확하게 계산하고 대출 승인 결정을 내림

(4) 종합적인 시장 분석: 방대한 양의 시장 데이터에서 동향을 정교하게 분석하고 투자 전략을 수립

(5) 리스크 관리 최적화: 리스크 요인을 자동으로 감지하여 최적의 대책을 수립

(6) 선진적인 자동 거래: 실시간으로 시장 상황을 분석하고, 거래 전략을 생성하며 자동으로 거래를 실행

(7) 컴플라이언스 모니터링: 규정 준수 여부를 자동으로 모니터링하고 위반 가능성을 지적

(8) 사기 탐지: 대량의 거래 데이터에서 비정상적인 패턴을 탐지하고 사기 행위를 조기에 탐지

(9) 개인 맞춤형 금융교육: 고객의 지식수준과 관심도에 따른 개인 맞춤형 금융교육 콘텐츠를 제작

(10) ESG 리포팅: 은행 내부 운영 데이터, 투자 데이터, 외부 환경 데이터를 실시간으로 모니터링하여 심층적인 ESG 리포트를 생성

그런데도 리스크를 무시할 수 없다. KPMG에 따르면 대화형 AI의 주요 리스크에는 다음 7가지가 있다.

① 할루시네이션(Hallucination), ② 저작권 침해, ③ 개인정보/기밀정보 노출, ④ 프롬프트 인젝션(Prompt Injection, 보안의 취약성을 공격하는 수법 중 하나), ⑤ 제3자 리스크, ⑥ 설명책임, ⑦ 추적 가능성·감시 가능성

이 중 ① 할루시네이션은 대화형 AI가 사실과 다른 부정확한 답변을 그럴싸하고 당당하게 하는 것으로 이 정보로 인해 사용자는 잘못된 판단을 저지를 위험이 있다.

④ 프롬프트 인젝션은 시스템 허점을 이용해 악의적인 프롬프트를 입력, 정보를 유출 및 조작하는 것이다. 통상적으로 대화형 AI 업체는 차별이나 윤리위반, 범죄로 이어지는 정보는 출력하지 않도록 제한을 걸지만 악의적인 의도로 교묘하게 프롬프트를 입력하면 개발자가 의도하지 않은 정보를 출력하게 된다. 과거 마이크로소프트(MS)의 AI 챗봇 테이(Tay)가 인종차별적인 발언을 하도록 세뇌하거나, 빙 챗봇이 내부 기밀인 코드네임 '시드니(Sydney)'를 말하도록 한 것도 프롬프트 인젝션의 일환이다.

⑦ 추적 가능성·감시 가능성은 대화형 AI의 출력은 동일한 프롬프트를 입력해도 서로 다른 결괏값을 돌려주는 것이 일반적이기 때문에 재현성을 확보할 수 없어 사후 감사 등을 감당할 수 없는 리스크이다. 이 리스크는 대화형 AI의 파라미터를 조정하면 통제할 수 있다.

6. 책임 있는 AI 운용과 지속적인 성공에 이르는 길

AI로 발생할 수 있는 리스크는 개인정보 유출, 작업 오류, 불량 등 애플리케이션 차원의 기술적 리스크와 더불어 기업 명성, 인력 대체, 디지털 격차 등의

기업 및 국가 차원의 리스크까지 아우른다. 이와 같은 위험 요소들을 해결하기 위해 '책임 있는 AI 원칙(Responsible AI principles)' 또는 'AI 거버넌스 프레임워크(AI governance framework)'를 구축하여 이를 기반으로 AI 모델을 도입하고 있다.

책임 있는 AI란 '개인과 사회를 위해 인공지능 시스템을 개발하고 운영하면서 동시에 비즈니스에 혁신적인 영향을 미칠 수 있도록 보장하는 원칙, 정책, 도구, 프로세스가 포함된 프레임워크'로 정의한다. 이는 인간 중심의 접근 방식으로 AI의 연구, 개발 및 배포를 수행함으로써 인공지능 시스템을 안전하고 신뢰할 수 있으며, 윤리적인 방식으로 발전시킨다는 개념이다. 2023년 4월에 열린 주요 7개국(G7) 디지털 및 기술 장관 회의에서 책임 있는 AI를 실현하기 위한 실행 계획이 채택되었으며 이를 위해서는 기술자, 금융 전문가, 규제 당국과의 협력이 필요하다.

각 금융기관의 사정에 따라 책임 있는 AI를 도입하기 위한 대응 방향이 달라질 수 있지만, 그중에서도 '설명 가능성'과 '공평성'은 금융업계가 책임 있는 AI에 임할 때 특히 주목해야 할 포인트이다.

설명 가능성은 AI가 의사 결정에 도달하는 데 사용되는 데이터 또는 논리를 이해하고 설명하는 능력을 나타내는 용어이다. 설명 가능성은 책임 있는 AI에 대한 국제 동향 및 지침(OECD의 'AI 원칙' 등)에서 중요한 항목이며, AI의 공정성과 포용성을 보장하기 위해 설명 가능성이 필요하다고 명시되어 있다. 설명 가능성은 위험 관리 및 신용 평가와 같은 알고리즘 의사 결정 도구는 개인과 법인에 상당한 영향을 미칠 수 있기 때문에 적절한 설명 가능성 없이 이러한 도구를 도입하는 것을 원하지 않는다.

설명 가능성은 AI를 사용하는 인간에게도 중요하다. AI가 내린 결정의 역사를 이해할 수 있다면, 그 결정이 잘못되었다고 판단할 때 바로잡을 수 있기 때문이다. 또한 설명이 가능할수록 AI 시스템 결정에 있어 고객, 규제 기관 및 기타 이해 관계자의 이해와 신뢰를 더 쉽게 얻을 수 있으며, 이는 금융 기관이 비즈니스 위험을 줄이고 경쟁력을 높이는 데 도움이 된다.

한편 공평성이란 AI가 부당한 차별이나 편견을 조장하지 않는다는 점을 의미한다. AI가 차별 및 편향을 유도하는 프롬프트에 적정하게 답변하는지 모니터링하고 사실 및 상식과 관련된 프롬프트에 근거와 출처를 명확히 답변하는지 평가하기 위해 사실의 정확성과 데이터 적정성 항목을 연구해야 한다. 이러한 가치는 금융기관이 사회적 책임을 다하기 위해 필수적이다.

책임있는 AI란?

- 공평성
  - 시스템이 유저 집단에 영향을 줄 수 있다는 것을 알아야 한다.
    - ex. 성별, 민족 등
- 설명 가능성
  - AI 시스템의 출력결과를 이해하고 평가하는 구조
- 견고성
  - AI 시스템의 확실한 운영을 실현하기 위한 구조
- 프라이버시와 시큐리티
  - 프라이버시를 배려한 데이터의 이용
  - 도난, 유출로부터 보호
- 거버넌스
  - Responsible AI의 실천을 정의하고 그것을 준수하기 위한 프로세스
- 투명성
  - 이해관계자가 충분한 정보를 얻는 형태로 AI를 사용가능한 구조

출처: AWS Summit Tokyo

7. 생성형 AI가 혁신적인 금융 서비스의 문을 여는 궁극적인 무기일까?

생성형 AI는 금융회사의 생산성 제고에 기여하면서도 금융회사 간 서비스 개인화 수준과 생산성의 차이를 심화시킬 수 있는 요소이다. 현재 국내 금융권 대부분은 MS의 애저 오픈AI(Azure Open AI)를 사용하고 있으며 기밀정보가 외부에 유출되지 않도록 안전한 사내 전용 챗GPT 환경을 구축하는 사례가 많다. 이 경우 인터넷에 공개된 챗GPT를 안전하게 활용할 수 있을 뿐만 아니라 많은 직원의 문서 작성 효율화, 기획서 작성 지원 등에 도움이 된다. 그러나 앞에 열거한 해외사례처럼 대화형 AI를 자사 업무에 맞게 커스터마이즈하지 않으면 단순히 편리한 상담 도구를 이용하는 수준에 그칠 뿐, 극적인 효율화나 자동화는 기대할 수 없다.

대화형 AI를 활용하기 위한 포인트를 짚어보면 다음과 같다.

첫째, 대화형 AI로부터 얻은 출력 결과의 정보출처를 사내 정보에 적용하려고 하는 업무에 특화된 정보로 한정하는 일이다. 누구나 이용할 수 있는 대화형 AI는 범용적인 답변을 출력하도록 학습되어 있기 때문에 특정한 업무에 직접적으로 활용할 수 있는 출력 결과는 기대하기 어렵다.

둘째, 금융업계에 맞는 답변을 얻을 수 있도록 대화형 AI를 튜닝한다. 튜닝없는 출력 결과로는 참고 정보 수준을 벗어나기 어려울 가능성이 높고 실무에서 이용하려면 튜닝으로 실용성을 높이는 것이 필요하다.

셋째, 적용 업무에 꼭 맞는 답변을 획득할 수 있는 프롬프트의 작성이다. 아무리 뛰어난 대화형 AI가 존재해도 사용자가 적절한 프롬프트를 입력하지 않으면 그 결과가 비즈니스 측면에서 실용성이 떨어진다.

넷째, 대화형 AI 활용을 위한 리스크 관리체제의 정비가 필요하다. 새로운 기술에는 당연히 리스크가 잠재함과 동시에 기술적인 한계도 있다.

우선은 이들을 이해하는 것이야말로 대화형 AI를 최대로 활용하는 지름길이 될 것입니다.

금융기관은 생성형 AI를 도입할 때 고객에게 충분한 설명과 지원을 제공해야 한다. 고객이 AI 기술을 이해하고 신뢰할 수 있는 서비스로 활용할 수 있는 환경을 조성하는 것이야말로 금융기관의 지속 가능한 성장과 성공의 발판이 되기 때문이다.

또한 AI 기술의 진화가 고용에 미치는 영향에 대한 우려가 있다. 금융기관은 AI 도입에 따른 효율화와 자동화가 진행됨에 따라 직원의 숙련도 향상 및 재교육을 통해 더욱 고도의 업무에 적응할 수 있는 인재를 육성하는 것이 중요하다.

생성형 AI는 아직 초기 단계이지만 어떻게 활용하느냐에 따라 무한한 가능성이 있다고 해도 과언이 아니다. 개인적으로는 비금융 서비스와 결합하여 새로운 가치를 창출하기가 훨씬 쉬울 것으로 생각한다. 예를 들어, PFM(개인자산관리) 앱과 피트니스 트래커의 데이터를 결합해 개인화된 니즈에 맞는 건강 및 재무 조언을 제공하는 서비스 등을 생각할 수 있다. 가령 적절한 운동량 및 식생활 개선, 절약 방법, 투자 전략 등을 제공하는 서비스이다.

금융기관뿐만 아니라 많은 핀테크 기업도 생성형 AI에 주목하고 있으며, 일부 기업들은 이미 혁신적인 서비스를 제공하기 시작했다. 가까운 미래에 우리의 상상을 훌쩍 뛰어넘는 혁신적인 금융 서비스가 등장하리라 기대한다.

6절 노년학과 기술의 교차점 '에이지테크'

1. 시니어 DX 최전선

2025년 초고령 사회에 진입한 한국은 오는 2045년 세계에서 가장 고령 인구가 많은 국가가 될 전망이다. 급격한 인구 감소와 초고령화 인구로 노동력 부족이 더욱 심각해지는 가운데, 노인의 건강 유지, 삶의 질 향상, 사회 참여의 기회 확대 등 다각적인 해결책이 요구되고 있다.

초고령화 사회에 접어들면서 고령화 사회의 문제를 해결하는 기술인 '에이지테크(Agetech)'가 주목받고 있다. 에이지테크는 미국 경제 잡지인 포브스의 2019년 2월 1일 자에 실린 후 처음 알려졌다.

에이지 테크가 다루는 분야는 주로 건강 유지나 개호 예방 등 헬스케어 분야이지만 반드시 그 분야에 국한되는 것은 아니다. 고령층의 쇼핑 지원, 사기 방지, 재정 지원, 상속, 타인과의 연결 지원을 통한 고독감 해소, 고령층 사용자를 위한 디자인의 접근성 강화 등 노령 성인의 삶을 개선하는 모든 유형의 기술이 될 수 있다.

노령에 따른 노화를 멈출 수는 없지만, 가능한 한 건강하게 지내고, 타인에게 폐를 끼치지 않고 자립한 생활을 계속하고 싶다는 생각은 한국뿐만 아니라 전 세계의 고령자 공통의 소망이다. 이러한 요구가 커짐에 따라 에이지 테크가 해결책 중 하나가 될 것으로 예상한다.

에이지테크를 제공하는 기업은 고령화 사회의 요구에 부응하기 위해 고령층의 삶의 질을 향상하는 다양한 서비스를 개발하고 있다. 요즘은 60대에 은퇴하고 90대까지 사는 경우가 드문 일이 아니다. 그러나 누구나 30년 간의 기간을 일하지 않고 살 수 있을 만큼 저축액이 많지는 않다. 의료비 지출은 많고 고령자를 대상으로 한 사기행위도 많다. 따라서 고령층을 위한 자산운용 지원을 제공하는 기업이 필요한 이유이기도 하다. 한편, 자산관리 및 운용과 관련된 서비스 외에도 온라인에서 저렴한 신탁 서비스에 가입하거나, 주거 공간의 일부를 임대하는 주택 공유(룸메이트 매칭 서비스) 등 다양한 시장이 존재한다. 사용자 입장에서 보면 이러한 서비스는 규모가 작고 틈새시장이므로 개별적으로 제공되기보다 패키지 형태로 제공되는 편이 편리하다. 만일 카카오톡의 고령자 버전이 별도로 만들어진다면 비슷한 고민거리를 안고 있는 이들을 위한 서비스와 상품이 제공되는 플랫폼이 탄생하게 될 것이다.

〈표 4-2〉 고령자의 경제적 자립과 관련된 주요 에이지테크 분야 및 사례

분야	내용	대표 사례
자립(금융)	스마트폰 기반의 자산운용 등	silvur, KAERU
자립(사기 피해 방지)	사기 피해 방지를 위한 모니터링 등	True Link, whoscall
유산 및 상속	저렴한 비용으로 쉽게 상속 및 신탁 서비스 처리	STORYFILE, ファミトラ
주택	세일즈 앤 리스백(Sales & Leaseback), 주택공유 등	EasyKnock, 京都ソリデール
인슈어테크	고령자 대상 공제 등	Trusty.care, Frich
퇴직 2.0(일자리)	고령자 대상 온라인 구직 플랫폼	seniors@work, GBER

출처: TheGerontechnologist

스타트업 그랜드패드(GrandPad)는 고령자를 위해 쉽게 설계된 태블릿을 제공한다. 태블릿은 기술에 익숙하지 않은 고령자도 쉽게 사용할 수 있도록 큰 아이콘과 간단한 인터페이스로 설계되었다. 한편, 일본의 진퀘스트(Genequest)

는 고령층에 접어들기 이전 이들에게 에이지테크를 제공하는 기업이다. 일본 최초로 개인 대상 유전자 분석 서비스를 개발했다. 유전자 검사 키트를 판매하고 장래 발병 소지가 있는 질환을 사전에 파악해 예방에 힘쓰고 싶은 은퇴 이전 계층들한테 유용한 서비스이다.

기술의 발달에 따라 인터넷을 통해 일자리를 찾기가 수월해지고 단기 일자리로 경제가 돌아가는 경향도 두드러졌다. 또한 예전에는 기업이 정규직 직원을 고용하여 수행하던 업무도 프리랜서로 일하는 개인에게 점점 더 아웃소싱 되고 있다. 은퇴 후 파트타임으로 일하는 쪽을 선택하는 사람이 점점 많아지면서 최근 몇 년 동안 주목받고 있는 긱 이코노미(gig economy)[73] 가 고령자들이 본인의 전문 분야나 특기를 살려 자신만의 속도로 계속 일할 수 있는 기반이 될 수 있다.

이스라엘에는 특히 고령인으로 초점을 맞춘 긱 이코노미 플랫폼인 'sÀge'가 있다. 고령자들이 자신의 기술과 노하우를 판매할 수 있는 사이트로 전직 요리사가 요리를 가르치거나, 정원 가꾸기가 취미인 사람이 정원사로 지원하는 등 자신이 하고 싶은 일과 잘하는 일로 소득을 올리는 방법을 찾고 있다. 이러한 노동 방식은 단순히 소득에 대한 불안을 없앨 뿐만 아니라 고령자의 삶의 목적에도 기여하는 바가 크다

73) 기업이나 개인이 필요할 때만 일하는 사람을 구하는 경제 형태로, 긱(Gig)은 영어로 '일시적인 일'이라는 의미이다.

2. 정부와 공공서비스 분야

상당수의 고령자는 디지털에 익숙하지 않은 측면이 있고 IT 문해력이 낮기 때문에 고령자를 위한 디지털 서비스를 추진하는 일이 어려울 것으로 예측한다. 이러한 문제를 해결하기 위해 해외에서는 고령자 대상 공공서비스(정부 기관이 주도하는 프로젝트, 고령자 대상 비영리 단체가 실시하는 교육)가 활발하게 진행되고 있다.

1) 유럽의 알프레드와 모바일 에이지 프로젝트

알프레드(ALFRED) 프로젝트는 알프레드(가상 집사)라는 스마트폰 앱을 활용하여 고령자가 일상생활을 해결해 나가는 데 방해가 될 수 있는 장애물을 극복할 수 있도록 도와준다. 알프레드는 완전히 음성으로 제어되므로 조작이 상당히 간단하고 고령자한테 친숙한 디자인으로 이뤄져 있다. 알프레드에는 유럽의 고령자들 사이에서 인기가 있는데 다음과 같은 기능이 있다.

- 고령자가 음성으로 알프레드에게 말을 걸고 질문하거나 스마트폰으로 조작 지시
- 고령자의 취미와 지리 환경에 따라 AI와 빅데이터 정보를 활용하여 알프레드는 고령자가 흥미를 느낄만한 이벤트나 전시회에 대한 조언을 제공
- 의료진이나 간병인은 고령자한테 부착된 웨어러블 센서를 통해 알프레드 앱에서 신체 상태를 모니터링함으로써 보다 효과적이고 맞춤화된 처치가 가능
- 고령자한테 게임과 퀴즈를 제공하여 신체 및 인지 상태 개선

알프레드의 놀랄 말한 기능 중 하나는 고령자가 눈에 띄지 않게 착용할 수

있는 신체 센서의 통합이다. 속옷에 내장된 이 장치는 심박수, 호흡, 체온, 동작 등 다양한 생체 신호를 모니터링한다. 실시간 데이터는 간병인, 의료 전문가 및 가족과 공유되므로 고령자의 웰빙을 보장하고 고령자를 돌보는 사람들에게 마음의 평화를 제공할 수 있다. 알프레드와 같은 가상 비서의 출현은 AI가 디지털 제품 및 서비스에 영향을 미칠 뿐만 아니라 특히 고령자 요양 부문에서도 고령층에게 보다 적극적이고 활동적이며 독립적인 삶을 제공할 수 있음을 보여준다.

EU가 주도하는 또 다른 프로젝트에는 모바일 에이지(The Mobile Age)가 있다. 이 프로젝트는 고령자가 사용하고 싶어 하는 앱의 문자를 확대하고 UI/UX를 개선하여 고령층이 앱을 더 쉽게 사용할 수 있도록 해준다. 모바일 에이지 프로젝트의 연구원들은 고령자들과 협력하여 고령자들이 접속하고자 하는 공공 서비스, 사용하고 싶은 모바일앱의 유형, 접근성, 이동성 요건을 조사하여 고령자에게 최적의 애플리케이션을 개발하고자 한다. 이러한 애플리케이션을 통해 고령자가 젊은이들과 같은 방식으로 전자 공공 서비스(예, 도서관 이용)에 접속할 수 있을 뿐만 아니라 오픈 데이터에도 접근할 수 있다.

2) 일본의 총무성, 싱가포르의 IMDA는 고령자 교육에 집중

일본 총무성은 2014~2015년에 전국 11개 지역의 공민관 등 공공시설을 실증 필드로 지정하고 고령자 대상 ICT 활용 능력 향상에 기여하기 위한 워크숍을 개최했다. 전국 36개 회장에서 진행된 워크숍에는 강사 107명, 고령자 990명이 참가해 큰 호평을 받았다. 개중에는 고령자들이 컴퓨터 수업의 강사 역할을 직접 맡은 경우가 있었으며 태블릿을 사용하여 카메라 사용이나 여행 이동 경로 검색 등과 같은 기본 기능을 가르치는 경우도 있었다.

싱가포르의 IMDA(Infocomm Media Development Authority, 정보통신미디어발전국)는 디지털 사회를 향한 진전의 하나로 고령자한테 더욱 많은 디지털 스킬을 학습시키기 위해 2020년 5월부터 온라인 디지털 포드 학습 시리즈를 제공하기 시작했다. 온라인 디지털 포드 학습 시리즈는 휴대전화 기능에 접근하는 방법, 소셜 미디어 사용 방법, 코딩, 사진 편집, 온라인 위험으로부터 자신을 보호하는 방법 등 기본적인 디지털 스킬을 습득하도록 한다. 온라인 디지털 포드 러닝 시리즈 외에도 IMDA에서 운영하는 가상 디지털 클리닉(Virtual Digital Clinic)이라는 프로그램을 통해 자원봉사자들은 원격으로 고령자에게 1:1 디지털 교육을 제공할 수 있다.

3) 미국의 국세청, 영국의 세무 자원봉사자는 고령층 대상 전문적인 지원을 제공

미국 국세청(Internal Revenue Service)은 자원봉사 소득세 신고지원(Volunteer Income Tax Assistance, VITA)과 연장자 세무 상담(Tax Counseling for the Elderly, TCE) 프로그램을 운영하면서 60세 이상 고령 납세자에게 기본적인 소득세 신고서 작성을 무상 제공한다. VITA/TCE는 전국 커뮤니티, 도서관, 쇼핑몰 등에 거점을 두고 있으며 전화 문의 등을 통해 VITA/TCE 거점의 위치를 확인할 수 있다.

영국의 세무 자원봉사자(Tax Volunteers)가 운영하는 고령자를 위한 세무 지원(Tax Help for Older People) 프로그램은 무료로 고령자를 돕는 세무 자원봉사 서비스이다. 영국과 스코틀랜드에는 총 420명 이상의 자원봉사자가 있으며 전국 규모의 콜센터가 있다. 이 자원봉사자들은 고령자 가정을 방문하여 세무 절차에 대해 가르칠 뿐 아니라 디지털 세무를 홍보하는 활동도 벌인다.

미국에서 고령자의 세무 상담을 지원하는 IRS
출처: www.aotax.com

싱가포르의 IMDA에서는 휴대폰이나 모바일 앱에 대한 궁금증을 자원봉사자가 세션을 열어 알려준다
출처: IMDA

3. 중국 사례를 통해 배우는 고령자 친화적 UI 디자인

2019년 중국 정부는 고령화에 선제적으로 대응하기 위한 중장기 계획을 발표했다. 이 계획에서는 단기 전망(2022년까지), 중기 전망(2035년까지), 장기 전망(2050년까지)의 세 단계를 제시한다. 우선 단기적으로는 고령화에 능동적으로 대처할 수 있는 제도를 만들고 중기적으로는 더 과학적이고 효과적인 제도를 추진할 계획이다. 또한 장기적인 전망으로는 강력한 현대 사회주의국가에 걸맞은, 성숙한 고령화 사회에 대응하기 위한 정책을 마련하겠다고 발표했다. 본 계획의 일환으로 2021년 4월에는 웹 및 애플리케이션의 고령자 대응 가이드라인을 발표했으며 신문, SNS, 생활 연예, 전자상거래, 금융, 여행, 의료 등 43개 앱이 고령자를 위한 접근성 요건을 충족했다. 이 가이드라인에 따르면 다음과 같은 사항이 결정되었다.

- 큰 글꼴 크기 18포인트 이상
- 광고는 줄이기
- 팝업 광고는 안 됨

특히 팝업 광고는 사용자가 의도하지 않은 타이밍에 나타나고 닫기 버튼의 위치를 찾기 어려워 허용 안 되었다. 이 외에도 2단계 인증 확인 코드(로그인 시 단문 메시지로 전송하는 4자리 숫자를 입력하는 보안 기능)의 입력 유효시간을 약 3분으로 연장하는 등 가이드라인에 상세히 규정하고 있다.

1) 20대한테도 인기몰이 중인 중국의 고령자 앱

중국의 주요 앱은 공업정보화부(공신부) 가이드라인에 따라 고령자 전용 앱을 출시했다. 대부분은 별도의 앱을 제작하는 대신 하나의 앱에서 일반 버전과 고령자 버전 간에 전환할 수 있게 되어 있다. 흥미롭게도 간결성을 내세운 고령자 버전의 앱이 20대 젊은이들 사이에서도 확산하기 시작했다. 가장 큰 이유는 팝업 광고가 표시되지 않기 때문이다. 대개 팝업 앱이 실행되는 동안 몇 초 동안 지울 수 없고 메인 화면으로 돌아갈 수 없도록 설계된 경우도 있다. 고령자 앱 버전에서는 팝업 광고가 금지되므로 화면 검색에 방해가 되지 않는다. 또한 아이콘과 텍스트가 커져 상대적으로 중요도가 떨어지는 정보 대신에 필요한 정보만 표시되므로 사용하기 쉽다.

스마트폰 결제 '알리페이'의 일반버전(왼쪽)과 고령자버전(오른쪽). 불필요한 정보를 생략하고 버튼도 확대했다. 동일한 앱에서 일반버전과 고령자버전을 선택할 수 있다

국내의 경우 고령자·장애인을 위한 디자인 가이드라인 등의 정책이 없으며 글자 크기, 팝업 광고 등에 관한 규칙도 없다. 행정안전부가 디지털플랫폼 정부의 접근성을 높이고 공공 웹·앱의 효율성을 강화하기 위해 2024년 말까지 '범정부 디자인시스템' 구축을 추진한다.

2) 고령자 앱의 정석을 제시한 켄터키 프라이드 치킨(KFC)

켄터키프라이드치킨(KFC)은 중국에 8,000개 이상의 매장을 보유한다. 앱은 사용자나 앱 디자이너로부터도 높은 평가를 받고 있다. 국내에서 KFC는 본사 직영 중심 운영 방식의 전략을 고수해 점포망 확대에 실패했다는 평을 듣지만 중국에서는 그렇지 않다. 프라이드치킨에 중점을 둔 패스트푸드 기업이지만 기술에 정통한 회사로 인정받고 있다.

2017년 11월 KFC는 알리바바와 협력하여 저장성 항저우에 'KPro'라는 유기농 식재료 레스토랑을 열었다. 안면인식 결제로 화제를 모았는데 스마트폰 결제 앱 알리페이에 얼굴을 등록해 놓으면 스마트폰이 없더라도 얼굴로 결제하고 먹을 수 있다. 최첨단 기술을 활용한 레스토랑으로 주목을 받았지만 코로나19 확산으로 안면인식 결제가 어려워졌다.

또한 마그네틱 카드 기반의 회원 카드를 스마트폰 앱으로 빠르게 전환하고 AR(증강 현실)을 캠페인에서 활용하는 등 디지털 마케팅에서도 선진적인 방식을 차례대로 시도했다.

KFC는 2022년 4월 고령자 전용앱을 출시했다. 얼핏 보면 다른 고령자 전용 앱과 차이점이 없어 보이지만 실제로는 세심한 부분까지 고려한 디자인으로 다른 회사의 앱 개발자나 디자이너의 연구 대상이 되었다.

KFC 앱의 고령자 버전(왼쪽)과 일반버전(오른쪽). 고령자 버전 앱은 대단히 간소하다는 느낌을 주지만 깊은 의도가 감추어져 있다. 고령자 버전 앱 가운데에 있는 2개의 커다란 버튼의 왼쪽은 '매장내 모바일 주문', 오른쪽은 '배달 주문'을 표시

KFC의 고령자 전용 앱은 2021년 12월부터 개발을 시작했으며 한 달 후 프로토타입이 완성되었다. 고령자 버전이라고 해도 기능을 추가하는 게 아니라 화면 디자인을 재설계하는 작업이라 개발기간은 짧았다. KFC는 가이드라인에 따라 제작했을 뿐 아니라 고령자의 소비 행동을 파악하고 방해가 되는 문제를 해결하는 방향으로 개발을 진행했다. 고령자의 소비 행태를 파악하기 위해 프로토타입을 몇 군데 매장과 모니터링 요원에게 배포한 후 사용성에 대한 체험 평가를 받았다. 첫 번째 프로토타입은 공업정보화부(공신부) 가이드라인에 따라 화면을 수정하는 데 그쳤지만 모니터링 요원의 인터뷰 결과 앱의 화면은 크게 바뀌게 되었다.

인터뷰 결과 고령자의 소비 행동에는 다음과 같은 세 가지 특징이 있음이 밝혀졌다.

1. 메뉴가 마음에 들면 다음에도 같은 메뉴를 주문할 가능성이 크다.
2. 추천받은 메뉴를 주문하는 경향이 있다. 매장에서 이벤트로 추천하는 메뉴나 옆자리 고객이 먹고 있는 메뉴를 주문할 확률이 높다. 계산대에서는 포스터나 다른 고객이 먹고 있는 메뉴를 가리키며 '저것과 같은 것'으로 달라고 요청하는 경우가 많다.
3. 할인 쿠폰에 민감하다. 다른 곳에서 받은 쿠폰을 저장해 놓고 계산대에서 점원한테 모든 쿠폰을 보여주면서 사용할 수 있는 것은 모두 적용해 달라고 요구하는 사람이 많다.

하지만 고령자 앱 평가 테스트를 했을 때 고령자 특성에 맞는 위의 소비 행태가 제대로 발현되기 어렵다는 한계가 드러났다. 첫 화면에서 추천하는 메뉴를 주문하고 싶어도 메뉴 목록에서 해당 메뉴를 선택하기가 어렵다. 또한 할인쿠폰을 받기는 했지만 막상 구매할 때 쿠폰을 어떻게 소진하는지 모르는 경우가 있다.

KFC는 모니터링 요원의 의견을 청취한 후 고령자의 소비행동을 방해하는 문제점을 해소하는 작업에 착수하기 시작했다.

소비자 행동	고령자 경향	문제점	해결 방안
소비자 행동 1	메뉴의 주문 반복성	원하는 메뉴를 표시하는 기능이 없어 다시 따로 주문해야 한다	앱 하단에 '가장 자주 주문한 메뉴'와 '최근 주문 메뉴'를 표시한다
소비자 행동 2	추천 아이템을 주문할 확률이 높음	메인 페이지에서 추천하는 메뉴를 주문하고 싶어도 메뉴 목록에서 해당 메뉴를 선택하는 것이 어렵다	'추천 메뉴'에서 대량 주문이 가능하도록 변경되었습니다
소비자 행동 3	할인 쿠폰에 민감	할인 쿠폰을 받았는데 구매 시 쿠폰을 적용하는 방법을 모르겠다	쿠폰을 받으면 주문 시 쿠폰이 자동으로 적용, 할인되도록 변경한다

가장 두드러진 특징은 앱 하단에 '추천메뉴'를 자동으로 표시하는 것이었다.

여기에는 '과거에 가장 많이 주문한 메뉴', '최근에 주문한 메뉴, 'KFC 추천 메뉴' 등이 표시된다. 또한 캠페인으로 쿠폰을 받으면 주문 시 쿠폰이 자동으로 적용되어 할인을 받도록 했다. 과거의 마케팅 데이터를 통해 고령자한테는 매일 앱을 여는 습관을 기르기 쉽다는 점을 알고 있기 때문에 고령자 버전에만 '매일 7일 동안 앱을 열면 커피 1잔 무료 쿠폰을 제공합니다'라는 캠페인을 실시했다. 지금까지 몇 번이나 출석 도장을 찍었는지 눈으로 확인할 수 있도록 함으로써 고령자도 게임처럼 즐기면서 날마다 앱을 열게 된다.

앱을 주문하면 추천 메뉴란에 '최근에 주문한 메뉴', '과거에 가장 많이 주문한 메뉴', 'KFC 추천 메뉴' 등이 표시된다. 그 외에 이벤트에서 추천하고 있는 메뉴 등도 표시된다

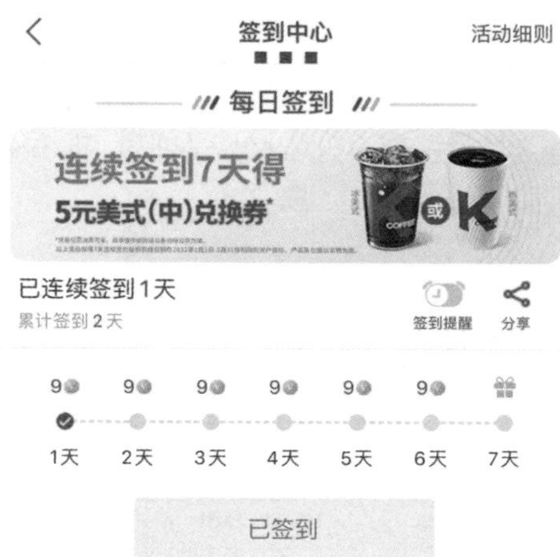

고령자 버전에 한해 7일 연속으로 앱을 접속하면 커피 무료제공 무폰을 받을 수 있는 이벤트를 열었다. 앱에 접속하는 습관을 들이도록 하는 목적이다

이렇게 여러모로 공을 들인 끝에 2022년 4월 드디어 고령자 버전이 정식으로 출시되었다. KFC는 고령자 버전의 효과에 대한 데이터를 공개하지 않았지만 매장이나 사용자 모두에게서 호평을 받았다. 앞으로도 매장, 사용자와 정기적인 인터뷰를 실시할 계획으로 적어도 일 년에 한 번은 대폭적인 업데이트 작업을 할 계획이다.

3) UI와 UX 양립의 어려움

앱이나 웹 사이트 디자인에는 UI(사용자 인터페이스) 및 UX(사용자 경험)라는 용어를 사용한다. UI는 공신부가 통지한 가이드라인처럼 문자와 버튼의 크기, 사용된 색상의 조합 등 '외관'과 관련된 정적인 디자인을 가리킨다. 한편 UX는 사용자의 사용 방식에 비추어 주저 없이 직관적으로 사용할 수 있도록 하는 '사용 편의성'과 관련된 동적인 디자인이다. UI 디자인에 관해서는 다양한 견해나 이론이 축적되어 있어 많은 디자이너가 이미 선행 사례를 바탕으로 고품질의 앱이나 웹을 제작할 수 있다. 그러나 UX 디자인에 관해서는 아직 이론이 정립되어 있지 않으며 사고방식도 디자이너마다 다르다. 고령자 전용 앱과 관계없이 많은 앱이 UI는 정교하게 설계되어 있지만 UX에 관해서는 문제가 생기곤 한다.

젊은이들은 앱이 어렵게 설계되어 있더라도 스스로 알아내고자 하는 의욕이 높아 사용법이 헷갈리더라도 인터넷에서 찾아보거나 메뉴를 일일이 열어보며 스스로 해결할 수 있다. 그러나 중년층부터는 그럴 만한 의욕과 열정이 없다. 몇 번 우물쭈물하다 보면 앱 사용을 중지하고 때에 따라 서비스 사용을 중지할 수도 있다.

이는 회사에는 큰 손실이다. 고령층은 마음에 들면 매일 사용하는 습관이 생기는 경향이 있어 로열티가 높은 계층인 만큼 고객 획득 비용도 높다.

KFC의 고령자 버전 앱은 사용자 경험에 중점을 두고 디자인함으로써 사용자의 만족도를 높여 판매에 기여할 수 있음을 증명했다. 이 방법은 다른 회사에서도 벤치마킹할 정도로 높이 평가받고 있다.

4. 미국: 고령자의 신체·인지기능을 배려한 금융 서비스

미국 고령자의 28%가 일상생활에 지장이 있을 정도의 신체장애를 안고 있다고 한다. 고령자의 신체장애 유무에 따른 인터넷 사용률을 분석한 조사에 따르면 장애인 고령자의 인터넷 사용률은 비장애인보다 20% 낮은 것으로 나타났다. 나이가 들면서 신체 및 인지 기능이 저하됨에 따라 외출에 어려움이 수반되므로 사회와 연결성을 유지한다거나 오프라인 매장을 방문하는 일도 어려워진다. 이러한 문제를 해결하기 위해 디지털 서비스가 기여할 방법이 많다고 생각하지만 정작 지원이 필요한 고령자한테 충분히 다가가지 못하는 것이 현실이다. 고령자 대상 디지털 서비스를 설계할 때는 고령자 특유의 신체기능, 인지기능이 저하됨에 따라 본인이나 가족 등 주변 사람들이 겪는 문제를 이해하고 IT를 활용한 해결 방안을 파악해야 한다.

1) 트루링크 파이낸셜: 인지증을 앓고 있는 고령자의 자립 지원

트루링크 파이낸셜은 미국 샌프란시스코에 거점을 두는 스타트업 기업으로 금전과 관련된 사기, 착취, 학대 등의 위험에 처한 고령자나 재활 과정에 있는 의존증 환자 등을 지원하는 금융서비스를 제공한다. 핵심 서비스는 트루링크 비자 선불카드로 가족을 돌보는 기능이 있다. 선불카드의 정기적인 충전, 이용 금액 한도 설정, 사용 제한, 거래 내역 보기, 알림 등의 기능이 있다. 이러한 기능을 월 10달러에 사용할 수 있다.

트루링크 파이낸셜이 제공하는 가치는 정확히 무엇일까? 고령자가 안심하고 자신의 의지로 돈을 쓸 수 있도록 함으로써 독립성과 자율성을 촉진하고 삶의 풍요로움을 지켜준다고 창업자인 카이 스틴치콤베(Kai Stinchcombe)는 말한다.

이 서비스는 카이의 실제 경험에서 탄생했다. 카이의 할머니는 인지증환자로 본인이 이전에 기부했다는 사실을 잊어버린 채 가족에게 기부금을 달라고 반복해서 요청했다고 한다. 카이는 미국에 1,100만 명의 인지증 환자가 있기 때문에 은행은 이런 경우에 대처하는 방법을 알고 있을 것으로 생각했다. 그러나 막상 은행에 연락했을 때 카드사용을 중단하는 것 외에는 방법이 없다는 사실을 알게 됐다.

즉, 1,100만 명에 달하는 사람들이 금융서비스로부터 차단되는 것이었다. 카이는 '자기 돈을 자신의 의지로 사용할 수 없다는 경험은 그 사람의 가능성을 파괴한다'라고 생각했다. 결국 자신이 소중하게 여기는 사람이 안심하고 안전하게 돈을 사용할 수 있는 금융 서비스를 제공하는 것을 목표로 트루링크 파이낸셜을 시작하게 됐다.

인지증은 틈새시장처럼 들릴지 보르지만, 국내 65세 이상 946만 명 중 98만 명이 인지증으로 추정된다. 노년층 10명 중 1명 이상이 인지증인 셈이다. 국내 60대 이상 인구의 자산보유액 규모는 약 7,500조 원으로 금융자산의 10%를 인지증 환자가 보유하고 있다고 가정하면 2024년 금융자산 기준으로 750조 원이 된다. 인지증 환자가 금융 서비스를 이용할 수 없다는 카이의 말을 생각하면 인지증 환자를 위한 디지털 금융 서비스는 블루오션처럼 보이지 않을까?

고령자뿐만 아니라 새로운 비즈니스와 서비스를 기획할 때 최종 사용자(계약자가 아니라 실질적인 이용자)를 명확히 하고 사용자가 안고 있는 문제점을 다측면에서 파악한 후 IT기술로 그 문제를 어떻게 해결할 수 있을까? 라는 접근방식은 중요하다. 특히 고령자 등 우리들이 니즈를 상상하기 어려운 세그먼트를 사용자로 설정할 경우에는 사용자가 처한 문제점을 이해하기 위한 조사(UX

조사)를 진행하고 이를 통해 얻은 사용자의 이해를 바탕으로 디자인 및 설계상의 결정을 내리는 것이 중요하다.

2) 캐피털원: 고령자의 온라인 뱅킹에 대한 불안 해소

READY, SET, BANK!는 미국 금융기관인 캐피털원(Capital One)에서 제공하는 고령자 친화적인이러닝 서비스이다. 온라인 뱅킹의 장점, 가입 방법, 계좌 관리 방법 등을 설명하는 1~2분 분량의 무료 동영상 44개가 공개되어 있다.

캐피털원이 이 서비스를 제공하는 이유는 무엇일까? 미국에서는 60세 이상 인구의 모바일 뱅킹 이용률이 18%에 불과하다. 바꿔 말하면 약 80%는 혜택을 누리지 못하고 있다고 할 수 있다. 디지털화를 적극적으로 펼치는 캐피털은 이러한 현실을 심각하게 받아들이고 디지털 서비스가 80% 계층한테도 도달하도록 노력해야 한다고 느꼈다. 캐피털원은 이 문제를 해결하기 위해 팀을 구성하고 고령층과 인터뷰와 설문조사를 통한 IT 활용 실태조사에 나섰다. 고령자들이 새로운 것을 어떻게 습득하는지, 고령자의 IT 이용을 저해하는 요인은 무엇인지 파악하고 이러닝 서비스 형태로 해결책을 도출했다. 단순히 플랫폼을 구축하는 데 그치지 않고 콘텐츠 제작에도 역점을 두었다. 고령층은 지인으로부터 얻은 정보를 중요시한다는 설문조사 결과를 바탕으로 그들의 공감대를 끌어낼 수 있도록 비슷한 세대의 배우를 캐스팅하고 전문 용어를 사용하지 않는 등 대본에도 신경을 쓰고 있다.

영업지점에서는 READY, SET, BANK! 동영상을 활용한 워크숍을 실시하는 등 디지털과 실생활을 병행하면서 고령자에게 온라인 뱅킹을 이용하도록 어필하고 있다. 또한 해당 서비스는 캐피털원 고객뿐만 아니라 미국 전역의 고령자를 위해 설계되어 세대 간 디지털 격차를 줄이고 고령층의 독립적인 삶을 지원하는 데 도움이 된다.

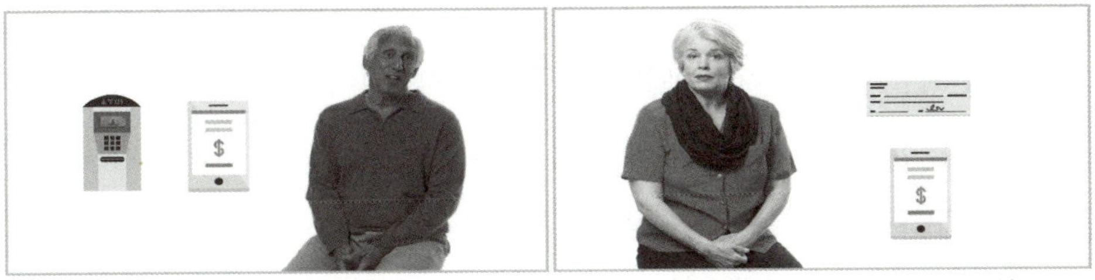

전 세계 사람들에게 온라인 뱅킹을 시작할 수 있는 도구와 자신감을 제공하는 'Ready, Set, Bank'
출처: https://www.readysetbank.org/

서울디지털재단이 실시한 디지털 역량실태조사 결과에 따르면 서울에 거주하는 국내 고령 계층의 모바일 뱅킹 이용률도 50.9%로, 전체 평균 74.5%에 비하면 여전히 낮은 것으로 나타났다. 지방에 거주 중인 고령층이라면 이 격차는 훨씬 벌어질 것이다. 특히 만 55세 이상 고령층은 상품 구매·음식 배달 등 생활 밀착 분야의 스마트폰 앱 이용률이 여전히 낮다. 디지털화를 통한 운용 효율 향상과 비용 절감의 관점에서 국내 금융기관도 이 문제를 심각하게 받아들여야 한다.

(단위: %)

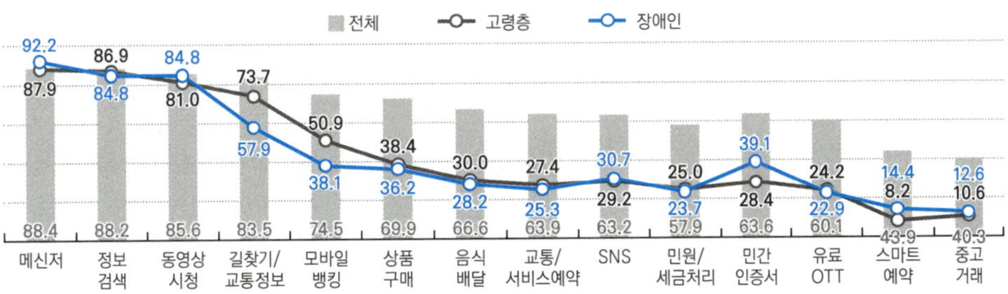

서울디지털재단이 2023년 11~12월 만 19세 이상 서울시민 5,500명(고령층 2500명, 장애인 500명 포함)을 대상으로 한 디지털 역량실태조사 (출처: 메트로신문 2024년 6월 12일 자)

[그림 4-22] 모바일앱 이용경험률

5. 고령자, 인지증 환자의 쇼핑을 돕는 핀테크 '카에루'

2020년 9월 설립한 일본의 에이지테크 기업 카에루(KAERU)는 고령자, 인지증 환자도 안심하고 이용할 수 있는 선불카드 '카에루'를 출시했다. 카에루는 고령자·인지증 환자의 자금 관리 및 구매활동에 있어서 '주변에서 도와줘야 한다'라는 고정관념에 도전한다. '누구나 쇼핑을 계속 즐길 수 있는 세상을 만드는 것'을 목표로 과잉사용 방지기능, 분실 시 즉시 중단 기능 등을 갖춘 선불카드다. 가족이나 요양보호사 등 돌봄의 주체가 되는 사람은 카드에 연동된 앱을 통해 하루 최대 금액을 설정해 원격으로 충전할 수 있다. 카에루는 고령자와 인지증 환자를 지원하는 기능 외에도 후원자의 재정 관리 부담을 줄이는 데 도움이 된다.

카에루 서비스는 인지증 환자 및 가족, 장애인, 요양보호사, 간병인 등 약 150명의 인터뷰를 거쳐 콘셉트가 탄생했다. 인터뷰 과정에서 돈과 관련된 다양한 문제가 눈에 들어오기 시작했다. 예를 들어, 고령자나 인지증 환자는 동전을 구별하지 못하거나 결제할 때 무엇을 사야 할지 잊어버릴 수 있다. 가족은 지갑을 분실하거나 실수로 고가의 제품을 구매하는 것을 방지하기 위해 관리할 수밖에 없다. 또한, 혼자서 가족을 부양하는 것이 어려운 경우는 요양보호사나 주민센터 등에서 쇼핑 구매자를 도와주는 역할을 하지만 다양한 과제가 있다. 단순히 '물건을 대신 사줄 사람이 있으면 되지 않아?'라고 생각할 수만은 없었다. 따라서 카에루는 '당사자가 직접 구매하는 것을 전제'로 삼은 서비스를 고민하기 시작했다.

쇼핑은 사회와 접하면서 원하는 것을 선택한다는 의미에서 인생을 풍요롭게 하는 중요한 요소 중 하나이다. 실제로 인터뷰에 응한 사람들 중에는 "인지

장애를 겪고 있지만 쇼핑은 일반 사람처럼 할 수 있고 또 하고 싶다"라는 의견을 피력한 이가 많았다고 한다.

[개인]
- 예산을 설정하고 과도한 지출을 방지
- 쇼핑 목록 메모 기능 등 쇼핑 지원 기능

[가족]
- 원격 재정관리 기능

[복지단체/지자체]
- 전용 화면에서 자금관리 지원을 받는 사용자의 이용상황과 잔액 확인, 원격 충전, 설정 변경 등 가능

[그림 4-23] 에이지 핀테크 '카에루'

2025년 기준 인지증 환자 수는 97만명(유병률 9.17%)이고, 100만명을 넘는 시전은 2026년으로 예상한다. 이후 2044년에 200만명을 넘서 2059년에 234만명으로 정점을 찍을 것으로 추정한다.

이러한 상황에서 나이가 들거나 인지 저하가 있어도 자신만의 방식으로 행복하게 살 수 있는 사회 인프라의 정비가 점점 더 중요해지고 있다.

참고문헌

1장 디지털 전환의 이해

MINH QUANG DUONG, "PAYPAL MADE STRIDES TOWARDS BEING A SUPER APP", 2021.8, https://onepercentamonth.com/2021/08/19/paypal-made-strides-towards-being-a-super-app/Ron ShevlinSenior, "Challenger Bank Chime Reaches The 12 Million Customer Mark", Forbes, 2021.2, https://www.forbes.com/sites/ronshevlin/2021/02/01/challenger-bank-chime-hits-12-million-customer-mark/?sh=4e4f84823f59

Sanjeev Kumar, "Back To The Future: The Evolution of Branchless Banking", Whitesight, 2021.10, https://www.whitesight.net/post/back-to-the-future-the-evolution-of-branchless-banking

"Business Results for 1H of FY2021 and Future Management Direction", Resona Holdings, 2021.11, https://www.resona-gr.co.jp/holdings/english/investors/ir/presentation/pdf/20211118_2a.pdf

"MAS Announces Successful Applicants of Licences to Operate New Digital Banks in Singapore", Monetary Authority of Singapore, 2020.12, https://www.mas.gov.sg/news/media-releases/2020/mas-announces-successful-applicants-of-licences-to-operate-new-digital-banks-in-singapore

"NYK Establishes "MarCoPay," an Electronic Money Platform Business to Expand Globally", NYK 홈페이지, https://www.nyk.com/english/news/2019/20190725_01.html Jul. 25, 2019

"JALマイレージバンク会員向け銀行サービス「JAL NEOBANK」誕生", Japan Airlines 홈페이지, 2020.4, https://press.jal.co.jp/ja/release/202004/005619.html

"地銀共同センター・ＭＥＪＡＲ システム・ワーキンググループの発足について", 株式会社北陸銀行, 2021.11, https://prtimes.jp/main/html/rd/p/000000221.000027374.html

"地銀共同センターで参加行全行員のデジタルスキル向上に向けたナレッジサイトを開設", NTT DATA, 2021.5, https://www.nttdata.com/jp/ja/news/release/2021/052400/
"どん底から這い上がったりそなの脱・銀行DNA。"冬の時代"に賭ける5つの切り札", Business Insider, 2021.4, https://www.businessinsider.jp/post-232491
"なぜりそなのDXはユーザーに歓迎されるのか、顧客中心で見据える「次世代店舗」とは", Fintechjournal, 2021.10, https://www.sbbit.jp/article/fj/69443
"ネット銀、異業種を代理店に結婚相談所や住宅会社と", NIKKEI, 2019.7, https://www.nikkei.com/article/DGXMZO47910890Z20C19A7EE9000/
https://www.marcopayinc.com/
https://www.minna-no-ginko.com/
https://www.smbc.co.jp/kojin/special/elder-program/

» 2장 디지털금융 정책 트렌드

강은영, "은행 거래 99% 비대면인데 IT 인력은 8.5% 뿐", 신아일보, 2020.10, http://www.shinailbo.co.kr/news/articleView.html?idxno=1331710
김규림·조민주·최연경, "오픈뱅킹, 금융산업 지형 변화의 서막", 삼정KPMG ISSUE MONITOR 제108호, 2019.5, https://home.kpmg/kr/ko/home/services/advisory/management-consulting.html
김수현·염종선, "디지털 금융: 데이터 3법 마침내 국회 통과", 신한금융투자 Daily News, 2020.1, https://ssl.pstatic.net/imgstock/upload/research/market/1578620473176.pdf
성종화·전배승, "TechFin, 메기인가? 피라냐인가? 네이버와 카카오 등 빅테크를 중심으로", 이베스트 투자증권, 2020.9
송두리, "문 열린 '마이데이터'에 금융권 빅매치…연말 본궤도", 에너지경제, 2020.8, https://www.ekn.kr/web/view.php?key=515565
원병철, "복잡한 금융보안 규제 준수 업무, 레그테크로 쉽고 편리하게", 보안뉴스, 2019.1, https://www.boannews.com/media/view.asp?idx=76369 &kind

이기욱, “규제 샌드박스 1주년…혁신 서비스 보면 금융사 미래전략 보인다”, 시사저널, 2020.4, http://www.sisajournal-e.com/news/articleView.html?idxno=216375

조창훈, “국내 레그테크의 시장성 검토 및 도입 시 고려사항”, 전자금융과 금융보안 제8호, 2017.4, http://www.fsec.or.kr/common/proc/fsec/bbs/42/fileDownLoad/1087.do

정기영·조지훈, “금융회사의 디지털 전환(Digital Transformation) 추진 현황”, 금융감독원 IT·핀테크전략국 보도자료, 2019.5, http://www.fss.or.kr/fss/kr/promo/bodobbs_view.jsp?seqno=22293

“국민은행 등 21개사가 본인신용정보관리업(마이데이터) 예비허가를 받았습니다.”, 금융위원회 보도자료, 2020.12, https://www.fsc.go.kr/info/ntc_news_view.jsp?menu= 7210100&bbsid=BBS0030&no=34315

금융규제샌드박스 홈페이지, https://sandbox.fintech.or.kr/

“금융 빅데이터 개방으로 디지털 금융혁신을 촉진합니다”, 금융위원회, 2020.7, https://www.fsc.go.kr/info/prf_view.jsp?menu=7240000&bbsid=BBS0036&no=38524

“금융회사의 핀테크 투자 가이드라인”, 금융위원회, 2019.9, https://www.fsc.go.kr/info/ntc_news_view.jsp?menu=7210100&bbsid=BBS0030&no=33325

“데이터 3법 시행령 개정안 입법예고”, 금융위원회, 2020.3, https://www.fsc.go.kr/info/ntc_news_view.jsp?menu=7210100&bbsid=BBS0030&no=33785

“신용정보법 시행령 어떻게 바뀌나요?”, 금융위원회, 2020.3, https://blog.naver.com/blogfsc/221882747753

“안전하고 효율적인 데이터 활용을 위한 「신용정보의 이용 및 보호에 관한 법률 시행령」 개정”, 금융위원회, 2020.7, https://www.fsc.go.kr/info/ntc_news_view.jsp?menu=7210100&bbsid=BBS0030&no=34069

“오픈뱅킹과 마이데이터, 마이데이터 연계방향”, 오픈뱅킹 세미나 개최 결과, 금융위원회 보도자료, 2020.7, https://www.fsc.go.kr/info/ntc_news_view.jsp?menu=7210100&bbsid=BBS0030&no=34027

“오픈뱅킹 운영 및 추진현황”, 오픈뱅킹 세미나 개최 결과, 금융결제원, 2020.7, https://www.fsc.go.kr/info/ntc_news_view.jsp?menu=7210100&bbsid=BBS0030&no=34027

"「온라인투자연계금융업 및 이용자 보호에 관한 법률」 시행", 금융위원회, 2020.8, https://www.fsc.go.kr/info/ntc_news_view.jsp?menu=7210100&bbsid=BBS0030&no=34117

"인공지능(AI)과 빅데이터를 활용한 금융감독 디지털 전환 추진", 금융감독원, 2020.4, http://www.fss.or.kr/fss/kr/promo/bodobbs_view.jsp? seqno=23031

"RPA 도입과 서비스 혁신: 금융산업 사례를 중심으로", 삼정KPMG 경제연구원 2017.10. 제72호, https://assets.kpmg/content/dam/kpmg/kr/pdf/kr-im-rpa-and-financial-service-innovation-201710.pdf

"A revolution in the banking sector. Are you ready for PSD2?", Chakray, 2018.2, https://www.chakray.com/a-revolution-in-the-banking-sector-are-you-ready-for-psd2/

"情報銀行の可能性と未来とは？", Sumitomo Mitsui Card Co, 2020.1, https://www.smbc-card.com/cashless/hojin/information_bank.jsp

» 3장 디지털금융 기술

주은혜·조해리, "코로나19 확산, 디지털 화폐와 CBDC 발행을 앞당기는 촉매제… CBDC, 전염병이나 사이버공격 감안 설계해야", 블록체인밸리, 2020.4, http://www.fintechpost.co.kr/news/articleView.html?idxno=109505

안성원, "클라우드 가상화 기술의 변화: 컨테이너 기반의 클라우드 가상화와 DevOps", 소프트웨어정책연구소 제2018-008호, 2018.12, https://spri.kr/posts/view/22524?code=issue_reports

이강효, "포스트 코로나 시대를 위한 DID 기반 모바일 신분증의 필요성", 2020년 Vol.10 KISA Report 10월호, 한국인터넷진흥원, https://www.kisa.or.kr/public/

"공공웹사이트 인증 수단 소개서", 행정안전부, 2018.9, https://www.mois.go.kr/frt/bbs/type001/commonSelectBoardArticle.do?bbsId=BBSMSTR_000000000015&nttId=66062library/IS_View.jsp?mode=view&p_No=158&b_No=158&d_No=464

"금융 빅데이터 개방으로 디지털 금융혁신을 촉진합니다", 금융위원회, 2020.7, https://www.fsc.go.kr/info/ntc_news_view.jsp?menu=7210100&bbsid=BBS0030&no=34011

"금융회사, 다양한 분야에 클라우드컴퓨팅 이용 활발", 금융감독원, 2020.7, http://www.fss.or.kr/fss/kr/promo/bodobbs_view.jsp?seqno=23259

"4차 산업혁명 시대의 디지털금융 종합혁신방안〈전자금융거래법령 등 개정방향〉, 금융위원회, 2020.7, https://www.fsc.go.kr/info/ntc_news_view.jsp?menu=7210100&bbsid=BBS0030&no=34066

"은행의 빅데이터 부수업무 신고 수리", 금융위원회, 2020.4, https://www.fsc.go.kr/info/ntc_news_view.jsp?bbsid=BBS0030&menu=7210100&no=33820

"정부, 올해 말부터 모바일 공무원증 도입한다.", 행정안전부, 2020.4, https://www.mois.go.kr/frt/bbs/type010/commonSelectBoardArticle.do?bbsId=BBSMSTR_000000000008&nttId=76770

"주요국의 중앙은행 디지털화폐(CBDC) 대응 현황", 한국은행, 2020.2, http://www.bok.or.kr/portal/bbs/P0000559/view.do?nttId=10056417&menuNo=200690

"코로나 이후 시대의 디지털 대전환을 선도하기 위해 금융분야 인공지능(AI)을 활성화하겠습니다", 금융위원회, 2020.7, https://www.fsc.go.kr/info/ntc_news_view.jsp?menu=7210100&bbsid=BBS0030&no=34046

"「한국판 뉴딜」 종합계획 - 선도국가로 도약하는 대한민국으로 대전환", 기획재정부, 2020.7, https://www.moef.go.kr/com/cmm/fms/FileDown.do;jsessionid=bJ9pJCYp6foIS5cvbCjmEfHX.node60?atchFileId=ATCH_000000000014749&fileSn=3

Philipp Sandner, "Understanding Libra 2.0: A compliant global platform for the digital programmable EUR, USD, GBP & Co.", 2020.4, https://philippsandner.medium.com/libra-2-0-a-compliant-global-platform-for-the-digital-programmable-eur-usd-gbp-co-67e1b8a2c0cb

Satoko Omata, "5 Ways Banks in Singapore are Using Big Data", 2019.5, https://fintechnews. sg/30505/bigdata/5-ways-banks-in-singapore-are-using-big-data/

Thematix Partners, “Business architecture and the meaning of Digital Transformation”, 2016.9, https://thematix.com/2665-2/

Tomasz Tunguz, “The SaaS Company that Grew from 0 to 4M Subscribers in 2.5 Years”, 2015.3, https://tomtunguz.com/ adobe-saas-growth/

“Identity in a Digital World A new chapter in the social contract”, World Economic Forum, 2018.9, http://www3.weforum.org/docs/WEF_INSIGHT_REPORT_Digital%20Identity.pdf

ロボスタ編集部, “みずほ銀行が「みずほ AI事前診断」をスタート！AIのネット住宅ローンの事前審査を最短1分で診断”, 2020.3, https://robotstart.info/2020/03/23/ai-mizuho-preliminaryreview.html

» 4장 디지털 마케팅

Natacha Aka, “Profitable shift to Circular Economy for Manufacturers and Retailers: Monetize Waste, Boost Sales, while Saving the Environment”, iceclog, 2019.2, https://iceclog.com/profitable-shift-to-circular-economy-for-manufacturers-and-retailers-monetize-waste-boost-sales-while-saving-the-environment/

Simon Torrance, “Embedded Insurance: a $3 Trillion market opportunity that could also help close the protection gap”, 2020.12, https://www.the-ntwk.com/post/embedded-insurance-a-3-trillion-market-opportunity-that-could-also-help-close-the-protection-gap

Xue Miao, “Best Savings Accounts for Kids 2022: Best Places to Grow Your Child's Money”, 2021.1, https://blog.seedly.sg/best-kids-savings-accounts-child-singapore/

“A FUTURE-PROOF BUILT ENVIRONMENT”, Circle Economy, https://assets.website-files.com/5d26d80e8836af2d12ed1269/5dea6a6062f8ac4d51259b09_A%20Future-Proof%20Built%20Environment.pdf

"Banks failing to support disabled customers", Which, 2021.7, https://www.which.co.uk/news/2021/07/banks-failing-to-support-disabled-customers/

"Bank of Ireland launches nationwide drive to improve the financial literacy of Ireland's primary school children", Bank of Ireland 홈페이지, https://www.bankofireland.com/about-bank-of-ireland/press-releases/2019/bank-of-ireland-launches-nationwide-drive-to-improve-the-financial-literacy-of-irelands-primary-school-children/

"Banks design vertical credit cards for customers with disabilities", American Banker, 2022.1, https://www.americanbanker.com/payments/news/banks - design-vertical-credit-cards-for-customers-with-disabilities

"BECO – Steal Our Staff, real jobs for real people in the UK who are visually impaired, disabled or disadvantaged", Campaigns of the World, 2019.9, https://campaignsoftheworld.com/digital/beco-steal-our-staff/

"Circular economy", ING, https://www.ing.com/Sustainability/Sustainable-business/Circular-economy.htm

"Circular economy challenges financial business models", ING, https://www.ing.com/Newsroom-1/Nieuws/Features/Circular-economy-challenges-financial-business-models.htm

"Goalsetter raises $15 million to go B2B with children's financial literacy app", techcrunch, 2021.12, https://techcrunch.com/2021/12/01/goalsetter-raises-15-million-to-go-b2b-with-childrens-financial-literacy-app/

"Growing circular attention from commercial banks circular", City Funding Guide, https://www.circularcityfundingguide.eu/case-studies/growing-circular-attention-from-commercial-banks/

"Kids Learn About Sharing, Saving and Smart Spending from PNC Bank and Sesame Street", PNC Bank, 2012.2, https://www.prnewswire.com/news-releases/kids-learn-about-sharing-saving-and-smart-spending-frompnc-bank-and-sesame-street-139806423.html

"Modern Card Issuer Marqeta Is Going Public. Here's What It Means For Payments Tech & Issuer Innovation", Cbinsights, 2021.6, https://www.cbinsights.com/research/marqeta-ipo-payments-tech/

"MoneySense for Your Child: Teaching Kids About Financial Literacy", www.littledayout.com, 2020.11, https://www.littledayout.com/moneysense-for-your-child-teaching-kids-about-financial-literacy/

"More Than 5 Million Bank of America Clients Use Life Plan in its First Year to Prioritize Financial Goals and Establish a Path Toward Achieving Them", Bank of America Corporation, 2021.5, https://www.prnewswire.com/news-releases/more-than-5-million-bank-of-america-clients-use-life-plan-in-its-first-year-to-prioritize-financial-goals-and-establish-a-path-toward-achieving-them-301392863.html

"TD Bank Named Best Place to Work for Disability Inclusion for Seventh Straight Year", TD Stories, 2021.7, https://stories.td.com/us/en/article/td-bank-named-best-place-to-work-for-disability-inclusion-for-seventh-straight-year

"The Strategy Behind BofA's Digital Life Planning App", Financial Brand, 2020.10, https://thefinancialbrand.com/102997/inside-the-strategy-behind-bank-of-america-digital-life-plan-app-mobile-pfm-branch-millennial-genz/

https://moneyheroes.org.uk/

저자 약력

김수진

성신여자대학교 일어일문학 학사/석사
영국 Cavendish College Advertising Media 석사
미국 인디애나대학교 경영대학원(Kelley School of Business) MBA
연세대학교 공과대학 박사학위 취득

(전) 삼성전자 한국총괄 B2B전략부문
(전) 글로벌 광고대행사 Euro RSCG Worldwide Global Account Director
(전) KT Blockchain Biz Center 글로벌 사업개발

(현) KTDS 디지털사업본부 금융사업단 컨설팅(파견)
(현) 세종사이버대학교 소프트웨어공학과 강사
(현) 동국대학교 경영전문대학원 초빙강사
(현) 한국핀테크 지원센터 강사
(현) 방송통신표준심의회 블록체인 및 분산원장기술 전문위원회 위원
(현) 한국정보통신기술협회(TTA) 블록체인 기반 프로젝트 그룹 위원
(현) 한국정보통신기술협회 ICT 표준전문인력양성 블록체인 국제표준 과정 강사

저서 「미네르바의 부엉이: 천 년에 한 번 있을까 말까 하는 화폐의 진화」(북스타, 2024), 「AI, WEB3 패러다임: 검색에서 생성으로 비즈니스 모델의 혁신」(2023 우수출판콘텐츠 선정작, 정보문화사), 「정보통신기술(ICT) 표준화전략맵 2022」 중 블록체인 분과 필진(과학기술정통부, 2022), 「디지털금융, 트랜스포메이션(DX) 프런티어」(한국금융연수원, 2020), 「4차 산업혁명과 미래투자」(김수진·이석진 공저, 한국금융연수원, 2019)

영어 역서 「블록체인, 기업의 미래를 결정하다」(프리렉, 2020), 「루이비통도 넷플릭스처럼」(프리렉, 2019), 「전략적 사고의 기술」(프리렉, 2019)

일어 역서 「빵 반죽 사전」(아티장출판, 2020), 「크래프트 베이커리」(아티장출판, 2018)
이메일 주소: sujinkim71@naver.com

디지털 금융의 이해와 활용

초판1쇄	2020년 3월 31일
6판1쇄	2025년 9월 8일
저 자	김수진
발 행 인	이준수
발 행 처	한국금융연수원 출판미디어사업부 03053 서울시 종로구 삼청로 118
전 화	02) 3700-1500
팩 스	02) 3700-1530
홈페이지	www.kbi.or.kr
등 록	1990년 4월 20일(제1-1040호)
정 가	22,000원
I S B N	978-89-287-8284-0 13320

※ 도서의 오류내용(오탈자 등)을 제보해주시어 채택되신 분께는 소정의 상품을 보내드리오니 독자 여러분들의 많은 참여 바랍니다(상세정보는 www.kbi.or.kr 참조).

※ 본 도서의 내용은 한국금융연수원의 견해와 다를 수 있습니다.

한국금융연수원 자격검정시험 안내

•「국가공인자격」은 자격기본법에서 정한 기준과 절차에 따라 국가가 공인한 자격으로 신용분석사, 여신심사역, 국제금융역, 자산관리사(FP), 신용위험분석사(CRA), 외환전문역 I종, 외환전문역 II종 등 7개의 자격이 있습니다.

•「자체인증자격」은 우리 원이 인정, 수여하는 자격으로 공개시험형 자체자격인 프라이빗 뱅커(CPB), 은행텔러, 영업점 컴플라이언스 오피서(은행)(보험)(증권), KBI 금융DT 테스트, 자금세탁방지 업무능력 검정시험 등 7개 자격이 있습니다.

구분	자 격 명 (공인/등록번호)	응시료	자격소개
국가공인자격	신용분석사 (제2024-1호) (2008-0438)	전과목 : 66,000원 1부 : 28,000원 2부 : 39,000원	금융회사의 여신관련 부서에서 기업에 대한 회계 및 비회계자료 분석을 통하여 종합적인 신용상황을 판단하고 신용등급을 결정하는 등 기업신용 평가업무를 담당하는 금융전문가
	여신심사역 (제2024-2호) (2008-0439)	전과목 : 66,000원 1부 : 28,000원 2부 : 39,000원	금융회사의 여신심사 담당자로서 경제상황과 기업의 재무, 비재무상태 등을 분석, 파악하여 적정한 대출심사 의견서 작성, 대출이율 및 대출기간 결정 등 대출실행 여부를 판단하고 자금의 효율적 운용, 대손 방지를 위한 제반조치, 여신의 법률적 검토, 사후관리업무 등 여신업무와 관련한 종합적인 업무를 수행하는 금융전문가
	국제금융역 (제2021-1호) (2008-0440)	전과목 : 66,000원 1부 : 33,000원 2부 : 33,000원	금융회사의 국제금융 관련 부서에서 국제금융시장의 동향파악, 분석 및 예측 등을 통하여 외화자금의 효율적 조달과 운용업무를 담당하고 이에 따른 리스크관리 등 국제금융 관련 업무를 수행하는 금융전문가
	신용위험분석사(CRA) (제2023-2호) (2008-0442)	1차 : 77,000원 2차 : 88,000원	금융회사 및 기업신용평가기관 등에서 개인과 기업에 대한 신용상태를 조사평가하고 신용위험을 측정 · 관리하는 여신전문가
	자산관리사(FP) (제2020-1호) (2008-0441)	전과목 : 55,000원 1부 : 28,000원 2부 : 28,000원	금융회사 영업부서의 PB(Private Banking) 팀에서 고객의 수입과 지출, 자산 및 부채현황, 가족상황 등 고객에 대한 각종 자료를 수집, 분석하여 고객이 원하는 Life Plan 상의 재무목표를 달성할 수 있도록 종합적인 자산설계에 대한 상담과 실행을 지원하는 금융전문가
	외환전문역 I종 (제2020-1호) (2008-0436)	전과목 : 55,000원	금융회사의 외환업무 중 외국환 거래 법규 및 외환거래실무를 이해하고 고객의 외화 자산에 노출되는 각종 외환 리스크를 최소화시키는 등 주로 개인 외환과 관련된 직무를 담당
	외환전문역II종 (제2020-1호) (2008-0436)	전과목 : 55,000원	금융회사의 외환업무 중 수출입업무 및 이와 관련된 국제무역규칙을 이해하고 외환과 관련된 여신 업무를 수행하는 등 주로 기업 외환과 관련된 직무를 담당
자체인증자격	은행텔러 (2008-0437)	전과목 : 55,000원	창구에서 일어나는 제반업무에 대해 신속하고 친절한 업무수행과 정확한 업무처리로 고객에게 도움을 주고 상담을 통해 문제해결을 하도록 도와주는 금융전문가
	영업점 컴플라이언스 오피서(은행) (2010-0118) (보험, 증권) (2013-0702,0703)	전과목 : 각 44,000원	금융회사의 영업점에서 준법관련 법규와 감독기관의 감독규정이 정한 내용과 취지를 충분히 이해하고 업무 수행과정에서 이를 준수하며, 영업점에서 발생 가능한 금융사고 및 민원사항이 발생하지 않도록 사전적 예방 차원에서 그 준수사항의 이행을 점검하는 금융전문가(은행, 보험, 증권 분야별로 자격이 구분됨)
	프라이빗뱅커 (CPB) (2018-004091)	1차 : 110,000원 2차 : 342,000원 (실무교육)	개인고액자산가의 자산 및 수익증대를 실현하기 위해 금융분야 전반에 걸쳐 종합적인 금융상담과 실행을 지원할 수 있는 최고급 수준의 금융자산설계전문가
	KBI 금융DT 테스트 (2021-001872)	전과목 : 44,000원	금융인 및 예비금융인을 대상으로 디지털금융 전반에 대한 기본지식과 업무활용능력 등 금융DT 관련 기본역량 평가
	자금세탁방지 업무능력 검정시험 (2023-004792)	전과목 : 66,000원	금융시스템을 이용한 자금세탁행위와 공중협박자금조달행위를 적발 및 예방할 수 있는 전문적인 업무역량 평가

소비자 알림사항

•상기 "프라이빗뱅커(CPB)", "영업점컴플라이언스 오피서(은행)(보험)(증권)", "KBI 금융DT 테스트", "은행텔러", "자금세탁방지 업무능력 검정시험" 자격은 자격기본법 규정에 따라 등록한 민간자격으로, 국가로부터 인정받은 공인자격이 아닙니다.

•민간자격 등록 및 공인 제도에 대한 상세내용은 민간자격정보서비스 (www.pqi.or.kr)의 '민간자격 소개'란을 참고하여 주십시오.

기타

•응시료 환불 규정 : 접수기간 중 100%, 접수기간 종료 후 시험일 5일전 18시까지 50% 환불/이후 환불 불가

•자격 공인번호는 재공인시점에 따라 변경될 수 있으며, 응시료, 환불규정 등은 응시 시점에 따라 변경될 수 있으니 자격시험 응시 전 반드시 한국금융연수원 홈페이지에서 응시하고자 하는 자격시험에 관한 최신 정보를 확인하시기 바랍니다. 자격시험에 관한 자세한 사항은 한국금융연수원 홈페이지를 참조하시기 바랍니다.

•주소 : 서울특별시 종로구 삼청로 118 / TEL : 02-3700-1500 / 홈페이지 : www.kbi.or.kr

KBI 금융DT 테스트

4년간 은행 임직원 약 1만명이 선택한 자격!

(누적 접수자 : 9,579명 / 누적 취득자 : 3,066명)

01 개요

1. 목적

금융인 및 예비 금융인을 대상으로 **디지털금융 전반에 대한 기본 지식과 업무 활용 능력 등 금융DT 관련 기본 역량 평가**

지식	금융DT 분야의 **포괄적 기초지식**
기술	금융DT 분야의 **일상적 업무를 수행**하고 **일상적 문제를 해결**하는 데 필요한 기술
소양	금융DT 분야의 **트렌드와 이슈를 이해**하고 이를 **자신의 업무수행에 활용**

2. 활용

● 본점 및 영업점 직원 등 금융인

금융회사 직원이라면 누구나 **금융DT 마인드**를 함양하고, **빅데이터, 인공지능, 디지털 마케팅** 관련 지식과 역량을 확인해 보세요!

나도 이제 **금융DT 이노베이터!**

● 금융회사의 인사담당자 및 인재개발 담당자

직원 금융DT 역량 제고, 신입직원 채용 및 DT부서 선발과 배치에 대한 고민, 한번에 해결!

02 인증시험 과목

과목	주요내용	세부내용	배점(문항수)
디지털 금융의 이해 (30점)	DT의 이해	• 디지털전환의 이해 • 국내외 금융기관 디지털전환 사례 등	15점 (12문항)
	디지털금융 트렌드	• 디지털금융 관련 법규·정책 • 국내외 정책 사례 및 현황 등	15점 (12문항)
디지털 금융의 활용 (70점)	디지털금융 기술	• 디지털금융 기술*에 대한 지식 및 활용사례 등 * 빅데이터, 블록체인, 클라우드 컴퓨팅, 인공지능, 코딩 등	50점 (40문항)
	디지털 마케팅	• 디지털마케팅 현황 및 수립전략 • 디지털마케팅 성공사례 등	20점 (16문항)
계			100점 (80문항)

한국금융연수원
KOREA BANKING INSTITUTE

03053 서울특별시 종로구 삼청로 118

Tel. 02-3700-1500 | www.kbi.or.kr

03 인증기준

1. 인증기준

취득점수에 따른 등급인증

* KBI 금융DT 테스트는 2021년부터 인증시험 결과에 따라 등급을 부여합니다.

2. 등급인증

등급명	부여기준	역량
DT-Gold	90점 이상	• DT 역량과 디지털금융 업무 활용에 필요한 전문 지식 보유
DT-Blue	80점-89점	• DT 역량과 디지털금융 업무 수행에 필요한 실무 지식 보유
DT-Green	60점-79점	• DT 마인드와 디지털금융에 대한 기본 지식 보유

04 인증시험 운영

응시자격	제한 없음	평가시간	90분
문제유형	객관식(4지선다형)		
응시료	• 4.4 만원 * 환불규정 : 접수기간 중 100%, 접수 종료 후 부터 시험일 5일전 18시까지 50% 환불 / 이후 환불 불가		

시험일정

회차	원서접수	시험일시	지역
11회	6.17(화)~6.24(화)	7.26(토)	서울, 대전, 대구, 전주, 광주 부산, 제주
12회	9.23(화)~9.30(화)	11.8(토)	

05 기타 주요내용

1. 시험참고 도서

● 「디지털금융의 이해와 활용」
● 「블록체인, 디지털에 가치를 더하다」*
● 「빅데이터, 인공지능을 만나다」*

* 디지털금융기술 참고도서
(참고도서 외 기타 DT관련 일반지식에서도 출제)

2. 문의

● **시험 준비를 위한 연수과정 문의 :** DT연수부
Tel 02-3700-1500 | E-mail dtlearning@kbi.or.kr

● **인증시험 관련 문의 :** 자격검정사업부
Tel 02-3700-1500 | E-mail certif@kbi.or.kr

3. 소비자 알림사항

● KBI 금융DT 테스트는 자격기본법 규정에 따라 등록한 민간자격 (등록번호: 2021-001872)으로 국가로부터 인정받은 공인자격이 아닙니다.
민간자격 등록 및 공인 제도에 대한 상세내용은 민간자격정보서비스 (www.pqi.or.kr)의 '민간자격 소개'란을 참고하여 주십시오.